中国现象学文库
现象学原典译丛·海德格尔系列

亚里士多德哲学的基本概念

（修订译本）

〔德〕海德格尔 著

黄瑞成 译

商务印书馆
创于1897 The Commercial Press

Martin Heidegger
GRUNDBEGRIFFE DER ARISTOTELISCHEN PHILOSOPHIE
Gesamtausgabe Band 18
Herausgegeben von Mark Michalski

本书根据德国维多里奥·克劳斯特曼出版社 2002 年全集版第 18 卷译出

中央高校基本科研业务费项目 NO.2023CDJSKJC05

《中国现象学文库》总序

自 20 世纪 80 年代以来，现象学在汉语学术界引发了广泛的兴趣，渐成一门显学。1994 年 10 月在南京成立中国现象学专业委员会，此后基本上保持着每年一会一刊的运作节奏。稍后香港的现象学学者们在香港独立成立学会，与设在大陆的中国现象学专业委员会常有友好合作，共同推进汉语现象学哲学事业的发展。

中国现象学学者这些年来对域外现象学著作的翻译、对现象学哲学的介绍和研究著述，无论在数量还是在质量上均值得称道，在我国当代西学研究中占据着重要地位。然而，我们也不能不看到，中国的现象学事业才刚刚起步，即便与东亚邻国日本和韩国相比，我们的译介和研究也还差了一大截。又由于缺乏统筹规划，此间出版的翻译和著述成果散见于多家出版社，选题杂乱，不成系统，致使我国现象学翻译和研究事业未显示整体推进的全部效应和影响。

有鉴于此，中国现象学专业委员会与香港中文大学现象学与当代哲学资料中心合作，编辑出版《中国现象学文库》丛书。《文库》分为“现象学原典译丛”与“现象学研究丛书”两个系列，前者收译作，包括现象学经典与国外现象学研究著作的汉译；后者收中国学者的现象学著述。《文库》初期以整理旧译和旧作为主，逐步过渡到出版首版作品，希望汉语学术界现象学方面的主要成果能以《文库》统一格式集中推出。

我们期待着学界同仁和广大读者的关心和支持，借《文库》这个园地，共同促进中国的现象学哲学事业的发展。

《中国现象学文库》编委会

2007年1月26日

目 录

上篇 根据学生的课堂笔记编订的讲稿

第二部分 重释亚里士多德的基本概念以关于概念性之原生性的理解为根据

第一章 人的此在作为概念性之原生性

第二章 解释κίνησις[运动]概念的形成:κίνησις[运动]作为一种对此在之被解释性的例外把握

下篇 根据手稿内容编订的讲稿

上篇

根据学生的课堂笔记编订的讲稿

引言　讲座的语文学意图及其前提

第一节　讲座的语文学意图：按照概念的概念性来思考亚里士多德哲学的一些概念

本讲座的意图，是为了理解亚里士多德哲学的一些基本概念， 3
尽管所采取的方式是专注于亚里士多德论著的文本。

所要理解的基本概念——不是所有，而是一些，因此，想必是亚里士多德研究所关注的问题中的主要问题。就这些概念之择取，我们有一个有利条件，那就是，亚里士多德本人有一篇论文传世，而这篇论文仅仅由关于这些基本概念的定义所构成：它就是传世《形而上学》卷 Δ。尽管如此，如果我们达不到亚里士多德的学生理解问题的境界，我们就不可能把握住这一有利条件。

为了对《形而上学》卷 Δ 所研究的基本概念有一个初步的把握，兹将这些基本概念列举如下：章 1 研究 ἀρχή[本原]。章 2 研究 αἴτιον[原因]。章 3 研究 στοιχεῖον[元素]，即“要素”(Element)。章 4 研究 φύσις[自然]。章 5 研究 ἀναγκαῖον[必然]，即作为一种存在规定的“必然性”。章 6 研究 ἕν［一］。章 7 研究 ὄν［存在］。章 8 研究 οὐσία［本体］，即“此在”（Dasein）。章 9 研究 ταὐτα，即“同一性”（Selbigkeit）。章 10 研究 ἀντικείμενα［相对］，即“他在”（Anderssein）。章 11 研究 πρότερα［先于］和 ὕστερα［后于］，不仅是时间意义上的，而且是实事意义上的：实事意义上的 πρότερον［先于］可追溯到“源始”（Ursprung）（γένος［属］），时间意义上的 ὕστερον［后于］可以追溯到“后起的事物”，譬如，συμβεβηκός［属性］。章 12 研究 δύναμις［能力］。章 13 研究 ποσόν［量］，即“多少”（Wieviel），亦即“量性”（Quantität）范畴；章 14 研究 ποιόν［质］，即“质性”（Qualität）。章 15 研究 πρός τι［关系］，即“关系”（Beziehungsweise）。章 16 研究 τέλειον［完全］，即由“完全之
4 在”（Fertigsein）所规定的事物，亦即“完全性”（Fertigkeit），亦即作为“完全者”（Fertigs）的存在者（Seiendes）。章 17 研究 πέρας［限度］。章 18 研究 τὸ καθό［所由 / 根据］，即“靠—其—本身”（das An-ihm-selbst）。章 19 研究 διάθεσις［安排］，即“境况”（Lage），亦即“情况”（Gelegenheit）。章 20 研究 ἕξις［状态］，即“于—自身—拥有”（An-sich-Haben），亦即对待某物的“如此—和—如此状况”（So-und-so-Gestelltsein）。章 21 研究 πάθος［情感遭遇］，即“情形”（Zustand），亦即“情状”（Befindlichkeit）。章 22 研究 στέρησις［阙失］，即对存在者的规定，规定了存在者所不拥有的事物；这种 στέρησις［阙失］即“不拥有”（Nichthaben）；στέρησις［阙失］对某个存在者的规定，完全是肯定性的；它是或不是某物，这一点澄清了其存在（Sein）。章 23 研究 ἔχειν［拥有］。章 24 研究 ἔκ τινος εἶναι［出自某物的存在］，即“发生自某物或由某物组成”。章 25 研究

μέρος［部分］，即要素意义上的"部分"（Teil）。章 26 研究 ὅλον［整体］，即"整全"（Ganze）。章 27 研究 κολοβόν［截取］，即"致残"（Verstümmeltes）。章 28 研究 γένος［属］，即"出身"（Abkunft），亦即"来源"（Herkunft）。章 29 研究 φεῦδος［虚假］。章 30 研究 συμβεβηκός［属性］，即"某物的附属物"，亦即"伴随之物"。①

我们必定会看到，这些基本概念由以产生的基础（Boden）和方式（wie），也就是说，应当按照其特殊的概念性（Begrifflichkeit）来研究这些基本概念，如此一来，我们便可以问：这些基本概念所意涵的实事本身该如何看待？这些基本概念是针对什么事情而提出的？这些基本概念是以何种方式得到规定的？如果我们由这些观点接近了实事，我们将会抵达概念和概念性所意涵的实事之领域。这些基本概念要按其概念性来理解，而且意在：就所有科学研究的基本要求获得洞见。在此，我们提供的不是哲学研究或根本不是哲学史研究。如果语文学（Philologie）意味着对关于所表达之物的知识的热爱，那么，我们这里所从事的就是语文学研究。

关于亚里士多德其人，关于他的哲学，关于他的思想发展，在古典语文学家耶格尔的书中，② 您可以找到一切。耶格尔的贡献在于，他明确表达了尽管已酝酿良久的观念（在他此前一部论亚里士 5
多德《形而上学》的著作中③）：亚里士多德的作品不是书，而是论

① 亚里士多德，《形而上学》（*Metaphysica*, Recognovit W. Christ. Lipsiae in aedibus B.G. Teubneri 1886），卷 Δ 章 1-30，1012b34 以下。

② 耶格尔（W. Jaeger），《亚里士多德：其发展史的奠基》（*Aristoteles, Grundlegung einer Geschichte seiner Entwicklung*, Berlin 1923）。

③ 耶格尔，《亚里士多德〈形而上学〉发生史研究》（*Studien zur Entstehungsgeschichte der Metaphysicl des Aristoteles*, Berlin 1912），页 131 以下。

文汇集，亚里士多德没有发表这些作品，他只是在他的讲座中使用了这些作品，因此，将《形而上学》的十四篇论文规范为一本书的努力，以及认为在这十四篇论文中有亚里士多德“体系”的真实表达的看法，从一开始就被排除了。关于一位哲人的人格特质，我们唯一的兴趣在于：他在某个时候出生，他劳作，然后他死去。哲人的形象，以及诸如此类的问题，在此不予提及。[①]

第二节 语文学意图的前提：界定哲学研究的方式

本讲座毫无哲学目的（Abzweckung），它只涉及按照其概念性来理解基本概念。本讲座的目的在语文学方面，是为进一步解读（Lesen）哲人做练习。这样一种目的，自然从属于某些前提。它们是这样一些前提，我们能否在一个讲座中切实进入这些前提，还是一个疑问：

第一，前提是：正因为亚里士多德说过一些话，所以，我们特别选择亚里士多德而非柏拉图、康德或黑格尔，也因此，我们应该将古希腊哲学乃至整个西方哲学中的一个特出（ausgezeichnete）位置给予亚里士多德；

第二，我们还根本没有达到如此高的水平，以至于我们再也不允许对于任何事物说：我们在什么方面不正确；

① 参见手稿，页［333］。（脚注中方括号［ ］中的数字，指德文本原文页码，也就是中译本边码，下同。——译注）

第三，概念性构成任何科学研究的实质(Substanz)，概念性与 6
洞察力(Scharfsinn)无关，也就是说，谁选择了科学(Wissenschaft)，谁就对概念负有责任(这一情形如今已失传了)；

第四，科学不是职业(Beruf)，不是行当(Erwerb)，不是消遣(Vergnügen)，而是人的生存的可能性(Möglichkeit der Existenz des Menschen)，科学不是我们碰巧撞入其中的领域，相反，科学本身带有确定的前提，如果我们真想致力于科学研究之所为，就必须接受这些前提；

第五，人的生命本身有这样的可能性：使自己唯独以自己为根据，没有信仰、宗教及其类似物也能生活；

第六，一个方法性前提，即下述意义上的历史信仰(Glauben an die Geschichte)。我们的前提是：历史和历史性的过去，只要其道路被开辟出来，它们便具有了给予某个当前或更好的未来以某种推进的可能性。

这六项前提是严格而苛刻的要求，虽然我们所从事的只是语文学。哲学在今日处境较好，因为它脱离了下述基本前提：一切都必须完全合乎秩序。就确定我们在此研究哲学的方式方法而言，我想请亚里士多德本人来作见证。尽管我们在此也研究哲学，但意在培养对自明之物和对古老事物的直觉。

亚里士多德在《形而上学》卷四章2中对διαλεκτική[辩证法]、σοφιστική[智术]和φιλοσοφία[哲学]作了区分。[①]就此他说："διαλεκτική[辩证法]和σοφιστική[智术]与φιλοσοφία[哲学]致

① 《形而上学》，卷Γ章2，1004b17以下。

力于同样的事实领域（Umkreis derselben Tatbestände）”，[①] 但 φιλο-
7 σοφία［哲学］的研究方式与前两者不同，也就是说，在研究同一对象时，φιλοσοφία［哲学］与 διαλεκτική［辩证法］的不同“在于可能性之方式”（in der Weise der Möglichkeit），[②]φιλοσοφία［哲学］对自己提出了可能性要求。“διαλεκτική［辩证法］只是作尝试”[③]，以设法探究这些 λόγοι［言辞］有可能意指什么，所谓 διαπορεύεσθαι τοὺς λόγους［澄清言辞］，[④] 如**柏拉图**所言，就是“究明”言辞有可能意味着什么。这就是古希腊辩证法的含义。διαλεκτική［辩证法］的 δύναμις［能力］相较于 φιλοσοφία［哲学］的 δύναμις［能力］，是有局限的。但 διαλεκτική［辩证法］的确致力于实事，致力于证实言辞意指什么，可当 σοφιστική［智术］谈论同一实事时，“它只是看上去”像 φιλοσοφία［哲学］，“事实上却不然”。[⑤] 尽管 διαλεκτική［辩证法］是严肃的，可它只对尝试追究（versuchenden Nachsehen）言辞最终可能意指什么态度严肃。我们正是在此意义上研究哲学：**所采取的方式是追究言辞最终可能意指什么**。可以确定的是，我们对哲学的含义有了初步理解。[⑥]

---

① 《形而上学》，卷 Γ 章 2，1004b22 以下：περὶ μὲν γὰρ τὸ αὐτὸ γένος στρέφεται ἡ σοφιστικὴ καὶ ἡ διαλεκτικὴ τῇ φιλοσοφίᾳ［因为，智术和辩证法与哲学盘算的事物是同一个属］。

② 《形而上学》，卷 Γ 章 2，1004b24：τῷ τρόπῳ τῆς δυνάμεως［在于能力的方式］。

③ 《形而上学》，卷 Γ 章 2，1004b25：ἔστι δὲ ἡ διαλεκτικὴ πειραστική［辩证法是尝试性的］。

④ 比较柏拉图，《智术师》（Sophistes）253b10。

⑤ 《形而上学》，卷 Γ 章 2，1004b26：φαινομένη, οὖσα δ᾽ οὔ［看上去如此，其实不然］。

⑥ 参见“手稿”，页［333］以下。

第一部分

预先理解
概念性之原生性
通过对此在作为在—此—世—存在的一种阐明
以亚里士多德的基本概念为定向

第一章　思考定义作为概念的明确性之方位进而回到定义之基础

第三节　对概念的规定：根据康德《逻辑学》中的定义学说

用概念意指什么，就此，“逻辑”（Logik）为我们给出了答案。如果将“逻辑”作为“逻辑学”（Logik）来谈论，“逻辑”就不存在。“逻辑学”是希腊化时期（hellenistischen）学园派哲学（Schulphilosophie）的产物，它以系统方式（schulmäßig）对以往的哲学研究作了修正（bearbeitete）。无论柏拉图还是亚里士多德，都不知道“逻辑学”。逻辑学盛行于中世纪，可以将其规定为由系统汇集在一起的概念和规则所组成的工具（Material）。“逻辑问题”源自以系统方式传达实事所采取的视野（Horizont），此视野无意于深入研究事物，而对传达确定的技术上的可能性感兴趣。

在这样的逻辑学中，人们谈论作为一种手段的定义（Definition），凭此手段，概念可以获得其规定。因此，通过研究定义，我们将有可能知晓，人们用概念和概念性究竟意指什么。我们打算以康德《逻辑学》为根据，以便搞清楚：在实际的研究处境中，也就是在自亚里士多德以来的研究处境中，定义是怎么一回事。康德是唯一让逻辑学变得富有生命力的人。这种逻辑学，以其全部传统内容，在黑格尔式的辩证法中持续发生着影响，黑格尔式的辩证法毫无创造性可言，它只是在某些方面对传统的逻辑工具(Material)作了修正。

如今，如果我们按康德所描述的定义来追究，便会发现这种引人瞩目的情形：他在关于“一般方法论”章节中详尽讨论了定义。[①]定义是一项致力于认识之明晰性的方法论事务。定义要按照传达“概念在其内容上的明晰性(Deutlichkeit)”的手段来研究：[②]通过定义，可以传达概念的明晰性。但定义也是一个概念：“定义是唯一[……]一个在逻辑上完备的概念”。[③]因此，若不进一步走出定义，我们就根本未经验到一个概念之所是，所以，我们打算以康德本人关于概念的论说为根据。

康德指出，任何一项直观(Anschauung)都是一种repraesentatio singularis[个体表象]。[④]概念虽然是一种repraesentatio[表象]，一种“自我再现”(Sichvergegenwärtigen)，却是一种repraesentatio per notas communes[普遍表象]。[⑤]概念本身之所以与

① 《康德逻辑学讲义》(Vorlesungen Kants über Logik. Hg. v. A. Buchenau)，见《康德文集》(Immanuel Kants Werke. Hg. v. E. Cassirer. Bd. Ⅷ. Berlin 1923)，页323—452：“第二编：一般方法论”(Allgemeine Methodenlehre)，段99—109。

② 同上，段98。

③ 同上，段99。

④ 同上，“第一编：一般要素论”，段1。

⑤ 同上。

直观不同，就在于概念尽管是一种**呈现**（Vergegenwärtigung），却呈现出了具有**普遍**特质的事物。概念是一种“普遍表象”（allgemeine Vorstellung）。[①]

11 至于更进一步的理解，康德说得非常明白（《逻辑学》“引论”）：在任何认识中都要区分**质料**（Materie）与**形式**（Form），“这是我们认识对象的方式”。[②] 一个野蛮人看到一栋房屋，情形与我们看到一栋房屋完全不同，他不知道一栋房屋有**何用**（Wozu），相较于我们熟悉一栋房屋之情形，他对一栋房屋有不同“概念”。尽管他看到的是同一个存在者（Seiende），可他不知道使用（Gebrauchs），他不明白该拿它怎么办。他不建构关于房屋的概念。[③] 我们知道它有何用，并进而将某种普遍之物表象给了我们自己。我们知道使用，人们可以理解这种使用，所以，我们拥有关于房屋的概念。得出概念，所要回答的问题是：对象之**所是**（was）。

因此，概念性与概念的含义，基于人们究竟如何理解对某物之**所是**的追问，基于人们究竟如何理解此追问的根源之所在。概念以定义的明确性（Ausdrücklichkeit）给出了对象即 res［实事］本身之**所是**。所以，本真的定义就是所谓的“真—定义”（Real-Definition，[④] 它规定了 res［实事］本身之**所是**。Definitio［定义］通过陈述属加种差（Gattungs-und Artunterschiedes）来实施。在此语境中，这样一条规则首先让人感到奇怪，人们首先不理解，何以正

---

① 同上。

② 同上，“引言”页 350。

③ 参同上，页 351。

④ 同上，“第二编：一般方法论”，段 106。

是属和种能规定对象之所是。就此，康德的说法值得注意：虽然真—定义的任务是由其“可能性”的“首要根据”出发来规定实事之所是（Was der Sache），或根据其“内在可能性”来规定实事，[①] 然而，将 definitio［定义］规定为 genus proximum et differentiam specificam［最邻近的属加种差］，只能算作“名称—定义”
（Nominal-Definitionen），这种定义是通过比较而达成的。[②] 这样的 12
规定恰恰无能达成 definitio der res［实事定义］。

就**康德的立场**而言，有两个要点与众不同：第一，**在方法论部分讨论** definitio［定义］主题；第二，他所规定的 definitio［定义］的基本规则，**无法达成本真的定义**。

我们将按照我们所呈现的方式反问：**按照存在者之存在来确定存在者**的 definitio［定义］究竟如何达成？一种 definitio［定义］作为本真的**实事认识**（Sacherkenntnis），要成为一桩**逻辑上完备**的实事，如何达成？康德关于 definitio［定义］的上述立场，受制于亚里士多德式的研究之命运。

因此，我们反过来探究：definitio［定义］就是 ὁρισμός［定义］，而 ὁρισμός［定义］是一种 λόγος［言辞］，是对作为存在的此在（Dasein als Sein）一种“自我表达”。ὁρισμός［定义］并非清晰地作出的一种规定，相反，ὁρισμός［定义］的特质最终源于：按照存在者之存在来规定存在者，正如通过 πέρας［界限］来划界。存在意指完全之在（Sein heißt Fertigsein）。[③]

---

① 同上，段 106，注释 2。

② 同上，段 106，注释 1。

③ 参见“手稿”，页［335］以下。

第四节 亚里士多德的基本概念的概念性要素以及对这些要素之原生性的追问

对回归(Rückgang zur)定义具有决定性意义的是：在定义中，按照传统的逻辑学，概念在本真的意义上变得明确；在定义中，概念及于自身(zu sich selbst kommt)。康德认为，概念与直观不同。这种不同在于：直观到的某一个体不过是在其此在中的个体，而概念看到的尽管是同一个对象，却仿佛理解了(gleichsam versteht)此对象。在概念的 repraesentatio［表象］中，我知道人们在此表象下理解到了什么，而另外一个人也知道这一点，也就是说，概念使
13 所表象之物也为他人所理解，从而使其成为一个普遍的表象。某一表象出来的 res［实事］概念，使得所表象的实事也为其他人所理解，概念按照某种确定的约束来表象实事。在定义中，概念应当及于自身。definitio［定义］应当以下述方式给出某个实事：这个实事获得表象，并按照其可能性从根本上理解了这个实事；我知道此实事之所由来、之所是和之所以然。本真的定义是对实事的定义，是真—定义。在中世纪，本真的定义是真—定义和本质定义(Wesensdefinition)。这样的定义是本真的定义，而达成这样的定义，则需要满足下述定义的基本规则：确定一个对象最邻近的上一级的属和种差。从而，譬如：圆是一条封闭的、弯曲的线(属)，线的每个点与中心的距离相等(种差)。或譬如：homo animale rationale［人是理性的(种差)动物(属)］。

在传统逻辑学中，作为definitio[定义]来研究的内容，有一个**完全确定的来源**；定义是一种衰亡的征兆（Verfallserscheinung），是一种纯粹的思的技术（Denktechnik），这种思的技术曾经是**人的言说的根本可能性**（Grundmöglichkeit des Sprechens des Menschen）——为了指明这一点，我们回到亚里士多德。在定义中，概念会变得明确。可是，就其概念性而言，概念本身之所是，如今却不再显而易见。我们当然不想简单地以下述方式来认识亚里士多德的基本概念：我们追问，亚里士多德以运动（Bewegung）概念意指什么？亚里士多德关于运动的观点，与柏拉图的见解或现代的见解有何不同？这个概念让我们感兴趣的地方正在于其概念性：

第一，我们必须追问，此概念意指什么，正如追问我们在这个概念所意指之物中**具体经验到了**什么：当亚里士多德看到运动现象时，呈现于他眼前的运动是什么？当他谈论运动着的存在者时，他意指怎样的存在感觉（Sinn von Sein）？我们提问的目的，不是要获得关于某一概念内涵的知识（Kenntnis），而是追问，所意指的实事是如何经验到的，从而：

第二，**最初**是如何**言及**（angesprochen）原初所见之物的。亚 14
里士多德是如何接受运动现象的？他是不是由已然现成在手的（vorhandenen）概念或理论出发来说明（erklärt）运动现象，从而有些柏拉图化（platonisch），以至于他认为：运动就是由一个非存在者（Nichtseienden）过渡到一个存在者？还是说情况是这样的：在他看来，所产生的确定性，就处在现象本身当中？以何种方式言及运动这样一种现象，才符合对所见之实事提出的**主导要求**（führenden Anspruch）？

第三，如此看见的现象，究竟是如何更为清楚地展现出来的？谈论此现象，仿佛深入到了何种概念性（in welche Begrifflichkeit hinein）？对如此所见之物，就可理解性提出了何种要求（Anspruch von Verständlichkeit）？这样就产生了对阐明之原初性（Ursprünglichkeit der Explikation）的追问。究竟是对现象作出阐明，还是阐明要符合（angemessen）现象？

这三个要素，在此指明了（anzeigen）概念性，但只是指明而非阐明了概念性：第一个要素，也就是基本经验，在此基本经验中，我让实事特质（Sachcharakter）及于（zugänglich）我自己——此基本经验首先根本不是理论性的，而是处在生命与其世界的交往之中（im Umgang des Lebens mit seiner Welt）——；第二个要素，是主导要求；第三个要素，是可理解性之特质，即特定的可理解性之趋势（Verständlichkeitstendenz）。

我们将按照这三个关照点，逐一追问亚里士多德的基本概念。就是要看一看：这些概念所意指的实事，是否也同时获得了本真的理解。表明概念性的意图在于：您觉察到（spüren），就概念性而言发挥作用的那个事物，就是在任何科学研究中所完成的追问和规定（Vollzug des Fragens und Bestimmens）。此意图无关乎获知（Kenntnisnehmen），而关乎理解（Verstehen）。您必须完成的本真的任务，甚至不是哲思（philosophieren），而是每次都站在您的位置上，关注某一科学的概念性，切实抓住此科学之要领，并推动此科学，从而使关于概念性的研究活动产生效果。您不是要研究所有的
15 科学理论，这样的科学理论每月都在发表！这样做的目的，是致力于特定的科学的正确实施，如此您将与您所研究的科学的实事建立

一种真实、恰当、严肃的关系，您将不使用亚里士多德的概念，相反，您将在您的研究中实施亚里士多德站在他的位置上和在他的研究处境中所做的事情，也就是说，按照实事的原初性和真实性来探究和规定实事。我的任务只不过是给亚里士多德一个机会，让他将实事指点给您。

因此，如果我们按照其概念性来追问亚里士多德的基本概念，则迫切需要我们理解：概念性是如何将已提及的三个要素联系起来的；它们究竟从属于什么；基本经验、要求和可理解性之趋势的原生性（bodenständig）何在。概念性之原生性（Bodenständigkeit），我们必须加以探究——我们要理解的并非随便什么概念，而恰恰是亚里士多德的基本概念。我们必须追究：古希腊的概念性和古希腊的概念性之原生性看上去是怎么个样子（wie...aussieht）。然后，我们才能有把握地按照亚里士多德所实施的科学阐明的进程来行事。①

第五节　回到定义之基础

当我们回到定义的原初之所是时，我们或许还会经验到人们如今所谓概念的原初之所是。

（一）谓词（Prädikabilien）

属和种也是 Charakteristika［特性］，它们规定着每一个定义。然而，属和种并非唯一特性。从属于这些特性的，还有 proprium［固有

① 参见“手稿”，页［337］以下。

属性]的和 differentia specifica[种差]本身的更多的要素(Moment)。
16 这些要素，引领概念之建构，人们称其为**谓词**或 κατηγορήματα[谓词]。**波菲利**(Porphyrius)在其为亚里士多德 Κατηγορίαι[《范畴篇》]所著“引论”中，首次系统研究了这些 κατηγορήματα[谓词]。此 Εἰσαγωγή[“引论”]由**波埃修**(Boethius)译成拉丁文后，成为中世纪研究逻辑问题的基本文献。与 Εἰσαγωγή[“引论”]紧密相关，发展出了中世纪的**共相论争**(Universalienstreit)。谓词有五个：

第一，genus est unum, quod de pluribus specie differentibus in eo quod quid est praedicatur[属是这样一类谓词，它述及许多在种上不同的事物，以回答其中每种事物是什么]。“弯曲的、封闭的线”——圆的属——述及很多事物，这些事物就种而言是不同的(椭圆)。但这个表述(Aussage)述及圆的本质之所是。

第二，species est unum, quod de pluribus solo numero differentibus in eo quod quid est praedicatur[种是这样一类谓词，它述及许多在种上唯一的不同事物，以回答其中每个事物是什么]。个别的圆各不相同，但 solo numero[在种上是唯一的]。

第三，differentia specifica aut διαφορά est unum, quod de pluribus praedicatur in quale essentiale[种差或 διαφορά 是这样一类谓词，它述及许多事物，以回答事物具有何种本质]，“它所关注的是从属于这些事物之所是的内容”——诸如，人之有理性(Vernünftigkeit des Menschen)。

第四，proprium est unum, quod de pluribus praedicatur in quale necessarium[固有属性是这样一类谓词，它述及许多事物，以回答事物必不可少何种性质]，它是一种“必不可少的”规定，这种规定从属于事物，并且超出了属和种的本质关联。

第五，accidens est unum, quod de pluribus praedicatur in quale contingens[偶然属性是这样一类谓词，它述及许多事物，以回答事物具有何种偶然性质]，因为，它所述及的性质是“偶然出现的”(συμβεβηκός[偶性])。[①]

这些 praedicabilia[谓词]也被称为 universalia[共相]。更准确的区分在于：universale[共相]意指 unum quod est in pluribus[这样一类谓词，它存在于许多事物之中]，与此相对，praedicabile[谓词]则意指 unum quod de pluribus praedicatur[这样一类谓词，它述及许多事物]。因此，问题就在于：共相是否真实实存于事物 17
之中，或共相是否只是致力于理解的思维之意涵(Gemeintheiten des auffassenden Denkens)(实在论——唯名论)。这个问题的根源在于古希腊哲学所具有的确定的实事关联，更准确地说，在于经院派的(schulmäßigen)种种错误理解。

(二)亚里士多德对 ὁρισμός[定义]作为 λόγος οὐσίας[关于本体的言辞]的规定

现在，我们按下述方式来追问概念性及其原生性：我们由作为技术工具的 definitio[定义]回复到 ὁρισμός[定义]即“划界”(Eingrenzung)。῾Ορισμός[定义]是一种 λόγος[言辞]，是对某物

① 参波菲利，《亚里士多德〈范畴篇〉引言》，波埃修译(Porphyrii Introductio in Aristotelis Categorias a Boethio translata)，见《亚里士多德希腊评注》，卷五，第一部　分(Commentaria in Aristotelem Graeca. Editum consilio et auctoritate Academiae Litterarum Regiae Borussicae. Voluminis Ⅳ pars I. Berlin 1887)页 23—51，此处引述见页 26—39。

的一种“言说”，是“按本身之所是”即 καθ' αὑτό［以其本身为根据］言及（Ansprechen）实事。[①] 一种 λέγειν καθ' αὑτό［关于其本身的言说］：实事“本身”而且只有实事被言说也应当被言说。由此，ὁρισμός［定义］被规定为 οὐσίας τις γνωρισμός［某种关于本体的认识］。[②]Γνωρισμός［认识］意指：“与……相识”，“与……相熟”，呈现一种实事。Ὁρισμός［定义］是就其存在与一个存在者相熟。λόγος οὐσίας［关于本体的言辞］是什么意思：λόγος［言辞］和 οὐσίας［本体］分别是什么意思？

λόγος［言辞］：即“言说”（Sprechen），但并非在一种—声音—由—其—发出（Einen-Laut-von-sich-Gebens）的意义上言说，而是在**对某事**（über etwas）有所言说的意义上，用**表明**言说是**关于什么**（Aufzeigens des Worüber des Sprechens）的方式来言说，通过言说指出所谈论之物。λόγος［言辞］的本真功能是 ἀποφαίνεσθαι［表明］，即“使——种—实事--得—见”（Eine-Sache-zum-Sehen-Bringen）。每一种言说，尤其对于古希腊人而言，要么是一种**对某人**或**与他人**言说，要么是一种**与自己**或**对自己**言说。言说是在确定的此在中（im konkreten Dasein），**与他人就某事**交谈，在此确定的此在中，人并非独自生存。与他人就某事交谈，总是一种**自我表达**（Sichaussprechen）。通过就某事与某人交谈，不管明确与否，我都

---

① 《形而上学》，卷 Δ 章 8，1017b22：οὗ ὁ λόγος ὁρισμός［关于它的言辞就是定义］。卷 H 章 1，1042a17：τούτου δὲ λόγος ὁ ὁρισμός［关于它的言辞就是定义］。

② 亚里士多德，《工具篇第二部分：后分析篇，论题篇》（Aristotelis Organon Graece. Novis codicum auxilliis adiutus recognovit, scholiis ineditis et commentario instruxit Th. Waitz. Pars postoeriori: Analytica posteriora, Topica. Lipsiae 1864）：《后分析篇》，卷 B 章 3，90b16。

表达了我自己。

可 λόγος[言辞]究竟指什么？它是对**人之为人的存在的基本** 18
规定。人被古希腊人视为 ζῷον λόγον ἔχον[拥有言辞的动物]，不仅在哲学意义上，而且在具体的生命意义上（im konkreten Leben）："人是一种有生命的存在者（ein Lebendes），他（作为有生命的存在者）拥有语言"。就此定义，人们不会想到生物学或精神科学领域的灵魂学（Psychologie）和诸如此类的学科。此规定先于这些区分。Ζωή[生存]是一个存在概念（Seinsbegriff）。"生命"涉及一种**存在方式**，即**存在—于—某—世**（Sein-in-einer-Welt）。某个有生命的存在者，并不是简单现成在手的（vorhanden）存在者，而是存在于某个世间，其存在方式是：它拥有自己的世界。某个动物，就其为任何一种装置（Apparat）所驱动而言，它并不是简单地站在马路上或在马路上活动。它以拥有一世界的方式存在于世界上。**人之在—此—世—存在从根本上受言说规定**（Das In-der-Welt -sein des Menschen ist im Grunde bestimmt durch das Sprechen）。人在他的世界中的基本存在方式是：与世界交谈、谈论世界、谈及世界（mit ihr, über sie, von ihr zu sprechen）。所以，人正是通过 λόγος[言辞]而得到规定的，也因此，您可以看到：如果定义是一种 λόγος[言辞]，就 λόγος[言辞]根本规定了人的存在而言，定义之实事将在何处拥有其根据。λόγος[言辞]作为 ὁρισμός[定义]，按照存在者的 οὐσία[本体]、按照存在者的此在来言说存在者。因此，关于 οὐσία[本体]，我们必定能取得一致意见。

第六节 对λόγος［言辞］的初步解释

基本概念所内涵的概念性，就是给予实事的（sachgebende）基本经验，而非对实事的理论式把握。在基本经验中所经验到的内容，言及某事（auf etwas angesprochen）。如此经验到的内容，以及就此方面所设定的内容，得到阐明，并在言及（Ansprechen）时依然鲜活。什么是给予实事的基本经验？此基本经验言及哪一方面？
19 我们必须获得原生性，即那种活在古希腊科学中的原生性。在定义中，概念将变得明确，即显露出来。定义：最近的属加种差。definitio［定义］意味着什么，我们可望通过下述途径获得理解：我们转而追问，古希腊人的定义，亚里士多德的定义，有何含义。῾Ορισμός［定义］："限定"（Begrenzung）和"排除"（Ausgrenzung）。῾Ορισμός［定义］：λόγος οὐσίας［关于本体的言辞］。用λόγος［言辞］意指什么？用οὐσία［本体］又意指什么？或者更确切地说，用λόγος οὐσίας［关于本体的言辞］意指什么？如果我们澄清了这些问题，那么，我们就会找到概念的原生性。

在传统的经院式语言中，概念指：一、notio［了解］；二、intentio［意向］；三、conceptus［抓住/收集］；四、species［形貌］。

补充一，关于notio［了解］：在概念中，有对概念所意指的实事的一种确定的"了解"（Bekanntheit），也就是说，概念由此被装入了某个熟知的存在（Bekanntsein）。

补充二，关于intentio［意向］：在概念中，有一种"针对"（Abzielen），一种对某物的看法（Meinen）。这种对实事的看法，是概念的本质结构要素（“实事”总是完全一般性地在纯粹某物的意义上得到使用）。

补充三，关于 conceptus［抓住 / 收集］：就是“把握”（Erfassen）。实事并非只是被意指，也并非只是被了解，人们不仅知道实事，而且按照所把握到的存在（Erfaßtseins）的方式来意指和了解实事，因此，所把握到的存在中的事物被抓住（umfaßt）、被收集（zusammengenommen）。

补充四，关于 species［形貌］：就是 εἶδος［所见］，就是“外观”（Aussehen）；从而又回到 notio［了解］。如果我了解实事，我就知道它看上去如何，也知道它本身如何从其他实事当中凸显出来。

这些名称，在经院式的应用过程中，获得了一种完全变陈旧了的（abgegriffene）含义，所以，这些名称统统被译成了“概念”（Begriff）。

定义应当按照其起源来研究：定义就是 λόγος οὐσίας［关于本体的言辞］。Λόγος［言辞］就是“言说”（Sprechen），对于古希腊人而言，也是“所言说之事”（das Gesprochene），是按照 ἀποφαίνεσθαι［表明］或 δηλοῦν［使变得可见］的基本功能来言说，是在*关于某物的言说*中“将——一种—实事—带入—自我显现”。这种关于某物的言说，就是*与他人言说*的倾向，也是*自—我—表达*（Sich-selbst-Aussprechen）的倾向。在与他人和与我自己言说过程中，我将所言说之物带入了被给予性（Gegebenheit），方式是：我在 20
言说中经验到，实事是如何表现出来的。言说并非某种偶然才出现的单纯的事情过程（Vorgang）。这种与他人言说某事，也是一种自—我—表达。这种自—我—表达是 λόγος［言辞］不可或缺的结构性要素。稍后，我们必须思考此结构，以便指明：通过言说所指明的事物究竟在何处安家。

所言说之物“确定下来”（liegt fest），就成了一种 κείμενον［确定的事物］。κείμενα ὀνόματα［确定的名称］正是作为 κείμενα［确定的事物］，即作为“所确定的事物”（festgelegte），他人也可以动用（verfügbar），这些 κείμενα ὀνόματα［确定的名称］是 κοινά［共有之物］，① 它们属于任何人。一个词一经说出，它就不再属于我了，所以，语言这样一种事物，属于任何人，也恰恰因为如此，正是在这种共同拥有中，生机勃勃地存在着生命本身的基本可能性：但也往往存在一个词只是被言说的情形——这种言说随着纯粹的词语而消逝，与所讨论的实事没有任何明确的关系。在此存在一种可理解性，它对于所有人都是共同的。通过熟悉一种语言，我习惯了世界的一种可理解性，对于语言，只要我生活在语言之中，我就是从我出发拥有了语言。存在一种**共同的可理解性**，这种共同的可理解性具有**平均**（Durchschnittlichkeit）之特点，这种共同的可理解性不再具有那种—从属于—个别人（Den-einzelnen- Gehörens）的特质，这种共同的可理解性变陈旧了、用过了、耗尽了（abgegriffen, gebraucht, verbraucht）。任何被言说之物都有可能被耗尽，也有可能转入共同的可理解性。

这种言说，这种我在此一再加以规定的言说，为古希腊人自己所运用，以便按照其独特性对人本身的存在作出规定，他们不仅将此言说运用于对人的生命和此在的明确思考，就像哲学思考那

---

① 《形而上学》，卷 Z 章 15，1040a11：τὰ δὲ κείμενα κοινά πᾶσιν［确定的事物对于所有人都是共同的］。

样，也将此言说运用于自然的呈现性(Vorfindlichkeit)。人被规定为 ζῷον λόγον ἔχον[拥有言辞的动物]，规定为一种“生命存在”(Lebewesen)，按照现代的构形(Ausformung)，不存在这样的生物
学概念。生命是一种**如何**(Wie)，是一个**存在范畴**(Kategorie des 21
Seins)，而非某种野蛮、深刻和神秘的事物。有特点的是：“生命哲学”(Lebensphilosophie)从未致力于追问，“生命”概念作为存在范畴究竟意味着什么。什么是一种存在—于—某—世，动物和人并非分别(neben anderen)现成在手(vorhanden)，而是相互(mit anderen)现成在手，(在人那里)他们自己还相互言说。自我言说作为对……的言说，是**生命存在的基本方式**，即存在—于—某—世。何处无言说，何处言说停止，何处有生命者不再言说，我们就会说到“死亡”。由此生命的基本可能性，可以按照其最终的根据来全面理解生命存在。言说被归于作为一种特殊存在的生命的存在处境(Seinszusammenhang)。

ζῷον λόγον ἔχον[拥有言辞的动物]这个规定中的 ἔχον[拥有]，要按照其完全基本的含义来理解。῎Εχειν[拥有]在《形而上学》卷 Δ 章 23 中，被规定为 ἄγειν[行事]，即以某种方式，按某种“冲动”(Antrieb)，来“从事”(betreiben)某种事务，这种“冲动”就来自这种存在*。[①] 语言(Sprache)被拥有，以至于可以说：言说属于人**本真的存在冲动**。人的生命意味着言说。从而，对 λόγος[言辞]的初步澄清，被归于某个存在处境，姑且称此存在处境为人的生命。[②]

* 即 ζῷον λόγον ἔχον[拥有言辞的动物]。——译注

① 《形而上学》，卷 Δ 章 23，1023a8：τὸ ἄγειν κατὰ τὴν αὑτοῦ φύσιν ἢ κατὰ τὴν αὑτοῦ ὁρμήν[按照自己的本性或按照自己的冲动来行事]。

② 参见“手稿”，页[341]以下。

第七节　οὐσία[本体]的确是亚里士多德哲学的基本概念

λόγος[言辞]的基本功能是将存在者按其存在引—向—自我呈现(Zum-Sichzeigen-Bringen)，即将作为存在者之“存在”或作为“存在性”(Seinsheit)的οὐσία[本体]引—向—自我呈现。这
22 意味着，存在者的存在本身还有其规定要素，也因此，关于存在者，按照其存在之如何(Wie seines Seins)，还有某物应该深究。然而，οὐσία[本体]作为“按其存在之如何而存在者”(Seiende im Wie seines Seins)，在亚里士多德本人那里，却可作几种解释，即有多种含义，与此同时，οὐσία[本体]是实事处境的名称(Titel für Sachzusammenhänge)，这些实事处境构成了亚里士多德基本研究的主题。οὐσία[本体]**的确是对亚里士多德哲学的基本概念**的表达。借助(An Hand)οὐσία[本体]，我们不仅会经验到ὁρισμός[定义]之所是，我们还会获得一个基础，在此基础之上，我们能够安置其他基本概念。

(一)概念之多义性的不同方式和术语的形成

οὐσία[本体]在亚里士多德那里是多义的。这恰恰有可能直接为术语的运用制造麻烦，因为，一项研究的基本概念方面的某种**多义性**，有可能是一种危险的事情。但并非每种多义性都具有如此特质。有这样一些多义性：

第一，由**混乱**(Verwirrung)引起的多义性。这种多义性出于：

某个词有某种确定的运用，可这样的运用使得这个词具有不同的含义，尽管这些含义已得到澄清；但这些含义因为缺乏实事认识（Sachkenntnis）而变得混乱。这种由混乱引起的多义性之贻害，模糊了曾经在某项明确的研究中所表明的内容。

第二，多义性有可能是或者有可能出自无法按照其可能区分来看到确定的实事处境，出自在概念把握和概念规定上**对区分不敏感**（Underschiedsunempfindlichkeit）。

第三，多义性也可能是下述情形的标志：按其多义性，词语的范围出自某种**与实事的真实关系**，出自某种**与实事的真正的熟稔**；意思的（Bedeutens）多义性是**实事所要求的**，这种多义性是某种**有区分的意思所具有的相互关联的复多性**（gegliederte Mannigfaltigkeit des geschiedenen Bedeutens）；实事如此，故而它 23
由自身出发，要求使用同一种表达，而同一种表达又具有不同含义。

这也正是亚里士多德的情形。譬如：《形而上学》卷Δ。亚里士多德没有让自己忙于去除这种多义性，即在某种了不起的分类学（Systematik）的意义上，忙于消除这种多义性，这一点恰恰表明了**他对实事的直觉**。他有鉴于实事而保留了含义。

因此，意思的多重性，可以作为复杂事物的标志。正确的做法是，不要把我们自己本身的混乱与亚里士多德那里的意思的多重性混为一谈。我们必须追究，多义性究竟是否出于诸实事。

οὐσία［本体］就属于这种具有多重含义的基本概念。所以，我们将要探究，不同的含义是从何处获得其定向的。我已经说过，οὐσία［本体］是亚里士多德研究的基本概念。这样的措辞（Ausdrücke）具有受到强调的措辞之特质，人们称其为 Termini［术语］，而在某种科学的问题处境中，明确符合这些术语的含义，就是措辞的"术语学"（terminologische）含义。**术语的形成**（Werdens von Termini）具有多种可能性。

第一，可以发现一个确定的实事处境，初看上去这一实事处境是全新的——在此缺乏词语（Wort），需要**联系实事以生造**词语。术语不可能现成在手，而是会径直变成 Terminus［术语］，随后，术语会下降，从而进入日常言说的常用性（Geläufigkeit）和实用性（Gebräuchlichkeit）。

第二，构词（Bildung）紧随其后，从而将 Terminus［术语］本身与某个现成在手的词语联系起来，如此一来，在日常含义中某种含义要素虽然同时被意指，但这种含义要素却不再显而易见，这种含义要素从而成为术语学含义上的主题。[1]

（二）οὐσία［本体］的常用含义

24 οὐσία［本体］这个措辞，作为亚里士多德研究的基本术语，是从一个在自然语言中具有一种**常用含义**（geläufige Bedeutung）的措辞中生发出来的。常用含义是这样一种含义：它在**自然言说**中有一个［对应］* 词。**自然的**言说意指这样一种言说：它总是**主要并且首先**（zumeist und zunächst）发生，在这样的言说发生的时候，另外一种与世界言说的方式，即科学的言说，是现成在手的。意思和措辞的**常用性**，进而意指：这种常用性通过**理解的平均性**（Durchschnittlichkeit des Verständnisses）起作用，这样的理解有资

① 参见"手稿"，页［342］以下。

* "［对应］"为译者酌加，以补足文意。——译注

格被认为是自明的，即“无需进一步”作出理解。“人”无需进一步理解某个措辞，措辞具有常用之特质，语言共有这种特质，每个新人都会熟悉这样的语言。

然而，就 οὐσία[本体]这个术语而言，情况却并非如此：它的术语学含义是由常用含义中生发出来的，它的常用含义消失了，相反，在亚里士多德那里，常用含义与术语学含义同时并存。也就是说，按常用含义，οὐσία[本体]意指：“财产”(Vermögen)、“占有物”(Besitzstand)、“家产”(Hab und Gut)、“田产”(Anwesen)。值得我们一提的是，一个确定的存在者，像占有物、家具以及如此等等一样存在着的实事，被古希腊人称为本真的存在者(eigentlich Seiendes)。因此，当我们在此深入探究常用含义的时候，我们也许会发现，古希腊人以“存在”(Sein)究竟意指什么。但我们必须小心翼翼，以便用某种方式从常用含义中抽绎出术语学含义。问题的关键只在于以如此方式来理解常用含义：我们要在常用含义中获得对术语学含义的指示(Anweisungen)。

οὐσία[本体]的常用含义指出了一种确定的存在者，但并非山(Berge)或其他人(andere Menschen)。在术语学意义上，οὐσία[本体]就是“按其存在之如何而存在者”(Seiende im Wie seines Seins)。(通常译为“实体”[Substanz]。但尚不确定：是否用“实体”来描述 οὐσία[本体]，要比用“按其存在之如何而存在者”来 25
描述 οὐσία[本体]更好。)在常用含义中，这个“按照其存在之如何”(Seiandes im Wie seines Seins)并未得到强调。但在我们德语的措辞中，我们已然获得了确定的含义：田产、财产、家产这些措辞，不仅意指存在者，还意指“按照其存在之如何”。οὐσία[本体]

是这样一种存在者，它以某种受到强调的方式为其自身而在此（in einer betonten Weise für mich da），所以，我可以使用它，它随时供我使用，我天天与它打交道，这样的存在者，在我与世界的日常交往之中在此（da ist），也在我从事科学研究的时候在此，这样的存在者，作为按其存在而存在者（in seinem Sein Seiendes），作为按其存在之如何而存在者，是受到偏爱的（bevorzugtes）、具根本性的存在者。在常用含义中，存在之如何（das Wie des Seins）也同时被意指。存在之如何，指以可动用之在的方式在此（Dasein in der Weise des Verfügbarseins）。它给予我们的指点是：对于古希腊人而言，存在一开始就意指此一在（Da-sein）。按照其存在对存在者作更进一步的解释，必须在下述方向上提问：什么是此（Da）？由对存在者的此之特质（Da-Charakters）的解释出发，存在者之存在才会变得可见。

我们可以看到，οὐσία［本体］的术语学含义是如何源于其常用含义的。从常用含义的角度看，οὐσία［本体］是一个确定的按其存在之如何而存在者，这个如何只是同时被意指（mitgemeint）。与此相对，术语学的含义却以主题方式（thematisch）给出了存在之如何，在此之前，只是不明确地指出了存在之如何——而且不仅不明确地指出了存在之如何，还不明确地指出了每一个存在者。οὐσία［本体］既可以直接意指存在者（同时意指如何），也可以直接意指存在者之如何（同时意指这个存在者本身）。因此，οὐσία［本体］既意指一个存在者，也意指存在之如何、存在、存在性（Seinsheit）、此一在意义上的存在（Sein im Sinne von Da-sein）。此一在意义上的 οὐσία［本体］，本身包括一种双重含义：一、此在者（Daseiendes）；

二、此在者之存在（das Sein des Daseienden）。

并非偶然的是，在古希腊人对事物的称谓中，人首先照面的是 πράγματα［事情］，即“人必须永远与其打交道的存在者”，还有 χρήματα［财产］，即“开始使用的某物”。它们指明了 οὐσία［本体］的基本含义。

亚里士多德在《形而上学》中说，τί τὸ ὄν; 即“存在是什么？” 26
这个古老的问题，其实是对存在者之存在提出的：即 τίς ἡ οὐσία ;［本体是什么？］① 亚里士多德第一次将科学研究建立在了这样一个基础之上：柏拉图本人一次也未曾预料到（nicht einmal eahnt hat）这个基础。②

（三）οὐσία［本体］的术语学含义

οὐσία［本体］是亚里士多德哲学并且绝对是古希腊哲学本真的基本研究的对象之名称（Titel für den Gegenstand der eigentlichen Fundamentalforschung）。如果想承担起解释这样一个术语之含义的任务，就必须坚持不懈，让此术语所意指的实事处境（Sachzusammenhänge）本身呈现出来。οὐσία［本体］这个术语具有一种多重性的发生方式（Entstehungsweise）。οὐσία［本体］这个措辞作为术语，是从一个在日常语言中占据统治地位的措辞中生发出来的，在日常语言中，这个措辞意指确定的存在者，即具有财产、占有物和田产以及如此等等之特质的存在者。我们想将此 οὐσία［本体］的常用含义，按如下方式采纳为指导线索（Leitfaden）：我们问，

---

① 《形而上学》，卷 Z 章 1，1028b2 以下。

② 参见“手稿”，页［345］以下。

在术语学含义中，是否也在某种意义上包括了常用含义的含义要素。常用含义仅仅作为指导线索：借此，我们将根据 οὐσία［本体］的含义要素来考问其术语学含义；而非从常用含义中抽绎出其术语学含义。

οὐσία［本体］的特质是：它不仅表达出了一个存在者，而且表达出了一个按其存在之如何而存在者。我用家庭（Hausstand）意指这样一个存在者：它以一种明确的方式在此，这样一个存在者，首先并且主要在生活中在此，生活本身实际上更多在这一存在者之中运作，生活仿佛由此存在者之中获取了其此在。因此，在 οὐσία［本体］的常用含义中，有一个双重物：一个存在者；却又同时按其存
27 在之如何而在。术语学含义之所以突显出来，恰恰因为这种含义考虑了存在之如何：οὐσία［本体］一开始并非指一个存在者，而是指这个存在者的存在之如何，由此同时意指一个确定的存在者。当人们运用 οὐσία［本体］这个术语的时候，甚至按其常用含义，也意指一个确定的存在概念（bestimmter Seinsbegriff）。Οὐσία［本体］作为 εἶναι，即"存在"（Sein），有其完全确定的存在含义，此存在含义是由古希腊人关于存在者的最初理解中生发出来的，是存在者首先与古希腊人照面（das ihnen zunächst begegnet）。而且，存在的这一最初含义是这样的：在术语学含义中已然带有此最初含义。

任何时候，我们都能按下述方式为此措辞的意思的多重性获得一个定向：此措辞既意指按其存在之如何而存在者，也意指存在者的存在之如何。它们分别侧重不同方面。在此，我们的兴趣只在于术语学含义。术语学含义的多重性应更为准确地加以确定。我们研究 οὐσία［本体］的目的是为了搞清楚，λόγος［言辞］和 ὁρισμός

[定义]究竟在谈论什么，通过定义(Definieren)原本是要谈论什么。

研究术语学意义上的 οὐσία[本体]，就是研究其含义本身的多重性。在术语学意义上，一方面，οὐσία[本体]指存在者或各种存在者，从而未直接强调其存在之如何；另一方面，οὐσία[本体]就指存在者之存在。在 οὐσία[本体]这个术语的意思的两个基本方面中，我们碰到了一种多义性，我们就是要更为细致地研究这种多义性。如果应当有一项研究将存在作为主题，那么，此项将存在者之存在作为主题的研究，就应当以某种方式坚持下去，从而让存在者呈现自身，因为，最终仅仅在存在者本身那里可以看到其存在之特质，所以，一定有必要同时对存在者作出思考。在此项研究中，任何存在概念(Seinsbegriff)都有*其意思特定的双重特质*(spezifischen Doppelcharakter seines Bedeutens)。

1. οὐσία[本体]作为存在者

从 οὐσία[本体]这个术语的意思的两个基本方面中，我们首先 28
选择意指*存在者本身*的方面。措辞本身就出现在此运用当中。οὐσίαι[诸本体]述及不同的"存在者"，因为，οὐσίαι[诸本体]拥有不同的存在特质。存在者本身最初总是先于存在被经验到。亚里士多德在《形而上学》卷 Z 章 2 中指出：δοκεῖ δ' ἡ οὐσία ὑπάρχειν φανερώτατα μὲν τοῖς σώμασιν[①][看来本体首先以实体显现出来]，意思是"存在者之存在以 σώματα[实体]来表明自身"。如果我们将 σώματα[实体]译为"实体"(Körper)，则需要注意：对于古希

---

① 《形而上学》，卷 Z 章 2，1028b8 以下。

腊人而言，**实体性**（Körperlichkeit）并不意指物体性（Stofflichkeit）或物质性（Materialität），相反，它意指某个存在者，即某个此在者所固有的一种**强加性**（Aufdringlichkeit），所以，后来，τὸ σὸν σῶμα，即你的 σῶμα［身体］，和 σύ［你］是一回事，再后来 σῶμα 又意指“奴隶”（Sklave）、“囚犯”（Gefangener），即一个属于我的存在者，它归我处置，它凭这种强加性和自明性在此。因此，这样的 σώματα［实体］也并非只是实体事物（Körperdinge），还指动物、树、地、水、气，指 τὰ φυσικά［诸自然物］，甚至还指 οὐρανός［天］；[1] 不仅指死物，还指首先并且主要以生命的日常性（Alltäglichkeit）在此的存在者。关于这样的存在者，亚里士多德说，他 δοκεῖ δ᾽ ἡ οὐσία ὑπάρχειν φανερώτατα［认为本体首先显现出来］，即 οὐσία［本体］直接并且首先表现出自身。是否还有其他存在（Sein）也符合这样的特点，是一个开放的问题。[2]ουσίαι [...] ὁμολογούμεναι[3]［公认的……诸本体］：每个人与他人不加追究地一致认为，这些存在者都是本体。这些存在者凭着自然的此在的自明性，被认为在本真意义上存在着（seiend）。

因此，对于亚里士多德而言，对于任何探究存在（Sein），以便
29 获得立足根基的研究而言，下面一点是自明的：研究由思考存在（和存在结构）出发，而存在首先是以这种方式在此的；研究由一种存在意义出发，自然性无需进一步努力就明了这种存在意义。生命活动凭借下述事物的一种**自然的可理解性**：在生命的言说中，“存

---

① 《形而上学》，卷 Z 章 2，1028b9 以下。

② 参《形而上学》，卷 Z 章 2，1028b13 以下。

③ 《形而上学》，卷 H 章 1，1042a6。

在”和“存在者”就直接意指这种事物。《形而上学》卷 Z 章 3 中说：ὁμολογοῦνται δ’ οὐσίαι εἶναι τῶν αἰσθητῶν τινές［本体被认为是那些感知到的事物］，[1]意思是“人们一致认为，本真意义上的存在者，出自由 αἴσθησις［感知］所获悉的事物”。亚里士多德所谈论的 αἰσθητόν［可感之物］，从不意指具有意义材料（Sinnesdaten）特质的对象性事物（Gegenständliches），这种对象性事物通过“感觉”（Empfindungen）而到场（präsent）。他用 αἴσθησις［感知］意指按照自然方式对存在者的“感知”（Vernehmen），一项感知的独特之处在于：意义参与其中，并为其提供进路。自然方式，就像我们看到并谈论树、月亮那样。就此，人们一致认为，由 αἴσθησις［感知］可通达的存在者具有 οὐσία［本体］之特质。因此，在此存在者的领域，首要从事的研究是对 οὐσία［本体］本身的结构的研究。

2. οὐσία［本体］作为存在：存在诸特质（《形而上学》卷 Δ 章 8）

目前，这样一项对存在者之存在的研究，就存在特质能表明什么，我们无法立即详加追踪。按此定向，我们打算呈现几点存在特质，进而呈现 οὐσία［本体］含义的多重性，在此过程中，οὐσία［本体］意指某个存在者的存在。我们以《形而上学》卷 Δ 章 8 为讨论存在特质的定向基础，亚里士多德的存在研究表明了这些存在特质。我们思考此文本中所列举的存在特质，目的是考察，在这些存在特质中，按照某种方式，存在的意义（Sinn von Sein）是否并且如 30

---

① 《形而上学》，卷 Z 章 3，1029a33 以下。

何发生作用，在“家庭”这个 οὐσία［本体］的常用含义（Bedeutung）中，我们已然发现了存在的意义；同时考察，在这些存在特质中，存在者的不同要素，是否在某种独特的此在的意义上得到表达，就像田产、家务首先并且主要以某种紧迫性而在此。我们询问存在特质：它们是否不是此（Da）意义上的特质。

亚里士多德通过列举 σώματα［实体］开启了章 8。[1] 他想以此指明他研究存在者之存在由以出发的基础。

一、他将 ὑποκειμένον［向来在此］视为第一个存在特质。[2] 像动物、植物、人、山、太阳这样的存在者的存在方式是：它们 ὑπό［向来］即“一开始”就“处于此”。当我言说它们的时候，当我就动物有所言说时候，当我描述植物的时候，我所言说、所描述、言说之时所拥有的事物，都是现成在手的，它们一开始就处于此。这种存在者的存在具有**现成在手的存在**（Vorhandenseins）之特质。

二、Αἴτιον ἐνυπάρχον［内在于开端的原因］：“内在地俱有的现成在手之物”（was mit darin vorhanden ist），在这样一个存在之中，在 αἴτιον τοῦ εἶναι［存在的原因］的功能中。[3] 这样一种存在特质就是 ψυχή［灵魂］。[4] 灵魂就是 οὐσία［本体］，这说明，灵魂是一种存在特质，这种存在特质在一开始所指定的意义上的一个存在者之中现成在手，灵魂是内在地具有的现成在手之物，它同时构成

---

① 《形而上学》，卷 Δ 章 8，1017b10 以下。

② 《形而上学》，卷 Δ 章 8，1017b13 以下：καθ' ὑποκειμένου［关于向来在此之物］。

③ 《形而上学》，卷 Δ 章 8，1017b15 以下：αἴτιον τοῦ εἶναι, ἐνυπάρχον［存在的原因，内在于开端之物］。

④ 《形而上学》，卷 Δ 章 8，1017b16。

我们说它们有生命的那些事物的特定的存在。灵魂对某个有生命之物的特定存在负有责任(schuld),灵魂构成了某个有生命之物的特定存在,一个有生命之物,就是一个在—某—世—存在意义上的存在。两个基本要素是 κρίνειν[分开]和 κινεῖν[促动]。[①] 一个有生命之物并非简单现成在手(作为任何人都能得到的事物),而是以明确方式恰恰按其现成在手的存在而在此,它能看、能作为、能促动自己。这种 οὐσία[本体]的两个要素是 κρίνειν[分开]和 κινεῖν 31
[促动]:κρίνειν[分开]就是与他物"疏离"(Abheben),就是在某个世界中自我定向;而 κινεῖν[促动]就是"自己—在此—活动"(Sich-darin-Bewegen),就是在此—有事—去—作为(Darin-zu-tun-Haben)、在此—周旋—或—避开(Darin-herum-und-Umgehen)。因此,如果谈论古希腊哲学,对待著名的灵魂的"实体性"(Substanzialität)就必须更小心些。οὐσία[本体]意指一种存在方式,如果称灵魂为 οὐσία[本体],则意指一种特出的存在方式,即有生命之物的存在方式。

三、Μόριον ἐνυπάρχον[内在于开端的部分]:[②] 这一特质譬如通过附属于一个体的面而表现出来。如果我由此(Da)拿掉附属于一个体的面,就毁掉了这个体。体就不再在此了。因此,面构成了一个体的此在和可能的此在,正如线构成了一个面的可能的此在。

---

① 亚里士多德,《论灵魂》(Aristotelis de anima libri III. Recognovit G. Biehl. Editio altera curavit O. Apelt. In aedibus B.G. Teubneri. Lipsiae 1911),卷 Γ 章 2,427a17 以下:ἐπεὶ δὲ δύο διαφοραῖς ὁρίζονται μάλιστα τὴν ψυχήν. κινήσει τε τῇ κατὰ τόπον καὶ [...] τῷ κρίνειν[此外,既然要用两个要素来划分灵魂,那么,就得用位置方面的促动和(……)辨别来划分]。

② 《形而上学》,卷 Δ 章 8,1017b17:μόρια ἐνυπάρχοντά[内在于开端的各部分]。

故而，面作为一个体的要素，是这样一种存在特质：亚里士多德也称其为 ὁρίζον［划分之物］，[1] 即“划界之物”。体可由 μόριον ἐνυπάρχον［内在于开端的部分］的存在特质来划界，也就是说，存在者可以由其存在得到规定。这一点之所以可能，只因为在古希腊人看来，界限是存在者之此在的最（ganz）基本特质。界限性是此（Da）的一个基本特质。ὁρίζον［划分之物］这种要素，就是 σημαίνον τόδε τι［标明某物在此之物］，[2] 这种要素“标明”了存在者，存在者凭此要素而现成在手，即作为一个“此”（das da）而现成在手，所以，这个“此”（das da）以其存在性而变得可见、可规定、可理解。因为，划界具有这样一种特殊作用，以至于划界按其存在对存在者作出规定，所以，有人就想把“所有”界限、最广义的“数”称为 οὐσία［本体］。[3] 不仅毕达哥拉斯学派，还有柏拉图学派，都在数中看到了本真的 οὐσία［本体］，把这些数看成 οὐσίαι［本体］。数字性事物（Zahlenmäßiges）、数量性事物（Zahlhaftes），为存在者本身划界，它们不是存在于我们周围的实体和神灵（Dämonen）。

32　四、τὸ τί ἦν εἶναι［已然存在的存在］：[4] 这个术语不是亚里士多德生造的，而是他习传来的。τὸ τί ἦν εἶναι［已然存在的存在］是存在的一个特质，确切地说，它是这样一种特质：作为 ὁρισμός［定义］的 λόγος［言辞］凭此特质谈论存在者。[5] τὸ τί ἦν εἶναι［已然存

① 同上。

② 《形而上学》，卷 Δ 章 8，1017b18。

③ 《形而上学》，卷 Δ 章 8，1017b20：καὶ ὅλως ὁ ἀριθμὸς δοκεῖ τισι τοιοῦτος εἶναι［所有数在有些人看来也具有这种特质］。

④ 《形而上学》，卷 Δ 章 8，1017b21 以下。

⑤ 《形而上学》，卷 Δ 章 8，1017b22。

在的存在]正是 ὁρισμός[定义]的主题。在此，我们不可能有全面理解这种存在特质的打算，也许到了讲座末尾，我们才能理解此存在特质。我只打算非常肤浅地描述这种存在特质的含义及其与其他存在特质的关系。此存在特质意指“存在”，确切地说，意指“什么存在如其已然之所是”（Wassein, wie es schon war）。此存在特质意指一个系于其自身的存在者，也就是说，就其已然之所是、其存在由何处来而言，就其源始性（Herkünftigkeit）而言，这种存在特质进入了此一在者（Da-seiende）。因此，τὸ τί ἦν εἶναι[已然存在的存在]就是“每一事物的存在”，即 οὐσία ἑκάστου[每一事物的本体]。① 它并非“每个事物”或根本不是“个别事物”和“个体事物”。用后面这些词来逐译 τὸ τί ἦν εἶναι[已然存在的存在]，会使人迷失方向。Ἑκάς 意指“远”（fern），ἕκάστον 意指“每一个事物”，就我停驻于其上而言，就我保持一定的距离看着它而言。每一个事物恰恰都不是非间接（unmittelbar）或直接被看见的，只有当我与其保持一定距离（einen gewissen Abstand von ihm nehme*）时，它才变得可及，也只有在保持这种距离时，它才会向我呈现出来。Τὰ καθ' ἕκάστα[个别的事物]是构成某个存在者的个别性（Jeweiligkeit）的要素。只有当我与其保持距离时，它才到场。在自然的交往中，我熟悉的对象并非本真在此，我实际上忽略了它们，它们并没有到场（Präsenz）之特质，它们太过平常了，它们仿佛从我日常的此在中消失了。只有当某一事件以不寻常的方式发生时，我日常与其

① 《形而上学》，卷 Δ 章 8，1017b22。

* einen gewissen Abstand von ihm nehme 或可译为“放弃它”。——译注

打交道的某物才会突然到场而出现在我眼前。首先并且直接被给予的绝不是个别性。我们需要保持某种距离，才能按照日常性的
33 此在看到日常性，才能让日常性到场，而存在特质就包含在亚里士多德的 τὸ τί ἦν εἶναι［已然存在的存在］之中，存在特质按照存在者的此在清楚地表明了存在者，存在特质也构成了存在的此之特质（Da-Charakter）。

如此一来，亚里士多德就区分了使用 οὐσία［本体］概念的两种 τρόποι 即"基本方式"：第一，ὑποκειμένον ἔσχατον［终极的向来在此］，对于任何交往而言，它都已然在此；第二，就 τόδε τι ὄν［这是什么］的特质而言的存在者，我谈论它就是谈论"这个此"（das da），即 χωριστόν［可分离的事物］，它处在"自己位置上"；此两者都是"独立"（eigenständig）现成在手的。[1]

五、表明这种独立性的是 εἶδος［型］，[2] 即"所见之物（gesehen），从远处望见之物（gesichtet）"，即某一存在者的"外观"、"自我表现"（Sichausnehmen）。我在此看见的事物和我确定在此独立现成在手的事物，如果它看上去就像一把椅子，那么，对于古希腊人而言，它从而就是一把椅子。

3. οὐσία［本体］作为此在：存在诸特质作为此（Da）之特质

到目前为止，我们只是在列举诸存在特质，然而，重要的是，我们应当看到，在这些不同的存在特质中，一种**对此的确定的**理

① 《形而上学》，卷 Δ 章 8，1017b23 以下。

② 《形而上学》，卷 Δ 章 8，1017b26。

解(bestimmte Auffassung von Da)是如何表现出来的，从而，这些不同的存在特质，如何成了**此之意义的完全确定的特质**，就像古希腊人理解此那样。就此，我们在 οὐσία[本体]——作为“可动用之物”、“眼前之物”、“田产”和“占有物”意义上的现成在手之物——的常用含义中已然拥有了一个指导线索。

我们尝试按下述方式，就存在特质获得一个基本定向：我们考察，在何种程度上，所有这些明显有些不同的存在特质，结合成为此(Da)之特质。οὐσία[本体]意指“此在”，而且 οὐσία[本体]并非只有一种无关紧要的存在意义，即说到底，οὐσία[本体]根本没有意义。οὐσία[本体]是 παρουσία[在场]即“当前的存在”之缩减。更常见的是其对立面 ἀπουσία[不在场]，即“缺席”，ἀπουσία[不在场]并非简单的什么也没有，相反，确有某物在此，不过某物在此尚处在一种缺乏状态之中。在 ἀπουσία[不在场]的情况下的 34 看是瞟一眼。ἀπουσία[不在场]是 στέρησις[阙失]这个基本范畴的本体论基础。我们打算尝试对上述此之特质作出基本定向。

一、Ὑποκειμένον[向来在此]，[1] 即“现成在手的存在”，某物的“现成在手性”。这一存在特质与常用含义之意义上的存在相互关联，这一存在特质不仅意指在此的(daseiend)此在者，它还意指譬如田产立于其上意义上的此在者，如土地、泥土、天、自然、树，这些此在者作为存在者是现成在手的，在其中具体的生命维持着它的此在。οὐσία[本体]即现成在手性，面对此在者之存在，我自己不需要作什么。

---

① 《形而上学》，卷 Δ 章 8，1017b13 以下。

二、Αἴτιον (τοῦ εἶναι) ἐνυπάρχον[内在于开端的(存在之)原因],[1] 譬如:ψυχή[灵魂]。[2]“灵魂”在下述意义上的本质:灵魂从某个有生命之物的特质中形成了某个存在者的此在。一个有生命之物具有某种完全与众不同的存在:第一,它在 ὑποκειμένον[向来在此]的意义上在此,它是现成在手的,就像石头、桌子那样。第二,可是人不会像一个石头那样站着,他可以在树下散步。我在任何地方碰到他,可他的此在作为出现(Vorkommen)、作为“世界”(Welt)这一点,可以刻画如下:它以在—某—世—存在的方式存在,它存在,同时它有某种定向。人在此的方式是:他以拥有其世界的方式存在于世间;他通过与世界交往而拥有了他的世界。Ψυχή[灵魂]作为存在特质,是一种特出的(ausgezeichneter)存在特质,它本身之中包含着作为 ὑποκειμένον[向来在此]的存在。

三、Μόριον ἐνυπάρχον[内在于开端的部分],[3] 它构成了某物的可能的存在:譬如,点、线,数作为本真的存在特质,是因为数就是划界。然而,数和点以及如此等等,只有在下述一点可以得到证明的情况下,它们才是存在特质:对于古希腊人而言,界限和划定界限的存在就是本真存在特质。

35 四、τὸ τί ἦν εἶναι[已然存在的存在]:[4] 这个词组已然表明,这里关系到存在规定的一个整体丛(Komplex),我们随后将对其加以分疏。按照 τὸ τί ἦν εἶναι[已然存在的存在]之特质,存在是我们

---

① 《形而上学》,卷 Δ 章 8,1017b15。

② 《形而上学》,卷 Δ 章 8,1017b16。

③ 《形而上学》,卷 Δ 章 8,1017b17。

④ 《形而上学》,卷 Δ 章 8,1017b21 以下。

如今称其为 ὁρισμός[定义]的这种 λόγος[言辞]的本真主题。这种存在特质，就是 ἕκάστον[每一个事物]的存在特质。就其个别性而言，每个存在者都可以由 τὸ τί ἦν εἶναι[已然存在的存在]来规定。

在概括存在特质时，还有一个第五点 εἶδος[型]，① 在亚里士多德看来，它也有"种"(Art)的意思。如果不明白 εἶδος[型]是完全确定的存在特质，即不明白 εἶδος[型]首先意指此在者的"自我表现"(Sichausnehmen)，就无法理解，为什么 εἶδος[型]意指"种"(Art)而 γένος[属]指"类"(Gattung)。如果某个建筑师要造一所房子，那么，他需要首先生活在房子的 εἶδος[型]之中，并且围绕房子的 εἶδος[型]活动，思考房子的样子。

τὸ τί ἦν εἶναι[已然存在的存在]本身具有对 ἦν[已然存在]的规定：某个存在者的此在，并且看到了其已然之所是(was es war)，看到了它的来源。如果将人规定为 ζῷον λόγον ἔχον[拥有言辞的动物]，那么，言说就源于他的 ζῷον[动物]—存在，即"生物"—存在，后者就是人的 γένος[属]。我着眼于其存在而看到某个此在者，就是看到它在此好像来源于……(wie es das ist als herkommend aus …)。如果我按照其历史(Geschichte)看到了某个存在者，那么，我就是本真地按照其存在看到了某个存在者，此在者如此便由其历史进入了存在。如此一来，这个此在者在此便完全了(fertig)，它抵达了它的终点(Ende)，抵达了其完全性(Fertigkeit)，就像房子终于按照其 εἶδος[型]ποιούμενον[建成]了。这个 ὑποκειμένον[向来在此]

① 《形而上学》，卷 Δ 章 8，1017b26。

已然完全了，不需要我来建立它。体通过面拥有了其完全性。

因此，概而言之，存在意指：第一，最初的当前性（primär Gegenwärtigkeit）、当前（Gegenwart），第二，完全之在（Fertigsein），完全性。在古希腊人看来，这就是此（Da）的两个特质。按照这两个特质，可以着眼于其存在来解释所有存在者。[①]

第八节 ὁρισμός［定义］作为对存在—于—此—世的规定方式。任务：按照此在作为存在—于—此—世的概念性，深入理解基本概念

36 λόγος［言辞］作为 ὁρισμός［定义］是这样一种对世界的“言说”（Sprechen）、“言及”（Ansprechen）：λόγος［言辞］作为 ὁρισμός［定义］着眼于其完全性言及存在者，并言及这种就在当前（als gegenwärtig）的完全性。在下述意义上，ὁρισμός［定义］是 λόγος οὐσίας［关于本体的言辞］：οὐσία［本体］指 τὸ τί ἦν εἶναι［已然存在的存在］。因此，λόγος［言辞］作为 ὁρισμός［定义］，是一种非常特殊的 λέγειν［言说］，它是内在于 λέγειν［言说］的一种确定的可能性。λέγειν［言说］的进行，最初并没有采取某种 ὁρίζειν［下定义］的方式，相反，世界最初是直接作为 συγκεχυμένον［混合物］，[②]

① 参见“手稿”，页［346］以下。

② 亚里士多德，《物理学》（Physica. Recensuit C. Prantl. Lipsiae in aedibus B.G. Teubneri 1879），卷 A 章 1，184a22：συγκεχυμένα［诸混合物］。

以“模糊”、“隐藏”、“不清楚”的方式被给予的。为了按其存在看到此在者，需要一种特殊的活动、一种特殊的开眼活动（Öffnens der Augen）。

亚里士多德对下述事实有明确意识：作为 ὁρισμός[定义]的 λόγος[言辞]并不具有日常性。他在《形而上学》卷Z章3进入 οὐσία[本体]研究的部分表达了这一点：“学习，即使自己熟悉某物，对于所有人而言，的确都是以下述方式进行的：由天生所知较少，进到所知较多。”①当我学习什么的时候，我已预先有所知，对这种预先所知的内容，我只是以此在的平均性而对其有所知，我以一种肤浅的方式朝向它。在学习中，由此过程，我便为本真可知的某物做好了准备。“正如在所有操持（Besorgen）中所表明的那样，由每个人所认为的个别的好，进展到本真的好，并将这种本真的好变成自己的好，对存在变得熟知的情形同样如此，所熟知的首先
是个别事物”，存在“往往以不清晰的（unscharf）方式（ἠρέμα[以 37
缓慢方式]）为人所知”。②我没有更清晰地观察到时间、事物的起因、此在者。这样的此在者“很少拥有或根本不拥有存在”。③在

① 《形而上学》，卷Z章3，1029b3：ἡ γὰρ μάθησις οὕτω γίγνεται πᾶσι διὰ τῶν ἧττον γνωρίμων φύσει εἰς τὰ γνώριμα μᾶλλον[因为，学习对于所有人而言都是如此达成的：由自然较不熟知的事物，进到较为熟知的事物]。

② 《形而上学》，卷Z章3，1029b5以下：ὥσπερ ἐν ταῖς πράξεσι τὸ ποιῆσαι ἐκ τῶν ἑκάστῳ ἀγαθῶν τὰ ὅλως ἀγαθὰ ἑκάστῳ ἀγαθά, οὕτως ἐκ τῶν αὐτῷ γνωριμωτέρων τὰ τῇ φύσει γνώριμα αὐτῷ γνώριμα. [...] πολλάκις ἠρέμα ἐστὶ γνώριμα[就像实践中之所为，由对每个人而言的善物，进到对每个人而言的全善之物，我们同样由自己较为熟知之物，进到本质上自己可以知晓之物]。

③ 《形而上学》，卷Z章3，1029b9以下：μικρὸν ἢ οὐθὲν ἔχει τοῦ ὄντος[拥有很小的存在或不拥有存在]。

此，十分明显的是，我忽略了它，没有关注它。恰恰是在这种未受关注的存在中，来自世界的此在的自明性表明了自身。然而，我恰恰必须由并非本真在此的事物出发，抵达如今应当本真地转入了解(Bekanntheit)的事物。这些原理具有纲领性，其实是对柏拉图式的哲学的反击(Gegenstoß)。亚里士多德说，我的脚下必须有根基，这个根基必须以其直接的自明性在此，以便我致力于存在。我不可能以幻想方式持有某个确定的存在概念，从而沉思此概念。

方法上的立场，已然完全原则性地在《物理学》开篇表明了，《物理学》是亚里士多德最早期的研究之一，似乎亚里士多德尚在学园中与柏拉图共同劳作时，就修订完成了这部作品。首先了解到的事物，我由以出发事物，就是 das καθόλου［一般的事物］，即“大致拥有的某物”。[①] 我在我的周围世界中粗略地作出定向，对于这是什么的问题，我不可能直接作答。重要的是，通过 das καθόλου［一般的事物］看到了本真的存在者。[②] 这一点表现于常用的言说(Sprechen als geläufigen)与术语(Terminus)的关系之中。自然言说中所使用的词语指向某个此在者，其本身包含了这个此在者，但尚未以明确划界的方式言及这个此在者。与此相反，当以某个作为 ὁρισμός［定义］的 λόγος［言辞］来贯彻意思和词的运用时，这个作为 ὁρισμός［定义］的 λόγος［言辞］就将这样的此在者分解成
38 为要素，这些要素构成了一个这样的对象的本真的个别性：Τὰ καθ'

① 《物理学》，卷 A 章 1，184a23。

② 《物理学》，卷 A 章 1，184a23：διὸ ἐκ τῶν καθόλου ἐπὶ τὰ καθ' ἕκαστα δεῖ προϊέναι［需由普遍进到个别］。

ἕκαστα[个别的事物]是这样一些要素，它们以必要的距离为我带来了最初以肤浅方式所意指的事物，我从而本真地按照其关联性(Artikuliertheit)看到了此事物。“孩子[他们本身在某种完全特殊的意义上生活在他们的世界里，他们以非关联的方式拥有他们的世界]习惯于称所有男人为父亲并且称所有妇女为母亲，只是后来才对其作出 διορίζειν[区分]。”① 父亲和母亲是孩子对人这种此在最初的和常用的解释(Auslegung)，这种解释直接可及，所以，孩子将这种解释用在每个男人和每个女人身上。普遍之物的这种不确定性，恰恰给了孩子以可能性，使他自己有可能在此在者之中朝向人。由此出发，由直接的事物出发，才能看清这个基础。由日常的自然存在的这个基础出发，某个特有的言说的特殊可能性才会出现，才能按照其本真的当前性(Gegenwärtigkeit)来谈论此在，才能按照其 πέρας[界限]的特质来如此谈论此在，从而按照其限定性(Begrenztheit)言及此在。

如此按照其界限性言及此在，就是作为 ὁρισμός[定义]的 λόγος[言辞]。一个限定的言说，在古希腊人看来，是言及本真的此在。界限，限定性，形成了本真的此之特质(Da-Charakter)，我们从《形而上学》卷 Δ 章 17 中发现了这一点：πέρας[界限]就是 ἔσχατον[最底层]，就是“某一个别此在者的最末端，在 πέρας[界限]之外，进而所碰到的事物中第一个碰到的就是虚无，在 πέρας

① 《物理学》，卷 A 章 1，184b12 以下：τὰ παιδία τὸ μὲν πρῶτον προσαγορεύει πάντας τοὺς ἄνδρας πατέρας καὶ μητέρας τὰς γυναῖκας, ὕστερον δὲ διορίζει τούτων ἑκάτερον[孩子起初称所有男人为父亲也称所有女人为母亲，后来才区分出了他们中的每一个]。

［界限］之内，可以看到所碰到的存在者的边界”。① 现在，可以立即将 πέρας［界限］的特质规定为 εἶδος［型］：界限性其实是“某
39 个存在者具有某种延展的外观”。② 然而，πέρας［界限］不仅仅是 εἶδος［型］，它还是 τέλος［结果］。③τέλος［结果］意指“完全性”(Fertigkeit)意义上的“终点”(Ende)，而非意指“目标”(Ziel)甚或“目的”(Zweck)。完全性也就是这样一种 πέρας［界限］，“它是运动和实践之所向”，④κίνησις［运动］和 πρᾶξις［实践］即忙于(Beschäftigtsein mit)某事，某一运动或实践在此达到了终点(而绝无目的观念［Zweckidee］!)。也存在拥有这两种界限特质的存在者。οὗ ἕνεκα［因是之故］，即这种某物发生“为了何故”，也有 πέρας［界限］之特质。⑤εἶδος［型］和 τέλος［结果］中的存在的本真的、最终的特质，就是 πέρας［界限］之特质。对于认识(Erkennen)而言，界限就是有限性(Grenzhaftigkeit)，之所以如此，只因为界限就是事物的有限性，只因为，πράγματα［事情］被限定于其界限之内。⑥

由此可以推断，对于亚里士多德和古希腊人而言，理论研究

---

① 《形而上学》，卷 Δ 章 17，1022a4 以下：τό ἔσχατον ἑκάστου καὶ οὗ ἔξω μηδὲν ἔστι λαβεῖν πρώτου, καὶ οὗ ἔσω πάντα πρώτου［个别事物的最底层，在它之外，把握不到这首要之物的任何内容，在它之中，可以把握到这首要之物所有内容］。

② 《形而上学》，卷 Δ 章 17，1022a6：εἶδος [...] ἔχοντος μέγεθος［占有广度的型］。

③ 同上。

④ 《形而上学》，卷 Δ 章 17，1022a7：ἐφ' ὃ ἡ κίνησις καὶ ἡ πρᾶξις［运动和实践就朝向它］。

⑤ 《形而上学》，卷 Δ 章 17，1022a8。

⑥ 《形而上学》，卷 Δ 章 17，1022a9 以下：τῆς γνώσεως γὰρ τοῦτο πέρας· εἰ δὲ τῆς γνώσεως, καὶ τοῦ πράγματος［因为，这是我们认识的界限；如果这是我们认识的界限，它也就是行动的界限］。

的内在原理是：μὴ εἰς ἄπειρον ἰέναι[不走向无限]。[1] Εἰς ἄπειρον ἰέναι[走向无限]是走向根本不存在的某物，因为，如此失去了界限。这种避免 regressus ad infinitum[追溯至无限]的原理，对于古希腊人而言具有完全确定的含义和完全确定的重要性，此原理也根本无法套用于当前的研究之中，因为，它具有某种完全不同的此在之含义。若要更为宽泛地运用此原理，则必须就何谓存在(Sein)提出理由。存在特质本身带有 πέρας[界限]的此之要素(Da-Moment)。一个存在者的当前性，就其完全性而言，按照它的此(Da)对一个存在者作出规定，也就是说，不折不扣地刻画了这个存在者的特质。这种存在含义，不是古希腊人从哪里发明出来的，而是由完全确定的关于存在的经验中生发出来的，因为，人就生活在某个世间，也因为，有 οὐρανός[乌拉诺斯]即“天”(Himmel)为世界穹顶，还因为，世界就是封闭于自身之中并且完成于自身之中的 οὐρανός[乌拉诺斯]。古希腊人由此在出发来解释存在——这是唯一可能的方式。一种确定的世界经验，就是古希腊人阐明存在 40 的指导线索。

您知道，我们在走出我们的思考时，作为思和思的清晰性的一项技术性事务而碰到的那个事物，作为 ὁρισμός[定义]表现出来。ὁρισμός[定义]是一种 λόγος[言辞]，就是一种确定地存在—于—此—世，这种存在按照此在着的世界的本真的此之特质碰到了这个世界，这种存在按照其本真的存在言及此在着的世界。我们就到何处去寻找概念本真的原生性获得了一个具体的指点。概念性绝不

① 《物理学》，卷 Θ 章 5，256a29。

是任意的事物，而是决定性意义上的**此在之事务**，因为，**此在决心毫无顾忌地**(radikal)**与世界交谈**，也就是说，向世界提问和研究世界。从而，λόγος[言辞]即“言说”(Sprechen)将按存在者自身来揭示存在者，如果此言说具有下述特质：它**按照其界限性**表明了存在者；它**按照其存在**为存在者**划定了界限**。这样的 λόγος[言辞]就是 ὁρισμός[定义]，就是**通达存在者的本真方式**，作为 ὁρισμός[定义]的言说就是本真地言及世界。可以将这种 λόγος[言辞]称为通达存在者的本真方式，因为，πέρας[界限]就是此(Da)的基本特质。ὁρισμός[定义]言说存在者，存在者**以当前性之方式**(in der Weise der Gegenwärtigkeit)而在，并以此方式**划定了界限**，因为，ὁρισμός[定义]涉及的存在者是划定了界限的存在者。

如果人们后来用“本质”(Wesen)来对译 οὐσία[本体]，而且如今仍在特殊范围内如此行事，并或多或少清楚地召回了这种译法，那么，人们就必须明白：在运用“本质”、“本质直观”(Wesensschau)、“本质关系”(Wesenszusammenhänge)这些规定的时候，他们打算以这些规定来揭示的存在者，是不是像古希腊人那样，意指其本身的存在意义上的存在者。如果事实并非如此，就必须说明他们用存在意指什么。如果不这样做，所有本质直观就悬而未决，事实就是如此。在古希腊人那里，存在概念不是从天上掉下来的，而是有其确定的基础。

41 如果我们就其概念性来追问基本概念，我们就会看到，ὁρισμός[定义]就是一种此在之事务，就是一种存在—于—此—世的事务。**就具体的此在而言，我们必须深入理解亚里士多德的基本概念，并按照他与他的世界交谈的基本可能性来深入理解这些基本概**

念，而此在就存在于此世间。

事实上，所有按照其概念性对概念作出的解释，都是这样发生的：思考 οὐσία［本体］概念能够为我们指明这一点。当我们返回常用含义，以便由此就 οὐσία［本体］、此、“此在”之含义获得指点时，发生了什么？这种返回，的确无非是倾听（Abhören）自然的此在与其世界的交谈，倾听此在如何就此在者与其自身作交流，倾听按照这种自然的可理解性，存在意指什么。

如果我们如今更为明确地致力于按照其概念性来把握基本概念，我们就要坚持不懈地搞明白亚里士多德如何理解此在、在世之人的存在，搞明白他如何经验此在，搞明白他在何种存在意义上言及此在，这样我们才有可能按照其原生性（Urwüchsigkeit）来理解这些基本概念。①

① 参见“手稿”，页［351］以下。

第二章　亚里士多德将人的此在规定为：一种 ψυχῆς ἐνέργεια［灵魂的活动状态］意义上的 ζωὴ πρακτική［实践性生存］

43　亚里士多德将人的存在规定为一种 ζωὴ πρακτική τις τοῦ λόγον ἔχοντος［拥有言辞的实践性生存］，①人的存在是“一种生命（Leben），同时又是 πρακτική［实践性的］，这样一种存在者拥有语言（Sprache）”。我们必须尝试对上述规定作出某种解释，以便我们设法就亚里士多德如何理解人的存在和此在获得具体的直观。这种解释必须在双重方向上进行。如果将 ζωή πρακτική［实践性生存］规定为 ψυχῆς ἐνέργεια［灵魂的活动状态］，②我们（一）将追寻其含义和 ἐνέργεια［活动状态］所意指的实际关系，同时（二）追寻 ψυχῆς［灵魂］所意指的关系。

补充一：ἐνέργεια［活动状态］也许是亚里士多德存在学说中**最基本的存在特质**（fundamentalste Seinscharakter）。此存在特质

① 亚里士多德，《尼各马可伦理学》（Ethica Nicomachea. Recognovit F. Susemihl. Lipsiae in aedibus B.G. Teubneri 1887），卷 A 章 6，1098a3 以下。

② 亚里士多德，《尼各马可伦理学》，卷 A 章 6，1098a7。

中内含 ἔργον［活动］这个根词。我们将由 ἐνέργεια［活动状态］追
溯到 ἔργον［活动］，从而追问：就其人性存在而言，人之为人生活
于其中的人的 ἔργον［活动］即“本真的事务”和“操持”是什么？
由此出发，我们将解读出（ablesen）其存在方式，因为，任何 ἔργον
［活动］之为 ἔργον［活动］，都有其确定的符合存在的划界（seins-
mäßige Begrenzung）。构成其 πέρας［界限］的是 ἀγαθόν［好］（并
非价值［Wert］！）。由此作为 πέρας［界限］的 ἀγαθόν［好］出发，
我们被引向某一存在的特出（ausgezeichnete）界限，这个存在被规
定为 κίνησις［运动］。一个这样的存在的这样一种界限就是 τέλος
［结果］。我们被引向这个规定：εὐδαιμονία［幸福］就是 τέλος［结
果］，这是对具有生命特质的存在者自身所带有的、作为其基本可
能性的那种事物的规定。生命是（一）一种存在方式，其特质是它**存** 44
在—于—某—世；生命也是（二）一种存在者，**就其存在之为存在而**
言，关键在于这种存在本身（in seinem Sein als solchem auf dieses
Sein als soches ankommt），这种存在者**操持它的存在**（um sein Sein
besorgt ist）。生命特有的存在以某种方式处在其作为 τέλος［结果］
的 ἔργον［活动］之中。亚里士多德正是在此具体的此在可能性当
中，在每一个具体的此在由以确定自身的此在可能性当中，寻找**基**
本可能性。我们将此在真实存在于其中的**最后的基本可能性**（letze
Grundmöglichkeit）称为**生存**（Existenz）。在古希腊人看来，根本
（radikalen）意义上的生存，正是存在—于—某—世这种方式的存
在，是逗留于这个世间，由此生存出发，作为言说的 ὁρισμός［定
义］的根据就是世界（mit der Welt motiviert）。在古希腊人看来，
生存即此在的根本的基本可能性（radikale Grundmöglichkeit），就

是 βιός θεωρητικός［静观的生活］：逗留于纯粹注视中的生活（Das Leben verweilt im reinen Betrachten）。

补充二：第二重方向，在本体论上（ontologisch）的走向与对 ψυχῆς［灵魂］的解释相反。ψυχῆς［灵魂］是一种 οὐσία［本体］，在亚里士多德看来，οὐσία［本体］的基本要素是 κρίνειν［分开］和 κινεῖν［促动］、[1]"疏离和规定"（Abheben und Bestimmen）和"自动"（Sichbewegen）于世、与—此—世—交往（Mit-der-Welt-Umgehen）。οὐσία［本体］的这些基本要素，为进一步具体地标明（Auszeichnung）存在—于—此—世提供基础，并进一步为 ἑρμηνεύειν［解释］的可能性提供基础。"听"（Hören）即 ἀκούειν，与说相应，是"感知"的基本方式，是 αἴσθησις［感知］的本真的可能性。在听的过程中，我在与他人交流，因为，人的存在意味着言说。对 ἀκούειν［听］的明确强调，是一个值得注意的现象，因为，在古希腊人看来，作为生存的基本可能性，向来就在于 θεωρεῖν［静观］、在于 ὁρᾶν［看］。如何协调这一点，我们以后再讨论。[*]

我们就按照这两重方向来解释亚里士多德哲学中的人的此在的存在结构。通过他的阐明，早已鲜活地存在于古希腊的此在解释
45 史之中的事物，才明确得以完成。亚里士多德应该做的，无非是说出：什么是 ἔνδοξον［普遍意见］，什么处在此在本身的自然存在之中，什么是自明的。然而，要说出这些来，又往往最为困难。为了思考此在的存在特质，我们已然以某种方式做好了准备。因为，我刻意先说出了这些存在特质的一个初步特性（Charakteristik）。也

① 《论灵魂》，卷 Γ 章 2，427a17 以下。

* 参见页［104］。——译注

许，这些特质对于规定人也有作用。因此，我们已经拥有了研究此在的存在特性(Seinscharakteristik)的一个指导线索，我们已然以某种方式定向于 λόγον ἔχον[拥有言辞]。

第九节　作为 ψυχή[灵魂]的人的此在：言说着的存在(λόγον ἔχειν[拥有言辞])和共在(κοινωνία)(《政治学》卷 A 章 2；《修辞学》卷 A 章 6 和章 11)

现在，我们必须就 λέγειν[说]达成一致。就“言说”构成人的本真的存在而言，我们对“言说”尚未获得明晰性。

(一)将人规定为 ζῷον λόγον ἔχον[拥有言辞的动物]。λόγος[言辞]由 φωνή[声音]中突出之任务

我们打算研究《政治学》卷 A 章 2。在此将人规定为 ζῷον λόγον ἔχον[拥有言辞的动物]，具有完全确定的目的，其上下文是在证明：πόλις[城邦]是人类生活的一种可能性，这种可能性 φύσει[出于自然]。[1]Φύσις[自然]不能认为就是现代意义上与“文化”(Kultur)相对的“自然”(Natur)，因此，人们不能拿后者与亚里士多德争辩。这是一种肤浅的思考方式。Φύσει ὄν[出于自然的存在者]是这样一个存在者：它由自身出发，以其固有的可能性而在，并 46

① 亚里士多德，《政治学》(Politica. Tertium edidit F. Susemihl. Lipsiae in aedibus B.G. Teubneri 1894)，卷 A 章 2，1252b30。

是其所是。**在人本身的存在之中有存在—于—此—πόλις[城邦]中的基本可能性**。在存在—于—此—πόλις[城邦]中，亚里士多德看到了人的真实生活。为了指明这一点，亚里士多德指出：人的存在就是 λόγον ἔχον[拥有言辞]。这一规定中包含着一个完全特殊而又基本的人的存在方式，其特质就是"共在"(Miteinandersein)即 κοινωνία[共享]。这种与世界交谈(mit der Welt spricht)的存在者是这样一种存在者：它**与—他人—同在**(Sein-mit-anderen)。

λόγον δὲ μόνον ἄνθρωπος ἔχει τῶν ζῴων· ἡ μὲν οὖν φωνὴ τοῦ ἡδέος καὶ λυπηροῦ ἐστὶ σημεῖον, διὸ καὶ τοῖς ἄλλοις ὑπάρχει ζῴοις (μέχρι γὰρ τούτου ἡ φύσις αὐτῶν ἐλήλυθε, τοῦ ἔχειν αἴσθησιν λυπηροῦ καὶ ἡδέος καὶ ταῦτα σημαίνειν ἀλλήλοις), ὁ δὲ λόγος ἐπὶ τῷ δηλοῦν ἐστι τὸ συμφέρον καὶ τὸ βλαβερόν, ὥστε καὶ τὸ δίκαιον καὶ τὸ ἄδικον· τοῦτο γὰρ πρὸς τὰ ἄλλα ζῷα τοῖς ἀνθρώποις ἴδιον, τὸ μόνον ἀγαθοῦ καὶ κακοῦ καὶ δικαίου καὶ ἀδίκου καὶ τῶν ἄλλων αἴσθησιν ἔχειν. ἡ δὲ τούτων κοινωνία ποιεῖ οἰκίαν καὶ πόλιν.[在动物中，唯有人类拥有言辞；声音的确是痛苦和快乐的信号，因此，声音也从一开始就属于其他动物(因为，它们的天性达到了拥有感知并相互传达痛苦和快乐的程度)，而言辞则用来表明有利或有害，从而也用来表明正义与不义；这一点的确为不同于其他动物的人类所特有，唯有他拥有对好与坏和正义与不义以及其他事物的感知；人类的共享则建构了家庭和城邦。*][①]"在生物当中，唯有人以

---

* 方括号[ ]中的文字，为此段亚里士多德希腊文本直译，译者补充，下文同。——译注

① 《政治学》，卷 A 章 2,1253a9 以下。

关于……的言辞这种方式拥有其此在。尽管声音宣告（stimmliche Verlautbarung / φωνή）的确是 ἡδύ［快乐之物］和 λυπηρόν［痛苦之物］即舒服和悲伤（Angenehmen und Betrüblichen）、提升和败坏（Hebenden und Verstimmenden）的此在之信号（σημεῖον），故而，它（φωνή）作为生活方式，在其他生物（Lebewesen）那里也是现成在手的［人也拥有这种宣告（φωνή），但宣告并非 ἴδιον 即构成人的存在的“特有之物”］。由其本身出发，动物的存在可能性可以达到这种存在方式，从而拥有对构成舒适之物和败坏存在之物的感知，也从而以此为定向并相互发出信号。然而，言辞本身超越了这一点，言辞本身具有表白（δηλοῦν）功能［不仅仅是指点，而是能将所指示之事诉诸言辞］，能表白有益与有害，也从而能表白合宜与不合宜。这也是人相对于其他生物所独具的存在能力，唯有人知道好 47
与坏、合宜与不合宜以及诸如此类。这样的存在者的共在［也就是说，他们以与世界交谈的方式存在于世］建构出了家庭和 πόλις［城邦］。”*

所以，您看到，按 λόγον ἔχον［拥有言辞］这种规定，人的此在的基本特质变得可见：**共在**。尽管这绝非比邻而居之在（Nebeneinandergestelltseins）意义上的共在，而是交流、驳斥、争论方式的**彼此言说之在**（Miteinandersprechendseins）意义上的共在。

我们认识了这个段落。我们打算——这是亚里士多德有意为之——让 λόγος［言辞］突出于（abheben gegen）存在—于—此—世

* 引号中的文字，为海德格尔对所引亚里士多德希腊文本德文意译之中译，下文同。——译注

的其他方式，突出于 φωνή［声音］。这种“宣告”，这种 σημαίνειν ἀλλήλοις［相互传达］，其本真含义是什么？此含义构成了这些有生命之物的共在。因此，我们将思考一个双重之物，既着眼于 φωνή［声音］，也着眼于 λόγος［言辞］：

一、以 φωνή［声音］，同样也以 λόγος［言辞］，表明了**存在—于—此—世的一种确定性**，也表明了**生命与世界照面的一种确定方式**，并首先表明于 ἡδύ［快乐之物］和 λυπηρόν［痛苦之物］之特质中，其次表明于“有益—有害”（συμφέρον, βλαβερόν）之特质中——基本规定从而就是：自然此在中的世界，并非我们所注意到的实情（Tatbestand），也绝非现实性（Wirklichkeit）或真实性（Realität）；相反，**世界主要**（zumeist）**以有益—有害方式在此**，**以提升和败坏此在的方式在此**。而这种通达之特质（Charakter des Zugangs）起初在“宣告”（Verlautbarung）中在此，进而在“言说”中在此，即在 φωνή［声音］和 λόγος［言辞］中在此。一旦我们关注，宣告和言说如何将所照面的世界纳入其原初和直接的此在特质，并与他人分享所照面的世界，就会发现这些存在者的共在（miteinander sind）。世界的此在特质的此（Da），恰恰具有关涉共在的更多人的特点。
48 这个对于更多共在的生命而言首先此—在着的（da-seiende）世界，我们称其为**周围世界**（Umwelt），这是我首先并且主要熟悉的世界。

二、让我们注意，世界在其最接近的此在中照面的这两种可能性，本身就是**有生命者的共在方式**，就是 κοινωνία［共享］建构自身的**方式**。因此，首要的任务是，我们要弄清楚：事实上，ἡδύ［快乐之物］和 λυπηρόν［痛苦之物］这些规定，乃是世界的照面要素（Begegnismomente）；这些照面要素及其以下述方式将自己传达给了存在—于—此—世（Sein-in-der-Welt）：以 ἡδύ［快乐之物］和 λυπηρόν［痛苦之物］为特质而在此的事物，本身根本未按照其现实性得到明确把握。以 ἡδύ［快乐之物］和 λυπηρόν［痛苦之物］为特质的世界不具体，动物所拥有的世界并非作为对象在此。世界是以提升和败坏方式照面的，这种特质是与世界照面的方式，所以，有生命之物将这种特质直接通过言说纳入了（hineinsprechen）此在者。

如果我们考察亚里士多德在《修辞学》卷 A 章 11 中所给出一项规定，上述内在关系将立刻变得清楚，他将 ἡδονή［快乐］规定为存在—于—此—世的一种方式，规定为“自我福祉”（Sichwohlbefindens）的一种方式：“因此，我们确定，附属于某物的自我福祉，是处于其世界中的有生命之物的存在的一种确定的运动，也是 κατάστασις ἀθρόα［突然恢复］，即突—然—自己—完全—转（Auf-einmal-sich-ganz-Versetzen）εἰς τὴν ὑπάρχουσαν φύσιν［入合乎自然的状态］，转入所涉及的此在的本真地可支配的可能性，从而被感知到了。”[①]κατάστασις［恢复］无非意指福祉：意指一下子被提升（Gehobensein），意指存在—于—此—世的一种特殊的轻松状态，这是处于愉快之中的状态。“λύπη［痛苦］是反面。”[②] 您由此对 ἡδονή［快乐］本身的基本特质的规定可以看到：“如果 ἡδονή［快乐］是此 49

① 亚里士多德，《修辞学》（Ars rhetorica. Iterum edidit A. Roemer. Lipsiae in aedibus B.G. Teubneri 1914），卷 A 章 11，1369b33 以下：ὑποκείσθω δὴ ἡμῖν εἶναι τὴν ἡδονὴν κίνησίν τινα τῆς ψυχῆς καὶ κατάστασιν ἀθρόαν καὶ αἰσθητὴν εἰς τὴν ὑπάρχουσαν φύσιν［让我们假定，快乐是灵魂的某种运动，也是突然感知到的向合乎自然的状态的恢复］。

② 《修辞学》，卷 A 章 11，1369b35：λύπην δὲ τοὐναντίον［痛苦是反面］。

类事物的[某种运动、某种生命存在的骤变],那么,很明显,ἡδύ[快乐之物]就是提高之物[与 λυπηρόν 即“压抑之物”相对]*,就是 ποιητικόν[能制作之物],就是能造就、产出此类事物:所谓情状(Befindlichkeit/διαθέσις),处境,处身方式。”① 因此,ἡδύ[快乐之物]是一种校准能力(Ausrichtenkönnen)。“毁灭 ἡδονή[快乐],造成与之相反的情状的事物,就是 λυπηρόν[痛苦之物],就是败坏之物。”② 可以看到,本真的 ἡδονή[快乐]为作为共在的存在—于—此—世提供担保,ἡδονή[快乐]与所照面的某个 ἡδύ[快乐之物]有关,并将它指点给其他人。接下来,我们将对 λόγος[言辞]作出相应的思考。

(二)人的 λόγος[言辞]和动物的 φωνή[声音]作为存在—于—此—世和共在的固有方式

我们探究概念性的环境(Milieu),从而追溯到了人的存在规定。人的存在特质被刻画为会言说的生命。我们必须弄清楚言说,以便明了 λόγος[言辞]中包含怎样的人的存在规定。亚里士多德追溯了作为 ζῷον λόγον ἔχον[拥有言辞的动物]的人的存在规定:他想要指出的是,πόλις[城邦]并不是以某种方式(etwa)习得的(herangebracht)典型的共在(Zusammensein)方式,相反,πόλις[城

---

* 方括号[ ]及其中的内容,为德文本原文所有。——译注

① 《修辞学》,卷 A 章 11,1369b35 以下:εἰ δ᾽ ἐστὶν ἡδονὴ τὸ τοιοῦτον. δῆλον ὅτι καὶ ἡδύ ἐστι τὸ ποιητικὸν τῆς εἰρημένης διαθέσεως[如果快乐就是这么一回事,那么,很明显,快乐之物就是能造成上述这种情状的事物]。

② 《修辞学》,卷 A 章 11,1370a2 以下:τὸ δὲ φθαρτικὸν ἢ τῆς ἐναντίας καταστάσεως ποιητικὸν λυπηρόν[能毁灭它或能造成相反情状的事物就是痛苦]。

邦]是存在的可能性——是 φύσει[出于自然][1]——，城邦包含在人自己的存在之中，这是预先确定好了的，因此，πόλις[城邦]由一种确定的共在中生发出来，这种确定的共在从它这方面而言，以一种对某物的共有(Miteinanderhaben)为基础，而这种共有是在特殊意义上 κοινωνία[共享]συμφέρον[有益之物]和 ἀγαθόν[好]。按 50
照这些规定，一种特出的共在的确定的、界限分明的可能性，以对世界的共有为基础，这种特出的共在就表现为 πόλις[城邦]。亚里士多德正是尝试从人的存在本身出发来理解 κοινωνία ἀγαθοῦ[对好的共享]。因此，必须将 κοινωνία ἀγαθοῦ[对好的共享]追溯到人的存在。他是这样追溯的：他追溯到了 λόγος[言辞]现象。λόγος[言辞]现象表明，构成家庭(οἰκία)的伙伴关系，只有以 λέγειν[言说]为基础，以人的存在就是与世界言说这个基本事实为基础，方才可能，而与世界的言说就是自我表达和与他人言谈。言说一开始或首先并非及于其他人的一个过程，也并非然后才会与他人有一种言谈，相反，言说本身就包含自我表达和与其他言谈者相互交谈，从而言说本身就是 κοινωνία[共享]得以符合存在的(seinsmäßige)基础。我们必须更进一步按以下方式来理解言说：我们需要搞清楚，这个基础究竟是怎样出现的；实际上，正是 λόγος[言辞]能够形成对 ἀγαθόν[好]的共有。

亚里士多德本人在他打算证明人是 ζῷον πολιτικόν[政治的动物]的上下文中论及上述问题。在此上下文中，他追溯了动物的存在并拿 ζῷον λόγον ἔχον[拥有言辞的动物]与某个 ζῷον[动物]相比较，后者只拥有 φωνή[声音]。他试图表明，生命已然由 φωνή

① 《政治学》，卷 A 章 2，1252b30。

[声音]建构出来了；以此方式生存者还拥有一种存在，这种存在被从根本上规定为共在；在某种意义上，动物也已然是 ζῷα πολιτικά [政治的动物]。譬如，相较于蜜蜂，人只是 μᾶλλον ζῷον πολιτικόν [更为政治的动物]罢了。[①] 通过划清与由 φωνή[声音]建构出来的动物的界限，由 λόγος[言辞]得到规定的真正的存在特质，被更为明确地刻画出来。

1. 了解现象：λόγος[言辞]由 φωνή[声音]中突出以这些现象为基础

51 为了减轻理解这种比较的难度，也为了把握住 λόγος[言辞]由 φωνή[声音]中突出，我们打算以非常普通的间接方式来了解一些现象，上述比较就以这些现象为基础。

两番得到观察的是有生命的事物，即存在—于—此—世的生命。因此，世界在此是为了这种在—世—存在(In-ihr-Sein)，而非偶然或有时在此，而是永久在此。唯一的问题是，世界的这种此在最初是**如何**得到规定的。世界正是以下述方式在生命中在此：世界总是以某种方式**关涉**生命，**关涉**在—世—存在(In-ihr-Sein)。世界，我存在于其中的世界，与我自己有关。我们将这种**关联**(Angehen)或这种实情的特质，也就是将生命与存在于其中的世界**有关联**的特质，刻画为一种**世界在生命之中照面的确定方式**。

作为一种与有生命之物有关联的事物，世界照面的方向是在—

① 《政治学》，卷 A 章 2，1253a10：διότι δὲ πολιτικὸν ὁ ἄνθρωπος ζῷον πάσης μελίττης καὶ παντὸς ἀγελαίου ζῴου μᾶλλον, δῆλον[人这种动物比每一种蜜蜂和每一种群居动物更具政治性的理由很明显]。

世—存在(begegnet in der Richtung des In-ihr-Sein)，世界照面，也就是说，世界遇到了有生命之物的在—世—存在(In-ihr-Sein)。既然我们说世界照面的特质是关联，那么，就必须强调：照面的大部分事物与我毫无关系；世界恰恰在日常生活中在此，故而世界对于我、对于我存在于它之中或我与之同在不重要，世界于我并不重要：无关紧要(Belanglosigkeit)就是周围世界的此在的一个特质。这种无关紧要是关联的一项特质。当我说“这与我毫不相干”的时候，并非意指无物在此，而恰恰承认世界在此。这就是日常性(Alltäglichkeit)的特质。因此，如果无关紧要是生命的日常性的一项特质、一项规定世界之此在的特质，如果无关紧要本身可以理解为某物与我无关，则恰恰表明，此在将世界解释为某种就其特质而言与此在有关的事物。

生活—在—此—世，就是与世界发生关联。世界在此的方式 52
和方法，在某个有生命之物之中的世界的此在可能性，有赖于下述方面的基本可能性：这种生命在何种程度上封闭于其自身之中，或生命的清醒程度，也就是在—此—世—存在的揭示程度，在—此—世—存在拥有揭示出来的此(aufgedeckten Da)之特质的程度；还有世界本身和在—世—存在被发现的程度。这里存在各种等级和层次。亚里士多德看到的正是这些特殊的现象，他说：μέχρι γὰρ τούτου ἡ φύσις αὐτῶν ἐλήλυθε, τοῦ ἔχειν αἴσθησιν λυπηροῦ καὶ ἡδέος[因为，它们的本性已经达到了拥有对痛苦和快乐的感知之程度]，[1]“至此，[动物][*]的存在已然达到了其存在可能性(Seins-

---

① 《政治学》，卷 A 章 2，1253a12 以下。

* 方括号[ ]及其中的内容，为德文本原文所有。——译注

möglichkeit)，动物的存在以如此程度展现出来，以至于它拥有了一种对 ἡδύ[快乐之物]和 λυπηρόν[痛苦之物]的感知，即对提高和压抑的规定”。Aἴσθησις[感知]不能译为 Empfindung(“感受”)，αἴσθησις[感知]仅仅意指对世界的“感知”(Vernehmen)，意指在此拥有世界(Sie-Dahabens)的方式。世界关涉某一存在的程度(Ausmaßes)之可能性，依赖于这种特殊的**展开状态**(Erschlossenheit)。动物生命的这种展开状态，更准确地说，展开状态的形成(Ausbildung)、所形成的特点(Ausgebildetheit)和宣告(Kundgabe)，在动物身上通过 φωνή[声音]体现出了其特质，在人身上则通过 λόγος[言辞]体现出了其特质。在亚里士多德看来，在下述意义上，世界的存在的展开状态在 λόγος[言辞]中拥有其本真的可能性：在 λόγος[言辞]中，生活—在—此—世就是将世界据为己有，就是在此拥有世界，也就是本真地存在于并且活动在这种在此拥有(Dahaben)之中。

通过思考这两种基本方式，我们看到：一、在以 φωνή[声音]为特质的动物的生命中，世界是如何照面的(wie … die Welt begegnet)；照面特质(Begegnischaraktere)又是什么；对于动物而言，世界照面的标志是什么；此(Da)的基本方式，即在—此—世—存在的基本方式，又是什么。二、对人靠 λόγος[言辞]存在于世的相应的思考方式是：在何种意义上，世界对于人而言在此；世界是如何由 λόγος[言辞]带入自我展示的？在 συμφέρον[有益之物]和 ἀγαθόν[好]的照面特质中，世界以何种方式在此？

53 世界的照面特质，对于动物的生命而言，就是 ἡδύ[快乐之物]和 λυπηρόν[痛苦之物]，对于人的存在而言，则是有益和有害之特质，概而言之，就是促进之特质，也就是好之特质（und des Guten）。若将此划分贯彻到底，就必须认识到，动物所达到的确定的存在可能性，正如亚里士多德在《论灵魂》中研究有生命之物的存在特质时所指出的那样，并非仅仅与人的存在可能性并列（neben），相反，与动物拥有的所有可能性一样，动物所达到的确定的存在可能性，在人身上也同时在此（mit da），而非与人的存在可能性各自并存，这是由人的 οὐσία[本体]所决定的，也是由人的在世存在方式所决定的，如此一来，按照人的在世存在方式，便对 ἡδονή[快乐]的特质作了完全确定的修正。然而，亚里士多德在此比较了被发现性（Entdecktheit）的各个层次，各种生命就活动在被发现性中。

2. 动物的世界的照面特质：ἡδύ[快乐之物]与 λυπηρόν[痛苦之物]。φωνή[声音]作为指示、引诱和警示

在《修辞学》卷 A 章 11 中，亚里士多德对 ἡδονή[快乐]作了规定。关键在于更进一步理解这个规定。ἡδύ[快乐之物]与 λυπηρόν[痛苦之物]就是 ποιητικὰ ἡδονῆς καὶ λύπης[快乐和痛苦造成的结果]。[①]“能够形成那种在世上照面的适意之物的事物”，不必直接存在于当前，它能够预报（anmelden）自身，λυπηρόν[痛苦之物]能够发出威胁。ἡδύ[快乐之物]即“提高之物”（Hebende）的照面朝向 διαθέσις[②] 即“情状”（Befindlichkeit），所以，它会形成某种确定的情状：εἰς τὴν ὑπάρχουσαν φύσιν[进入合乎自然的状态]，[③] 即朝向情

① 《修辞学》，卷 A 章 11，1370a1 以下。
② 《修辞学》，卷 A 章 11，1370a2。
③ 《修辞学》，卷 A 章 11，1369b34 以下。

状，而情状的存在情形是这样的：只要这种情状在此，存在者就符合
54 其最本己的存在可能性，就身处其位，动物也就会处于符合其存在的状态。此在得到了提升，变得轻松，本真地成为了它自己。

与此同时，为了理解事情的内在关系，我们必须注意到：如果 ἡδύ［快乐之物］照面并且形成了情状，那么，ἡδύ［快乐之物］就与某个动物照面，动物已然以自我感受（Sichbefindens）方式存在于世了。某种确定的情状从一开始就在此，所以，由 ἡδύ［快乐之物］方面来形成某种确定的情状指的是：通过 ἡδύ［快乐之物］所涉及的某种感受（Befinden），以内在方式将自身置入一种新的、由 ἡδύ［快乐之物］所规定的感受——κατάστασις［情状建构］意指：一、“将自身置入”（Sichversetzen）一种情状；二、这种被引入其中的情状本身。我作此两重翻译的理由出于生命的一个基本关联：所有生命方式的特质都可以这样来描述，即存在的方式在此是一种带—入—某种—情状—并—在其中—存在（In-eine-Befindlichkeit-Bringens-und-darin-Seins）式的自我感受。通过将我自己—带—入其中（Mich-dahin-Bringen），我才本真地感受到了我自己，因此，必须揭示出这种双重特质。唯独且只有我自己感到高兴，我才能愉快。自我周围的确有可能存在很多令人感到愉快的事物，然而，只有我自己感到高兴，我才能获得本真的愉快。这一点适用于任何生命现象，只是人以此方式对生命作出规定。

生命作为在—某—世—存在，通过 ἡδονή［快乐］感受到了自己的特质，因为，ἡδύ［快乐之物］存在于此。世界的出现以 ἡδύ［快乐之物］为特质，对于动物而言，世界的出现譬如是一道好饲料，却不会是一首交响曲，它总是某种存在于动物的周围世界中的事

物。这种以与—动物—有关（Das-Tier-Angehens）为特质的此在者被指明（angezeigt），是动物给出了某种“信号”即 σημεῖον［标记］。此信号指向具有 ἡδύ［快乐之物］特质的此在者。此信号并没有报告远在自然之中的令人愉快之物现成在手（Vorhandensein），相反，这种表明和呼叫（Aufschreien）本身就是一种引诱或警告。对此在者的表明就是引诱和警告。引诱和警告本身具有自己向……发布（Sichadressierens）这种特质。引诱意味着：将另一个动物引入这种 55
情状；警告意味着：将另一个动物从这种情状中推出去。引诱和警告作为引入和推出，本身以共在为基础。引诱和警告已然表明，动物彼此共在。正是在动物的特殊的存在特质 φωνή［声音］中，共在变得更为明显。但这并未指出也未表明某物本身在此。动物并未发展到发觉某物现成在手之程度，它们只是在它们动物性的必然活动（Zutunhabens）范围内表明某物。由于动物表明了威胁或恐惧以及如此等等，通过这种对世界之此在的表明，动物同时表明它存在于世间。世界被表明为 ἡδύ［快乐之物］，而 ἡδύ［快乐之物］同时也是对存在、威胁存在、发现之物以及如此等等的一种宣告（Kundgabe）。

3. 人的世界的照面特质：συμφέρον［有利］、βλαβερόν［有害］和 ἀγαθόν［好］。λόγος［言辞］作为自我表达，与他人一道致力于所操持的目的

我们必须在 λόγος［言辞］中追究双重特质，此双重特质出于：表明在 φωνή［声音］中照面的世界，同时也是宣告在—世—存在（In-ihr-Sein）。我们必须澄清，就言说是存在的基本现象而言，如

何才能在言说中看到：言说本身出自存在的基本方式即共在。如何区分依赖 λόγος［言辞］的在—此—世—存在与依赖 φωνή［声音］的在—此—世—存在？

我们已然指出，相对于人的 λόγος［言辞］，φωνή［声音］如何是动物的一种基本的存在规定，并具有双重功能：一、表明某物，表明作为 ἡδύ［快乐之物］与 λυπηρόν［痛苦之物］的世界；二、ἡδύ［快乐之物］与 λυπηρόν［痛苦之物］作为宣告，构成了我们视为动物的特殊共在的内容。在动物的这种在—此—世—存在中，动物本身所特有的存在即共在显露出来。亚里士多德首先说出了对 φωνή［声音］和对作为 θηρία［野兽］的 ζῷα［动物］的提示（Hinweis），
56 以便为进一步刻画人的在世存在特质、为研究 λόγος［言辞］布下合理的背景。现在，我们来研究：以何种方式可以在 λόγος［言辞］本身之中看到人在世的特殊存在即共在；为何恰恰是 λόγος［言辞］建构了 κοινωνία［共享］即共同—在此拥有（Miteinander-Dahaben）人存在于其中的世界。既然是 λόγος［言辞］形成了对世界的共同—在此拥有，那么，共在规定也是在 λόγος［言辞］中建构起来的。从而，ζῷον λόγον ἔχον［拥有言辞的动物］这个规定本身也必定同时包含 ζῷον πολιτικόν［政治的动物］这个规定。这意味着，人是这样一种有生命之物：他 φύσει［天生］能够以 πόλις［城邦］方式存在，也就是说，这种特出的共在并非习得（herangebracht）之物，而是**那种**（die）存在可能性。在古希腊人看来，只有人生活在 πόλις［城邦］之中，他才算本真的人。共在作为人的存在的基本规定，可以通过更进一步思考 λόγος［言辞］作为人在此拥有他的世界的那种方式而变得可见。

为了一瞥问题的关键之所在，人们必须从一开始就消除一种偏见：我们今日比以往任何时候更倾向于进入这种思考。人们有可能按下述方式来理解实事：着眼于某个确定方面（Hinsicht），通过 φωνή[声音]和 λόγος[言辞]来把握现实性（Wirklichkeit）；从某种确定的“角度”（Aspekt）来看，即从关涉“主体”（Subjekt）的角度来看，世界在此，也就是说，世界只出现在某种“主体性角度”上，而不会按其本身出现，似乎问题的关键在于某种确定的理解世界的方式。这种以主体和客体为定向的思考方式必须根除。不仅主体 / 客体这些基本概念及其含义在古希腊哲学中没有出现过，而且以主体 / 客体为定向在古希腊哲学中也没有意义，因为，问题的关键不在于刻画某种理解世界的方式，而在于存在于世。进而言之，人们不可以下述方式提出对世界之照面特质的全面分析：就好像存在某个世界本身，动物和人拥有这个世界的确定部分，动物和人任何时 57
候都从某种确定的（各自的[ihrem]）角度看得到这个世界。也没有理由谈论某个“动物的世界”和某个“人的世界”。问题的关键不在于着眼于确定的角度来理解现实性的方式，而在于存在—于—此—世。故此，因为世界出现在了有生命之物的确定情状之中，所以，动物和人都存在于各自的（seiner）世间。动物与世界的关系特点正在于：世界将处于其存在中的动物在本真意义上带入了其此在。只要人真的将对世界的理解和把握当成一种研究主题，他就必须明白，对世界的把握和理解以存在—于—此—世为前提。把握世界是存在于世的一种确定的可能性，只有存在于世，人才能把握世界。人靠区分主体 / 客体无法获得实情。存在—于—此—世这种基本现象，人是看不到的。为了理解这一点，我们必须牢记：人必须使自己摆脱习传的哲学问题提法。

现在，我们的问题是：λόγος［言辞］如何成了存在—于—此—世的特性(Charakteristik)，按此特性，世界在此是为了人。我们问：在亚里士多德看来，世界是以何种特质出现在人面前的？人达到了怎样的展开状态(Erschlossenheit)？人的 ἴδιον［独特之处］是：τὸ μόνον ἀγαθοῦ καὶ κακοῦ καὶ δικαίου καὶ ἀδίκου καὶ τῶν ἄλλων αἴσθησιν ἔχειν［唯有人拥有对好与坏、正义与不义和其他此类事物的感知］，[①]"只有他［作为人］* 拥有感知，生活在对好与坏、当与不当的知晓状态(Vernommenheit)中"，也生活在对 συμφέρον［有益］和 βλαβερόν［有害］[②] 的知晓状态中。因此，我们接着要问：人活动于其中的世界以"有益"(das Beiträglichen)即 συμφέρον［有益］特质出现，究竟是什么意思？[③]

συμφέροντα［有益］即"有益特质"是：

一、τὰ πρὸς τὸ τέλος［有益于结果］，[④]"事物本身所朝向的那种事物，即所朝向的结果"；

二、κατὰ τὰς πράξεις［顾及行事］，[⑤]"考虑到有益于行事"；

三、σκοπός πρόκειται τῷ συμβουλεύοντι［在深思熟虑中摆在前面的目标］，[⑥]"筹划者(der überlegt)所展望的立于面前的事物"。

我们将由此出发来刻画 συμφέρον［有益］之特质，并进而刻画

---

① 《政治学》，卷 A 章 2，1253a16 以下。

* 方括号［ ］及其中的内容，为德文本原文所有。——译注

② 《政治学》，卷 A 章 2，1253a14 以下。

③ 《修辞学》，卷 A 章 6，1362a18。

④ 《修辞学》，卷 A 章 6，1362a19。

⑤ 《修辞学》，卷 A 章 6，1362a19 以下。

⑥ 《修辞学》，卷 A 章 6，1362a17 以下。

ἀγαθόν[好]之特质。συμφέρον[有益]正是关涉人的世界对于人而言在此的方式和方法。与 ἀγαθόν[好]的内在关联则会凸显出实事本身。

补充一，Συμφέρον[有益]就是“有益于……”，就是有益于终点(Ende)。某个**有益之物**本身是这样一种存在者：它**对某物**有所指示，对于有益之物而言，这种对某物的指示不是某种“时机”(Gelegentliches)，而恰恰构成其有益性。有益之物所指向的事物，被称为 τὸ τέλος[结果]。我们必须作为 τέλος[结果]来理解的事物，则是在第二项规定中经验到的。

补充二，Πράξεις[行事]就是操持(Besorgen)，它本身在此无非意指将某物—引—向—其—终点。这说明，**操持自身之中就包含着一个终点**，操持所包含的这个终点，就是操持之为操持的方向。συμφέρον[有益]指示着某项操持的终点，它有益于将某物引—向—终点。

补充三，συμφέρον[有益]就是 σκοπός[目标]。亚里士多德在《尼各马可伦理学》卷 Z 章 10 中将 συμβουλεύεσθαι[深思熟虑]的特质刻画为 ζητεῖν τι καὶ λογίζεσθαι[某种探寻加上推理]，[①] 即某种“对某物的探寻，(καὶ 在此表示阐明[implikativ])所采取的方式是筹划”——这就是 λογίζεσθαι[推论]：以此方式，我“讨论”(zur Sprache bringe)* 我在筹划中所关注的、有利于操持之终点的举措。在 59

① 《尼各马可伦理学》，卷 Z 章 10，1142a31 以下：τὸ γὰρ βουλεύεσθαι ζητεῖν τι ἐστίν[因为，考虑是某种探寻]卷 Z 章 10，1142b1 以下：ό δε βουλεύομενος ζητεῖ καὶ λογίζεται[考虑就是探寻和推理]。

* 值得注意的是，此处的 zur Sprache bringe 和下文的 Zur-Sprache-Bringen 按字面就是“引入语言”和“引—入—语言”。——译注

πράξεις[行事]中有一个终点,有利之物被引向终点,在任何操持中,终点都事先确定了。λογίζεσθαι[推论]是筹划的本真的实施方式,是将 συμφέρον[有益之物]付—诸—讨论(Zur-Sprache-Bringens)。因此,如果将有利之物引入了语言,那么,这就意味着,在付—诸—讨论过程中,τέλος[结果]也同时在此。有利之物本身就具有对终点的指示作用。λόγος[言辞],λογίζεσθαι[推论],都贯彻了"如果—那么"(wenn-so)这一基本结构:如果某某(das und das)是某项操持的终点,那么,就必须开始做某某,将某某引入语言。这种"如果—那么"结构的实施方式,即彻底讨论(Durchsprechen)συμφέρον[有益之物],就是 συλλογισμός[演绎法]:这就是将 λόγοι[言辞]综合并连接为一体。更进一步讨论 τὸ ὠφέλιμον[有帮助的事物],在此它的意思和 συμφέρον[有益之物]是一样的,从而:κατὰ τὸ ὠφέλιμον, καὶ οὗ δεῖ καὶ ὡς καὶ ὅτε[至于有帮助之物,是指所必须的事物、方式和时间],[①] 这就是说,彻底讨论有用之物,要着眼于:对于将某项操持引—向—终点,"什么东西是必要的";操持该"如何"实施;操持"何时"实施。在将 συμφέρον[有益之物]付—诸—讨论过程中,就世界而言,正如它确实在此,世界才被本真地引入了此(Da)。人的存在的此时此地(Jetzt und Hier)将通过一种确定的筹划而变得显而易见,通过这种筹划,人——用现代的说法——就处在确实的处境(Situation)之中,处在本真的 καιρός[关键时刻]。人的存在就在这种 λόγος[言辞]之中,λέγειν[言说]作为 λογίζεται[推论]是对世界的在此拥有(Dahaben),所以,我在世,

① 《尼各马可伦理学》,卷 Z 章 10,1142a28。

就是处在此时此地确定的情况(Lage)之中。

所谓 λόγος[言辞]表明了 συμφέρον[有益之物]，这是什么意思？与 φωνή[声音]不同，λόγος[言辞]ἐπὶ τῷ δηλοῦν[用来表明]，① 它的任务是"显明"世界，此项任务具有一种特质，此特质就贯彻在 λογίζεσθαι[推论]之中。这个"如果"表明，对于筹划而言，目的是确定了的。但关于目的，却根本不存在预先确定的筹划。这个"如果"是最初通过筹划对 τέλος[结果]的把握。我想送我的朋友一个礼物，我想结识一位朋友，τέλος[结果]就是愉快。60
这个 τέλος[结果]预先就认识到了。对某种 τέλος[结果]、对某种 πράξεις[行事]"终点"的"预见"，就是 προαίρεσις[抉择]。如果我想如此，如果应当将此引向终点，如果要取悦他人，那该怎么办？现在开始筹划：如何可以让当事人愉快？筹划的结果是：我要送他一本书。在此筹划中，我的此在此刻以这种 προαίρεσις[抉择]为定向。筹划活动于其中的环顾(Umblick)在此拥有它的世界。因此，我去了书商那里，而且是去了某某确定的书商那里，目的是为了迅速得到书，也就是说，如此一来，对作为 τέλος[结果]的愉快的操持得以达到终点。书店并非通过这种筹划而变成了书店。对于以 πράξεις μετὰ λόγου[凭借言辞来实践]方式而存在于其世间的存在者而言，世界现成在手具有 συμφέρον[有益]特质。以此在为特质的存在者的存在，本来(primär)就是如此存在的。拐杖，我拿着，帽子，我戴着，它们都是 συμφέροντα[有益之物]。拐杖并非本来是一节木头或诸如此类的东西，相反，它本来就是拐杖。在

① 《政治学》，卷 A 章 2，1253a14。

此筹划中，世界明确保有其本来的特质：作为(als)某某事物，作为(als)对……有利之物，之所以如此，是因为 λέγειν［言说］以其本来的方式方法将世界称为(als)某物：λέγειν τι κατά τινος［言说某物以支持某物］。在言说某物的时候，我将它呈现出来，我将它引入此(Da)，它作为(als)某某事物，具有作为(Als)这种特质。这是 λόγος［言辞］本来的功能，在每一个步骤上，此功能有能力将具有指示……这种特质的世界明确突显出来，并将其引入此(Da)。这样就清楚了：对于人而言，在世界中言说，就是 δηλοῦν τὸ συμφέρον［表明有益之物］。[①]

这种对……的言说就是筹划，就是 συμβουλεύεσθαι［深思熟虑］，就是"与自己谈论"(zur Sprache bringen mit sich selbst)。就某事向自己请教：这只是一种更为源始的、与他人商讨的完全确定的可能性。这种如此—付—诸—讨论(So-zur-Sprache-Bringen)，一旦表达出来(als Aussprechen)，就是与某个他人讨论某事，就是
61 彻底讨论(durchsprechen)某事。言说是向……表明出来的自我表达。这绝非确定下来的(feststellendes)言说，而是对 συμφέρον［有益之物］的评论(Besprechen)。此刻 συμφέρον［有益之物］就在眼前。λόγος［言辞］，具有此种表明功能的 λόγος［言辞］，具有某种确定的传达(Mitteilen)之特质：我向他人传达(Mitteilung)，在我们彻底讨论某事的时候，我与他人一道在此拥有世界，他人也与我一道在此拥有世界——这就是 κοινωνία［共享］。言说本身就是传达，而且作为传达，言说无非就是 κοινωνία［共享］。

① 《政治学》，卷 A 章 2，1253a14。

在此表述中，也许存在一个断裂，因为，您没有看到，言说何以就是与—他人—言说。然而，λόγος[言辞]是古希腊人的源初发现。如今，我们拥有一种粗糙的语言表象或根本不拥有语言表象。看（Sehen）的源始性的具体证据，就是整部《修辞学》。言说就是关于有利举措的筹划性言说，就是相互言说（Miteinandersprechen），λόγος[言辞]是人的在世存在方式，所以，人的存在本身就是与—某个—他人—共在。这种 κοινωνία[共享]并不单靠 λόγος[言辞]本身来规定，还要靠下述情形来规定：λόγος[言辞]是操持之环顾中（im Umblick des Besorgens）的一种筹划。操持就 μετά λόγου[凭借言辞]。Μετά[凭借]在此意指"在……当中"：λόγος[言辞]从属于操持，操持本身就是一种言说，就是一种讨论。

至此，我们忽略了世界的照面（Begegnens）的更进一步的特质即 ἀγαθόν[好]，尽管亚里士多德最终认为 συμφέρον[有益]就是 ἀγαθόν[好]。现在，我们已然为理解何谓 ἀγαθόν[好]做好了准备。亚里士多德在《修辞学》卷 A 章 6 的著名段落中，确切地说，他联系对 συμφέρον[有益]的规定，对 ἀγαθόν[好]作了论述。Ἀγαθόν[好]就是：

一、αὐτὸ ἑαυτοῦ ἕνεκα αἱρετόν[它因其本身之故而可取]，[①]"它本身因其本身之故而可取的"事物——因此，这里将 ἀγαθόν[好]规定为 οὗ ἕνεκα[因是之故]，规定为"因何—之故"（Worum-willen），规定为"因—是—之故"（Um-willen-dessen）。

二、καὶ οὗ ἕνεκα ἄλλο[或其他事物因何之故而可取]。[②]指 62

① 《修辞学》，卷 A 章 6，1362a22。

② 同上。

示的方向与此前的方向相反，是由 τέλος［结果］到 συμφέρον［有益］。为了看清基本的内在关联，必须注意：只因为 ἀγαθόν［好］本来就具有终点之特质，所以，ἀγαθόν［好］才可能成为“因何—之故”，也才可能成为一种因—其他—某物—之故(Um-willen-eines-anderen)。

三、ἀγαθόν［好］还被规定为 οὗ ἐφίεται πάντα［所有事物所渴望的事物］，[①]“所有事物所注重的那种事物，为达到它而正在努力的那种事物”，以及

四、οὗ παρόντος［它的在场］，这指的是，“只要它在当前”，εὖ διάκειται［就有好情状］。[②]如果这样的 ἀγαθόν［好］在此，如果操持达到了终点，那么，操持者 εὖ διάκειται［就有好情状］，他处在一种情状之中，这种情状的特质是 εὖ［好］。Eὖ［好］是自我感受到的一种确定的如何(Wie)，这种 εὖ［好］是建构出来的，直到此必须操持之事完成。这个 εὖ［好］依赖于操持终点的方式和方法。

关于 ἀγαθόν［好］的这些不同规定都汇聚到了一点：ἀγαθόν［好］本来就是终点，就是 τέλος［结果］，更准确地说，就是 πέρας［界限］。Πέρας［界限］确实是作为一种基本的存在规定出现在我们面前的。

（三）人作为共在的日常性之如何。共在与言说的存在具有同样的源始性

我们证明了共在是人的存在的新特质。这表现在 λόγος［言

① 《修辞学》，卷 A 章 6，1362a23。

② 《修辞学》，卷 A 章 6，1362a26 以下。

辞]本身的具体结构之中——λόγος[言辞]作为“言说”，它将活跃在**日常性**之中，这样的言说就是筹划的实行方式，就是各自求—助—于—己(Mit-sich-zu-Rate-Gehens)的实行方式，就是操持的实行方式。当筹划在世界中实行其自我关切(Sichumtun)的时候，世界在此的特质是 ἀγαθόν[好]，或者更准确地说是 συμφέρον[有益]。在 συμφέρον[有益之物]中，同时被给予的是为何(Wofür)即作为某物的 τέλος[结果]，由此并且在此之中，操持达到了其终点。这种 συμφέρον[有益之物]出现在 λογίζεσθαι[推论]之中，而 63
λογίζεσθαι[推论]所具有的实施形式是 συλλογισμός[演绎法]即推论(Schlusses)，并且具有“如果—那么”之形式。在此，世界作为人的周围世界在此，人就活动在世间。实际上，恰恰是 λόγος[言辞]表明了有用性本身，并转而指出了 οὗ ἕνεκα[因是之故]，也表明了 οὗ ἕνεκα[因是之故]：λέγειν τι κατά τινος[言说某物以支持某物]，某物被认“作某物”，在此拥有的世界具有作为(Als)之特质，世界被按照某个确定的着眼点作了处置。由此，亚里士多德也在同一个段落中指出：αἴσθησιν ἔχειν τοῦ ἀγαθοῦ[拥有对好的感知]。[1] 我们将操持的视野(Sicht)称为**环顾**(Umsicht)：我在筹划中环顾自己。这种环顾以及环顾中在此的事物，恰恰由 λόγος[言辞]——λόγος[言辞]正是 ἀποφαίνεσθαι[表明]——所指出。“作为某某事物”的特质被明确引入了此(Da)。所以，我们看到，λόγος[言辞]在此行使了其基本功能：ἐπὶ τῷ δηλοῦν[用来表明]，[2]λόγος[言辞]“用

① 《政治学》，卷 A 章 2，1253a14 以下。

② 《政治学》，卷 A 章 2，1253a14。

来表明”世界。这种表明通过言辞来实行，就是一种**共享**，就是向某个一他人一表明，这是明确一共同一拥有世界的方式——这是人的在世存在的基本规定。这是人的存在表现为共在的一种基本方式。人就是这样一种存在者，这种存在者就是 ζῷον πολιτικόν［政治的动物］，在其结构之中就有一种形成的（ausgebildeten）存在一于一此一πόλις［城邦］之中的可能性。

我们还有可能更为精确地把握这种规定——现在，着眼于人的存在，这种规定已然表现出来了。需要注意的是，此规定并非要以某种方式确定一种事实：人不仅存在，而且与更多的人共在。相反，这种共在意指一种存在之如何（Wie des Seins）：人**按**共在**方式**而存在。这个基本陈述，我本人作为活人在我的世间将此基本陈述摆在我面前，这个完全原初的陈述“我存在”（ich bin）是根本错误的。
64 人必须说“我作为某人而存在”（ich bin man）。“作为常人”（Man）而存在，就是“作为某人”（man）而担当某某事情，就是“作为人”看到事物如此这般。这个人就是**日常性的本真的如何**，就是**平均、切实的共在的本真的如何**。由这个常人（dieses Man）之中生发出的方式和方法，就是人最初并且最常看到世界的方式和方法，就是世界关涉人的方式和方法，就是人言及世界的方式和方法。常人就是人的日常之在的本真的如何，**这个人的本真的承载者就是语言**。常人停留在语言之中，在语言之中拥有其本真的统治地位。通过更精确地把握常人，您看到，常人正是一种可能性，本真的共在就按确定方式由此可能性中生发出来。人作为 ζῷον πολιτικόν［政治的动物］的基本规定必须坚持，在随后的阐述中也必须坚持：随后的阐述关注对世界的“观望”（Hinsehen）即 θεωρεῖν［静观］，关注在此观望中在此的事物，关注 εἶδος[型]即世界的“外观”(Aussehen)，就像人们通常看到世界那样。在 εἶδος[型]之中具有一种所谓的普遍性(Allgemeinheit)、普遍有效性(Allgemeingültigkeit)、一种对某种确定的平均性的要求。这就是普遍之物的基本规定的根源之所在，人们乐于将基本规定理解为古希腊的科学概念的基本规定。因此，我们必须从一开始并且一直将这个常人(dieses Man)作为人的存在的基本规定来看待。在某种意义上，这也正是《政治学》卷A章2中的段落的解释所得出的成果。

需要理解的是，共在规定和言说之在的规定一样源始。由某一原理出发推导出另一个原理，这是完全错误的做法，相反，人本身的此在的现象同等源始地拥有言说之在和共在。人的存在所具有的同等源始性这个特质，在现实中若要符合现象，就必须一以贯之。[1]

第十节　人的此在作为 ἐνέργεια [活动状态]: ἀγαθόν[好] (《尼各马可伦理学》卷A章1—4)

人的此在之在(das Sein des Daseins)何以引起了我们的兴趣？我们何以要追溯人的此在之在？之所以如此，是因为我们早已明了，概念性回指人的此在。概念性关心人的此在的某种确定的存在可能性这一桩事情(eine Angelegenheit einer bestimmten Seinsmöglichkeit des Daseins des Menschen)。假如我们想领会古 65

① 参见“手稿”，页[353]以下。

希腊的概念性，就必须按照古希腊的、亚里士多德的解释使我们理解和通达此在。在分析人的此在这一任务的进程中，我们已然碰到了若干存在规定，我们所发现的新的存在规定就是共在。然而，我们将继续前行，直到我们抵达本真的存在特质，即抵达 πέρας[界限]。这个 πέρας[界限]，我们在发现共在时已然碰到了。人的存在被规定为操持，每种作为操持的操心（Sorgen）都有某个确定的终点即 τέλος[结果]。就人的存在由 πρᾶξις[行事]决定而言，每一种 πρᾶξις[行事]都有一个 τέλος[结果]，就每一种 πρᾶξις[行事]的 τέλος[结果]作为 πέρας[界限]都是 ἀγαθόν[好]而言，ἀγαθόν[**好**]**才是人的本真的存在特质**。ἀγαθόν[好]是人的在世存在的一种规定。因此，我们将通过分析 ἀγαθόν[好]，为人的此在获得某种新解释，所以，即使我们将此新解释追溯到了 πέρας[界限]，那也意味着将此新解释追溯到本真的存在特质本身。以获得的结果为基础，我们进一步将 ἀγαθόν[好]作为人的存在之规定、作为操持之存在性、进而作为此在本身之存在性来研究。

因此，我们研究古希腊的 ἀγαθόν[好]的存在。为达此目标，我们将遵循亚里士多德本人的具体思考，也就是他在《尼各马可伦理学》卷 A 中的具体思考。我们提出四个问题：

第一，何处明确可见 ἀγαθόν[好]之为 ἀγαθόν[好]？ἀγαθόν[好]以何种关涉世界的存在方式（Weise des Bezogenseins auf die
66 Welt）明确在此？我们追问的是我们在其中源初并具体地看到 ἀγαθόν[好]的领域。

第二，πρᾶξις[实践]的 ἀγαθόν[好]，也就是说，作为**人的一种规定**的操持之 ἀγαθόν[好]，对于被规定为 ζῷον πολιτικόν[政治的动物]的这种存在而言的 ἀγαθόν[好]，究竟何在？ ἀνθρώπινον ἀγαθόν[属人的好]在何处表明自身？

第三，我们追问 ἀγαθόν[好]本身的基本规定。

第四，我们追问符合 ἀγαθόν[好]的表现结构的那种存在和那种人的存在可能性。

我们可以简单地问：第一，我们在何处能见到这样的 ἀγαθόν[好]？第二，追问 ἀνθρώπινον ἀγαθόν[属人的好]。第三，追问 ἀγαθόν[好]本身的（即如其所表明的那样的 ἀνθρώπινον ἀγαθόν[属人的好]的）普遍规定。第四，何种存在（Sein）、何种人的存在可能性符合 ἀγαθόν[好]？

对为研究这些问题作合理准备至关重要的是：我们回想，就人的存在之规定，到目前为止，我们已获得了什么。

第一，Ζωή[生存]：人的存在是一种在—某—世—存在（In-einer-Welt-Sein）。（也许您认为，这是附会亚里士多德，然而，有一天您也许会发现，解释也许无非表明了并不在此之物[Interpretation vielleicht nichts anderes ist als Herausstellen dessen, was nicht da steht]。）

第二，这种存在—于—某—世（Sein-In-einer-Welt）的特质由 λόγος[言说]来刻画。

第三，这种言说（Sprechen）本身是一种操持的实行方式：操持方式在世界中探寻自身。在—某—世—存在是同样源始的（gleichursprünglich）操持。

第四，这种操持本身总已确定了某个终点，操持朝向此终点筹划有利举措，操持在某种确定的预见中拥有此终点，终点凭着确定的预见向操持显现。Αἴσθησιν ἔχει[拥有感知]：操持被刻画为环顾(Umsicht)。由此，在日常性中生发出了“纯粹观望……”的可能性、θεωρεῖν[静观]的可能性。

67 第五，这种存在本身被明确视为共在，视为存在—于—此—πόλις[城邦]之中。

对此基本结构现在需要抓住不放。您必须熟悉此基本结构，但不是记熟它，而是在您具体的此在中表明这些事物，从而在您的此在中显明这些事物。

(一)ἀγαθόν[好]的明确性

1. τέχνη[技艺]中的 ἀγαθόν[好]本身的明确性

我们在何处明确可见 ἀγαθόν[好]? 对此作出说明的是《尼各马可伦理学》的第一句话：Πᾶσα τέχνη καὶ πᾶσα μέθοδος, ὁμοίως δὲ πρᾶξίς τε καὶ προαίρεσις ἀγαθοῦ τινος ἐφίεσθαι δοκεῖ.[每一样技艺和每一项研究，同样，每一次行事和每一种抉择，看来都指向某种好。][①] “看来每一种 τέχνη[技艺](通晓[Sichauskennen]某物，通晓某种具体的操持方法：鞋匠知道如何制鞋，他通晓此道)，对某种操持的每一种通晓(Auskenntnis)，每一种 μέθοδος[研究]，每一种对某一实事的—追究(Einer-Sache-Nachgehen)，即以—某种—方式—存在(Auf-dem-Wege-Sein)于某物的后面[并且又是有方向的存在(Orientiertseins)的一种方式，是一种通晓方式]，同样，操持和致力于某事，作为解决(zu erledigendes)、作为引向终点的操

① 《尼各马可伦理学》，卷 A 章 1，1094a1 以下。

持——所有这些通晓和操持某事的方式，看来都在某个好的后面追求着(sie hinterher sind hinter einem Guten)。”这个 ἐφίεσθαι[指向]，这种“追求”(Hinterhersein)属于它们的存在本身。在其本身对某事的通晓、操持中，某种 ἀγαθόν[好]到场、明确在此。操持无非是、从而偶而也是某种追求。τέχνη[技艺]、πρᾶξίς[行事]、μέθοδος[研究]、προαίρεσις[抉择]的特质(Charaktere)就是现象(Phänomene)，就是我们已知的现象，它们后来在《尼各马可伦理学》中以 τέχνη[技艺]/πρᾶξις[行事][1] 和 προαίρεσις[抉择]/γνῶσις[认识][2] 成对重复出现：关于以环顾性的操持之方式在—此— 68 世—存在的双重规定，看到了某物，并以某种方式通晓所计划之事。τέχνη[**技艺**]，“对各自的操持的通晓”，是存在—于—此—世的那种方式，按此方式，ἀγαθόν[**好**]**变得明确可见**。τέχνη[技艺]使 τέλος[结果]明确可见。这样，我们首先完全一般性地回答了第一个问题。

2. πολιτική[政治学]中的 ἀνθρώπινον ἀγαθόν[属人的好]的明确性

我们目前由此得出的结论是：如果我们想探究作为一种 ζῷον πολιτικόν[政治的动物]的人的存在的 ἀγαθόν[好]，我们就必须回想起符合如此规定的人的存在的那种通晓(Auskenntnis)，这种通晓将作为共在的人的存在，表明于其 τέλος[结果]之中，更准确地说，这种通晓使得作为具体存在于 πόλις[城邦]之中的这种共在

① 《尼各马可伦理学》，卷 A 章 5，1097a16：πρᾶξει καὶ τέχνῃ[实践和技艺]。

② 《尼各马可伦理学》，卷 A 章 2，1095a14：γνῶσις καὶ προαίρεσις[认识和抉择]。

变得明确。与作为 ζῷον πολιτικόν［政治的动物］的存在者有关的 τέχνη［技艺］、μέθοδος［研究］，就是 πολιτική［政治学］，就是通晓被规定为共在的人的存在。政治学（Politik）作为一种确定的通晓方式，作为培养这种通晓的一种确定方式，是这样一门学问：靠这门学问，我们将就 τέλος［结果］—存在获得某种经验。如果我们的目的是理解 ἀνθρώπινον ἀγαθόν［属人的好］，理解人的存在规定，而就人的本真的在—其—世—存在而言，这种存在规定构成了人的存在，那么，我们就必须重视人本身的存在。我们必须注视作为 ζῷον πολιτικόν［政治的动物］的人的基本规定，必须按照人在 πόλις［城邦］之中在此的具体方式、按照人在共在中所表现出来的样子来观察人本身。

人的这种自我表现（Sichausnehmen），人在世的这种“自持”（Sichhalten），这种“举止”（Haltung），就是 τὸ ἦθος［性情］。因此，政治学作为对人的真实存在的通晓——ἡ περὶ τὰ ἤθη πολιτική［关注性情的政治学］①——就是伦理学（ist Ethik）。然而，认为伦理学
69 是政治学的部分，则是一种误解。亚里士多德明确说过：ἡ μὲν οὖν μέθοδος τούτων ἐφίεται, πολιτική τις οὖσα［真正以这些事物为目的的研究，就是政治学］，②“［《尼各马可伦理学》卷 A 中的］这项研究是这样一项研究，它就围绕这一点［以培养对人的真实存在的通晓］”。如果这种思考就是 πολιτική［政治学］，那么，在此思考中就包含着一项关于存在的基本规定，这项基本规定存在于所有关于 ἀγαθόν［好］的思考之中。

---

① 《修辞学》，卷 A 章 4，1359b10 以下。

② 《尼各马可伦理学》，卷 A 章 1，1094b11。

（二）ἀγαθόν［好］的基本规定

现在，我们来追问 ἀγαθόν［好］本身的规定。我们知道，ἀγαθόν［好］就是 τέλος［结果］。因而，问题也许就成了追问终点—存在的特质（Charakter des Ende-Seins）、有限性的特质、τελειότης［完满］的特质，因为，ἀγαθόν［好］就是 τέλειον［完全］，ἀγαθόν［好］造就了完全之在（Fertigsein）。最后的问题是：达到 τέλειον ἀκρότατον［最大程度的完全］的人的存在是怎样的存在？Ἀγαθόν［好］并非喧嚣于周遭的客观事物，而是此在本身的如何（Wie）。

为此意图而研究 ἀγαθόν［好］，以便获得对存在结构的更为精确的洞见，结果得出了进一步讨论 ἀγαθόν［好］的四个阶段：

第一，像 ἀγαθόν［好］这样的事物，究竟在何处才变得可见？

第二，与此相应，我们在何处找得到 ἀνθρώπινον ἀγαθόν［属人的好］？

第三，什么是 ἀγαθόν［好］的普遍规定？

第四，什么符合下述特质的 ἀγαθόν［好］：ἀγαθόν［好］构成了人的此在的完全之在？

着眼于 ἀγαθόν［好］变得可见的领域，就是回归《尼各马可伦理学》第一句话，这句话指出：ἀγαθόν［好］关涉 τέχνη［技艺］、πρᾶξις［行事］、προαίρεσις［抉择］和 γνῶσις［认识］。在对某物的某种通晓之中，可以碰到 ἀγαθόν［好］，与此同时必须坚持，τέχνη［技艺］并非偶然伴随某项操持的某种事物。Τέχνη［技艺］同时从属于操持之含义。“我操持某事”，意思是说：我通晓我打算用力的领域；处于某一视野中的所操持的什么（Was）明确在此；我通晓 70

有利之物。ἀγαθόν[好]就出现在τέχνη[技艺]本身当中，从而，ἀγαθόν[好]是明确的。一个提示：ἀνθρώπινον ἀγαθόν[属人的好]关涉τέχνη[技艺]，τέχνη[技艺]从属于某项操持，这种操持构成了人的此在；我们将通过一种典型的对生命(Leben)本身的通晓来发现ἀνθρώπινον ἀγαθόν[属人的好]。亚里士多德将这样的τέχνη[技艺]称为πολιτική[政治学]：事实上，亚里士多德正是着眼于生命本身而将对生命的通晓视为πολιτική[政治学]、将此在视为共在。

1. τέλη[结果]的复多性和聚合，以及某种τέλος δι' αὑτό[结果在于其本身]的必然性

关于人的这种此在，关于这种从一开始就被置于此视野之中的此在，以描述方式可以得出不同结果：也就是说，**操持具有某种复多性**。在共在中，操持具有某种复多性，这并非指数量大(Menge)，而是指一种多重性(Vielfachheit)，后者又具有一种由共在特质所规定的内在关系。进而言之，伴随这种操持的复多性，还存在一种τέλη[结果]的**复多性**，至此，操持才达到了其终点。

亚里士多德对τέλη[结果]作了基本区分。他也是在《尼各马可伦理学》开篇处指出：διαφορὰ δέ τις φαίνεται τῶν τελῶν· τὰ μὲν γάρ εἰσιν ἐνέργειαι. τὰ δὲ παρ' αὐτὰς ἔργα τινά.[然而，的确可以看到其结果之不同；因为，有些结果是活动状态，有些结果则是超出活动状态之外的那些产品。][1]“看起来，τέλη[结果]之中存在某种

---

① 《尼各马可伦理学》，卷A章1，1094a3以下。

确定的区分。一类是 ἐνέργειαι[活动状态]（Ἐνέργειαι 完全是特出的、甚或是基本的存在特质，是一种完全特出意义上的一种存在之如何(Wie)。此特质意指'在—进行中—存在'(Im-Werke-Sein)本身。若非我们所谓'现实性'(Wirklichkeit)这个措辞已然变得陈旧，这个措辞倒是对 ἐνέργειαι[活动状态]的一个特出的翻译。Ἐνέργειαι[活动状态]就是存在之如何，就是 πρᾶξις[行事]的存在特质的这样一种存在之如何，从而是操持之如何)，另一类 τέλη[结 71
果]παρ' αὐτάς[超出它们之外]，与操持并行，它们就是 ἔργα[产品]，即作品(Werke)。"后一类是这样一些 τέλη[结果]：它们是在某个操持中剩下(abfallen)的。随着(Neben)鞋的制作完成，剩下了鞋。παρά[超出……之外]暗示，操持的 τέλος[结果]是某种靠自己的而独立的事物。在很大程度上，παρά[超出……之外]是有利之物的特质。与此相对，一次散步与制鞋行当不同，制鞋行当以某种事物达成了其终点，这种事物在其本身之中拥有其本真的存在，而一次散步的 τέλος[结果]就是我在散步，而非我去了某某地方，也不是我走过了一段距离，而是我外出呼吸新鲜空气，是我散了一段步。τέλος[结果]就在 πρᾶξις[行事]之中。通过停留于操持之中，操持达到了其终点，达成了其 τέλος[结果]。完全之在即散步的真实性之根据，在于我如何散步。按照造成 τέλος[结果]的事物的存在特质，应当区分两种不同的操持方式。

πολλῶν δὲ πράξεων οὐσῶν καὶ τεχνῶν καὶ ἐπιστημῶν πολλὰ γίνεται καὶ τὰ τέλη[在已有的很多行事、技艺和学说中，其结果也是多样的]。[1]"在此，存在操持的某种复多性，存在通晓和科学

---

① 《尼各马可伦理学》，卷 A 章 1，1094a6 以下。

(Wissenschaften)的某种复多性。所以，在此也同时存在 τέλη［结果］的这样一种复多性。”ἰατρικῆς μὲν γὰρ ὑγίεια, ναυπηγικῆς δὲ πλοῖον, στρατηγικῆς δὲ νίκη, οἰκονομικῆς δὲ πλοῦτος［医术的结果当然是健康，造船术的结果又是船，兵术的结果是取胜，齐家之术的结果则是财富］。[1]“对于医术而言，结果是健康；对于造船而言，结果是船；对于兵术而言，结果是取胜；对于家庭财富活动而言，结果是财产(Vermögen)。”如此便表明了操持的复多性，但问题在于这些操持如何共在。人的此在的具体方面，也表现在这种共在之中：在这些操持中有一种确定的操持起**引领**(Führung)作用。这种操持引领其他操持。譬如，就军事上的骑术(ἱππική)而言，“养马”为马具制造者制定规范(maßgebend)，[2]而马具制造者为制革行当制定规
72 范。ἱππική［骑术］则由取胜本身、由 στρατηγική［兵术］来引领，它从属于“兵术”，[3]所以，从某种角度而言，兵术为制革行当制定规范。因而，στρατηγική［兵术］是一种 δύναμις［能力］，它通过引领贯彻于各项操持的复多性之整体中。[4]στρατηγική［兵术］则从属于一种特殊的、对作为共在的人的此在的关注(Interesse)，即对 πόλις［城邦］的关注。这个例证表明，在各项操持的复多性之中存在一种**引领关系**(Führungszusammenhang)，从而，各项操持具有某种整体复

[1] 《尼各马可伦理学》，卷 A 章 1，1094a8 以下。

[2] 《尼各马可伦理学》，卷 A 章 1，1094a10 以下：ὑπὸ τὴν ἱππικὴν χαλινοποιική［制作马缰的技艺从属于骑术］。

[3] 《尼各马可伦理学》，卷 A 章 1，1094a12 以下：αὕτη δὲ [...] ὑπὸ τὴν στρατηγικήν［它又……从属于兵术］。

[4] 《尼各马可伦理学》，卷 A 章 1，1094a9 以下：ὅσαι δ᾽ εἰσὶ τῶν τοιούτων ὑπὸ μίαν τινὰ δύναμιν［像这样一些技艺都从属于某一种能力］。

多性，这些操持“彼此互为”即 δι᾽ ἕτερον[为了彼此]。[①]

故此，亚里士多德说，在各项操持的复多性中，必定存在这样的操持，或者更准确地说，存在这样一种操持，或者更准确地说，存在这样一种 τέλος[结果]：它 δι᾽ αὑτὸ[为其自身]而在。[②] 在共在的全部可能的操持领域中，我们并非都能把握到“这种操持的彼此互为。因为，如此将导致无限，按此方式行事就找不到 πέρας[界限]，所以，ὄρεξις[欲求]，也就是为了某物而越界（Aussein），将变得 κενή καὶ ματαία[虚妄]。”[③] Πέρας[界限]规定了操持者的此在。在操持之中已然存在对某物的操持。**操持的实行只有在下述情况下方才可能**：**所操持之物在此**；**操持不会坠入虚妄**；**操持具有 πέρας[界限]特质**。只有如此，一项操持才有可能实行其存在（Sein）。存在向来具有下述含义：存在就是划定界限的存在（Begrenztsein）。故此，亚里士多德说，构成作为共在的人的此在的各项操持的复多性，必定拥有 πέρας[界限]。然而，这意指：由于各项操持彼此从属于某种引领关系，所以，πέρας[界限]是由 τέλος δι᾽ αὑτὸ[自为的结果]所建构的，它是这样一种 τέλος[结果]：我们“为其本身之故”而操持此 τέλος[结果]。

关于 ἀνθρώπινον ἀγαθόν[属人的好]，我们可以由上述思考中 73
得出：ἀνθρώπινον ἀγαθόν[属人的好]就是在思考人的此在时作为 τέλος δι᾽ αὑτὸ[自为的结果]在此的事物，περιέχοι ἂν τὰ τῶν ἄλ-

① 《尼各马可伦理学》，卷 A 章 1，1094a20。

② 《尼各马可伦理学》，卷 A 章 1，1094a19。

③ 《尼各马可伦理学》，卷 A 章 1，1094a19 以下：μὴ πάντα δι᾽ ἕτερον αἱρούμεθα (πρόεισι γὰρ οὕτω γ᾽ εἰς ἄπειρον, ὥστ᾽ εἶναι κενὴν καὶ ματαίαν τὴν ὄρεξιν)[并非为了另一事物而欲求所有事物（如此将导致无限，正如欲望之虚妄）]。

λων (τέλη)［它包括其他技艺的结果］，[①] 这种被 πολιτική［政治学］作为主题的 τέλος［结果］，必定是这样一种 τέλος［结果］：它“囊括了其他结果，并将这些结果包含其中”。由此思考您可以看出：关于人的 τέλος［结果］究竟是什么，这种思考并未给出任何内容方面的规定。亚里士多德只是说，由共在的存在结构得出的结论是：必定有某种 τέλος δι' αὐτὸ［自为的结果］。这种 τέλος δι' αὐτὸ［自为的结果］必然是 πολιτική［政治学］的主题。现在的问题是：这种 τέλος［结果］、这种作为 τέλος δι' αὐτὸ［自为的结果］的 ἀνθρώπινον ἀγαθόν［属人的好］的特质是什么？对于人的共在而言，从属于作为 τέλος δι' αὐτὸ［自为的结果］的 ἀγαθόν［好］的特质的事物又是什么？

2. βίοι［生活］作为 τέλη δι' αὐτά［自为的结果］。τέλος δι' αὐτό［自为的结果］的标准：οἰκεῖον［本己］、δυσαφαίρετον［难以剥夺］、τέλειον［完全］和 αὔταρκες［自足］

通过这种明显的形式上—普遍的（formal-allgemeinen）思考，您看到：亚里士多德始终专注于被规定为共在的具体的此在。对 ἀγαθόν［好］的基本规定，以及同时对符合 ἀγαθόν［好］的事物的更进一步思考和强调，以具体的经验本身为定向，如此一来，不仅当前的此在被置于研究之中，而且追问了这种当前的此在本身所具有的意见（Meinungen），这些意见着眼于：对当前的此在而言，什么是 ἀγαθόν［好］。这就是亚里士多德的立足点。但首次对具体的

① 《尼各马可伦理学》，卷 A 章 1，1094b6。

此在作出解释(Auslegung)的人并不是亚里士多德，相反，对其本身的一种解释同时从属于此在本身(zum Dasein selbst gehört mit eine Auslegung seiner selbst)，此在总已经在某种程度上随身带有一种解释。此在活动于其中的可理解性，也就是常人(das Man)，最终扎根于 δόξα[意见]之中，扎根于人关于事物和关于其本身的如此平均的看法之中。此在关于自身的这种不言而喻的意见，就是 74
亚里士多德由以出发的首要源泉，他由此明确定向于探讨此在本身如何具体思考它以何种方式才能拥有其完全性(Fertigkeit)。所以，亚里士多德如此刻画他的方法：他研究的 λόγοι[道理]ἐκ [...] [τῶν κατὰ τὸν βίον πράξεων] καὶ περὶ τούτων[出自(……)(生活行事)并且讨论生活行事]：[①] 他由此在的自我言说、并"着眼于生命举止(Lebenshaltung)"得出了关于此在的结论。Bίος[生活]是一个有关"生命"(Leben)的新概念，但它与 ζωή[生存]并不是一回事。现代生物学恰恰与古希腊的 βίος[生活]无关。Bίος[生活]是"生命状况"、"生命方式"、一种生命由生到死的特殊的时间性、"履历"(Lebenslauf)，所以，βίος[生活]也指"生平"(Lebensbeschreibung)：某种 ζωή[生存]之如何，就是 βίος[生活]，就是某种生命的历史。生命关于自身说出了什么，是由生命进程(Lebenswandel)本身当中的操持中得出的，这种由某种确定的生命状况中的操持中得出的生命理解，同样 περὶ τῶν πράξεων[关涉行事]，也是操持本身的解释，生命关于自身说出了什么，就是由这些操持中得出的。这就是方法上的指导线索，亚里士多德在思考 βίος

① 《尼各马可伦理学》，卷 A 章 1，1095a3。

[生活]时就利用了这种指导线索，以便由此思考查明：作为 τέλος καθ'αὑτό[以自身为根据的结果]本身的生命把握住了什么。他列举了如下三种 βίοι[生活]：

75 一、βίος ἀπολαυστικός[享乐生活]，“沉溺于消遣、享受的生活”；

二、βίος πολιτικός[政治生活]，“在具体的此在中致力于操持的生命经验的方式”；

三、βίος θεωρητικός[静观生活]，其特质由沉思来刻画的此在方式。[1]

亚里士多德首先列举了这些 βίοι[生活]的不同 τέλη[结果]，以此表明：操持这些结果是 δι' αὑτό[为了其本身]。他也提出了批评性的问题：这些结果是否满足作为共在的 τέλος[结果]的 δι' αὑτό[为了其本身]之含义。必须搞清楚这些 τέλη[结果]应当满足的 κριτήριον[标准]。τέλος[结果]必须是：

一、οἰκεῖον[本己的]，

二、δυσαφαίρετον[难以剥夺]，[2] 所以，这种 τέλος[结果]以此在本身“为家”(zu Hause)而非从外部得来，它“不可避免地”从属于此在。

三、然而，δυσαφαίρετον[难以剥夺]这一规定并不充分，它还必须 τέλειον[完全]，[3]“它形成了本真意义上的完全性”。ἡδονή[快乐]也可以为了我的此在本身而非为了 ἡδονή[快乐]本身而被追

① 《尼各马可伦理学》，卷 A 章 3，1095b17 以下。

② 《尼各马可伦理学》，卷 A 章 3，1095b26。

③ 《尼各马可伦理学》，卷 A 章 5，1097a31。

求。如此一来，就有对 τέλειον［完全］作出规定的必要性。

四、τέλος［结果］必须 αὔταρκες［自足］,[1]“其本身是充分的”。在对 αὔταρκες［自足］的解释中明显可见：正是 τέλος［结果］规定了某个作为共在的此在。在对共在的规定中，τέλος［结果］本身必须是自足的。

我们还要更进一步思考这四种规定。形式上由 δι' αὐτό［为了其本身］所规定的 τέλος［结果］，就是人们通常所谓 εὐδαιμονία［幸福］[2]，通常译为“幸福”（Glückseligkeit）。对 βίοι［生活］的思考，始于《尼各马可伦理学》卷 A 章 3：“看来，人们从 βίοι［生活］出发，将他们所理解的 ἀγαθόν［好］、εὐδαιμονία［幸福］归于构成人的此在的真实性的事物（并非与此同时没有任何东西展现出来，而恰恰是有某物显露出来），οὐκ ἀλόγως［并非没有道理］。”[3]Οὐκ ἀλόγως［并非没有道理］从而意指：这种对 βίος［生活］的 τέλος［结果］—存在的规定，采取了正确的方法，因为，的确有实实在在的某物（etwas Sachliches）被展现出来。关于 βίος ἀπολαυστικός［享乐生活］，亚里士多德指出：这种生活在 ἡδονή［快乐］中拥有了 τέλος［结果］，从而，那些决定如此行事的人，τυγχάνουσι δὲ λόγου 76
［碰上了话题］,[4]“攀谈起来”（ins Gespräch kommen），人们谈论他们，人们一起做这件事情，人们将普遍的东西视为正确的东西，他

① 《尼各马可伦理学》，卷 A 章 5，1097b8。

② 《尼各马可伦理学》，卷 A 章 2，1095a17：τὴν γὰρ εὐδαιμονίαν καὶ οἱ πολλοὶ καὶ οἱ χαρίεντες λέγουσιν［因为，众人和雅士都说它就是幸福］。

③ 《尼各马可伦理学》，卷 A 章 3，1095b14 以下：τὸ γὰρ ἀγαθὸν καὶ τὴν εὐδαιμονίαν οὐκ ἀλόγως ἐοίκασιν ἐκ τῶν βίων ὑπολαμβάνειν［他们从生活中所接受的事实来看待好和幸福］。

④ 《尼各马可伦理学》，卷 A 章 3，1095b21。

们有多数人赞同。οἱ δὲ χαρίεντες καὶ πρακτικοὶ τιμήν[雅士和务实之人以荣誉为结果]。[①]“与此相对，有教养的人和真正致力于实务的人，将 τέλος[结果]置于 τιμή[荣誉]之中。”他们说，具体的作为共在的此在，最终有赖于在他人那里享有“荣誉”(Ansehen)。就此，亚里士多德说，若将 τέλος[结果]规定为 τιμή[荣誉]，则不追逐荣誉的人将不会拥有 ἀγαθόν[好]，相反，只有受到他人重视的人才会拥有 ἀγαθόν[好]，他们是这样的人：当其他人也追逐 τιμή[荣誉]，“从而保证并证明他们的此在就是一种 ἀγαθόν[好]”[②]的时候，他们才会获得 ἀγαθόν[好]。所以，τιμή[荣誉]根本不属于我本真的此在本身，τιμή[荣誉]绝不是 οἰκεῖον ἀγαθόν[本己的好]，我拥有的 τιμή[荣誉]是他人的恩赐。这一点在 ἡδονή[快乐]中也显而易见，所以，亚里士多德从未指出：人们由外部获得的这种 ἀγαθόν[好]，并非 δυσαφαίρετον[难以剥夺]，并非“不可剥夺”之物。从而，这种处于更高位置的作为 τιμή[荣誉]的 τέλος[结果]，根本不是这样的 τέλος[结果]：可以将其视为此在本身最终的所有物。甚至，更进一步对 ἀρετή[优异]也要 κατὰ τούτους[按此]来规定。[③]“某人有可能是一个优异的(tüchtiger)家伙，甚至睡着了他的此在也是优异的，他有可能倒霉，也可能时运不济”[④]——

① 《尼各马可伦理学》，卷 A 章 3，1095b22 以下。

② 《尼各马可伦理学》，卷 A 章 3，1095b27 以下：ἵνα πιστεύσωσιν ἑαυτοὺς ἀγαθοὺς εἶναι[以便确信这就是他们自己的好]。

③ 《尼各马可伦理学》，卷 A 章 3，1095b29 以下。

④ 《尼各马可伦理学》，卷 A 章 3，1095b29 以下：δοκεῖ γὰρ ἐνδέχεσθαι καὶ καθεύδειν ἔχοντα τὴν ἀρετήν ἢ ἀπρακτεῖν διὰ βίου, καὶ πρὸς τούτοις κακοπαθεῖν καὶ ἀτυχεῖν τὰ μέγιστα[因为，看来有可能睡着了也拥有优异，或有可能在生活中不践行优异却也拥有优异，这些人有可能倒霉或遭遇最大的不幸]。

两个规定：**清醒**（Wachsein）和**成功**（Gelingen）。因此，如果谁想评价 ἀρετή[优异]，评价“优异”（Tüchtigkeit），这种评价就需要更进一步的规定。人有可能在睡眠中度过他的一生或倒霉，这种可能性要求 ἀρετή[优异]是 ἐνέργεια[活动状态]，是一个**实际**表现出自身的实事，这个实事在本真的、任何情况下的具体的此在中都拥有其存在。“好—进程”（Gut-Ablaufen），εὐτυχία[好运]，同时是 77
一项操持的真实性的一个规定。Εὐτυχία[好运]在 εὐδαιμονίαν[幸福]中同时在此。亚里士多德为何提出这一点，只有留心关注古希腊的存在之规定才能理解：古希腊人拥有完整而又具体的此在含义，这是作为在—某—世—存在的此在，作为处在其具体化状态中的此在，在操持过程的生命活力（Lebendigkeit）中可以看到这一点。

生命关于自身所具体表达出来的某物，就是将其根据引入生命之中的某物。亚里士多德在《尼各马可伦理学》卷 A 章 2 末尾说：καὶ εἰ τοῦτο φαίνοιτο ἀρκούντως, οὐδὲν προσδεήσει τοῦ διότι[若能充分表明这一点，就无需知道何以如此]，①“如果我自己以此（生命对其本身的言说）为定向，就根本无需致力于究明 διότι[何以如此]，即究明因何之故（deshalb）、为何（weil）、由于（denn）”。生命已然如此言说过了。亚里士多德接受了生命的此在解释（Daseinsauslegung），所以，他肯定这种此在解释。此在像言说它自身那样提出要求，所以，此在已然拥有其根据。如果我考虑 ὅτι[所以]，考虑生命如此言说的“情形”（daß），并理解了这一点，那么，就根本不再需要考虑 διότι[何以如此]。生命占有了其可能性，并

① 《尼各马可伦理学》，卷 A 章 2，1095b6 以下。

将这些可能性明确揭示出来，而且是从三个方面、按照三种 βίοι［生活］揭示了这些可能性。亚里士多德明确推迟了对 βίος θεωρητικός［静观生活］的解释（《尼各马可伦理学》卷十）。[1] 他将这种 βίος［生活］突出为人的生存（Existenz）的本真可能性。其他两种 βίοι［生活］给了他机缘，让他确定了两种 τέλη［结果］：一、ἡδονή［快乐］；二、τιμή［荣誉］。

一、对 ἡδονή［快乐］的思考很短，因为，无需进一步思考就非常清楚：这种 ἀγαθόν［好］使得此在背离了它自身，并将此在引入世界。在 ἡδονή［快乐］中，此在无法及于其自身，生命按照它活动于其中世界来生活，完全依赖于世界，此在将不会活出它自己的存在。

78 二、第二种立场（Ansetzung）已然为其自身拥有了更多的东西，因为，它本身表明，τιμή［荣誉］中就有共在的、处在—这些—他者之中的—自我感受（Unter-den-anderen-Sichbefinden）的一种特出的可能性，因为，如果我受到他人重视，我就能在世界中拥有一个特出的位置。在—他人中—受尊重（Unter- anderen-Angesehensein）是一种特出的情状（Befindlichkeit），尽管这种情状依赖于他人。与尊重我的人相处，他们或者给予我尊重或者不给予我尊重。他人拥有这种 ἀγαθόν［好］，并把它赐给了我，但他们也可能不把它赐给我。它并不属于我的存在本身。因而，就其掌握在他人手中而言，τιμή［荣誉］绝非 οἰκεῖον ἀγαθόν［本己的好］，绝非这样一种好：靠我的存在而且以我的存在为基础，这种好以我“为家”（zu Hause）。

① 参《尼各马可伦理学》，卷 A 章 3，1096a4 以下。

从而，因为，他人有可能不赐给我这种好，所以，这种好是可以剥夺的好，它不仅不以此在为家，也不 δυσαφαίρετον[难以剥夺]。一种 ἀγαθόν[好]，一种本真意义上的此在的 ἀγαθόν[好]，必定以这样的存在本身为家，也应该无法剥夺。

这样一种 ἀγαθόν[好]看来正是 ἀρετή[优异]，是存在的方式和方法，就此我们说，某人有可能是一个优异的家伙，这样一种好就是“优异”，就是总有能力支配本己的存在的某种完全确定的可能性(Verfügen jeweils über eine ganz bestimmte Möglichkeit des eigenen Seins)。笛手的 ἀρετή[优异]就在于他有能力在特出的意义上支配笛子演奏的可能性。然而，这样一种存在和生命，有可能在一定程度上在睡眠中度过。人有可能是优异的，与此同时，也有可能在睡眠中度过生命。如果这种支配本己的存在可能性的能力可以是某种 ἀγαθόν[好]，那么，这种能力必定具有清醒之方式，它也必定会实现能力本身的可能性，这就是 πρᾶξις[行事]。因是之故，人的此在的本真的 ἀγαθόν[好]，说到底就是 εὐπραξία[好的行事]或 εὐζωία[好的生存]。[1] 这个 εὖ[好]并非这个世上外在的某物，而是生命本身的如何(Wie)。ἀγαθόν[好]就是操持本身的一种如何，由此规定出发，我们拥有了一系列要素，这些要素规定了 ἀγαθόν[好]，也从而标示出(Vorzeichnung)唯一能符合一种如此 79
确定的 ἀγαθόν[好]的含义的事物。属于这种事物的特点是：谁发现自己处在 εὐζωία[好的生存]中，谁就拥有 εὐτυχία[好运]。具体的此在能够如此实现它本身，但也可能倒霉。这种 εὐτυχία[好

① 《尼各马可伦理学》，卷 A 章 8，1098b12 以下。

运］作为 ἄριστον［最好的事物］的 εὐδαιμονίαν［幸福］的更进一步的要素标明：εὐζωία［好的生存］就是凭其确定的条件和可能性存在—于—某—世；εὐζωία［好的生存］就包含其中；这表明，这种伦理学（Ethik）绝不是幻想出来的，相反，它是要探究 ἀνθρώπινον ἀγαθόν［属人的好］的可能性。

亚里士多德在章 4 中得出的结论是：不可能存在某种本身就好的事物（ein Gutes an sich）。Ἀγαθόν［好］本身总是某种 πρᾶξις［行事］的 πέρας［界限］，然而，这种 πρᾶξις［行事］是此时此地的 πρᾶξις［行事］，它针对此时此地的存在者，πρᾶξις［行事］总是 περὶ τὰ ἔσχατα καὶ τὰ καθ' ἕκαστα［针对最终的事物并以细节为根据］，[①]"针对最终的事物，针对此时此地变得尖锐的事物"，καὶ τὰ καθ' ἕκαστα［并以细节为根据］，就是关涉"具有其规定性的每种事物本身"。因是之故，某种 ἀγαθόν καθόλου［完全好］[②]的观念是没有意义的（sinnlos），这种观念错误认识了 ἀγαθόν［好］本身的存在特质。

与此相对，亚里士多德开辟了一条新路，以便对 ἀγαθόν καθ' αὐτὸ［以其本身为根据的好］作出更为精确的规定，从而完成了关于 ἀγαθόν［好］的存在特质的研究。ἀγαθόν［好］就是 πέρας［界限］或 τέλος［结果］，就是构成——种—完全性意义上的"终点"（Ende）。他在章 5 中将 ἀγαθόν［好］定义为 τέλος［结果］，更准确地说，定义为 τέλειον［完全］。[③]为如此思考终点（Ende）的终结性

① 《尼各马可伦理学》，卷 Z 章 12，1143a32 以下：ἔστι δὲ τῶν καθ' ἕκαστα καὶ τῶν ἐσχάτων ἅπαντα τὰ πρακτά［所有行事都从属于关涉细节和最终结果的事物］。

② 《尼各马可伦理学》，卷 A 章 4，1096a11 以下。

③ 《尼各马可伦理学》，卷 A 章 5，1097a33。

(Endlichkeit)作准备，我将解释《形而上学》卷Z章16。

第十一节　τέλειον[完全]
(《形而上学》卷Δ章16)

Τέλειον[完全]，与ὄν[存在]这个术语以及ἀγαθόν[好]一 80
样，也具有一种模棱两可的含义(Doppeldeutigkeit)。[1]Ἀγαθόν[好]，正如οὐσία[本体]，意指：一、某种好、某个好的存在者；二、好的存在(Gutsein)、好的性质(Gutheit)。所以，τέλειον[完全]也意指：一、完全的存在者；二、造就完全之在的事物，就是确定的存在，必定有某个完全的事物存在于其中，从而使其完全，这就是完全的存在者的存在方式。

(一)本章译文

τέλειον λέγεται ἓν μὲν οὗ μὴ ἔστιν ἔξω τι λαβεῖν μηδὲ ἓν μόριον, οἷον χρόνος τέλειος ἑκάστου οὗτος οὗ μὴ ἔστιν ἔξω λαβεῖν χρόνον τινὰ ὃς τούτου μέρος ἐστὶ τοῦ χρόνου[完全指这样一种事物，在它之外，连一个部分也找不到，正如，每个事物的完全的时间，就是在完全的时间之外找不到属于完全的时间的部分时间]。[2]"若某个存在者一度被说成是完全的，那么，在它之外甚至连某个部分也碰不到(这个部分同样也构成了所涉及的存在)，同样，对于每一

[1] 参《形而上学》，卷Z章6，1031a28以下。

[2] 《形而上学》，卷Δ章16，1021b12以下。

个此在者而言，时间在下述意义上是完全的：在此时间之外不存在同时构成此时间的某一段时间。”当我们说“每个事物都拥有它的时间”时，我们指的就是亚里士多德心目中看到的事物，指的就是一种对时间的划界（Eingrenzung），在此时间之外没有任何时间性的存在者。若某物拥有它的时间，那么，它是以构成其完全之在的方式而存在的，这个事物就是 τέλειον［完全的］（参《物理学》卷 Δ 章 10—14 中的时间分析）。

καὶ τὸ κατ᾽ ἀρετὴν καὶ τὸ εὖ μὴ ἔχον ὑπερβολὴν πρὸς τὸ γένος, οἷον τέλειος ἰατρὸς καὶ τέλειος αὐλητὴς, ὅταν κατὰ τὸ εἶδος τῆς οἰκείας ἀρετῆς μηθὲν ἐλλείπωσιν. οὕτω δὲ μεταφέροντες καὶ ἐπὶ τῶν κακῶν λέγομεν συκοφάντην τέλειον καὶ κλέπτην τέλειον, ἐπειδὴ καὶ ἀγαθοὺς λέγομεν αὐτούς, οἷον κλέπτην ἀγαθὸν καὶ συκοφάντην ἀγαθόν. καὶ ἡ ἀρετή τελείωσίς τις［其次，是指对于这一类事物，就优异和好而言，没有更高超的，正如，完美的医师和完美的笛手，就他们本己的优异的类型而言，没谁有不足之处。同样，若使含义超出而及于坏的事物，我们会谈论完美的骗子和完美的窃贼，有时候，我们也说他们好，如好一个窃贼或好一个骗子，而优异就是一种完
81 满］。[①]“进而，所谓完全，指在支配某种本己的存在可能性的能力方面，就其真正的来源性（Herkünftigkeit）而言，达到了无以复加的地步。我们谈论某个完美的医师和某个完美的笛手。一个医师或一个笛手是完美的，如果就他们本己的支配其存在的能力如何在此而言，他们在任何方面都不落后（甚至笛手的 ἀρετή［优异］在任何

① 《形而上学》，卷 Δ 章 16，1021b15 以下。

方面都不落后于其可能性）。然而，在此意义上（就像在上述规定中所给予的意义上），我们也说某个骗子（Angeber）或某个窃贼是完美的，以此方式，我们超出了（τέλειον［完全的］）含义（Gemeitheit）之如何（Wie），而及于坏的事物，因为，我们明明称呼他们好，譬如，我们称呼某人好一个窃贼，或称呼某人好一个骗子。对某种存在可能性的支配能力，正是造成一此一碰到的一存在者的一这种一完全性（Die-Fertigkeit-des-betreffenden-Seienden-Ausmachens）的确切方式（这种确定的存在者拥有 ἀρετή［优异］）。

ἕκαστον γὰρ τότε τέλειον καὶ οὐσία πᾶσα τότε τελεία, ὅταν κατὰ τὸ εἶδος τῆς οἰκείας ἀρετῆς μηδὲν ἐλλείπῃ μόριον τοῦ κατὰ φύσιν μεγέθους［因为，只要就其本己的优异的类型而言，出乎自然的范围不缺乏任何部分，那么，每一个这样的事物，每一个这样的本体就是完全的］。[①]“因为，如果在着眼于 ἀρετή［优异］时，与所涉及的存在者的可能的存在能力（Seinkönnen）的规模有关的内容，没有任何缺乏，那么，任何时候某物都是完全的，而且每一个存在者都按其存在之如何在此。”

ἔτι οἷς ὑπάρχει τὸ τέλος σπουδαῖον, ταῦτα λέγεται τέλεια· κατὰ γὰρ τὸ ἔχειν τὸ τέλος τέλεια. ὥστ᾽ ἐπεὶ τὸ τέλος τῶν ἐσχάτων τί ἐστι. καὶ ἐπὶ τὰ φαῦλα μεταφέροντες λέγομεν τελείως ἀπολωλέναι καὶ τελείως ἐφθάρθαι. ὅταν μηδὲν ἐλλείπῃ τῆς φθορᾶς καὶ τοῦ κακοῦ ἀλλ᾽ ἐπὶ τοῦ ἐσχάτου ᾖ［此外，从一开始就拥有结果的事物，若此结果是严格的，这样的事物就被称为是完全的；因为，就其拥有

---

① 《形而上学》，卷 Δ 章 16，1021b21 以下。

结果而言，它们是完全的，所以，由于结果是某种终极之物，若转向坏的含义，我们也以完全来称谓毁灭和败坏，如果败坏和邪恶没有任何缺乏，而达到了无以复加之程度］。①“此外，就完全之在的如何而言，存在是 τέλειον［完全的］，在这样的存在者本身之中，其完全性是严格现成在手的。尽管这样一个存在者被称为是 τέλειον［完全的］，乃是着眼于其在完全性意义上拥有结果。由此，因为 τέλος［结果］属于终极事物，让我们转向这种所谓如何（dieses Wie
82 der Gemeintheit）的坏的含义。我们会谈论某种完全的毁坏，如果毁灭得一点也不剩，而且是最终被完全、彻底地毁灭了。”

διὸ καὶ ἡ τελευτὴ κατὰ μεταφορὰν λέγεται τέλος, ὅτι ἄμφω ἔσχατα［因此，通过转义，死亡也被称为结果，因为，两者都是极端］。②“因此，生命的终点，死，按照某种说法，被称为完成，它造就生命的完全之在。”

τέλος δὲ καὶ τὸ οὗ ἕνεκα ἔσχατον［结果就是属于因何之故的终极之物］。③“τέλος［结果］，构成完全之在的终点，又意指某物因其之故而在的事物，这种因何之故就是终极之物。”最后是对所提到的含义的一个概括式划分，即按照范畴（Kategorien）的观点所作的划分，我们将回复到这些范畴，以便搞清楚，τέλος［结果］如何恰恰成了存在者的基本范畴。

必须小心“目的论”（Teleologie）这个概念。亚里士多德没

① 《形而上学》，卷 Δ 章 16，1021b23 以下。
② 《形而上学》，卷 Δ 章 16，1021b28 以下。
③ 《形而上学》，卷 Δ 章 16，1021b28 以下。

有"目的论式的"(teleologische)的世界观。粗浅的理解已然表明，τέλειον[完全]和τέλος[结果]并不意指"目标"(Ziel)或"目的"(Zweck)。τέλος[结果]被明确表述为τῶν ἐσχὰτων τι[终极之物]，它拥有"终极之物"的特质。首要的基本规定是**终点—存在**(Ende-Sein)。人们把τέλος[结果]译为"目的"或"目标"，当然有其根据而非凭空捏造。问题是，这样的翻译是否符合这些词的原始含义(die primären)，在此存在研究水平上，人们是否可以将原始含义与派生含义混而同之。目的是某物之为何(Wozu-etwas)，目标则是某物之所向。在目的和目标的特质中，能碰到终点(Ende)，然而，这只是因为τέλος[结果]就是终点，所以，τέλος[结果]也有可能成为目标或目的。τέλος[结果]是着眼于某种确定的朝……看过去(Hinsehen-auf...)，是放—在—眼里(Ins-Auge-Fassen)。在存在研究的水平上，目的活动性(Zwecktätigkeit)或目标活动性(Zielstrebigkeit)都是完全错误的含义，并造成了这样的印象：好像亚里士多德也是一位生活在19世纪的粗人(primitiven 83
Menschen)。

(二)段落划分

1. 前两个划分点。翻译的方法

我们来划分《形而上学》卷Δ章16：

第一，χρόνος τέλειον[时间上的完全]。这一点所刻画的τέλειον[完全]特质是：**超越了它，则无物在此**，超越了它则一无所有，无(nichts)共同构成了存在者的存在，而存在者的特质就是τέλειον[完全]。若按照其现成在手的存在来理解，则τέλειον (πέρα)[完全之物（界限）］在此首先谈论的是存在者。[1]

第二，τὸ κατ' ἀρετήν［就优异而言］。这一点已然以一种固有的特质给出了存在者，也就是说，它是这样一种存在者：**它有能力支配其最本真的存在可能性**；在此情况下，τέλειον［完全］意指：超越了它，则无物在此，它作为这样的可能性，使得存在者变得更为本真。对于完美的笛手而言，在其最本己的存在可能性的意义上，不存在超一越（ὑπερβολή）这回事。着眼于其最本己的存在可能性，不存在超一越其本身之所是这回事。在此基本规定中存在者一种“转义”（Übertragens）即一种 μεταφέρειν［转义］的可能性，譬如，说某人是“好一个窃贼”。“好一个窃贼”的意思并非说他是一个好人，相反，完美的窃贼是指他是这样一个人：就其存在而言，他已然达到了其真正的存在可能性，这种可能性已然达到了其终点。[2]

亚里士多德明确论及 μεταφέρειν［转义］，[3] 他举出**转义**本身的例证是为了某个确定的目的。通过言说中的某种转义，我们从直接和原初的言及（Ansprechen）中，从 τέλειον［完全］的直接和原初的
84 含义中，还捎带（μετὰ）出了一种含义，却又超越了此含义而及于某种新的谈论对象。通过这种转义，通过这种我们带有（mitnehmen）一种含义的转义，我们所带有的含义恰恰变得明白可见。在转义中，我们由以带出含义的基本含义的所含之义变得明白可见。所谓完美的医师，并不涉及道德上的好，而是说在这个 τέλειος［完全之人］身上医术已登一峰一造一极（Zu-Ende-Bringen）。μεταφέρειν

[1] 《形而上学》，卷 Δ 章 16，1021b12-14。

[2] 《形而上学》，卷 Δ 章 16，1021b15-17。

[3] 《形而上学》，卷 Δ 章 16，1021b17 以下。

[转义]使得τέλειον[完全]的本真含义变得明白可见，在此意义上，医师是ἀγαθός[好的]，窃贼作为窃贼也是ἀγαθός[好的]，但在另一种意义上，窃贼又是κακός[坏的]。绝非偶然的是，亚里士多德不仅在此，而且在整个一系列分析中，始终通过贯彻这种μεταφέρειν[转义]方法来思考问题。

2. 呈现研究τέλειον[完全]的文本处境

τέλειον[完全]是ἀγαθός[好]的一种规定，此规定因而已然拥有了ἀρετή[优异]，我们接下来也将ἀρετή[优异]视为生命存在的基本规定，并认为它特别涉及完全之在。在支配某物的过程中，在支配其存在的某种确定的可能性的过程中，这种存在已然包含在其终点之中了，我已然把握并拥有了(im Griff und im Besitz)我本真的存在可能性。τελείωσις[完全]：[①] 亚里士多德开始明确谈到ἔχειν τὸ τέλος[拥有结果]的这种特有的现象。

亚里士多德谈论此现象的上下文是：在谈论了作为ἀγαθὰ δι' ἀυτά[自为的好]和τέλη[结果]的个人βίοι[生活]之后，在表明了ἀγαθόν[好]的特质要素之后，亚里士多德尝试更为透彻地解释作为τέλειον[完全]的ἀγαθόν[好]的特质。对作为τέλειον[完全]的ἀγαθόν[好]的这一思考，以与柏拉图的辩论(Diskussion)为前提，我们随后将回复到此辩论。[②]

若将ἀνθρώπινον ἀγαθόν[属人的好]理解为τέλος[结果]，会 85
得出什么结论呢？这涉及ἀνθρώπινον ἀγαθόν[属人的好]，涉及

① 《形而上学》，卷Δ章16，1021b20以下。

② 见页[305]以下。

人的存在，我们将人的存在理解为共在。这一点是由 πρᾶξίς［行事］的某种复多性所决定的，πράξεις［行事］当中有一种引领关系(Führungszusammenhang)，所以，在 πράξεις［行事］中可以找到一种 ἀκρότατον ἀγαθόν［至高的好］，即“至高的好”，这是一种 δι' ἀυτό［自为的］的 ἀγαθόν［好］。亚里士多德指出 βίοι［生活］中有这种 ἀγαθὰ δι' ἀυτά［自为的好］。他在第二种 βίος［生活］即 βίος πολιτικός［政治生活］中指出了两种可能性：τιμή［荣誉］和 ἀρετή［优异］——指出 ἀρετή［优异］是亚里士多德为了对他本人所规定的 ἀγαθόν［好］作出初步解释(Vordeutung)。

通过讨论 τέλειον［完全］，我们为讨论亚里士多德式的(aristotelischen)存在学说的基本概念，为讨论 ἐντελέχεια［隐德莱希］，获得了一个基础。Τέλος［结果］不是“目标”(Ziel)，而是 ἔσχατον［终极］，这是界限的特质，即“最外端”(Äußerstes)。目标和目的是作为“终点”的 τέλος［结果］的确定方式，但它们不是首要的规定，而目的和目标则以作为“终点”的 τέλος［结果］为基础，“终点”(Ende)是 τέλος［结果］原初含义。

3. 新调整后的段落划分

我们将《形而上学》卷 Δ 章 16 划分为八个要点：

第一，τέλειον［完全］的特质：超越了它，则无物在此。①

第二，一种超越—其外—便是虚无(Worüber-hinaus-nichts)，作为某个存在者的确定的存在可能性，按照其存在本真地规定了此存

① 《形而上学》，卷 Δ 章 16，1021b12-14。

在者;这种超越—其外—便是虚无的含义是:对于某个存在者而言,超越了 τέλος[结果]则不存在任何更进一步的存在可能性,某个存在者就其存在可能性而言,已然达到其终点。[①]

第三,τέλειον[完全]的转义之可能性,就在某个存在者的达—到—终点的存在(Zu-Ende-Gekommenseins)这个规定之中。如果 86
我们谈论"好一个窃贼",在此转义中,我们谈论一位"好医师"时的 τέλειον[完全]的本真含义就明白可见。"好"这个谓词隐含特出、有价值的含义。Τέλειον[完全]没有这种含义,若我们也谈论某个"登峰造极的窃贼",所以,τέλειον[完全]的含义建构出了一个存在特质,这种存在特质与 ἀγαθόν[好]的特定含义没有关联,通常对某个存在者的某种确定品质的表达就是这样的。[②]

第四,进而言之,τέλειον[完全]与 ἀρετή[优异]有关:若用 ἀρετή[优异]意指有能力支配某物、支配某种确定的存在可能性,那么,在 ἀρετή[优异]之中就已然存在对 τέλος[结果]或 τέλειον[完全]的规定。对某种存在可能性的支配能力是指:拥有某种 ἀρετή[优异]的某个存在者,已然以确定的方式在此 ἀρετή[优异]中拥有了其终点。ἀρετή[优异]是一种确定的存在,它本身对准了 τέλος[结果],它是一种支配能力,但不必明确抵达其 τέλος[结果]。[③]

第五,更进一步的规定已然由作为 τελείωσις[完全]的 ἀρετή[优异]这一概念而预先表明,只要存在本真意义上拥有其 τέλος

① 《形而上学》,卷Δ章16,1021b15-17。

② 《形而上学》,卷Δ章16,1021b17-20。

③ 《形而上学》,卷Δ章16,1021b20-23。

[结果]的存在者，那么，在此存在者中其 τέλος[结果]就是“现成在手的”，因为，它是在其当中 ὑπάρχει[1]τέλος[一开始就拥有结果]的存在者，所以，它从一开始就拥有了终点(in einer ersten Weise sein Ende hat)。所谓“拥有”(Haben)具有双重含义：其一，出现在某物之上(Vorkommen an etwas)，某物具有某种性质，它具有某种规定性：“桌子有裂缝”——在此，所拥有的情形出现在了某个确定的存在者之上；其二，“拥有”也可意指以明确方式直接操持某物(Besorgen von etwas)，可以当场拥有所拥有之物(das Gehabte präsent haben)，从而与某物相关。有完全确定的转义。“树拥有树叶。”这种拥有关系(Habenszusammenhang)并不直接等同
87 于存在关系(Seinszusammenhang)，后者需要这样来表达：“桌子有裂缝。”——“人感到无聊、牙痛”。当我们完全老生常谈，说对这个所拥有的事物和对拥有本身有意识时，这个所谓拥有也是另一码事。譬如，“这人拥有要溜的想法”(Der Mensch hat den Gedanken, wegzulaufen)。拥有的这种双重含义需要仔细观察，后一种含义意指，如果在此谈论的是 ὑπάρχειν τέλος σπουδαῖον[从一开始就拥有严格的结果]：[2]那么，τέλος[结果]“严格”(in ernsthafter Weise)在此，即“严格”拥有 τέλος[结果]，但却不必认为，这是说某人是“严格的”即他是 σπουδαῖος[严格之人]，即便他表现出愤怒的神情。Σπουδαῖος[严格]标示着此在的方式，按此方式，我在严格意义上拥有某个事物，也就是说，我不是拿它闹着玩：而

① 《形而上学》，卷 Δ 章 16，1021b23。

② 《形而上学》，卷 Δ 章 16，1021b23 以下：ὑπάρχει τὸ τέλος σπουδαῖον[从一开始就拥有严格的结果]。

是执着于某个事物，是孤注一掷于对此事物的攫取(Ergriffenhaben)。这个事物，这个我严格拥有的事物，倒不必是非凡的事物；在这种严格持续的同时，所拥有的事物越不特殊，错误认识这种严格性的可能性在此就越小。Σπουδαῖον[严格]是如何(Wie)的一种规定：必须严格对待其自身存在的某种可能性。[①]

第六，τέλειον[完全]在何种意义上是一种存在特质，只有通过对τέλειον[完全]的更进一步的规定才能本真地得到澄清。有所谓τελείως ἐφθάρθαι[完全的败坏]。[②] 此外，τελευτή[完结]即“死亡”也被当成τέλος[结果]。[③] 在此转义中，又可以看到什么呢？我们这样谈论某人：“他完蛋了，毁了，不中用了。”这里说的是：他不复是早先的他了，他不再作为早先那个真实的人存在于此了。完全之在就是由—这个—此在—出离(Aus-dem-Dasein-Wegsein)。如果τελευτή[完结]被当成了τέλος[结果]，这个转义的含义又是什么？生命因死亡而抵达了终点，死亡使得生命完结，是由于死亡从此(Da)之中夺走了存在，从而使生命消失了。τέλειον[完全]以此转义表明了自身，τέλος[结果]作为一种此在特质(Daseinscharakter)，就其作为τὸ τέλος[结果]、作为τέλειον[完全]而言，指这样一种此在：我们认为它不—复—在此(Nicht-mehr-Dasein)，认为它离开了。出离之在(Wegsein)是一种特出的此在方式。88
正是通过由τέλειον[完全]和τέλος[结果]到死亡的转义，τέλειον[完全]的特出功能表明自身是消失的特出可能性所具有的此在

① 《形而上学》，卷Δ章16，1021b23-25。
② 《形而上学》，卷Δ章16，1021b27。
③ 《形而上学》，卷Δ章16，1021b28以下。

特质。①

第七，τέλειον［完全］的规定也被归于了 οὗ ἕνεκα［因是之故］或 οὗ χάριν［因何之故］，如果它是 ἔσχατον［终极之物］，那么，它也就是 τέλειον［完全之物］。②οὗ ἕνεκα［因是之故］是这样一种存在者：它代表某种意愿(in einem Willen Steht)，我有意与此存在者建立关系；抵达此存在者之后，我便以某种 ὄρεξις［欲求］方式止住了(worauf ich in irgendeiner Weise der ὄρεξις［欲求］aus bin)。此存在者的特质就是终点、终极、某种最后的 τέλος［结果］。Οὗ ἕνεκα［因是之故］获得了规定 ἔσχατον［终极之物］的 τέλος［结果］之特质。Οὗ ἕνεκα［因是之故］不是我所专注的目标，而是 σκοπός［终点］。③

第八，亚里士多德在总结这一章时将各种含义分成了两组：一、τέλος［结果］确实表明了某物；④ 二、还有这样一些含义，它们的 τέλειον［完全］之含义是这样得来的：这些含义是考虑到第一组中的某个含义才有了 τέλειον［完全］之名义。⑤ 从而，将 τέλειον［完全］引向一套范畴(Schema der Kategorien)。这表明，只要允许对 τέλειον［完全］作出这样一种划分，τέλειον［完全］本身就是基本的存在特质。Τέλειον［完全］被证明为一种此在意义上的特出的存

---

① 《形而上学》，卷 Δ 章 16，1021b25-29。

② 《形而上学》，卷 Δ 章 16，1021b30。

③ 《形而上学》，卷 Δ 章 16，1021b29 以下。

④ 《形而上学》，卷 Δ 章 16，1021b30：τὰ μὲν οὖν καθ' αὑτὰ λεγόμενα［有些的确是按其本身而言］。

⑤ 《形而上学》，卷 Δ 章 16，1022a1 以下：τὰ δὲ ἄλλα [...] πρὸς τὰ πρώτως［其他则是……按第一种含义而言］。

在特质（就此参见《尼各马可伦理学》卷A章5）。[①]

（三）τέλειον[完全]作为界限：在某个存在者的本真的此（Da）的意义上

若加以总结，则首先需要牢记：Τέλος[结果]有界限之规定。89
此界限特质需要这样来理解：超越了它，则无物在此，它是终点，某物到此为止。然而，在此我们必须小心谨慎。一条小路穿过一片草地到花园的篱笆为止。但花园的篱笆并不 τέλειον[完全]。小路的存在并非由花园的篱笆所决定。小路到此为止的事物，本身是一个存在者，它与到它为止的事物的存在方式是一样的。τέλειον[完全]有可能不是一个存在者，也不是构成存在者的终点的存在者的一个部分，相反，τέλειον[完全]是一个存在，是某个存在方式本身。Τέλειον[完全]作为界限，并非作为一个存在者与另一个存在者相关，即构成另一个存在者的界限。在此意义上，窃贼是完全的（fertig），其界限并不在此界限之外。他的存在之如何，即行窃本身，达到了其确定的可能性。因此，由于他偶然碰到了大量金钱，所以他并不是一个好窃贼。τέλειον[完全]是存在者的存在之规定，而并非白或黑之类的特征。在其作为存在的一项规定的意义上，超越—其外—便是虚无（Worüber-hinaus-nichts）具有界限的特质。

作为存在规定的 τέλειον[完全]的这种界限特质，在更进一步的转义中变得显而易见：死亡是此在的一种方式，是不—再—存在，是出离之在，是 ἀπουσία[不在场]。不—再—存在是此（Da）

① 《形而上学》，卷Δ章16，1021b30-1022a3。

的一种特质，因为，τελευτή［完结］被称为 τέλος［结果］，但也与转义有关。这意味着，当把死亡称为 τέλος［结果］时，τέλος［结果］和 τέλειον［完全］在某种意义上失去其本真含义，因为，τέλος［结果］意指这样一种终点：此终点并不会使所关注之物简单消失，此终点不会由此（Da）夺走所关注之物，而是将其保存在此（Da），并按其本真的此（Da）对所关注之物作出规定。Τέλος［结果］原初
90 意指按下述方式达到终点：**此终点构成本真的此**（Da），**从而按其当前性**（Gegenwärtigkeit）**本真地规定了某个存在者**。因为，这是 τέλος［结果］的基本含义，所以，人们可以用转义方式在死亡意义上谈论 τέλος［结果］。也就是说，这里存在一种基本的内在关系：只有本真而又肯定地（eigentlich positiv）解释了此在本身，非存在（Nichtsein）或非—此在（Nicht-Dasein）本身方能得到解释。人们无法以下述方式看到和理解存在者之存在：当某个存在者不存在时，也就是说，当人们没有经验到某个存在者时，人们说这个存在者存在。这只是一种否定性的规定，此规定没有说出任何内容，此规定所抱有的反常信念是：人们可以按此方式致力于解释存在的含义。出离之在是此在的极端方式，所以，对存在的解释又退回到了对此（Da）的解释。Τέλος［结果］和 τέλειον［完全］具有界限之特质，而且是存在意义上的界限，故而，这种界限按存在者的此（Da）来规定存在者，而终点的意义差不多指：这种 τέλος［结果］可追溯到此 τέλος［结果］是其终点的事物，τέλος［结果］按此事物的此（Da）对其作出规定——这是回溯式包含所具有的特质（Charakter des rückgreifenden Umfassens）。一位完美的小提琴家通过其完美的存在达到了其本真的存在。

由此，差不多可以判断，对于亚里士多德而言，ἐντελεχεία［隐德莱希］这一基本概念究竟意味着什么。由 ἐντελεχεία［隐德莱希］所规定的某个存在者，基本上指这样一种存在者：它本身保持着其本真的存在可能性，所以，可能性是完美的。如果存在者是这样一种存在者——它能够拥有 τέλος［结果］，此 τέλος［结果］就处在视野中，那么，就可以谈论这个存在者。正是在 ἐντελεχεία［隐德莱希］这一概念中，此(Da)的最基本特质得到了表达。对 τέλος［结果］的上述规定可以作为基本含义，只要对于此存在者本身而言，存在者的存在可以变得明确(ausdrücklich)，只要对于某个存在者而言，本真存在的明确存在(Ausdrücklichseins)的这种可能性仍然为——我们描述为生命、描述为存—在—于—世的——某个存在者而在。因而，在亚里士多德那里，灵魂(Seele)是“某个身体的 ἐντελέχεια ἡ πρώτη［第一隐德莱希］，此身体本身带有生命的可能性”。[1] 在 91
此，您们可以看到，彻底讨论 τέλειον［完全］这一基本概念的基础之所在。如果我们抓住了这个规定，我们便已然处于一个位置，在此可以进一步更为精确地讨论作为 ἀγαθόν δι' αὐτό［自为的好］的 ἀνθρώπινον ἀγαθόν［属人的好］。

第十二节　进一步思考 ἀγαθόν［好］(《尼各马可伦理学》卷 A 章 5—6)

在《尼各马可伦理学》卷 A 章 5 中，亚里士多德首先简短复述

① 《论灵魂》，卷 B，章 1，412a27 以下：ἐντελέχεια ἡ πρώτη σώματος φυσικοῦ δυνάμει ζωὴν ἔχοντος［在能力方面拥有生命的自然躯体的第一隐德莱希］。

了思考的过程及至与**柏拉图**的论辩。他指出，与我们相对的是一种操持的复多性，这种复多性并非指数量大（Menge），而是以确定的方式表现出来，这是一种 τέλη［结果］的复多性，在此 τέλη［结果］中，个别的操持抵达了各自的终点。因为，具体着眼于人的此在，有一种 τέλη［结果］的复多性表明了自身，而它们是这样一些 τέλη［结果］：它们 δι' ἕτερα［因他者］而在；所以，同时被给予的是：它们不可能都是 τέλεια［完全的］。这说明，并非任何 τέλος［结果］都已然是 τέλειον［完全的］，对于本身处在操持中的存在者而言，并非任何 τέλος［结果］都已然是本真的终点。虽然个别的操持就是 τέλη［结果］，但它们并非此在本真的终点。工具（Werkzeuge）就是 τέλη［结果］，某种确定的 πρᾶξις［行事］可以利用工具来达到终点，但在 πρᾶξις［行事］过程中，ἔργον［活动］却 παρά［超出其之外］。在下述意义上，鞋子就是 τέλος［结果］：鞋子如果完成了，它就会“超出”（παρά）作为一种操持方式的鞋匠的存在，在这个世界上拥有它本己的此在。鞋子在这个世界上拥有作为 τέλος［结果］的它本己的此在。同样，对于器具制造者（Instrumentenmacher）而言，一种器具就是 τέλος［结果］。这些 τέλη［结果］本身并不 τέλεια［完全］，它们本身所具有的特质是**有用性**（Beiträglichkeit）。锤子正是在下述意义上成了锻工的 τέλος［结果］：它的存在并不
92 像一块石头，而是我可以用它来钉一枚钉子。它的这种有用性、可用性（Verwendbarkeit），形成了它的存在本身。尽管它本身或就其完全性（Fertigkeit）而言，它就是 τέλος［结果］，但它并不 τέλειον［完全］，它在其本身当中离开它本身，指向另一个通过方才可能的操持方式（er weist in sich selbst von sich selbst weg in eine andere

durch ihn mögliche Weise des Besorgens)。所以，世界上存在 τέλη[结果]的复多性，这些 τέλη[结果]本身并非个个都是 τέλεια[完全的]。

(一)进一步讨论 ἀγαθόν[好]的基本规定。ἀνθρώπινον ἀγαθόν[属人的好]作为 ἁπλῶς τέλειον[简单的完全]

关于 ἀνθρώπινον ἀγαθόν[属人的好]，我们已经说过，它是 δι' αὐτό[自为的]，是“为其本身之故”，而且，它是 ἄριστον[最好]、ἀκρότατον ἀγαθόν[最高的好]，这种 ἀγαθόν[好]无以复加，因是之故，也许这种 ἄριστον[最好]是 τέλειον[完全的]。对 βίοι[生活]的思考已然表明，τέλη δι' αὐτὰ[自为的结果]有一种复多性。若 τέλη δι' αὐτα, τέλεια[自为的、完全的结果]有一种复多性，那么，在这些结果之中必定存在一种 τελειότερον[更为完全的结果]。这一思考表明，这里对 ἀγαθόν[好]的解释，从一开始就以彻底贯彻 τέλος[结果]即 πέρας[界限]理念(Idee)为目的。就人的此在的存在规定而言，存在的古希腊式的基本规定彻底并且始终得到主张，从而表明，下述意义上的 ἀγαθόν[好]就是 τέλος[结果]：ἀγαθόν[好]是 ἁπλῶς τέλειον[简单的完全]，是绝对的 τέλειον[完全]。

若非更进一步，仅仅由上述初步的形式上的结构性思考，还是无法看到想要的结果。但我们将会看到：由此出发，亚里士多德式的对人的此在的基本可能性的规定，即 θεωρεῖν[静观]，是如何变得可以理解的。Θεωρεῖν[静观]之所以是此在最本己的可能性，那是因为在 θεωρεῖν［静观］中，此在达到了其终点，从而使此在获得了其最本真的可能性，也就是获得了最本己的此（Da），因为，θεωρεῖν［静观］构成了人的存在的最本真的 ἐντελέχεια［隐德莱希］。在此，亚里士多德为在古希腊的此在中具体作为**生存—取向**（Existenz-Tendenz）而存在的事物给出了其本真的表达，亚里士多德所使用的方式是：他由存在和此在的真正含义出发，使这种**生
93 存**变得可以理解，并将这种生存建立在存在和此在的真正含义的基础之上。

应当在下述意义上，把对 τέλειον［完全］的最普遍和最直接的规定，理解为超越了它则无物存在：在此得到表达的是一种**存在特质**。Τέλειον［完全］并非作为存在者的存在者，而是作为**存在**的存在者（ist nicht Seiendes als Seiendes, sondern als Sein）。鞋子、工具以及如此等等、ὑποκείμενα［向来在此之物］，所有这些存在者都只是 τέλη［结果］，如果它们的存在特质由下述事物得以显明的话：一项确定的手艺由以达到其终点的这个事物是本真的。超越—其外—便是虚无并非达到—终点的—存在（Zu-Ende-Sein）意义上的否定意义的完全之在，而是被认为在肯定意义上**构成了本真的此**。τέλος［结果］的存在方式是：**它维持着存在者的当前性**。存在的含义由此当前性得到规定。

利用这一得到澄清的 τέλειον［完全］概念，我们着眼于 ἀνθρώπινον ἀγαθόν［属人的好］来深究亚里士多德的思考。人的此在的 ἀγαθόν［好］必定是某种 πέρας［界限］，因为，任何存在者都被规定为有界限的存在（Grenze-Sein）。既然如此，问题就是：作为 τέλος［结果］的 ἀνθρώπινον ἀγαθόν［属人的好］具有何种特质。对

此 τέλος[结果]的规定有哪些?

对此问题的讨论，是具体根据人的此在来实施的，正如在自然经验中可以看到人的此在，而且是看到共在于 πόλις[城邦]之中、共在于操持之中的人的此在。人的操持在引领关系中(Führungszusammenhang)进行。τέλη[结果]本身相互指涉，也就是说，τέλη[结果]分别 δι' ἕτερα[因他者]而在。这是 τέλη[结果]的存在规定。事实并非如此：τέλος[结果]是某种现成之物，后来才有了确定的用处。工具制造者所凭借的事物，本身已然具有有用于……之特质。生产一双鞋这样的操持，本身是由下述事实所规定的：τέλος[结果]就是鞋子能够产出(Getragenwerdenkönnen)。“并非所有 τέλη[结果]都是 τέλεια[完全的]”，[1] 在具体的此在中照面的 τέλη 94
[结果]就是如此。一项操持由以达到终点的所有事物，并非都是 τέλειον[完全的]。只有 ἀνθρώπινον ἀγαθόν[属人的好]可以在本真意义上成为 τέλειον[完全的]。[2] 可以说，ἀνθρώπινον ἀγαθόν[属人的好]不会 εἰς ἄπειρον[导致无限]，[3] 也就是说，πρᾶξεις[实践]的 τέλη[结果]的引领特点(Geführtheit)不会消失于无限。对 βίοι[生活]、对 τέλη καθ' αὑτὰ[以其本身为根据的结果]的讨论已然表明，τέλη καθ' αὑτὰ[以其本身为根据的结果]具有复多性，所以，ἄριστον[最好]必定是这些 τέλη καθ' αὑτὰ[以其本身为根据的结果]当中 τελειότατον[最完全的]，或者更准确地说，是其中

① 《尼各马可伦理学》，卷 A 章 5，1097a27 以下：οὐκ ἔστι πάντα τέλεια[并非都是完全之物]。

② 《尼各马可伦理学》，卷 A 章 5，1097a28：τὸ δ' ἄριστον τέλειόν τι φαίνεται[最好显然是某种完全之物]。

③ 《尼各马可伦理学》，卷 A 章 1，1094a20。

τελειότερον[更完全的],[1] 也是更多并且更本真地拥有终点之特质的事物。因此,由于 τέλη καθ' αὑτὰ[以其本身为根据的结果]也许具有复多性,所以,要追问 τελειότερον[更完全的]和 τελειότατον[最完全的]。

什么属于某 ἁπλῶς τέλειον[简单的完全]?[2] 亚里士多德首先对 τελειότερον[更完全]作出规定:τελειότερον δὲ λέγομεν τὸ καθ' αὑτὸ διωκτὸν τοῦ δι' ἕτερον[我们认为以其本身为根据而被谋求之物,要比因他物而被谋求之物更完全]。[3] "τελειότερον[更完全的事物]是这种 καθ' αὑτὸ[以其本身为根据的事物],而 διωκτὸν τοῦ δι' ἕτερον[因他物而被谋求之物]被某事物所谋求、所拥有,是为了另一事物[也就是说,为了它的缘故]。"对 τελειότερον[更完全]的这种规定,着眼于某个 δι' ἕτερον[因他物而存在之物],着眼于"为另一事物之故而存在的某物",这一规定尽管必要,却并不充分。

着眼于 καθ' αὑτὸ[以其本身为根据的事物],这种 τελειότερον[更完全的事物],这种 μηδέποτε δι' ἄλλο[从不因他物而存在][4] 并且 ἀεὶ καθ' αὑτὸ αἱρετὸν[总是以其本身为根据而被选择之物],[5] 是这样一种 δι' αὑτὸ[因其本身而存在的事物]:它"持久地"、"永远地"是其所是。这些 τέλη καθ' αὑτὰ[以其本身为根据的结果],即 ἡδονή[快乐]、τιμή[荣誉]、ἀρετή[优异],"有可能最终并

① 《尼各马可伦理学》,卷 A 章 5,1097a30。
② 《尼各马可伦理学》,卷 A 章 5,1097a33。
③ 《尼各马可伦理学》,卷 A 章 5,1097a30 以下。
④ 《尼各马可伦理学》,卷 A 章 5,1097a31 以下。
⑤ 《尼各马可伦理学》,卷 A 章 5,1097a33:καθ' αὑτὸ αἱρετὸν ἀεὶ。

且主要因 εὐδαιμονία[幸福]之故而被攫取”：τιμὴν δὲ καὶ ἡδονὴν καὶ [...] ἀρετήν αἱρούμεθα μὲν καὶ δι’ αὐτά [...], αἱρούμεθα δὲ καὶ τῆς εὐδαιμονίας χάριν[荣誉和快乐和……优异被我们攫取，要么是因其自身之故……，要么是为了幸福]。① 这些 τέλη[结果]可能暗中还带有其他某种 τέλος[结果]，而**这种 τέλος[结果]其实取决于人**：这种 τέλος[结果]最终是**此在本身**。也就是说，如果 ἁπλῶς 95
τέλειον[简单的完全]应该是某种持久并且永远 καθ’ αὐτὸ[以其本身为根据]的事物，那么，对于人的此在而言，需要考虑的就只有从属于此在本身的事物。这个 ἀεὶ[总是]并没有柏拉图式的含义，而是关涉人的存在。**作为最终依托的**存在，对于此在而言，只可能是此在的存在，所以，在此表明了此在的一项基本规定：此在是这样一种存在者，**就其存在而言，此在明确或不明确地以其存在为根据**，所以，ἁπλῶς τέλειον[简单的完全]是这样一种事物：它不折不扣就是构成此在的完全之在，它是**此在本身绝对的存在可能性**。如果作为在—世—存在的此在被 τέλη (ἡδονή, τιμή)[结果(快乐、荣誉)]规定为一种情状(Befindlichkeit)，那么，就可以将存在可能性称为一种**情状**，将存在的方式规定为 διαγωγή[过活]，② 规定为在某个世间“停留”(Verweilen)。在 θεωρεῖν[静观]中，这种最本真意义上的此在拥有其达到完满的可能性(Vollzugsmöglichkeit)。

这一规定——归根结底，此在的存在是这样一种存在：它不折不扣地按照此在的此(Da)而构成此在——响彻(klingt durch)对

① 《尼各马可伦理学》，卷 A 章 5，1097b2 以下。

② 《尼各马可伦理学》，卷 K 章 7，1177b27。

人的康德式规定：这种有理性的生物的生存以其自身为目的（Das vernünftige Wesen existiert als Zweck an ihm selbst）。这一规定同时也是绝对命令（kategorischen Imperativs）的可能性的本体论条件。只要这种有理性的生物按照对尊重（Achtung）的基本规定来领会法律（erschlossen ist für das Gesetz），也因此，这种生物的存在靠其本身差不多达到了终点（gewissermaßen zu Ende），从而不再有更多的为何（Warum），那么，这种法律就是终极的法律本身，这种意愿就是绝对的（kategorisch）意愿，而非有前提的（hypothetisch）意愿。对于人的存在而言，没有什么如果（Wenn），而只有一个最终的如此（So）。由于法律理念（Gesetzesidee）被引入其中，所以，这种内在关联的基础和轮廓有了另外一种面相（Aussehen）。法律理念以自然的合法性（Gesetzlichkeit der Natur）为定向，但在这件事情上，法律却被作了更进一步的理解。这里的自然是此在的方
96 式，由此可见，它的含义正是 φύσις［自然］（亚里士多德）。值得注意的是，康德进而差不多是在亚里士多德的意义上来理解自然法（Naturgesetzes）的。"你要如此行事，从而有可能使你行事的准则（Maxime）成为普遍的自然法。"[1]准则不应当成为作为明确的法律的自然之法则（Gesetz der Natur），而应当成为此在的方式本身。

因此，人的存在本身正是最终构成某个此在者的 ἁπλῶς τέλειον［简单的完全］的事物。而且，这个 ἁπλῶς τέλειον［简单的完全］正是人们以 εὐδαιμονία［幸福］这个术语所意指的事物。亚里士多德

① 参康德，《为道德形而上学奠基》（Grundlegung zur Metaphysik der Sitten），见《康德文集》（Immanuel Kants Werke. Hg. v. E. Cassirer. Berlin 1913）卷四，页 279："你要如此行事，就好像你的行事准则应当通过你的意愿成为普遍的自然法则。"

赋予这个司空见惯的概念以哲学内涵，由此，他从此在本身出发对 εὐδαιμονία［幸福］的含义作了规定。与这种将 εὐδαιμονία［幸福］解释为 ἁπλῶς τέλειον［简单的完全］的做法有关，亚里士多德还对这种 τέλειον［完全］作了某种补充，这一补充表明：这种 τέλειον［完全］被规定为人的此在的 τέλειον［完全］。作为完全之在的 τέλειον［完全］的关系特点(Bezogenheit)，在对 αὔταρκες［自足］的规定中以建构方式(ausmachend)获得表达："这种好，这种成就人的此在的好，表明它本身是自足的。(因为，就其本身的存在可能性而言，人是一种在共在中生活的生物，一种 ζῷον πολιτικόν［政治的动物］，)所以，将 τέλειον［完全］规定为自足，可能无关个别的人，可能首先并不适用于遁世者(der ein Einsiedlerleben führt)，相反，在此在本身当中就同时包含着与父母、孩子、妻子、朋友共在，也同时包含着与某人共在于 πόλις［城邦］之中的那些人共在。由如此得到规定的共在，就其应当是一个此在而言，必须获得一个 ὅρος［限制］。因为，如果谁将共在扩展到朋友的朋友和亲属的亲属以及如此等等，谁便会失去自身，便会导 εἰς ἄπειρον［致无限］。"① 如果放 97
肆地与—所有—人(Mit-allen-Menschen)处在一起，那么，本真的共在就会失去自身。如果共在自身有其确定的界限，那么，这样的

① 《尼各马可伦理学》，卷 A 章 5，1097b8 以下：τὸ γὰρ τέλειον ἀγαθὸν αὔταρκες εἶναι δοκεῖ. τὸ δὲ αὔταρκες λέγομεν οὐκ αὐτῷ μόνῳ τῷ ζῶντι βίον μονώτην. ἀλλὰ καὶ γονεῦσι καὶ τέκνοις καὶ γυναικὶ καὶ ὅλως τοῖς φίλοις καὶ πολίταις, ἐπειδὴ φύσει πολιτικὸν ὁ ἄνθρωπος. τούτων δὲ ληπτέος ὅρος τις· ἐπεκτείνοντι γὰρ ἐπὶ τοὺς γονεῖς καὶ τοὺς ἀπογόνους καὶ τῶν φίλων τοὺς φίλους εἰς ἄπειρον πρόεισιν［因为，完全的好看来是自足的。我们说的自足，不是自己一个人过孤独的生活，而是和父母、孩子、妻子还有所有朋友和邦民一道生活，因为，人天生于城邦之中。但必须接受一个限制：因为，如果这些关系扩展到亲戚的亲戚和朋友的朋友，就会导致无限］。

共在就是真正的共在。正如从一开始所看到的 τέλειον ἀγαθὸν［完全的好］那样，更进一步的规定将表明：在作为 αὔταρκες［自足］的 τέλειον［完全］之中，共在起着怎样的作用。

对 εὐδαιμονία［幸福］的一项规定是：它是某种未曾 συναριθμουμένη[①] 即“合计过的”事物，它不是一个总数（Summe）。亚里士多德的意思是：如果像 αὔταρκες［自足］的规定所暗示的那样，关系的某种复多性构成此在的完全之在，那么，就必须注意到：完全之在并不取决于某个总数（Summe），并不取决于某种多少（Wieviel），相反，不可如此来看待 τέλειον［完全］，也一定不能以总数方式来理解关系的这种复多性，而要从存在——存在的 τέλειον［完全］就是 εὐδαιμονία［幸福］——出发，要从 πρᾶξις［实践］出发来理解这种复多性；此在的 τέλειον［完全］本身并非某种合计性的什么（Was），人们不可能积攒起这个什么（μὴ συναριθμουμένην），相反，此在的 τέλειον［完全］本身是一种 εὖ［好］之如何（Wie），是 εὐζωία［好生活］，是构成此在本真的 τέλειον［完全］本身的事物。

如此，我们便拥有了 ἀγαθόν［好］的一个完整系列的特质。如果我们回想对 βίοι［生活］的讨论，则会得出下述结果：一、οἰκεῖον［属己］是 ἀγαθόν［好］的基本规定。二、δυσαφαίρετον［难以剥夺的］也是 ἀγαθόν［好］的基本规定。三、此在的存在本身作为 ἁπλῶς τέλειον［简单的完全］，是本真意义上以此在本身“为家”（zu Hause）的事物。四、将 ἀγαθόν［好］规定为 αὔταρκες［自足］。

① 《尼各马可伦理学》，卷 A 章 5，1097b17：μὴ συναριθμουμένην［未曾合计过的］。

(二)ψυχῆς ἐνέργεια κατ' ἀρετήν[追求优异的灵魂的活动状态]作为满足 ἀνθρώπινον ἀγαθόν[属人的好]的含义的人的存在可能性

在作出这一思考之后,亚里士多德马上提出了更进一步的问题:这种 ἀγαθόν[好]在本真意义上是什么;人的存在中具本真性 98
的、满足如此规定的 ἀνθρώπινον ἀγαθόν[属人的好]的事物又是什么。ποθεῖται δ' ἐναργέστερον τί ἐστιν ἔτι λεχθῆναι [ἀγαθόν][亟待更为明白地说出(好)是什么]。[①]"人们渴望更为清楚地就什么是 ἀγαθόν[好]作出解释。"

亚里士多德为研究 ἀγαθόν[好]给出了一个总的指导线索:当我看见某个存在者的 ἔργον[活动]时,我才会发现这个存在者的 ἀγαθόν[好]。[②]在任何 πρᾶξις[行事]中,总有某种 ἔργον[活动]。在活动(Wirken)本身当中,ἀγαθόν[好]本身看上去才是可见的。因此,如果我要追问 ἀνθρώπινον ἀγαθόν[属人的好],就必须将目光转向人的此在中 ἀνθρώπινον ἔργον[属人的活动],[③]转向人的此在的操持,这种操持构成人的存在本身。那么,究竟有没有这样一种 ἔργον ἀνθρώπινον[属人的活动]?

如果我们在人的具体的此在中环顾,我们就会看到确定的职业、操持:泥水匠、鞋匠以及如此等等。这正是人的此在的各种规

① 《尼各马可伦理学》,卷 A 章 6,1097b23 以下。

② 《尼各马可伦理学》,卷 A 章 6,1097b26 以下:ἐν τῷ ἔργῳ δοκεῖ τἀγαθὸν εἶναι[看来好就在活动之中]。

③ 《尼各马可伦理学》,卷 A 章 6,1097b24 以下:τὸ ἔργον τοῦ ἀνθρώπου[属人的活动]。

定，每种规定并不适合每个人本身。在这些操持本身当中，人靠自己的双手做事，靠自己的双脚走路，之所以如此，是因为他们看到并接受，这种此在者的某些部分，各自拥有其确定的任务和存在可能性。问题是，除此——除了鞋匠、泥水匠，除了行走以及如此等等——之外，是否还有人的某种 ἔργον［活动］对于人之为人而言是 ἴδιον［特定的］，[1] 对于人之为人而言是“属己的”（zu eigen）。亚里士多德对此问题作出裁决的方式并非不切实际，他所采取的方式为我们开了眼。问题的关键就在于**看到** ἴδιον［特定的事物］。就是要将人的生命之为生命与其他生命所共有的所有东西“排除”出去，即 ἀφορίζεσθαι［用边界来限定］它；[2] 如此一来，所有可能的生命就
99 都进入了研究视野。因此，在人的生命的具体呈现中存在，也在其他生命存在中可见的所有事物，都被排除在外。

研究的视野是以生命方式存在的此在者。τὸ μὲν γὰρ ζῆν κοινὸν εἶναι φαίνεται καὶ τοῖς φυτοῖς, ζητεῖται δὲ τὸ ἴδιον. ἀφοριστέον ἄρα τήν τε θρεπτικὴν καὶ τὴν αὐξητικὴν ζωήν［很清楚，甚至连植物也共有生命活动，可我们探究的是特定的事物。所以，我们必须将生命的营养和生长排除在外］。[3]“看来连植物也共有生命，但需要探究的是 ἴδιον［特定的事物］。所以，必须将生命方式，将我们所谓营养和生长（所谓生命的一种特出的可能性）排除在外。”通过摄取食物，某个有生命的事物以完全确定的方式存在于它的世界之中。这种在—此—世—存在可以追溯至出生（das zur Welt Bringen）、生产

① 《尼各马可伦理学》，卷 A 章 6，1097b34。

② 《尼各马可伦理学》，卷 A 章 6，1097b34 以下：ἀφοριστέον［必须排除之物］。

③ 《尼各马可伦理学》，卷 A 章 6，1097b33 以下。

(Erzeugen)和分娩(Gebären)。我们有"出世"(zur Welt kommen)这个特殊的术语。抚养和成长只是生命的确定的存在可能性,在生命中,正是这些基本的可能性孕育了 γεννᾶν[后代]。然而,这并非特别属人之处。

在作为在—此—世—存在的动物的存在中,我们觉察到 αἴσθησις[感知]:① 动物感知的世界有确定的边界,它们的在世方式是:它们在此拥有周围世界,它们在周围世界中有一种确定的定向。从而,这种在世界中有定向的存在,这种以某种方式—明确—在此拥有—世界(Irgendwie-ausdrücklich-sie-Dahaben),并非人之为人的本己特征。

我们必须始终将目光具体地朝向人。与此同时,我们看到了生命的其他方式。λείπεται δὴ πρακτική τις τοῦ λόγον ἔχοντος[还有一种拥有言辞的实践性的生命活动]。② 人"还有"另外一种存在—于—此—世的方式,这种方式就是能在世间操持某物,而且,这是一种"有言辞这样一种存在者的操持"。这种 ἴδιον ἔργον[特定的活动],人的本真存在方式,就是 πράξεις[行事]——这种确定的存在—于—此—世的方式,而且这种方式要言说(sprechend),μετὰ λόγου[依赖言辞],③ κατὰ λόγον[凭借言辞]。④

我们由前述内容可知,问题在于构成本真的存在可能性的事 100
物。然而,操持有可能止息(ruhen),人也有可能在睡眠中消耗掉

① 《尼各马可伦理学》,卷 A 章 6,1098a2:αἰσθητική τις[某种有感知的(生命活动)]。

② 《尼各马可伦理学》,卷 A 章 6,1098a3 以下。

③ 《尼各马可伦理学》,卷 A 章 6,1098a14。

④ 《尼各马可伦理学》,卷 A 章 6,1098a7。

他的此在。关键是此在的本真方式，所以，对于操持者本身而言在当前的(an sich selbst gegenwärtig)，正是在此(da)的 ἔργον[活动]，所以，人存在于 ἔργον[活动]之中，人 κατ' ἐνέργειαν[凭借活动状态]而存在。[①] 着眼于操持中本真的生命和生长，便可以对人作出规定。

对此 κατ' ἐνέργειαν[凭借活动状态]可以作更进一步的存在规定。我们知道，人的存在可以由 ἀρετή[优异]来规定，ἀρετή[优异]是存在方式，按此方式便会拥有 τέλος[结果]，拥有作为超越—其外—便是虚无(Worüber-hinaus-nichts)的 τέλος[结果]。所以，ἐνέργεια[活动状态]προστιθεμένης τῆς κατ' ἀρετὴν ὑπεροχῆς[属于就优异而言被附加上去的出色之处]，[②] 这是着眼于(ὑπέροχος[出色之人]源自 ὑπερέχω[高居……之上])：按照其最本己的存在可能性，ἔργον[活动]被认为在 ἀρετή[优异]中臻至完满，被认为真实(wirklich)在此。譬如，关于某个小提琴手，我们要对小提琴手和小提琴手作出区分。一个糟糕的κιθαριστής[齐特拉琴手][③] 和一个 σπουδαῖος[卓越的]、"认真的"齐特拉琴手不同，后者凭借其存在可能性成就更大，后者将支配其本身之所是的能力本真地发挥出来了(ins Werk gesetzt hat)。

这表明，人的 ἔργον[活动]是 πρακτικὴ ζωή[实践性生存]。因此，就人的 τέλος[结果]并不外在于其本身，而是作为其存在可

① 《尼各马可伦理学》，卷 A 章 6，1098a6。

② 《尼各马可伦理学》，卷 A 章 6，1098a10 以下。

③ 《尼各马可伦理学》，卷 A 章 6，1098a11 以下：κιθαριστοῦ μὲν γὰρ κιθαρίζειν. σπουδαίου δὲ τὸ εὖ[齐特拉琴手的活动就是演奏齐特拉琴，可卓越的齐特拉琴手的演奏好]。

能性处在其本身之中而言，ἀνθρώπινον ἀγαθόν[属人的好]就是 ζωή[生存]本身，就是“生命”(Leben)本身。ἔργον[活动]就是生存本身，这是在 μετὰ λόγου[依赖言辞]在—此—世—存在的意义上来理解的，所以，ἔργον[活动]同时被谈论。因此，这种 ἀνθρώπινον ἀγαθόν[属人的好]就是 ψυχῆς ἐνέργεια κατ' ἀρετήν[与优异相一致的灵魂的活动状态]。①ψυχή[灵魂]被规定为构成有生命之物的存在的事物。这种在—此—世—存在作为 ἐνέργεια[活动状态]，就是发挥出来的操持、πρᾶξις[实践]的一种确定的可能性，(σπουδαίου[卓越之人的])这种发挥(Ins-Werk-Setzen)作为 εὖ[好]，采取了认真的态度，所以，最终的存在可能性终于被把握 101
住了。

我们不打算更进一步追究亚里士多德关于 ἀνθρώπινον ἀγαθόν[属人的好]的具体表述。在《尼各马可伦理学》卷 A 章 7—12 中，亚里士多德结合传统讨论了如此得到规定的 ἀνθρώπινον ἀγαθόν[属人的好]与处在 πόλις[城邦]之中的此在的可能性。我们认为重要的是，对于作为人的此在的事情(Angelegenheit)的概念性而言，必须更加清楚地看到这个基础即此在本身。我们已然联系关于 ἀγαθόν[好]的讨论，成功地对此在作了规定，这个规定的一个要素就是 ψυχή[灵魂]、生命的本体论上的基本规定、作为 πρακτική ἐνέργεια[实践性的活动状态]的 ψυχή[灵魂]。研究本身得出的结论是亚里士多德本人给出指导线索，因为，他说：通晓(Auskenntnis)，构成作为共在的人的此在的通晓，必须教导 περὶ

① 《尼各马可伦理学》，卷 A 章 6，1098a16。

ψυχῆς［关涉灵魂］的事物。[①]这并不是说，一个政治家必须也是灵魂学家（Psychologe），而是说，他必须按照生命的结构致力于生命的本真的存在。**灵魂学**（Psychologie）不关注“意识”和“经历”（Erlebnissen），而只关注**关于生命存在的学说**，关注以生命为特质的存在的本体论。以 περὶ ψυχῆς［关涉灵魂］的事物为定向，无非是指澄清生命本真的符合存在的（seinsmäßigen）规定。对于 πολιτικός［政治家］而言，这个任务有一个确定的界限。亚里士多德以生命关于其自身的平均观点为指导线索，贯彻了关于 ψυχή［灵魂］的更进一步的定向。这样一种观点将人规定为 ζῷον λόγον ἔχον
102［拥有言辞的动物］。更进一步的规定就以这种观点为进行的方向。

① 《尼各马可伦理学》，卷 A 章 13，1102a18 以下：：δεῖ τὸν πολιτικὸν εἰδέναι πως τὰ περὶ ψυχήν［政治家需要以某种方式来了解关于灵魂的内容］。

第三章　解释人的此在：着眼于以修辞学为指导线索的交谈的基本可能性

第十三节　言说之在作为听的能力也作为堕落的可能性。ἀλόγον[不拥有言辞]的双重含义（《尼各马可伦理学》卷A章13；《论灵魂》卷B章4）

在我们提出了关于人的这种存在的基本规定之后，此项研究 103
也就抵达了一个暂时的终点。我们获得了对人的ζωή[生存]之在(Seins)的规定。亚里士多德将它规定为ψυχῆς ἐνέργεια κατ' ἀρετὴν τελείαν[与完全的优异相一致的灵魂的活动状态]。[①]'Ενέργεια[活动状态]是下述存在者的一个特质：这个存在者有灵魂，这个存在者以存在于某个世间的方式存在。Ζωή[生存]是这样一种生命：它以具有活动性的方式(aktiver)存在于此，所以，这种

① 《尼各马可伦理学》，卷A章13，1102a5以下。

此在本真地生活在操持之中，它拥有它的 τέλος［结果］，所以，它将人的此在引向了其本真的终点。现在，对人的存在的具体表述必须研究 ἀρετή［优异］。《尼各马可伦理学》卷 A 紧接着彻底思考了 ἀρεταί［各种优异］。如果始终关注思考的目标，您们便会由迄今为止的论述中看出这个主题真正想说的内容。

然而，我们并不致力于思考 ἀρεταί［各种优异］。在此，我们的兴趣并不在于此在解释的具体表述，而在于其中所包含的另外一个要素：人的存在即 ἐνέργεια κατ' ἀρετήν［与优异相一致的活动状态］
104 拥有言说之特质，πρᾶξις μετὰ λόγου［行事**依赖言辞**］。这种思考在某种意义上与其他思考并行（κατ' ἀρετὴν τέλειαν［与完全的优异相一致］）。在此，我们把重点放在 μετὰ λόγου［依赖言辞］上，因为，我们追问的是 λόγος［言辞］，追问的是那种对世界的言说和言及（Sprechen und Ansprechen）：概念和概念性以这种言说和言及为家（zu Hause）。我们探究的是此在本身之中的概念建构的基础、原生性。概念建构绝非偶然事件，而是此在的基本可能性，因为，此在选择了科学（Wissenschaft）。

ζῷον λόγον ἔχον［拥有言辞的动物］的初步规定已然表明，这个规定所揭示的是此在作为 ζῷον πολιτικόν［政治的动物］的一个基本特质：人以共在方式存在，人的存在本身的基本规定就是共在。这种共在的基本可能性就在言说之中，也在交谈（Miteinandersprechen）之中，在谈—论—某物时作为自—我—表达（Sich-selbst-Aussprechen）的言说之中。λόγος［言辞］不仅在此基本规定中发挥着作用，而且恰恰在亚里士多德追问可能的 ἀρεταί［各种优异］之处也发挥着作用。关于此问题的研究，按照亚里士

多德本人在研究 λόγον ἔχον[拥有言辞]时所贯彻的指导线索作了划分。对 λόγον ἔχον[拥有言辞]只作了非常肤浅的解释。但研究中包括了完整的一系列规定。

人的此在以 λόγον ἔχον[拥有言辞]为特质，亚里士多德对此作了更为精确的规定：在人自身当中，他的言说之在(Sprechendsein)起着某种基本作用。在共在中，一个人能够作言说者，另一个则能作**听者**。ἀκούειν 即“听”是本真的 αἴσθησις[感知]。尽管与 θεωρεῖν[静观]具有内在关联的看，在本真意义上揭示了世界，但本真的 αἴσθησις[感知]还是**听**，因为，听是**对言说的感知**，因为，听是**共在的可能性**。人不仅是言说者和听者，就其本身而言，他还是这样一种存在者：他**听取自身的言说**(auf sich hört)。作为关于—某物的—自我表达的言说，同时是一种对—其—自身—言说，所以，λόγον ἔχον[拥有言辞]的规定本身进而还包括，人以下述方式拥有 105
λόγος[言辞]：他**听取他本己的言说**。人有一种存在可能性，其特质是 ὑπακούειν[倾听]。亚里士多德从具体的此在处境本身出发指出了这一基本现象，他在《尼各马可伦理学》卷 A 章 13 中涉及了他由以出发的这些特殊现象，亚里士多德将这些现象称为 παράκλησις 即“鼓励”(Aufmunterung)、νουθέτησις 即“告诫”(Aufmerksammachen)、ἐπιτίμησις 即“指责”(Tadel)。[①] 自然交谈的所有这些方式本身都带有下述要求：他人不仅会有所知晓，而且会**接受**，会**遵从**所言，会**回想起**所言；他还会**重述**所言，从而通过重述来**听取所言**。如此所导致的结果是：**在人作为操持者的存在中**，**包含着听取**

① 《尼各马可伦理学》，卷 A 章 13，1102a34 以下。

人的言说的可能性。

这种听的可能性，这种 ἀκουστικόν[倾听]的可能性，[①]与 πρᾶξις[实践]中所包含的基本存在方式密切相关，与 ὄρεξις[欲求]密切相关。[②]任何操持都有**追求某物**(ist auf etwas aus)、追求某种 ἀγαθόν[好]的**倾向**，这个某物总是作为 λεγόμενον[被言说之物]、“所言及之物”而在此。这种**热衷**(Aussein)于听取所言，听取对于应操持之事务和如何操持的预先规定。我们更为清楚地看到，操持中的生命之中有言说伴随，它在言说的同时也听取自身的言说。Ζωή πρακτικὴ μετὰ λόγου[依赖言辞的实践性生存]如此言说，以至于它也听取其自身。操持中对言说的这种听(Dieses besorgende Hören auf das Sprechen)，作为 ὄρεξις[欲求]，本身并非本真的言说，在它听取言说的时候，它仅仅是言说。由于它不是本真的言说，所以，亚里士多德称其为 ἄλογον[不拥有言辞]。[③]但这并不是说它与言说毫无关联，而只是说 κυρίως[从严格意义上讲][④]它与言说
106 没有关联，ὄρεξις[欲求]并非原初的言说。对于人的存在规定而言，ἄλογον[不拥有言辞]具有一种双重的含义：[⑤]一、在听取言说的意义上它并不言说(nicht sprechend)；二、它与言说毫无内在关联，就像 θρεπτική[营养]、喂养和繁殖，后者与 λόγος[言辞]无

---

① 《尼各马可伦理学》，卷 A 章 13，1103a3。

② 《尼各马可伦理学》，卷 A 章 13，1102b30 以下：τὸ δ᾽ ἐπιθυμητικὸν καὶ ὅλως ὀρεκτικὸν μετέχει πως [λόγου][而肉欲和欲望之整体的部分则以某种方式(分有言辞)]。

③ 《尼各马可伦理学》，卷 A 章 13，1102b29, 34。

④ 《尼各马可伦理学》，卷 A 章 13，1103a2。

⑤ 《尼各马可伦理学》，卷 A 章 13，1102b28：φαίνεται δὴ καὶ τὸ ἄλογον διττόν[所以，无言辞的部分看来是双重的]。

关，并且在完全基础性的意义上与 λόγος[言辞]无关。胃液的功能与人的言说毫无关联。῎Αλογον[不拥有言辞]从而可以着眼于 θρεπτική[营养]而得到规定，然而，它又是一种以听取言说的能力(Hörenkönnen auf das Sprechen)本身为特质的可能性。本真的言说就是 λόγον ἔχον κυρίως[从严格意义上拥有言辞]。

这正是对可能的 ἀρεταί[各种优异]作出划分的指导线索。有 ἀρεταί[各种优异]，即存在的各种可能性，它们以本真的言说、思考、对事实的把握为定向。所以，就有了支配存在的各种能力，λόγος[言辞]尽管与这些支配能力同在，但在此决定性的因素在于"采取行动"(Zugriff)，在于 προαίρεσις[抉择]。首先是 ἀρεταί διανοητικαί[理智上的优异]，其次才是 ἀρεταί ἠθικαί[伦理上的优异]。[①]Διανοεῖσθαι[筹划]就是："彻底思考"(durchdenken)、"彻底猜测"(durchvermeinen)、"彻底思索"(durchüberlegen)。Ἠθικός 的意思并非"道德的"(sittlich)，我们一定不可肤浅地把"伦理道德"(ethischen Tugenden)与这个词联系在一起。Ἦθος[性情]意指人的"举止"(Haltung)，意指人如何在此(da ist)，意指人如何将自己表现为人，意指人如何将自己从共在中突显出来，意指一位演说家(Redner)如何言说；在人如何对待他所谈论的事物的方式之中，都有举止。对 ἀρεταί[各种优异]的划分，在此无法更为细致地追踪。稍后，我们将关注 ἀρεταί διανοητικαί[理智上的优异]，[②]

① 《尼各马可伦理学》，卷 A 章 13，1103a4 以下：λέγομεν γὰρ αὐτῶν τὰς μὲν διανοητικὰς τὰς δὲ ἠθικὰς[因为，我们把其中有些叫做理智上的优异，而把其中有些叫做伦理上的优异]。

② ［德文本编者注］：这部讲稿没有提出对 ἀρεταί διανοητικαί[理智上的优异]的详尽解释。但可以参阅页[263]以下对 ἀληθεύειν[解蔽]的 ἕξις[状态]的提示。

因为，思考和科学研究的基本可能性、βιός θεωρητικός［静观的生活］、从而还有人的生存的基本可能性，都在于 ἀρεταί διανοητικαί
107［理智上的优异］的领域。我们关注的是 λόγος［言辞］，对于我们而言，重要的是在 λόγος［言辞］的基本可能性中看到了以 λόγος［言辞］为定向的、对人的存在可能性的这一基本划分。

人是这样一种存在者：它言说（das spricht）。这个规定并非亚里士多德的发明。他明确指出：他不过是复述出了一个 ἔνδοξον［普遍意见］，而 δόξα［意见］在古希腊的此在本身当中占据统治地位。古希腊人早在亚里士多德之前就将人视为一种言说的存在者。连 λόγον ἔχον［拥有言辞］和 ἄλογον［不拥有言辞］这样的区分，也可以追溯到 ἐξωτερικοὶ λόγοι［公开的言辞］。[①] 'Εξωτερικοὶ λόγοι［公开的言辞］：人们费时日久来辨认它本来的意思是什么。这导致了一种意见并散布开来，认为它指的是亚里士多德的那些公开的对话作品。这种意见是站不住脚的。1883 年，迪尔斯（Diels）在柏林科学院的论文首次集中表明了 ἐξωτερικοὶ λόγοι［公开的言辞］的真实含义。[②] 耶格尔采纳了这个含义，对于规定亚里士多德作品的文学特质富有成效。[③]'Εξωτερικὸς λόγος［公开的言辞］是科学之外（außerhalb der Wissenschaft）之外的言说方式，是“众人那样的谈

① 《尼各马可伦理学》，卷 A 章 13，1102a26 以下：λέγεται δὲ περὶ αὐτῆς καὶ ἐν τοῖς ἐξωτερικοῖς λόγοις［就此，在公开的言辞中作了讨论］。

② 迪尔斯（H. Diels），“论亚里士多德的公开对话作品”（Über die exoterischen Reden des Aristoteles），见《柏林普鲁士皇家科学院 1883 年度报告》（Sitzungsberichte der Königlich Preussischen Akademie der Wissenschaften zu Berlin. Jahrgang 1883. Berlin 1883），页 477—494。

③ 耶格尔，《亚里士多德〈形而上学〉发生史研究》（Studien zur Entstehungsgeschichte der Metaphysik des Aristoteles, Berlin 1912），页 134 以下。

话方式”，是表现在这些谈话中的内容。在将 ἄλογον［不拥有言辞］列为人的基本规定时，亚里士多德明确提到了这一点。这给予一个实质性的指点：说到底，如果 ζῷον λόγον ἔχον［拥有言辞的动物］这个规定如此具有基础性，那么，亚里士多德此项研究就必须有一个真实的基础；在对其此在的自然的自我表达中，古希腊人将人规定为 ζῷον λόγον ἔχον［拥有言辞的动物］，并非偶然。

我们却没有一个与此相当的定义。最有可能的一个差不多相 108
当的定义或许是：人是一个阅读消息（Zeitung* liest）的有生命的存在者。这个说法您乍听上去很奇怪，但它确实与古希腊的定义相当。当古希腊人说“人是一种会说话的有生命的存在者”时，他们的说法并非在灵魂论意义上（im physiologischen Sinne）意指“人由自身发出确定的声音”，而是意指：人是一种在对话和交谈中拥有其本真此在的有生命的存在者。古希腊人生存在交谈之中。演说家（Rhetor）是那种对此在拥有本真权力的人：Ῥητορική πειθοῦς δημιουργός［修辞学是说服的制造者］，[①] 交谈能力是这样一种可能性：凭此可能性，我可以本真地控制共在的人的信念。寻找人的这一定义的基础，就在古希腊人的上述基本理解当中。尽管古希腊人也阅读，但他们还倾听，所以，我们得自亚里士多德的全部文本都是讲稿、都是说出的话，这绝非偶然。

我们必须将古希腊人生活在交谈之中这一实情完全呈现出来，与此同时，我们必须注意到：如果交谈是此在的本真可能性，在交

* Zeitung 一词内涵词根 Zeit，作为“消息、新闻、报道”，它内涵“言辞”之意，又与“时间”密切关联。——译注

① 参见柏拉图，《高尔吉亚》（Gorgias），453a2。

谈中，此在具体并且最大程度地表现出了自身，那么，这种言说也恰恰是此在陷入(verfängt)其中的可能性，是此在使自己完全献身于某种特殊的取向、献身于最切近的事物、献身于模范、献身于废话闲言并按此类事物行事的可能性。这种生命过程，即献身于世界、寻常之物，堕入他生活于其中的世界，对于古希腊人自身而言，成了由语言所导致的其此在的基本危险。这一实情的证据便是智术(Sophistik)的存在。智术将言说的这一主要的可能性变成了现实。普罗塔戈拉的原理：τὸν ἥττω λόγον κρείττω ποιεῖν［把较差的言辞变成更好的言辞］[①]——与某位几何学家讨论几何，甚至与某
109 个根本不懂几何的人也讨论几何；这种对话所导致的结果是：我毫无专门知识却战胜了他人。智术是古希腊人沉溺于语言本身(der Sprache)这一实情的证据，尼采(Nietzsche)曾称这种语言是“所有语言中最能说的语言”(die sprechbarste aller Sprachen)。[②]尼采他毕竟知道何为古希腊的本质(Griechentum)。需要注意的是，4世纪的(im 4. Jahrhundert)古希腊人完全为语言所支配。

必须评价，从古希腊人的此在的这种肤浅化之中、从对话和流言蜚语中找回言说意味着什么；必须评价，将言说引入亚里士多德能有下述说法的情形意味着什么：λόγος［言辞］是λόγος οὐσίας［关于本体的言辞］，是“言说事实之所是”。亚里士多德的立场与活

① 《修辞学》(Rhet.)，卷B章24，1402a23以下。

② 参见尼采，《古希腊雄辩术的历史》(Geschichte der griechischen Beredsamkeit)，见《尼采文集》(Nietzsche's Werke. Dritte Abtheilung: Philologica. Zweiter Band: Unveröffentlichtes zur Litteraturgeschichte, Rhetorik und Rhythmik. Hg. v. O. Crusius. Leipzig 1912)卷XVIII，页199—236，就此处参见页202：“这个民族，这个靠这样一种语言、靠所有语言中最能说的语言造就的民族，永不知足地说了很多……”。

跃于他周围的事物、与在具体的世间和他对立的事物极端对立。我们不应设想：古希腊人获得科学如探囊取物。其实古希腊人完全献身于外在事物。到了柏拉图和亚里士多德的时代，此在背负着废话闲言，以至于需要他们俩竭尽全力方能将科学的可能性变成现实。具有决定性意义的是，他们并未从其他某个地方，譬如，从印度(Indien)，即从外邦采纳一种新的生存可能性，相反，**他们从古希腊人的生命本身出发**：**将言说的可能性变成了现实**。这就是逻辑学(Logik)的起源，逻辑学是关于 λόγος[言辞]的学说。现在的解释对于理解逻辑学并不适宜。

同样，修辞学的思考方式对于理解亚里士多德《修辞学》是一
个障碍。在柏林科学院版中，《修辞学》被放在了文集的末尾。[1]他 110
们不知道应该把它放在哪里，所以，他们把它放在了末尾。这是完全束手无术的明证。对修辞学的理解失传已久，因为，在希腊化时期和中世纪早期，修辞学仅仅变成了一门学科。修辞学的原初含义湮没已久。一旦人们忘了追问亚里士多德逻辑学的具体功能，他们便放弃了解释它的一种基本可能性，所以，显而易见，修辞学无非是此在借以明确实现其自我解释(Selbstauslegung)的学科。**修辞学无非是具体的此在的解释**，**是此在本身的解释学**(Die Rhetorik ist nichts anderes als die Auslegung des konkreten Daseins, die Hermeneutik des Daseins selbst)。这才是亚里士多德意中的修辞学含义。以在—此—交谈中—言说(Sprechens-in-der-Rede)的方

① 《亚里士多德全集》(Aristotelis opera. Ed. Academia Regia Borussica. Volumen secundum: Aristotelis Graece ex recognitione I. Bekkeri volumen posterius. Berlin 1831)，页 1354—1420。

式来言说：在公民大会上言说，在法庭前言说，在庆典中言说——这些言说的可能性都是常见的言说的确定公开的例证，也是此在的自我言说方式的例证。在解释《修辞学》的过程中，人们将注意力集中在了此在言说的可能性如何在此已然被阐明的方式上。只要我们将古希腊人的此在的这一基础呈现在了我们眼前，我们便会理解，将人定义为 ζῷον λόγον ἔχον［拥有言辞的动物］，并非凭空捏造，也绝非偶然，而是重新给出了古希腊人最初如何看到其此在的方式。因此，我们必须简单考察亚里士多德将 λόγος［言辞］给定为交谈的主要规定。在此无法对《修辞学》作出解释。这里关注的是，更为明确地理解 ζῷον λόγον ἔχον［拥有言辞的动物］这个定义，从而更为明确地把握定义、λόγος οὐσίας［关于本体的言辞］、ὁρισμός［定义］、与实事本身的理论交谈的基础何在。

着眼于 ἀρετή［优异］，着眼于对所照面的存在者的存在可能性的支配能力，εὐδαιμονία［幸福］就是生命本身的某种确定的现实存在（Wirklichsein）。然而，一个有生命的存在者的那些存在可能性具有一种复多性，这一点所导致的问题是：应当如何划分这种
111 复多性；从何种角度看，这些各不相同的 ἀρεταί［各种优异］是人的存在可能性。划分需要一个出自人的存在的基础。对人的存在的基本可能性作出划分，也被亚里士多德追溯到了 λόγον ἔχον［拥有言辞的］人的存在的基本可能性。这个规定还必须通过扩展其范围来表明，如此一来，我们不仅可以在本真意义上理解 λόγον ἔχον［拥有言辞］，而且可以表明：人是一种与他人有所言说的存在者，并且是**容许由他人对其自身有所告知**的存在者——这是**容许**一**由**一**他人**一**对其自身**一**有所**一**告知**（Sich-etwas-sagen-Lassens-von-an-

deren）意义上的言说的原初含义。由于人是言说者，所以，他能够对其自身有所言说，作为言说者，他还有容许—由—他人—对其自身—有所—告知的可能性。这种可能性就由下述事实所表明：人以鼓励、劝说、告诫方式而共在。由于人容许自己被有所告知，所以，他的 λόγον ἔχον［拥有言辞］具有一个新的方面：当他听取时，他容许自己被有所告知；但他并不是在习得（zu lernen）某物的意义上听，而是为具体的实践性操持获得某种指示的意义上听。这种听的能力就是 ὄρεξις［欲求］的一项规定。Λόγον ἔχον［拥有言辞］在第二种意义上也被亚里士多德称为 ἄλογον［不拥有言辞］。ὄρεξις［欲求］并非不作更进一步的言说，而是听。"Αλογον［不拥有言辞］所以需要：一、因为 λόγον ἔχον［拥有言辞］具有听的方式；二、因为有生命的存在者的存在具有这样一种方式（Wie）：与言说无关。与此同时应当牢记的是，对 θρεπτικόν［营养］和 αὐξητικόν［成长］的规定，和 αἴσθησις［感知］一样，是基本的存在规定。连营养也会被曲解，如果打算将其作为灵魂学的过程来把握。繁殖是出世，而营养则是持存于世。

《论灵魂》卷 B 章 4 表明了 θρεπτικόν［营养］和 αὐξητικόν［成长］的存在特质的鲜活程度有多么强烈：ὥστε πρῶτον περὶ τροφῆς καὶ γεννήσεως λεκτέον· ἡ γὰρ θρεπτικὴ ψυχὴ καὶ τοῖς ἄλλοις ὑπάρχει. καὶ πρώτη καὶ κοινοτάτη δύναμίς ἐστι ψυχῆς, καθ' ἣν ὑπάρχει τὸ ζῆν ἅπασιν［所以，首先需要说的是食物和生殖；因为，营养灵魂从一开始就存在于其他能力之中，它是灵魂首要的、最普遍的能力，所有生命依靠它从一开始就有生命］。[①]“自我维生 112

① 《论灵魂》，卷 B 章 4，415a22 以下。

这种能力一开始就在此，在其他有生命的存在者那里也是如此，它是首要的、在所有有生命的存在者那里都找得到的在—世—存在方式。着眼于自我维生这种能力，生命在此与所有其他奠基于此能力的存在可能性相对。” ἧς ἐστὶν ἔργα γεννῆσαι καὶ τροφῇ χρῆσθαι［营养灵魂的活动就是生殖和享用食物］。[①]“将这种可能性作为性能（Leistung）包含其中的事物，就是生殖和 τροφῇ χρῆσθαι［享用食物］。”在 χρῆσθαι［享用］中，与世界的关系得到表达，正如古希腊人将世间事物称为 χρήματα［所需之物］。φυσικώτατον γὰρ τῶν ἔργων τοῖς ζῶσιν, ὅσα τέλεια καὶ μὴ πηρώματα, ἢ τὴν γένεσιν αὐτομάτην ἔχει, τὸ ποιῆσαι ἕτερον οἷον αὐτό, ζῷον μὲν ζῷον, φυτὸν δὲ φυτόν, ἵνα τοῦ ἀεὶ καὶ τοῦ θείου μετέχωσιν ᾗ δύνανται［因为，对于所有生命而言，这是最自然的活动，只要保持完全并不受残害或不自生自灭，它就会制造出另一个与其同样的生物，动物生出动物，植物生出植物，从而使他们尽可能分有永恒和神性］。[②]“出世（zur Welt Bringen）的存在可能性，属于有生命的存在者最本真的存在方式，就是生产出另一个，而且是和它一样的另一个，后者本己的生存方式与前者本身是一样的，动物生动物，植物生植物，从而使其分有了永恒存在和神性，直至其各自的存在可能性所容许之限度。”出世是一种确定的存在方式，并且以古希腊意义上的存在的基本概念为定向。通过繁殖，一个有生命的存在者使另一个与其同类的生命出世，从而使这个有生命的存在者本身保持其存在。繁殖方法是一个有生命的存在者永远—在此（Immer-Daseins）的方式，因为，

---

① 《论灵魂》，卷 B 章 4，415a25 以下。

② 《论灵魂》，卷 B 章 4，415a26 以下。

对于古希腊人而言，存在意指当前之在（Gegenwärtigsein），而且意指永远—当前之在。这个段落表明，μετέχειν τοῦ θείου［分有神性］并非意指与神建立某种宗教信仰关系，这里的 θεῖον［神性］与宗教毫无关系，而是对永恒存在（Immerseins）方式的存在概念的委婉表达。将 θεῖον［神性］译为“宗教性”（Religiosität）纯粹是凭空捏造（Erfindung）。

我提出这个段落是想表明，我们所谓灵魂学的过程，正是给予 113
本真存在之可能性、给予永远存在于此的可能性的存在方式。这些存在规定（θρεπτικόν［营养］、γεννητικόν［生殖］、αἰσθητικόν［感知］、νοητικόν［思维］、ὀρεκτικόν［欲求］）可以由 λόγον ἔχειν—ἄλογον［拥有言辞—不拥有言辞］来划分。将人规定为 ζῷον λόγον ἔχον［拥有言辞的动物］，比乍看上去具有远为重大的后果：

第一，这个规定本身指：ζωὴ πρακτική μετὰ λόγου［凭借言辞的实践性生存］。

第二，人所能支配的存在可能性，可以按此规定的指导线索来划分。

第三，将 ὁρισμός［定义］称为 λόγος［言辞］，即对世界的本真言说。

我们必须更进一步探究 λόγον ἔχον［拥有言辞］这种特质所由出的具体根基。不可容许的是，仅仅以为言说对于古希腊人具有基础性，这一点必须具体予以表明。而 λόγον ἔχον［拥有言辞］也具有双重含义：一、ἐπιστημονικόν［有学识］；二、λογιστικόν［善言辞］；前者指理论思考意义上的言说，后者指 λογίζεσθαι［推论］即“讨论”意义上的言说（《尼各马可伦理学》卷 Z 章 1 和 2 对此作了探讨)。

第十四节 修辞学的基本规定和 λόγος[言辞]本身作为 πίστις[说服方式](《修辞学》卷 A 章 1—3)

我们如何能够从亚里士多德本人那里努力获得一个看法(Vorstellung):对于古希腊人而言,言说之在是并且如何成了其此在的基本现象?我们有一个有利处境,因为,我们从亚里士多德那里获得了一部《修辞学》,而这部著作概括了在言说中说出的那些现象。同时需要注意的是,修辞学作为对言说的思考,要比亚里士多德《修辞学》早得多。在亚里士多德的著作中,还有“致亚历山大的修辞学”(Rhetorik ad Alexandrum)[*]流传下来。这篇作品并非出自亚
114 里士多德之手。最重要的猜测是,这是一篇前亚里士多德作品,施彭格尔(Spengel)将其归于了阿那克西美尼(Anaximenes)。[1] 对言说的本真思考,可以追溯至两位西西里演说家泰西亚斯(Teisias)和克拉克斯(Korax)。但对此主题的首次彻底研究,我们则得自亚里士多德。这并非偶然,而是有其根据:对 λέγειν[言说]本身和所有与语言有关的现象,亚里士多德有正确而又具体的观察,并

---

* 原文未加“书名号”,中译酌加引号以标明。——译注

① 参《阿那克西美尼修辞学:由亚里士多德公开告知亚历山大》(Anaximenis Ars rhetorica: quae vulgo fertur Aristotelis ad Alexandrum. Recensuit et illustravit L. Spengel. Turici et Vitoduri 1844);施彭格尔(L. Spengel),“[阿那克西美尼的]修辞学并非后世的粗制滥造”(Die rhetorica [des Anaximenes] ad Alexandrum kein machwerk der spätesten zeit),见《语文学》(Philologus),1862 年第 18 期,页 604—646。

且利用了已然形成的概念性。问题在于，按照此在的日常性中的此在之存在的具体方式，λέγειν[言说]以何种方式成了此在本身的基本规定(In welcher Weise ist das λέγειν die Grundbestimmung des Daseins selbst in der konkreten Weise seines Seins in seiner Alltäglichkeit)？我们将面对《修辞学》的一些有特色的章节，并反问：就此在并未明确停驻于言谈之中而言，由此对此在造成的后果又是什么。因为，这些公开的言谈方式的确只是确定的可能性，这些可能性在此在的日常性中已然有了预先规定。

(一)对修辞学的基本规定：明了什么时候说什么话以支持某一事情之可能性

修辞学究竟是什么意思？修辞学在何种意义上关涉 λέγειν[言说]？在卷一章 2 中，亚里士多德将修辞学规定为一种 δύναμις[能力]。[①] 这个规定必须抓住，尽管事实上亚里士多德更为经常的做法是将修辞学称为 τέχνη[技艺]。这个称呼并不真实，与此同时，δύναμις[能力]才是本真的定义。"Ῥητορική[修辞学]是明了什么时候说什么话以支持某一事情即谈话主题之可能性，是明了什么时候能说什么话以支持某一事情的可能性。"[②] 一种 δύναμις[能力]：我已经说过了，亚里士多德有时候使用的 τέχνη[技艺]这个术语，不可能是修辞学的基本规定。修辞学是 δύναμις[能力]，因为，它 115

① 《修辞学》，卷 A 章 2，1355b25。

② 《修辞学》，卷 A 章 2，1355b25 以下：ἔστω δὴ ῥητορικὴ δύναμις περὶ ἕκαστον τοῦ θεωρῆσαι τὸ ἐνδεχόμενον πιθανόν[可以将修辞学规定为在各种情况下发现为人们所接受的说服方式的能力]。

表现出了一种“可能性”，即以确定方式言说的可能性。修辞学本身并没有 πεῖσαι［说服］的任务，[①] 它不必形成某种确定的关于某一事实的信念，也不必着手与他人有所作为，相反，它只是为谈话者表现出了一种交谈的可能性，只要谈话者决定以 πεῖσαι［说服］为目的而言说。ῥήτωρ［演说家］是 δυνάμενος［有能力的人］，而且是 δυνάμενος θεωρεῖν［有静观能力的人］——而非有 πεῖσαι［说服］能力的人，他有能力 περὶ ἕκαστον［在各种情况下］“看到” τὸ πιθανόν［说服方式］。正如窃贼是这号人：他能 λάθρᾳ λαμβάνειν［在暗中攫取(财物)］。[②] 但属于窃贼的存在之本真性的 βούλεσθαι［意愿］是：他将偷窃作为他的选择。然而，ῥητορική［修辞学］的 δύναμις［能力］与 σοφιστική［智术］不同。σοφιστική［智术］当然是一种熟谙交谈的方法，但这种方法不是 ἐν τῇ δυνάμει［靠能力］，而是 ἐν τῇ προαιρέσει［靠预谋］。[③] ῥητορική［修辞学］则 ἐν δυνάμει［靠能力］维持自身，它为说服某人营构出一种可能性——可 σοφιστική［智术］的意旨是彻底说服他人——，这种可能性在其本身之中营构出看清所谈论的事物的能力。与老的定义 πειθοῦς δημιουργός［说服的制造者］相对，这个规定远为小心谨慎，它并不包括达成言说

---

① 《修辞学》，卷 A 章 1，1355b10：οὐ τὸ πεῖσαι ἔργον αὐτῆς［说服并非它本身的活动］。

② 《亚里士多德的论题篇及智者的辩驳》(Aristotelis Topica cum libro de sophisticis elenchis. Eschedis Ioannis Strache edidit M. Wallies. Lipsiae in aedibus B.G. Teubneri 1923)，卷 Z 章 12，149b26 以下：ἐστὶ ῥήτωρ μὲν ὁ δυνάμενος τὸ ἐν ἑκάστῳ πιθανὸν θεωρεῖν [...], κλέπτης δ' ὁ λάθρᾳ λαμβάνων［演说家是有能力在各种情况下发现说服方式的人……，而窃贼是暗中攫取(财物)的人］。

③ 《修辞学》，卷 A 章 1，1355b18。

的 τέλος[结果]。“医术本身的确并不制造健康”，[①] 而只是为决定接受治疗的人提供某种可能性。可能性有其确定的界限。这种可能性是，“根据医术的各种可能性之程度来推进治疗。也可以按照医术的处方来治疗那些病入膏肓的人”。[②]

上述对 ῥητορική[修辞学]和 ἰατρική[医术]的比较，为将所 116
有可能的 τέχναι[技艺]与 ῥητορική[修辞学]区分开来提供了基础。医学(Medizin)本身包括一种确定的专门知识，如果将它传授给他人，医学就成了一种 διδασκαλική[教学法]。[③] 它讲授，并且在确定的专业范围之内，传授从一开始就作为主题而给定的内容。医术研究健康和有病的人，ἀριθμητική[算术]则研究数字，任何通晓都研究某一确定的专业领域。[④] 但 ῥητορική[修辞学]没有可能以某种方式加以区分的专业领域。因为，它没有专业领域，所以，就不必称其为 τέχνη[技艺]。ῥητορική[修辞学]不是 τέχνη[技艺]，可它的确又是 τεχνικόν[技艺性的]。[⑤] 它 περὶ ἕκαστον[在各种情况下]就某事作出定向。ῥητορική[修辞学]“超越了简单的被给予之物”，超越了可能的此在者。[⑥] 而且，ῥητορική[修辞学]研究后

---

① 《修辞学》，卷 A 章 1，1355b12：οὐδὲ γὰρ ἰατρικῆς τὸ ὑγιᾶ ποιῆσαι[因为，医术并不制造健康]。

② 《修辞学》，卷 A 章 1，1355b13 以下：μέχρι οὗ ἐνδέχεται, μέχρι τούτου προαγαγεῖν· ἔστιν γὰρ καὶ τοὺς ἀδυνάτους μεταλαβεῖν ὑγιείας ὅμως θεραπεῦσαι καλῶς[尽可能推动治疗，以至于下述情形：甚至要很好地治疗那些尽管不能重获健康的人]。

③ 《修辞学》，卷 A 章 2，1355b28。

④ 《修辞学》，卷 A 章 2，1355b28 以下。

⑤ 《修辞学》，卷 A 章 2，1355b33 以下：διὸ καί φαμεν αὐτὴν οὐ περί τι γένος ἴδιον ἀφωρισμένον ἔχειν τὸ τεχνικόν[因此，我们说，修辞学所拥有的技术性内容，并不针对本身可以确定界限某种事物]。

⑥ 《修辞学》，卷 A 章 2，1355b32：περὶ τοῦ δοθέντος[在被给予之物之上]。

者并不采用下述描述方式：描述在某一确定的处境中被给予的实事。ῥητορική［修辞学］不谈论实事本身，而是谈论事态(Sachlage)，只要它能由事态中获悉就某事说了什么，而说这些话是为了说服，就此言谈而言，谈话者正是想说服他人。ῥητορική［修辞学］不研究实事本身，而是着眼于某一确定的有用性(Beiträglichkeit)而研究形势(Umstände)，只要这种有用性有可能支持某物，目的是为了πιστεύειν［说服］。为了具体把握修辞学研究什么，我们必须问：对于(für)某种实事而言，有可能予以考虑的究竟是什么。亚里士多德区分了三类πίστεις［说服］，其中之一就是λόγος［言辞］。[①]正确理解起来，λέγειν［言说］就是一种πιθανόν［说服方式］。

到目前为止的思考，已然清楚表明了λόγος［言辞］的基本功
117 能：一、作为ζωὴ πρακτική［实践性生存］的规定；二、作为ἀρεταί［各种优异］的特质；三、λόγος［言辞］作为按照其存在通达存在者的方式：λόγος οὐσίας［关于本体的言辞］作为ὁρισμός［定义］。概念建构的特质是：按照其存在使存在者得到规定、揭示(abgehoben)并使其可以把握。我们打算学着将这种可能性理解为一种以此在本身为根据的可能性。究竟是什么构成了概念性？就此，我们可以由λόγος［言辞］获得一种指引。由于λέγειν［言说］是人的在世存在的一种基本方式，这使得下述情形成为可能：世界本身是可以理解的，是可以用概念来规定的。因此，我们会遭遇存在本身的一个基本现象（“现象”这个术语的含义非常普通：以某种可见可及的方式表明自身的某物），λόγος［言辞］以下述方式成为此在的一种基

① 《修辞学》，卷A章2，1356a1以下。

本现象：通过 λόγος[言辞]本身，人的生命的一种更为原初的方式完全变得可见。对 λόγος[言辞]的思考进而得出的结论是：对于古希腊人而言，关于此在的上述基本规定，乃是一种 ἔνδοξον[普遍意见]。如此对此在的看法，就包含在古希腊文化之中。在何种意义上，λόγος[言辞]造就了古希腊的具体的、日常的此在？

我们拥有亚里士多德的《修辞学》，要好过拥有某种语言哲学。在《修辞学》中，摆在我们眼前的内容，将言说作为存在即人本身的共在的一种基本方式来研究，如此一来，对此 λέγειν[言说]的一种理解也从新的角度呈现出了共在的存在状态（Seinsverfassung）。因此，由于《修辞学》表明了通达上述原初现象的进路，所以，真正重要的是理解亚里士多德对 ῥητορική[修辞学]的规定。Ῥητορική[修辞学]是一种 δύναμις τοῦ θεωρῆσαι[发现的能力]、"看到的可能性"，而且它 περὶ ἕκαστον[在各种情况下]总能看得到在共在的某一确定处境中所表现出来的东西，这是支持所商讨、所谈论的某一实事的东西。[①] 通过言说本身，可以使他人形成一种确定的 118
意见。谁掌握了修辞学，谁就使自己具有了下述可能性：明了什么时候说什么话以支持某一实事。这一规定表明：尽管修辞学提供了某种通晓，但就像算术那样，修辞学由此并不研究某个确定的专门领域。修辞学并不拥有具基础性的实事，不拥有它本身将要认识的 ὑποκείμενον[向来在此之物]。修辞学拥有提供某种通晓的 τεχνικόν[技艺]、[②] 可能性，但它并不关涉某一界限确定的存在者之领域，相反，为了 πιστεύειν[说服]听者，它将各式各样的实事根据

① 《修辞学》，卷 A 章 2，1355b25 以下。

② 《修辞学》，卷 A 章 2，1355b34。

情况付诸语言。对修辞学的规定是：明了该说什么话以支持某一实事；用言说本身来 πιστεύειν［说服］谈话对象，并且在各种情况下都论涉所争辩的某件事情；由此形成一种 δόξα［意见］。πιστεύειν［说服］是形成一种“观点”（Ansicht）即 δόξα［意见］，言说的要害就在于形成 δόξα［意见］；因此，δόξα［意见］或许是某种对此在之日常性、对人的共在具有指导和支配作用的事物。共在本身活动在关于事物的确定的、变动不居的观点之中，所以，共在没有洞见（es ist keine Einsicht），只有“观点”（Ansicht）即 δόξα［意见］；关于事物的某种 δόξα［意见］并不具有下述意义：对被付诸语言的事物本身作主题式研究。这种 πιστεύειν［说服］，在共在中“持有一种观点”，乃是演说的关键之所在。

修辞学应当表明一种确定的可能性：有可能明了 πιθανόν［有说服力的事物］，后者有助于形成某种 πιστεύειν［说服］。亚里士多德称这种可能性为 πίστις［说服方式］。① 这里的 πίστις［说服方式］并非“信念”（Glaube）或“看法”（Dafürhalten），而是支持某种确定的实事，能够就此实事赢得 πιστεύειν［说服］的事物。
119 πιστεύειν［说服］和 πιθανόν［有说服力的事物］的关系，可类比 ἀληθεύειν［去蔽］和 ἀληθές［无遮蔽的事物］的关系：无遮蔽的此在者（Unverdeckbar-Daseiende）所具有的可能性是为 ἀληθεύειν［去蔽］贡献力量。Ἀληθεύειν［去蔽］是存在—于—此—世的一种方式，这样的存在方式是人如其所是地无遮蔽地在此。这个 ἀληθεύειν［去蔽］正是我们为此而努力的基本现象。我们将在另一处重提对

① 《修辞学》，卷 A 章 2，1355b35。

此基本现象的思考。[①] 就 δόξα[意见]是按照其自我表现来获知存在者的一种确定方式而言，ἀληθεύειν[去蔽]也是 λέγειν[言说]的基础。Πίστις[说服方式]是有利于形成某种 πιστεύειν[说服]的办法。人们靠修辞学有可能明了并且学到 πιθανόν[有说服力的事物]。因此，首先必须以 πίστις[说服方式]为定向。

(二)三种 πίστεις ἔντεχνοι[技艺性的说服方式]：ἦθος[性情]、πάθος[情感遭遇]和 λόγος[言辞]本身

亚里士多德对 πίστεις[说服方式]给出了一种划分：一、ἄτεχνοί[非技艺性的(说服方式)]；二、ἔντεχνοι[技艺性的(说服方式)]。[②] 我们首先思考 πίστεις ἔντεχνοι[技艺性的说服方式]：这样的说服方式支持某种实事，我们自己有能力支配这样的说服方式，我们靠我们自己就能达成这样的说服方式。我们自己有成为支持某种实事的存在的可能性。对于这样一种言说之在而言，成为一种 πίστεις[说服方式]意指：我们自己，变成了 ἔντεχνοι[技艺性的]πίστεις[说服方式]，这是我们靠自己达成的。而 πίστεις ἄτεχνοι[非技艺性的说服方式]：这样的说服方式支持某种实事，靠我们自己无法获得这样的说服方式，这样的说服方式从一开始就在此，因此，我们可以运用这样的说服方式："见证"(μάρτυρες)、"拷问"(βάσανοι)、"契约"(συγγραφαὶ)。[③]《修辞学》卷 A 章 15 讨论了这些 πίστεις[说服方式]。那里提出了全部五种 πίστεις ἄτεχνοι[非技

① 参见页[263]以下。

② 《修辞学》，卷 A 章 2，1355b35。

③ 《修辞学》，卷 A 章 1，1355b37。

艺性的说服方式]：νόμοι[律法]、μάρτυρες[见证]、βάσανοι[拷问]、συνθῆκαι[协议]("约定")、ὅρκος[誓言][1]——这些都与一种确定的谈话方式有关，讨论的是δίκαιον[正义]，用于法庭审判。这些πίστεις[说服方式]都支持某一实事，而这一实事需要付诸我们眼前的案件来审理。

120 与此相对的是πίστεις ἔντεχνοι[技艺性的说服方式]。这些能够由谈话本身来提供的为了—某事—而言说(Für-etwas-Sprechens)的方式，按照接纳λόγοι[言辞]的一种三重可能性，有三种类型：

第一种类型ἐν τῷ ἤθει τοῦ λέγοντος[有赖于说话者的性情]，[2]"有赖于言说者的姿态"，有赖于言说者在其言谈中如何表现和把持自己。在此当中有某种东西能够支持某一实事。说话者的ἦθος[性情]、"姿态"本身就是一种πίστις[说服方式]。

第二种类型ἐν τῷ τὸν ἀκροατὴν διαθεῖναί πως[有赖于以某种方式来支配听者]，[3]"有赖于引—入—某种—情状(In-eine-Befindlichkeit-Bringen)"，"有赖于将听者引入某种确定的情状的方式"，听者也身处于λέγειν[言说]之中。听者自己如何对待实事，他持有何种立场，将此—听者—引—入—某种—情状的方式和方法——这些都是能够支持实事的某种πίστις[说服方式]。听者的διάθεσις[情状]决定了他的κρίσις[判断]、他的"观点"，后者最终构成他理解实事的方式。

第三种类型ἐν αὐτῷ τῷ λόγῳ[有赖于言辞本身]：[4]λέγειν[言

① 《修辞学》，卷A章15，1375a24以下。
② 《修辞学》，卷A章2，1356a2。
③ 《修辞学》，卷A章2，1356a3。
④ 《修辞学》，卷A章2，1356a3以下。

说]本身就是作为此在本身的基本功能的 πίστις[说服方式]。如我们所言，由此将提供关于实事本身的情况。διὰ τὸ* δεικνύναι[通过指明]：[①]如我们所言，就是方式和方法，就是言说者本身的客观性和不客观性。

我们必须对上述规定作更为精确的观察。

补充一。亚里士多德说，λόγος[言辞]必须如此，演说也必须如此，“它们本身要使演说家成为值得信赖的人”，[②]他本身会造成这种印象：实事就是这样的，实事确乎如此。亚里士多德还明确指出，通过演说本身，通过演说家本人说话的方式方法，必定使 ἦθος[性情]变得可见，由此演说本身之中必定会产生 πίστις[说服]。如果我们有坚定不移的观点，那么，“περὶ πάντων μὲν ἁπλῶς[在一 121
切问题上]，无论如何，我们都必定更加信赖并且更容易信赖给予我们好印象的正派人，甚至在实事有争议的地方，在有可能出现公说公有理婆说婆有理的情况下，在实事悬而未决的情况下，演说者自我表现的方式方法尤其具有决定性意义”。[③]迄今为止的研究所持的观点是：ἦθος[性情]“对 πιθανόν[说服]毫无助益”。[④]这是

---

* 根据罗斯校勘本(Aristotle. Ars Rhetorica. W. D. Ross. Oxford. Clarendon Press. 1959)，这里写作 τοῦ。——译注

① 《修辞学》，卷 A 章 2，1356a4。

② 《修辞学》，卷 A 章 2，1356a5 以下：ὥστε ἀξιόπιστον ποιῆσαι τὸν λέγοντα[从而使说话者成为可信赖的人]。

③ 《修辞学》，卷 A 章 2，1356a6 以下：τοῖς γὰρ ἐπιεικέσι πιστεύομεν μᾶλλον καὶ θᾶττον, περὶ πάντων μὲν ἁπλῶς, ἐν οἷς δὲ τὸ ἀκριβὲς μὴ ἔστιν ἀλλὰ τὸ ἀμφιδοξεῖν, καὶ παντελῶς[因为，在一切问题上，我们更加信赖并且更容易信赖正派人，甚至在没有确定性的地方，在有疑惑之处，我们也绝对信赖正派人]。

④ 《修辞学》，卷 A 章 2，1356a12：τὴν ἐπιείκειαν τοῦ λέγοντος ὡς οὐδὲν συμβαλλομένην πρὸς τὸ πιθανόν[说话人的正派品格对说服毫无助益]。

亚里士多德之前的人的主张——是对智术的一种挖苦(Spitze)。姿态、举止是“最高级的”πίστις[说服方式],[①] 是支持演说家所拥护的实事的最高级方式。

补充二:听者如何看待关于实事所说的内容;他心情如何;听者的 διάθεσις[情状]又如何。亚里士多德对下述情形作了指点:所有判断并不是按同样的方式作出的,譬如,“我们有时候悲伤,有时候高兴”。[②] 这取决于我们是不是同情或不反对所听到的内容,取决于我们 ἢ φιλοῦντες καὶ μισοῦντες[有爱还是有恨]。[③] 听者的 διάθεσις[情状]具有决定性意义。在演说中,演说家本人必须致力于将 ἀκροατής[听者]置入某种确定的 πάθος[情感遭遇]之中,激发听者支持某一实事。就此依赖于听者一方的 πίστις[说服方式],
122 亚里士多德在《修辞学》卷二章 2—20 中作了彻底研究。此项关于 πάθη[情感遭遇]的研究,有重大的历史影响:影响了斯多亚派(Stoa),影响了如今流传给我们的全部情感学说(Affektenlehre)。这种 πάθη[情感遭遇]即“情感冲动”(Affekte),不是灵魂的状态(Zustände des Seelischen),而是关涉**有生命的存在者在世的某种情状**(eine Befindlichkeit des Lebenden in seiner Welt),关涉他如何

① 《修辞学》,卷 A 章 2,1356a13:κυριωτάτην ἔχει πίστιν τὸ ἦθος[性情拥有最有力的说服方式]。

② 《修辞学》,卷 A 章 2,1356a15 以下:οὐ γὰρ ὁμοίως ἀποδίδομεν τὰς κρίσεις λυπούμενοι καὶ χαίροντες[因为,当我们悲伤或高兴时,我们作出的决定是不同的]。

③ 《修辞学》,卷 A 章 2,1356a16。[德文本编者注]:**布洛克**(Bröcker)和**沙尔克**(Schalk)的笔记在此引用了 ἢ φιλοῦντος ἢ μεσοῦντος[有爱抑或有恨],而布洛克的笔记在括号内增加了“保持中立:μεσεύω”。这一识读,有可能被海德格尔之前的释义掩盖在语法上更为和谐的异文 ἢ φιλοῦντες ἢ μεσοῦντες[有爱抑或有恨]之中了,他们的识读在海德格尔的手稿中找不到支持。此外,亚里士多德在他更为彻底地讨论 πάθη[情感遭遇]的框架中,进一步研究了 φιλεῖν[爱]以及 μισεῖν[恨]。

对待某物，关涉他容许自己如何与某一实事建立关系。对于存在—于—此—世的规定，对于与—他人—共在—并—朝向—他人—而在(Sein-mit-und-zu-anderen)的规定，情感起了某种基础性作用。

补充三：Πίστις[说服方式]，“能支持某种实事的内容”，就是关于实事本身的言说。通过言说，可以使 ἀληθές[无遮蔽的事物][①] 即“未隐藏的事物”，按照实事之所是，并且抛开所有规定，而得到表明。而且，此 ἀληθές[无遮蔽的事物]可以“由支持实事的事件和处境出发”[②] 来表明——某个 ἀληθές[无遮蔽的事物]，并非靠某种 θεωρεῖν[静观]所揭示出来的事物，毋宁说，正是某个 ἀληθές[无遮蔽的事物]使得处在具有可能性的事物之中的(im Wahrscheinlichen)真实之物变得可见。

只有当 ἄτεχνοι[非技艺性的事物]以某种确定的 λέγειν[言说]如法庭论辩的 τέλος[结果]为定向时，它们才具有作为 πίστεις[说服方式]所具有的意义。它们的应用因时而异。

我们必须澄清将 ῥητορική[修辞学]刻画为一种 δύναμις[能力]的规定。很明显，修辞学并不对每一种确定而又具体的条件和事态作出解释，正如医术并不对**苏格拉底**(Sokrates)和**卡里阿斯**(Kallias)医疗措施作出解释。[③] 修辞学并不通晓某一确定的情形，

---

① 《修辞学》，卷 A 章 2，1356a19。

② 《修辞学》，卷 A 章 2，1356a20：ἐκ τῶν περὶ ἕκαστα πιθανῶν[从在所有情况下都具有说服力的事物出发]。

③ 《修辞学》，卷 A 章 2，1356b30 以下：οὐδεμία δὲ τέχνη σκοπεῖ τὸ καθ' ἕκαστον, οἷον ἡ ἰατρικὴ τί Σωκράτει τὸ ὑγιεινόν ἐστιν ἢ Καλλίᾳ [...] οὐδὲ ἡ ῥητορικὴ τὸ καθ' ἕκαστον ἔνδοξον θεωρήσει[任何技艺都不会考虑所有情况，譬如，医术并非有益于苏格拉底或卡里阿斯的健康，……修辞学也不会考虑在每种情况下有可能的事物]。

而只通晓各种类型、各种面相（Aussehens）的情形。分析法庭论辩的修辞学所研究的情形就是如此。修辞学本身研究人们在生活中
123 以熟悉的方式所讨论的事物，研究详加讨论的方式方法。修辞学以日常共在的确定的迫切性为定向，并不涉及所有情形，而是涉及具有确定外观（Ansehen）的事物：法庭审判、公民大会、表彰某个英雄和诸如此类的事物。

（三）λόγος［言辞］本身作为 πίστις［说服方式］

1. 听众的三种形态以及由此规定的三类 λόγος［言辞］：劝告言辞（συμβουλευτικός）、法律言辞（δικανικός）和赞颂言辞（ἐπιδεικτικός）

在《修辞学》卷 A 章 3 中，着手研究我们已然知晓的 λόγος［言辞］的基本规定。他由普遍的定向出发：言说的 τέλος［结果］在“听者”那里，即在 ἀκροατής［听者］那里。这说明，言说就是传达（Mitteilung）。只有当演说被接纳为传达时，此项演说才算达到了其终点。从各不相同的、某个听者可能的存在方式出发，亚里士多德规定了三类不同的 λόγος［言辞］。λόγος［言辞］本身的一般结构说明，演说由三个要素构成：一、“言说者”本人；二、言说者所表明的言说之“为何”（Worüber）；三、他向其言说的 πρὸς ὅν［对象］即“听者”，而“τέλος［结果］在听者那里”。① 从某个听者作为具体

① 《修辞学》，卷 A 章 3，1358a37 以下：σύγκειται μὲν γὰρ ἐκ τριῶν ὁ λόγος, ἔκ τε τοῦ λέγοντος καὶ περὶ οὗ λέγει καὶ πρὸς ὅν, καὶ τὸ τέλος πρὸς τοῦτόν ἐστιν, λέγω δὲ τὸν ἀκροατήν［因为，言辞由三部分构成：由言说者；由所说的内容；由言说对象，即言说所指向的结果，也就是我所说的听者］。

共在于 πόλις[城邦]之中的人可能的存在方式来看，λόγοι[言辞]也各不相同。我们必须查究，πιστεύειν[说服]是如何通过不同类型的演说而达成的。对于人的共在而言，πιστεύειν[说服]究竟意味着什么？我们必须注意内在关系。人的存在的基本规定，就是由 λόγος[言辞]带来的共在。λόγος[言辞]如何成为了 ὁρισμός[定义]，成为了人的此在中的科学的概念建构？对此，《修辞学》就是 124
指导线索。我们将面对其中的一些段落。

修辞学的目的是为了有可能看清，在讨论某物的时候支持某物的什么，是为了有可能明了 πίστις[说服方式]。亚里士多德对 πίστεις ἄτεχνοί[非技艺性的说服方式]和 πίστεις ἔντεχνοι[技艺性的说服方式]作了区分。首先，我们研究 ἔντεχνοι[技艺性的说服方式]：为支持某物该说什么，我们已然通晓，我们对此通晓具有支配能力。这些 πίστεις[说服方式]关涉 λόγος[言辞]，因为，λέγειν[言说]就取决于我们自己。言说的正确性由此言说本身的活动范围所决定。根据 λόγος[言辞]，可以对 πίστεις ἔντεχνοι[技艺性的说服方式]作出区分。言说是：一、对某人、与某人言说；二、关于某物有所“表明”即 δεικνύναι[指明]；三、由某个言说者完成的言说。某人就某事对某人言说，这就是现象实情(phänomenale Tatbestand)。由此出发，可以看到 πίστεις ἔντεχνοι[技艺性的说服方式]的三个特质：一、πάθος[情感遭遇]；二、有内在关联的言说被称为 συλλογισμός[演绎法]，或者在此被称为 ἐνθύμημα (ἢ παραδείγματα λέγοντες ἢ ἐνθυμήματα)[修辞式推论(例证式言辞或修辞式言辞)]；① 三、ἦθος[性情]。这三种 πίστεις[说服方式]按

① 《修辞学》，卷 A 章 2，1356b1 以下。

照其言说方式而各不相同：言说根据听者的不同而有异，言说也根据对听者的 πιστεύειν［说服］不同而有异。

因此，听者必定有三种类型：θεωρός［观者］[1]——这是给予出席某个节日演出的人的 terminus technicus［技艺性术语］，即“旁观者”（Zuschauer），但不是傻乎乎坐在这里的旁观者，而是其所见之物的 κριτής［批评者］，是自己形成了某种意见的人：是 κριτὴν δὲ ἢ τῶν γεγενημένων ἢ τῶν μελλόντων［已发生或将要发生的事件的批评者］，[2] 这个 κριτής［批评者］自己能够“对已发生或将要发生的事件”形成某种意见。ἔστιν δ᾽ ὁ μὲν περὶ τῶν μελλόντων κρίνων οἷον ἐκκλησιαστής, ὁ δὲ περὶ τῶν γεγενημένων οἷον δικαστής［要么他是批评将来之事的公民大会成员，要么他是评断已发生之事的法
125 官］。[3]“对将来之事形成自己的判断的这样一种人是 ἐκκλησιαστής［公民大会成员］，即某一次公民大会的参加者（在公民大会中，所商讨的事项具有‘尚未’之特质，同时也具有可能发生的某个事件之特质，但并非是在某种纯粹的可能性的意义上，而是处在商讨者和条件的具体可能性的范围之内），对已发生之事形成观点的人就是法官”，ὁ δὲ περὶ τῆς δυνάμεως ὁ θεωρός［观者是具有可能性的人］，[4] 是“现存事物的 θεωρός［观者］”。

所以，也有三种不同的 λόγοι［言辞］：一、συμβουλευτικός［劝告言辞］，即“给予劝告的言说”，是公民大会上公说公有理婆说婆

① 《修辞学》，卷 A 章 3，1358b2。

② 《修辞学》，卷 A 章 3，1358b3。

③ 《修辞学》，卷 A 章 3，1358b4 以下。

④ 《修辞学》，卷 A 章 3，1358b5 以下。

有理的言说；二、δικανικός[法律言辞]，即“法庭论辩”，是起诉和辩护演说；三、ἐπιδεικτικός[赞颂言辞]，是一种“赞颂演说”，是一种“表明”，这种表明让我们看到了其生命之中的人，这并非法庭判决意义上的判断，而是这种看到本身就具有表明之取向（die Tendenz hat aufzuzeigen）。[①]

所有这三种λόγοι[言辞]的确都具有朝两个方面发展的特点：一、劝告演说有可能是：（一）προτροπή[激励性的]，（二）ἀποτροπή[劝诫性的]，[②] 即“激励性演说”或“劝阻性演说”，是支持或者反对（Für oder Gegen）。ἀεὶ γὰρ καὶ οἱ ἰδίᾳ συμβουλεύοντες καὶ οἱ κοινῇ δημηγοροῦντες τούτων θάτερον ποιοῦσιν[因为，私下的劝告者和在公民大会上公开发表演说的人，总会采取上述两种方式]。[③]“私下商讨属己事务的人，与就公开事件发表意见的人，都处在这两种可能性当中。”二、法庭论辩也有两种：（一）κατηγορία[控告]，（二）ἀπολογία[辩护]。[④]Κατηγορεῖν[指控]：“把某一实事归咎于某人”，“说他是明知故犯”，“起诉”；而ἀπολογεῖν[辩护]：“自我解脱的言说”，“辩护”。三、表明性的λόγος[言辞]也有两种：（一）ἔπαινος[指责]，（二）ψόγος[维护]，[⑤]“颂扬”或“谴责”。

这三种不同的εἴδη[形式]，甚至连同其偏转的可能性（Ausschlagsmöglichkeiten），总体而言都可以按照χρόνος[时间]来加以描述，它们因其所谈论的事务的时间特质（Zeitcharakter） 126

① 《修辞学》，卷A章3，1358b7以下。

② 《修辞学》，卷A章3，1358b8以下。

③ 《修辞学》，卷A章3，1358b9以下。

④ 《修辞学》，卷A章3，1358b11。

⑤ 《修辞学》，卷A章3，1358b12以下。

而有别：一、对于劝告而言，χρόνος［时间］是 ὁ μέλλων［将来］，[1]"以后"，"即将到来的时间"，劝告针对是"将来的事物"；二、δικαζόμενος［判决］的 χρόνος［时间］是 γενόμενος［过去］，[2]"已然发生的事情"；三、ὁ παρών［当前］，[3]"当前的事物"。

与此相应，在其中言说的领域，可以按照我们已然知晓的要素来简单作出描述。Ὁ μέλλων χρόνος［将来］是某种有助于共在之存在、有助于在 πόλις［城邦］中存在的事物。συμβουλευτικός［劝告言辞］所谈论的对象的存在特质是 συμφέρον［有益］与 βλαβερόν［有害］，[4]λόγος δικανικός［法律言辞］所谈论的对象的存在特质是 δίκαιον［正义］与 ἄδικον［不义］，[5]λόγος ἐπιδεικτικός［赞颂言辞］所谈论的对象是 καλὸν［高尚］与 αἰσχρόν［可耻］。[6]

任何 λόγος［言辞］以不同方式具有这三种 πίστις［说服方式］。亚里士多德以 ἐνθύμημα［修辞式推论］即"表明—某物"（Etwas-Aufzeigen），开启了他对 πίστις［说服方式］的更为精确的解释。他对 πίστις［说服方式］的特质作了如下概括：ταύτας ἐστὶν λαβεῖν τοῦ συλλογίσασθαι δυναμένου καὶ τοῦ θεωρῆσαι περὶ τὰ ἤθη καὶ περὶ τὰς ἀρετὰς καὶ τρίτον τοῦ περὶ τὰ πάθη［掌握这些说服方式的人，是那些有能力推论并发现性情、优异以及第三种事物即情感遭遇的人］。[7]πίστις［说服方式］就呈现在这些要素之中。因此，δυ-

① 《修辞学》，卷 A 章 3，1358b14。
② 《修辞学》，卷 A 章 3，1358b15 以下。
③ 《修辞学》，卷 A 章 3，1358b17 以下。
④ 《修辞学》，卷 A 章 3，1358b22。
⑤ 《修辞学》，卷 A 章 3，1358b25。
⑥ 同上。
⑦ 《修辞学》，卷 A 章 2，1356a20 以下。

ναμένος[有能力的人]，想掌握修辞学的人，必须掌握这三个要素。συλλογίσασθαι[推论]明确强调了除 θεωρῆσαι[发现]之外的另外一种可能性。这种具有内在关联的言说的可能性(Zusammenhängend-Redenkönnen)，恰恰需要明了(Sehen)、理解该用什么话来支持实事。

2. 运用 παράδειγμα[例证法]和 ἐνθύμημα[修辞式推论]的修辞式言说，与运用 ἐπαγωγή[归纳法]和 συλλογισμός[演绎法]的辩证式言说平行

因为，各种 λόγοι[言辞]都以共在为定向，“所以，人们可以 127
将修辞学称为 διαλεκτική[辩证法]和 περὶ τὰ ἤθη πραγματεία[关于性情的学说]的一个 παραφυές[分支]，而关于后者的研究，可以恰如其分地称其为 πολιτική[政治学]”：ὥστε συμβαίνει τὴν ῥητορικὴν οἷον παραφυές τι τῆς διαλεκτικῆς εἶναι καὶ τῆς περὶ τὰ ἤθη πραγματείας, ἣν δίκαιόν ἐστι προσαγορεύειν πολιτικήν[所以，修辞学看来是辩证法和关于伦理的学说的一个分支，而关于伦理的学说可以合理地称其为政治学说]。[①] 修辞学是一个 παραφυές[分支]，“这个分支在研究 ἤθη[性情]同时生发出来，并与 ἤθη[性情]研究同在，人们可以恰如其分地将 ἤθη[性情]研究称为 πολιτική[政治学]”。伦理学从属于政治学。我们必须将现代伦理学和政治学概念抛在一边，将伦理学和政治学的研究理解为首要以相互依存(Beieinandersein)为定向的一种研究，它尤其关注

① 《修辞学》，卷 A 章 2，1356a25 以下。

个体对于他者的存在态度（Gestelltsein）。与此项研究“同”在的 παραφυές［分支］就是 διαλέγεσθαι［辩证］，因为，共在是由共同讨论（Miteinanderreden）决定的。在 πολιτική［政治学］中，对共在的规定与在修辞学被诉诸语言的内容有关。与此同时，与 διαλεκτική［辩证法］的内在关联是：这门为 διαλέγεσθαι［辩证］提供可能性的学科，这种熟悉 λόγοι［言辞］的能力和可能性，可以看清这些演说的本真含义，可以看到这些演说的表现，或者更准确地说，可以看到这些演说应该如何。ῥητορική［修辞学］是 ἀντίστροφος τῇ διαλεκτικῇ［辩证法的对应物］，① 修辞学是“与辩证法相对的转向”：与 διαλεκτική［辩证法］相对的 ῥητορική［修辞学］，关涉 πρᾶξις［实践］即“操持”，但 ῥητορική［修辞学］并不通晓某个确定的实事领域，对 διαλεκτική［辩证法］所知同样少。修辞学和辩证法都不是
128 ἐπιστήμη［知识］即“实事认识”（Sachkenntnis），它们只是因时制宜地“推进”“取得”所需要的正确演说的可能性。②

亚里士多德更进一步研究的第三种 πίστις［说服方式］即 λέγειν［言说］，而后者是对某物的一种表明（Aufzeigen）。他对 λέγειν［言说］本身当中的确定的可能性作了区分：通过*举出一个实例*或*建立一个确定的主题*，我可以表明某物。通过 λόγος［言辞］来 δεικνύναι［指明］是双重的：一、παράδειγμα［例证法］；二、作为 ἐνθύμημα［修辞式推论］的 συλλογισμὸς ῥητορικός［修辞

① 《修辞学》，卷 A 章 1，1354a1。

② 《修辞学》，卷 A 章 2，1356a32 以下：περὶ οὐδενὸς γὰρ ὡρισμένου οὐδετέρα αὐτῶν ἐστιν ἐπιστήμη, πῶς ἔχει, ἀλλὰ δυνάμεις τινὲς τοῦ πορίσαι λόγους［因为，两者都不是关于某一确定领域的知识，它们只是提供言辞的能力］。

式演绎法]。[①] 这种区分同样也可以在 διαλεκτική[辩证法]中找到，διαλεκτική[辩证法]所处理的 λόγοι[言辞]并不以某种操持为目的，而是以关于某个科学问题的共同言说为目的。表明某物的双重方式，在 διαλεκτική[辩证法]中也在此：一、ἐπαγωγή[归纳法]；二、ἀπόδειξις (συλλογισμός)[(演绎)证明]。[②] παράδειγμα[例证法]对应于 ἐπαγωγή[归纳法]，ἐνθύμημα[修辞式推论]对应于 ἀπόδειξις[演绎证明]。ἐνθύμημα[修辞式推论]的含义是什么呢？ Ἐνθυμεῖσθαι[修辞式推论]是："自己把某事放在心上"(sich etwas zu Herzen nehmen)，"靠自己斟酌某事"(bei sich etwas erwägen)，"仔细思考"(überdenken)；ἐνθυμεῖσθαι, μή[修辞式推论，不是]："从旁看见，某事没有发生"(zusehen, daß etwas nicht geschieht)，"担心碰不到某事"(besorgen, daß etwas nicht passiert)。Ἐνθύμημα[修辞式推论]被应用于一种确定的 λέγειν[言说]：它本身所具有的目的是一种操持，是与他人就某物作一种讨论，根据其本己的取向，讨论关键在于操持。Ἀπόδειξις[演绎证明]意指：不仅按照其所是来详细讨论实情，而且要如此言说，以便由此言说中生发出 πιστεύειν[说服]。这意指 λόγος[言辞]本身所具有的两种可能性，因为，λόγος[言辞]的任务就是让人明白(sehen zu lasssen)。Παράδειγμα[例证法]就是引—到—某物—之上(Auf-etwas-zu-Führen)，它通过引出一个例证、一个具体事例而出现在讨论之中，而讨论在此关涉主题。Παρά[在旁]意指当前之物(das Gegenwärtige)，意指处在某人眼前的事物，意指所出示之物(das

① 《修辞学》，卷 A 章 2，1356b3 以下。

② 《修辞学》，卷 A 章 2，1356b1 以下；1355a5 以下。

Vorgezeigte)，意指直接举例，意指靠事例来证明。

在他最早写就的一篇著作《论题篇》(Topik)中，亚里士多德对辩证法、ἀπόδειξις［演绎证明］和 ἐπαγωγή［归纳法］的 λέγειν［言
129 说］的并列形式的区分作了规定。[①]《论题篇》讨论了独特的 λέγειν［言说］，这种 λέγειν［言说］并非"科学地讨论"某一实事意义上的 ἀπόδειξις［演绎证明］。如果人们考虑一下，修辞式演说由何处得出结论，又从哪里出发来言说，那么，科学讨论、证明与 διαλεκτική［辩证法］所研究的 συλλογίζεσθαι［推论］之间的区别，以及另一方面，διαλεκτική［辩证法］的 συλλογίζεσθαι［推论］与 ῥητορική［修辞学］之间的内在关联，将变得显而易见。某一项 συλλογίζεσθαι［推论］从哪里出发来言说，我们习惯上称其为"大前提"(Obersatz)。言说的真正含义因为这个名称(Bezeichnung)丧失了，因为，这个名称使得一切以前提(Satz)为定向。

在一门科学中，这个"言说由以出发之处"，必定具有 ἀληθές［无遮蔽的事物］的特质，也必定如此暴露在其如此在(Sosein)之中，以至于根本不可能进一步追问其理由(Warum)。它本身必定是可以理解的(einsichtig)，也只有如此，它才是我可能由以出发进一步证明某物的可能性基础。在《论题篇》中，亚里士多德将 συλλογισμός［演绎法］规定为一种"λόγος［言辞］(一种 ἀποφαίνεσθαι［表明］，一种通过言说'来使其明了'［Sehenlassen］)，在此"λόγος［言辞］当中有其他某物进入其中，与此同时，除了从一开始就在眼前的事物，还出现了另外一种事物(除作为已知前提之外的某

① 参《论题篇》，卷 A 章 1，100a25-b23。

物，即除了人们在表明时由以出发的事物之外的某物)”。[①] 在此συλλογίζεσθαι[推论]中，有某物进入其中，此物显而易见是由以出发之处以外的某物。恰恰是“凭借由以出发的事物”，某物才变得显而易见。在“科学的言说”即ἀπόδειξις[演绎证明]中存在着ὑπόθεσις[前提]，它是由以出发之处，具有ἀληθές[无遮蔽的事物]的特质，也是πρῶτον[最初之物]：[②] 它不需要进一步言说和表明。由以出发之物，自己支持自己，它因其自身而拥有πίστις[说服方 130
式]，所以，为此获得一种πίστις[说服方式]是没有意义的。

διαλεκτική[辩证法]的συλλογίζεσθαι[推论]与科学言说的不同之处在于：由以出发之物，已存在之物，具有ἔνδοξον[普遍意见]之特质，[③] 就“处在δόξα[意见]之中”。亚里士多德对ἔνδοξον[普遍意见]的规定是这样的：“所有人或大多数人如此这般认为，最为人们所熟知和有一定威望的人当中的大多数人或有理解力的人如此这般认为”。[④] 其特质在于，ἐνθύμημα[修辞式推论]出自某种ἔνδοξον[普遍意见]，它不仅出自ἔνδοξον[普遍意见]，而且回

① 《论题篇》，卷A章1，100a25以下：Ἔστι δὴ συλλογισμὸς λόγος ἐν ᾧ τεθέντων τινῶν ἕτερόν τι τῶν κειμένων ἐξ ἀνάγκης συμβαίνει διὰ τῶν κειμένων[演绎法是一种言辞，在此言辞中被置入了另外某种事物，被设定的某一个事物必然可以由被设定的事物中得出]。

② 《论题篇》，卷A章1，100a27以下：ἀπόδειξις μὲν οὖν ἐστιν. ὅταν ἐξ ἀληθῶν καὶ πρώτων ὁ συλλογισμὸς ᾖ[事实上，当演绎由无遮蔽的事物和首要的事物出发时，这就是演绎证明]。

③ 《论题篇》，卷A章1，100a29以下：διαλεκτικὸς δὲ συλλογισμὸς ὁ ἐξ ἐνδόξων συλλογιζόμενος[辩证推理就是由普遍意见出发的推理]。

④ 《论题篇》，卷A章1，100b21以下：ἔνδοξα δὲ τὰ δοκοῦντα πᾶσιν ἢ τοῖς πλείστοις ἢ τοῖς σοφοῖς, καὶ τούτοις ἢ πᾶσιν ἢ τοῖς πλείστοις ἢ τοῖς μάλιστα γνωρίμοις καὶ ἐνδόξοις[普遍意见是所有人或大多数人或有智慧的人的看法，这些人是所有人或大多数人或最为人所知者和最有名的人的看法]。

复到 ἔνδοξον[普遍意见],正如科学结论出自某物,出自本身显而易见的事物,并回复到某一实情,此实情与科学结论所由出之物一样显而易见(dieselbe Evidenz hat)。ἐνθύμημα[修辞式推论]之所得,与所由出之物一样,具有同一种特质:ἐνθύμημα[修辞式推论]之所得就是 ἔνδοξον[普遍意见]。

ῥητορική[修辞学]与 διαλεκτική[辩证法]的 συλλογισμός[推论]具有亲缘关系,ἔνδοξα[普遍意见]在此具有决定性意义。ῥητορική[修辞学]的 ἔνδοξα[普遍意见]关涉未来事物、已然发生的事物、当前之物、有利之物、适合之物和不适合之物、美和丑。对此,人们有确定的看法:存在 δόξαι[种种意见],在公民大会上发言的人就以 δόξαι[种种意见]为出发点,他如此发言,反过来又给出了一种 δόξα[意见],也就是向其他人表明了一种确定的 δόξα[意见]。对于由 ἔνδοξον[普遍意见]出发又回到 ἔνδοξον[普遍意见]的任务而言,有 παράδειγμα[例证法]和 ἐνθύμημα[修辞式推论]两条道路。

我们必须小心对待 δεικνύναι[指明],它并非证明(Beweis),
131 而是完成言说的一种确定的方式方法,它是**将实事摆在人眼前**。λέγειν[言说]本身如何就是一种 πίστις[说服方式],λέγειν[言说]本身如何可能支持自己——对于理解其方式方法而言,重要的是对**客观性**(Sachlichkeit)的思考,λόγος[言辞]作为劝告、作为法律—赞颂言辞,就致力于此客观性。

真正变得明显的是存在者的固有要素:συμφέρον[有益]、δίκαιον[正义]和 καλὸν[高尚],[1] 所有这三者都处在有利—有害等

① 《修辞学》,卷 A 章 3,1358b22 以下。

等固有的对立性之中。言谈的进行本身就具有某种对立特点。这些要素就是对存在者的规定，对存在者日常如何被引向语言的规定：συμφέρον［有益］、δίκαιον［正义］和 καλόν［高尚］是在日常操持中见诸语言的——这些都是在 λόγος ῥητορικός［修辞式言辞］中成为主题之物所固有的照面特质（Begegnischaraktere）。

与此同时，在这些要素当中，一种确定的时间性（Zeitlichkeit）要素在这些要素本身的旁边（an ihnen）显现出来。就在周围世界中照面的事物作劝告的人，操持的是 μέλλοντα χρόνον［筹划中的时间］，后者尚未在此，然而，尽管就处在确定的操心（Sorge）中的事物而言，μέλλοντα χρόνον［筹划中的时间］尚未在此，但在接下来的日常生活中，μέλλοντα χρόνον［筹划中的时间］将会变得能够支配。然后，付诸言谈的是这样一种已然发生的事情：将某人犯了不义之事付诸语言。这是将当前在此的事物付诸言谈。周围世界的此在特质，即周围世界如何以日常性见诸语言，恰恰可以着眼于时间性来描述。日常性本身就表现在一种具基础性的基本结构即日常性的时间性之中。作为操持和操持性言说的存在本身是时间性的，存在操持的是尚—未—现成在手之物（Noch-nicht-Vorhandene），谈论的是已—发生之事，思考的是当前的此在者（Jetzt-Daseiende）。

亚里士多德进一步指出，这种在时间性中的固有延伸，在修辞学所研究的存在者中表明了自身。亚里士多德靠周围世界的时间性要素，从本体论上对周围世界的此在特质作了更为清晰的、从某种意义上说是更形式化的把握。所谈论的如此在者（Soseiende）具 132
有“或多或少”（mehr oder minder）之特质，可以用某种 μεγέθος［大

小]来刻画，[1] 即可以用某种确定的“度”(Ausdehnung)来刻画，而度可以由不确定性之特质来规定。这种“或多或少”是存在者之存在的一个基本特质，“或多或少”就是有时候这样、有时候那样。所以，与此同时也出现了 δυνατόν[可能]和 ἀδύνατον[不可能]之要素。[2] 这是存在的基础性规定，这些规定在 λόγος[言辞]中进入了语言：这些规定如此存在着，这样的存在拥有这些规定，所以，这样的存在本身也可能“是别的样子的”，ἐνδεχομένον ἄλλως ἔχειν[有其他可能的情形]，[3] 情况马上就变了，情况已然不复如从前。

按照日常性的这种存在结构，λέγειν[言说]也是一种特殊要素。这种特殊要素不可能是“科学证明”，即 ἀπόδειξις[证明]，相反，我们所谈论的司空见惯的存在者，不会受理论原理影响，而是存在着并非出于某种理论思考的基本意见、观点，这些基本意见、观点按照日常性本身在日常性中构成了生命。我们的讨论由此 ἔνδοξον[普遍意见]出发，进而超越 ἔνδοξον[普遍意见]。由此，将为 λόγος[言辞]本身如何必须着眼于其表明特质(Aufzeigungscharakters)、着眼于其客观性，得出确定的条件。λόγος[言辞]必须能够指出这种日常性，必须能够轻而易举地表明这种日常性，而无需详细的证明过程：一、运用某种确定的引—到—某物之

① 《修辞学》，卷 A 章 3，1359a22 以下：δῆλον ὅτι δέοι ἂν καὶ περὶ μεγέθους καὶ μικρότητος καὶ τοῦ μείζονος καὶ τοῦ ἐλάττονος προτάσεις ἔχειν[很明显，拥有关于大和小以及更大和更小的前提是必要的]。

② 《修辞学》，卷 A 章 3，1359a14 以下：ἀναγκαῖον [...] ἔχειν προτάσεις περὶ δυνατοῦ καὶ ἀδυνάτου[拥有关于可能与不可能的前提是必要的]。

③ 《修辞学》，卷 A 章 2，1357a13 以下：ἀναγκαῖον τό τε ἐνθύμημα εἶναι καὶ τὸ παράδειγμα περί τε τῶν ἐνδεχομένων ὡς τὰ πολλὰ ἔχειν ἄλλως[修辞式推论和例证法所涉及的可能事物，大多可以有其他情形]。

上(Darauf -zu-Führens)的方式，即 ἐπαγωγή[归纳法]；二、只要谈论某物，只要想表达出一种信念，συλλογισμός[演绎法]就必须是经过省略的推论方式，[1] 因为，人们在公民大会上对其讲话的听众 ἁπλοῦς[头脑简单]，[2] 即“头脑简单”(einfach)。他“不可能通过 133
走很长的路来得出结论”，他思维短促，无法对通过走很长的路才得出的思想关联作出总结，他“无法对很多内容作出概括”，[3] 所以，必须采取另外一种方式来表明：即采取 ἐνθύμημα[修辞式推论]，如此方能更加深入人心。

亚里士多德在《论题篇》中已经对 ἐπαγωγή[归纳法]和 συλλογισμός[演绎法]作了区分，同时还指出了 ἐπαγωγή[归纳法]之于 συλλογισμός[演绎法]的优势之所在。ἐπαγωγή[归纳法]，即引—到—某物之上(Darauf -zu-Führen)，是一种“走向……的道路”，是 ἔφοδος, ἀπὸ τῶν καθ´ ἕκαστον[由个别出发的方法]，[4] 即“通过个别”、通过直接在此之物，而“抵达‘一般’”。通过举例，我是想例证某物、澄清某物，但并非想例证和澄清这个例子的情形本身，而是针对“一般”，即 καθόλου[一般]。Καθόλου[一般]并非普遍有效性，而仅仅是“总体上如此”。譬如，我说：“如果舵手是最了解

① 《修辞学》，卷 A 章 2，1357a15 以下：τὸ μὲν παράδειγμα ἐπαγωγὴν τὸ δ᾽ ἐνθύμημα συλλογισμόν, καὶ ἐξ ὀλίγων τε καὶ πολλάκις ἐλαττόνων ἢ ἐξ ὧν ὁ πρῶτος συλλογισμός[例证法是归纳法，而修辞式推论是演绎法，修辞式推论由少数前提出发，而且它由以出发的前提比原初的演绎法更少]。

② 《修辞学》，卷 A 章 2，1357a12。

③ 《修辞学》，卷 A 章 2，1357a3 以下：οὐ δύνανται διὰ πολλῶν συνορᾶν οὐδὲ λογίζεσθαι πόρρωθεν[无法概览很多事物，也无法走很长的路来推论]。

④ 《论题篇》，卷 A 章 12，105a12 以下：ἐπαγωγὴ δὲ ἡ διὰ τῶν καθ´ ἕκαστα ἐπὶ τὸ καθόλου ἔφοδος[归纳法是通过个别进到一般的方法]。

自己事务的舵手，而御夫是能处理好其事务的人，那么，这些了解各自事务的人就是最好的和本真的舵手和御夫。”[①] ἐπαγωγή［归纳法］的优势是：一、πιθανώτερον［更有说服力］，这种表明方式“更支持自己”；二、σαφέστερον［更清楚］，它并不以展开内在关系的方式来提出更为特殊的要求，我只是用例子本身来加以证明，之所以更支持 ἐπαγωγή［归纳法］，是因为 ἐπαγωγή［归纳法］“更透彻”；三、κατὰ τὴν αἴσθησιν γνωριμώτερον［就感知而言更为显著］，即“就直接感知而言，就惯常的理解而言，更为熟悉”，因为，总有我能直接展示给我自己的某物；四、τοῖς πολλοῖς κοινόν［为大多数人所共有］，某物“对于大多数人、对于人均而言是共同的”，也就是说，某
134 物更易于理解。[②]συλλογισμός［演绎法］也有其优势，因为它：一、βιαστικώτερον［更有力］，它“更有说服力”，并且最终的确比纯粹指涉某一确定的情形更可信，就演说的目的而言，它更多变；二、πρὸς τοὺς ἀντιλογικοὺς ἐναργέστερον［反对好辩之人更有效］。尤其是，当涉及到与“说反话的人”交锋和质问他们时，对这些人首先举例没有用，而 συλλογισμός［演绎法］则更为适合。[③] ἐπαγωγή［归纳法］和 συλλογισμός［演绎法］这两者都有确定的可能性。在《问题集》(*Problemata*)章 18 节 3 中，亚里士多德的研究更为详尽地研究了 συλλογισμός［演绎法］何以具有这种特殊的说服力。

---

① 《论题篇》，卷 A 章 12，105a14 以下：οἷον εἰ ἔστι κυβερνήτης ὁ ἐπιστάμενος κράτιστος καὶ ἡνίοχος, καὶ ὅλως ἐστὶν ὁ ἐπιστάμενος περὶ ἕκαστον ἄριστος［譬如，如果舵手是对自己的事务拥有最出色知识的人，御夫是对自己的事务拥有最出色知识的人，那么，总而言之，他们就是最好的舵手和御夫］。

② 《论题篇》，卷 A 章 12，105a16 以下。

③ 《论题篇》，卷 A 章 12，105a18 以下。

按照日常性存在的存在特质，言说和表明也有非常特殊的类型。因此，συλλογισμός[演绎法]由以出发的事物，以及亚里士多德在《分析篇》(*Analytik*)中所谓 πρότασις[命题]也就是“前提”(Voraussetzung)，从来都具有某种 ἔνδοξον[普遍意见]的特质。前提包含某种人们对其有某种意见的事物。必须将这样一种 ἔνδοξον[普遍意见]应用于具有 ἐνθύμημα[修辞式推论]特质的所有 συλλογισμός[演绎]。

可见，修辞学本身并非纯粹的形式学科，它表明自己与人的共在之在有关(Beziehung hat zum Sein des Miteinanderseins der Menschen)。人们只有让历史背景呈现在自己面前，才能理解对政治学与修辞学之关系的明确强调。修辞学并非以其自身为根据的 τέχνη[技艺]，而是内在于 πολιτική[政治学]。存在于共在之中，乃是存在于共同言说之中的特出方式。突出共在的可能性，乃是修辞学的 ἔργον[活动]，而且，因为，修辞学以 ἐνθύμημα[修辞式推论]和 παράδειγμα[例证]的方式处理 λέγειν[言说]，也以辩证法的 συλλογισμός[演绎]和 ἐπαγωγή[归纳]方式处理 λέγειν[言说]，所以，修辞学与辩证法具有近邻关系。这些分配指明了修辞学的**不自主性**(Unselbständigkeit)，同时指明了修辞学的活动所固有的存在特质。我们看到，在古希腊人那里，对日常性的固有实情 135
的看的能力(Sehenkönnen)有多么强大。在亚里士多德的时代及其之前的时代，在人的共在当中，对修辞学的评价完全不同。它“藏匿了，将自己包裹在政治学的形式(Gestalt)之下”。[1] 修辞学主张

① 《修辞学》，卷 A 章 2，1356a27 以下：ὑποδύεται ὑπὸ τὸ σχῆμα τὸ τῆς πολιτικῆς[潜入了政治学的形式之下]。

它本身就是政治学，甚至连“反对政治学的那些人”也这么认为，因为，他们也想把 πολιτική［政治学］摆在 ῥητορική［修辞学］的位置上，“这部分出于无教养，部分出于夸大事实”。[①]πολιτική［政治学］的本真任务是立法，尽管并非必然会如此（sei nicht nötig）。相反，亚里士多德在《尼各马可伦理学》卷十章 10 中指出，整体的实现有赖于此在本身的某种具体经验，而人们用修辞学的形式学科来冒充具有决定性的事物，是无法接近这种此在的。[②] 因此，对于打算在 πόλις［城邦］处境中有所作为的人而言，需要通晓日常性的此在（Auskenntnis im alltäglichen Dasein）。与此相对，智术师假装他们想搞清楚 πόλις［城邦］的正确的此在之可能性（Möglichkeit des rechten Daseins），“可他们看上去却远非在讲授什么。因为，他们根本不知道政治学的关键之所在，他们也不会把修辞学和政治学等量齐观或认为修辞学高于政治学，他们也不会认为，靠把大多数人认为好的东西简单拼凑在一起，就可以实现立法”。[③] 这表明，将本真地理解此在本身（eigentlichen Verständigung über das

① 《修辞学》，卷 A 章 2，1356a28 以下：καὶ οἱ ἀντιποιούμενοι ταύτης τὰ μὲν δι' ἀπαιδευσίαν, τὰ δὲ δι' ἀλαζονείαν［而那些主张修辞学属于自己的人，要么是出于无教养，要么是出于夸大事实］。

② 《尼各马可伦理学》，卷 K 章 10，1180b35 以下。

③ 《尼各马可伦理学》，卷 K 章 10，1181a13 以下：λίαν φαίνονται πόρρω εἶναι τοῦ διδάξαι· ὅλως γὰρ οὐδὲ ποῖόν τι ἐστὶν ἢ περὶ ποῖα ἴσασιν· οὐ γὰρ ἂν τὴν αὐτὴν τῇ ῥητορικῇ οὐδὲ χείρω ἐτίθεσαν. οὐδ' ἂν ᾤοντο ῥᾴδιον εἶναι τὸ νομοθετῆσαι συναγαγόντι τοὺς εὐδοκιμοῦντας τῶν νόμων［可他们看上去却远非在讲授什么。因为，他们根本不知道政治学是什么样的学问或是关于什么的学问；因为，要不他们也不会认为，政治学与修辞学是一回事，或认为政治学低于修辞学，也不会认为，立法就像将以往深受尊敬的律法拼凑在一起那样简单］。

Dasein selbst）的基本功能归于修辞学的努力是富有生命力的。所
以，智术师与哲人既有联系又有争执，哲人就是真正的智术师（die 136
Philosophen sind die rechten Sophisten）——柏拉图在《智术师》中
想要指出的就是这一点

修辞学之于政治学和辩证法的特殊地位，乃是修辞学所研究之物的特殊性的一个标记，我们绝不能在学科或 τέχνη［技艺］的意义上来理解这种特殊性。这种特殊性是一种自我关切（Sichumtun）、一种我们—讨论—某事（Worüber-wir-beraten）。修辞学对某事的讨论是相互—讨论—式—言说（Miteinander-beratender-Weise-Sprechen），就后者而言，并不存在什么 τέχνη［技艺］。在某种手工业或某一职业中，每个人的日常遭遇和惯常遭遇是无法分开的（aufteilbar）。任何人都可以在公民大会上相互交谈，任何人都有可能被带上法庭，任何人都有机会倾听一首颂歌，任何人也都有机会参加奥林匹亚赛会。这种特殊的领域，这种**此在的日常性**，将通过正确解释《修辞学》而得以显明，而且已然在很大程度上从概念上得到了阐明。

第十五节　δόξα［意见］（《尼各马可伦理学》卷 Z 章 10 和卷 Γ 章 4）

为了理解日常性的基本现象，为了理解这种作为言说本身之基础的现象，我们还有必要预先明了 ἔνδοξον［普遍意见］、δόξα［意见］的含义。Δόξα［意见］首先指“关于某物的观点”（Ansicht von etwas），但同时也主要意指“拥有一种观点”。

(一)界定 δόξα[意见]:与探究(ζήτησις)、知识(ἐπιστήμη)和想象(φαντασία)相对

一、在亚里士多德看来，δόξα[意见]οὐ ζήτησις[不是探究]，“不是探究”，而是 φάσις τις ἤδη[表达某种已有之观点]：[1]
137 我“已有某种观点”，我并非才作探究，起初我并不致力于确定某一实事的性质，而是对实事抱有这样那样的态度。Φάσις[表达]是某种 λέγειν[言说]，是承—认(Ja-Sagen)我对其有某种观点之某物。由于 δόξα[意见]的特质是：它是某种承—认而非研究(Untersuchen)、反思(Reflektieren)、才—达—成—某种—观点(Erst-zu-einer-Ansicht-Kommen)，所以，δόξα[意见]与 ἐπιστήμη[知识]具有某种内在关联，如果我在下述意义上知道某物：我准确地知道某物，我能够对实事有所言说，尽管实事并不就摆在我眼前。这种作为 ἐπιστήμη[知识]的认识的特质是：它不是一种 ζήτησις[探究]，而只是知道，因此，它是一种承认(Ja)。而 δόξα[意见]也是某种承认(Ja)，是对实事的一种态度(Gestelltsein)，但 δόξα[意见]本身不同于 ἐπιστήμη[知识]，从属于 δόξα[意见]的是：

二、ὀρθότης[正确性]。[2] 如果我确定地知道关于某物的消息，那么，这种知道属于下述意义上是的认识(Wissen)：已知之物不可能是“假的”(falsch)，即不是 ψευδές[假的]，从而，这样的知道也不是 ἐπιστήμη[知识]。δόξα[意见]必须有 ὀρθότης[正确性]，

---

① 《尼各马可伦理学》，卷 Z 章 10，1142b14。

② 《尼各马可伦理学》，卷 Z 章 10，1142b11。

“朝”向、“指”（Ausgerichtetsein）向 ἀλήθεια[无蔽]就属于 ὀρθότης[正确性]。[1] 拥有一观点（Ansicht-Haben）只是一种观点，它不可能是别的什么。δόξα[意见]本身有真假：情况有可能这样，也有可能是另一种情形。“指”（Ausgerichtetsein）向 ἀληθεία[无蔽]对于 δόξα[意见]具有建构性，因此，δόξα[意见]具有 φεῦδος[虚假]的可能性。柏拉图（《泰阿泰德》[Theaitetos]、《智术师》、《斐勒布》[Philebos]）尚未看到这种可能性。这种“也有可能是另一种情形”，同时从属于观点本身。这说明，我并不绝对主张“情况如此”，相反，在某一 φάσις[表达]之中，我们承认（nehmen wir an）也有可能是另一种情形。

三、所以，δόξα[意见]也不同于 φαντασία[想象]。Φαντασία[想象]是“当下拥有”（Gegenwärtighaben）某物，而非我直接感知到某物，是纯粹的“自我再现”（Sichvergegenwärtigen）——和 δόξα[意见]一样，也可能有真假。[2] φαντασία[想象]有两种可能性，但它几乎（gewissermaßen）只是外在地（von außen）拥有两种可能性，而 δόξα[意见]本身拥有可能性。在我自己本身的含义中就 138
有这种“可能”——真或假。Δυνατόν—ἀδυνάτον[可能—不可能]。

ἔνδοξον[普遍意见]是有方向的存在（Orientiertseins）方式，人们按此方式来了解也有可能以其他方式存在的那种存在者。这里有对观点作出修正的可能性。对于总是如此存在并是其所是的存在者而言，就 ἐπιστήμη[知识]而言，则不会有修正。相反，修正

① 同上。

② 《论灵魂》，卷 Γ 章 3，428a18 以下。

的可能性(Revisionsfähigkeit)却属于δόξα[意见]本身,为其本身所承认。Δόξα[意见]是共在的世界存在于此的方式。一种**相互反对的存在**(Gegeneinandersein)之可能性被引入共在,是由于:一个人有这种观点,另一个有那种观点,因为,存在者也有可能以其他方式存在,这就是**相互反对的言说**(Gegeneinandersprechens)的基本可能性。δόξα[意见]正是我们在此按照生命的日常性拥有生命的方式。生命的确不会以科学方式、以理论方式来认识它自身,这样的认识方式只是一种特出的可能性。δόξα[意见]才是生命认识自身的方式。λόγοι ῥητορικοί[修辞式言辞]的目标,建构πιστεύειν[说服]的目标,无非是建构一种δόξα[意见],即建构关于某一实事的正确观点。因为,πιστεύειν[说服]的固有要素就属于δόξα[意见],与δόξα[意见]本身俱来的是某种πίστις[说服方式]、一种φάσις[表达]。所以,动物没有δόξα[意见],因为,动物没有λόγος[言辞];但一种φάσις[表达]对于动物是可能的。对于动物而言,作为此(Da)的存在者是另外一码事。

(二)呈现研究δόξα[意见]的文本处境

就此思考而言,重要的是关注到目前为止的文本处境,但这并不是说要记住讲稿的结构,而是将目光转向正在表明的现象。人的此在应该由其存在的基本结构出发来显明,以便由此明了概念
139 建构的可能性。我们按照其存在特质,将此在本身规定为存在—于—某—世(Sein-in-einer-Welt),更准确地说,规定为共在,规定为共同拥有人所处身的世界。这种共同拥有就是一种作为操持世界(Besorgen)的与世界交往(Umgehen mit der Welt)。这种交往

所具有的特质是：这种在—此—世—存在的关键在于存在本身。εὐδαιμονία[幸福]得到操持：通过操持生命与之交往的对象，生命操持的是它本已的存在。操持方式的共在具有共同言说的基本规定，λόγος[言辞]是 κοινωνία[共享]的基本现象。λόγος[言辞]的基本功能是揭示作为存在—于—某—世的生命停驻于其中的事物：这就是 δηλοῦν[表明]。在—此—世—存在是这样一种存在：它揭示了世界；在世界中存在(das in ihr Sein)成为方向，在某处(das Worin)得到揭示。这种在其中—存在(In-Sein)以某种确定的了解(Bekanntheit)保持自身，并由此获得其定向。我们想要强调的就是在其中—存在(In-Sein)这种现象，由此出发可以将概念性理解为一种基本可能性。着眼于被发现性(Entdecktheit)，在—此—世—存在乃是此在的基本特质：世界作为生命以操持和言说方式凭着某种了解与其交往的对象。对世界的这种了解，从而在世界中的操持和交往，是由作为特殊的表明(Aufzeigen)的言说带来的，表明了人们以之为定向的事物。与此同时，这种了解则是各种观点、各种定向形成的方式。各种观点将通过言说来形成、更新、确定、硬化(verhärtet)。对于揭示作为存在—于—某—世的此在本身的被发现性(Entdecktheit)之基本现象，这种共同言说从而正是指导线索。我们把修辞学当成了具体的指导线索，因为，修辞学无非就是着眼于共同言说的基本可能性对此在所作的表达。

修辞学的任务是表明支持某一实事的言说，表明 τὸ ἐνδεχόμενον πιθανόν[为人们所接受的说服方式]。[①] 为—某物—言说的—

① 《修辞学》，卷 A 章 1，1355b26。

存在者(für-etwas-sprechend-seiende)有三个要素、三种 πίστεις
140 [说服方式],这可类比言说本身结构:一、言说某物,περί τινος δηλοῦν, δεικνύναι[使某物变得可见,关于某物有所指明];二、对某人言说,πρός τινα[针对某人],针对其言说之人就是 ἀκούων (πάθος)[听者(事关情感遭遇)];三、言说之在(Sprechendsein)本身,λέγων (ἦθος)[言说者(事关性情)]。在所有这三重结构中,所言说之物表明了自身的基本规定:它也有可能是另外一种情形,它因时而异。按照日常性来谈论的存在者,并非 ἀεὶ ὄν[总是存在],相反,ἐνδεχόμενον καὶ ἀλλῶς ἔχειν[还有其他为人们所接受的情形],同时必定也是多少有可能存在的情形,这种情形恰恰是存在者之所是。亚里士多德将 πρᾶξις[实践]的 τέλος[结果]规定为一种 τέλος κατὰ τὸν καιρόν[取决于关键时刻的结果]:[1] 在确定符合存在的(seinsmäßigen)交往过程中,人们"一眼"(auf den Augenblick)就看得出方式、地点、时间和对象(wie, wo, wann, zu wem)。着眼于 καιρός[关键时刻],表明了操持的一个特质:操持总是不稳定,操持并非一成不变。对此存在者,应该提出某种确定的观点,也应该形成其他观点,将此在引入 δόξα[意见],从而引出关于世界的某种 ἔνδοξον[普遍意见]。

由此,我们偶然发现了拥有被如此操持的世界的基本方式:δόξα[意见],可译为"拥有关于某物的观点""我对此有看法""对此我……"。亚里士多德反复并且以多种方式研究了 δόξα[意见]这一基本现象。晚期柏拉图对话,主要是《泰阿泰德》、《斐勒布》

① 《尼各马可伦理学》,卷 Γ 章 1,1110a13 以下。

和《智术师》，详加讨论的正是这一现象。从亚里士多德出发来接近柏拉图所讨论的这些现象，乃是一条自明的解释学原则，因为，亚里士多德深入和澄清这些现象要比柏拉图更胜一筹。这为研究柏拉图所未见之物的开启了视角，此视角对于理解柏拉图哲学的一个基础部分具有一种基础性意义。

(三)重复和继续界定 δόξα[意见]：δόξα[意见]与抉择(προαίρεσις)

我将更多以大纲方式来描述 δόξα[意见]，而非对纳入思考的段落(《尼各马可伦理学》，卷 Z 章 10)作出某种本真解释。通过界定三种同源现象，将突出 δόξα[意见]的三个要素。与 δόξα[意见]相对的是： 141

一、βουλεύεσθαι[深思熟虑]：这是一种“探究”(Suchen)，一种 ζήτησις[探究]，[①]一种对我想达成的某种确定的观点的热衷(Aussein)；通过思考，我将首先达成某种 δόξα[意见]之 τέλος[结果]，但这种 τέλος[结果]并非肯定(Ja)。我只想就某一实情为自己获得一种确定的观点，这时候，δόξα[意见]不再是探究，而是处在探究的终点，δόξα[意见]成为一种 φάσις[表达]。[②]然而，尽管 φάσις[表达]是一种肯定，可它绝不是认识(Wissen)。

二、界定 ἐπιστήμη[知识]：对某一实事的“知晓”(Bescheid-wissen)，可以描述为：认识者如此朝向实事，以至于他获得了对实

① 《尼各马可伦理学》，卷 Z 章 10，1142a31 以下：τὸ γὰρ βουλεύεσθαι ζητεῖν τι ἐστίν[真正的深思熟虑是某种探究]。

② 《尼各马可伦理学》，卷 Z 章 10，1142b13 以下。

事的某种定向，即便实事并不在此。我知道关于某一实事的消息，这意味着：我确切无疑地面对着实事。因此，我只对具有 ἀεὶ［总是］之特质的存在者拥有 ἐπιστήμη［知识］。认识的可能性的基本前提是一种关于存在者的前提，关于此存在者有一种认识：它总是如其所是地存在，以至于它本身不可能以别的方式存在；可并非 ἀεὶ［总是］存在的事物，它本身有可能改变。在 ἐπιστήμη［知识］中，我并非现实地在此拥有实事。着眼于 ἐνδεχόμενον［为人们所接受］，则无所谓 ἐπιστήμη［知识］，而只有 δόξα［意见］。然而，δόξα［意见］与 ἐπιστήμη［知识］有亲缘关系，那是因为，δόξα［意见］是一种承一认（Ja-Sagen），是一种 φάσις［表达］。δόξα［意见］与 ἐπιστήμη［知识］的对立是由 ὀρθότης［正确性］所决定的。[①] 在 δόξα［意见］中，我并不拥有存在者本身，而是对存在者指向 ἀληθές［无遮
142 蔽的事物］的内容有一种定向。观点（Ansicht）有将存在者隐藏于其自身之中的倾向。然而，就 δόξα［意见］本身而言，它只是一种见解（Auffassung），作为见解，δόξα［意见］或许是假的。δόξα［意见］所谓实事也有可能是假的——而非绝对的主张（Behauptung）。在一种—观点的—存在本身的存在中（Im Sein des Einer-Ansicht-Seins selbst），还有附加的内容（Zugabe）：它可能是这样或那样的，也可能是另一种样子的。因此，带有 ὀρθότης［正确要素］的 δόξα［意见］与 φαντασία［想象］不同。

三、φαντασία［想象］是对某物的一种确定的“呈现”，这种“呈

① 《尼各马可伦理学》，卷 Z 章 10，1142b10 以下：ἐπιστήμης μὲν γὰρ οὐκ ἔστιν ὀρθότης [...], δόξης δ' ὀρθότης［正确并不属于知识（……），而是属于意见］。

现”也可能有真假，但其真假含义与 δόξα[意见]的真假含义不同。亚里士多德在《论灵魂》卷三章 3 中讨论了这一不同。[①]φαντασία[想象]也可能为假，所以，它与 δόξα[意见]有亲缘关系。可是，怎么样的 φαντασία[想象]有可能是假的呢？φαντασία[想象]事实上是真是假，那是事后才表明的，可 δόξα[意见]已然在观点—形成（Ansicht-Bildung）中包含是—真—或—假—之可能（Wahr-oder-falsch-sein-Können）。Φαντασία[想象]是糟糕的当下拥有（Präsenthaben）。所以，动物也有 φαντασία[想象]，而 δόξα[意见]只在有 λόγος[言辞]的地方才在此。与任何观点—形成、任何拥有—某种—观点同时被给予（ἀκολουθεῖν[相随][②]和 ἕπεσθαι[跟随][③]）的是：说出某物来支持观点。ἔστι γὰρ φαντασία καὶ ψευδής. λείπεται ἄρα ἰδεῖν εἰ δόξα· γίνεται γὰρ δόξα καὶ ἀληθὴς καὶ ψευδής. ἀλλὰ δόξῃ μὲν ἕπεται πίστις (οὐκ ἐνδέχεται γὰρ δοξάζοντα οἷς δοκεῖ μὴ πιστεύειν), τῶν δὲ θηρίων οὐθενὶ ὑπάρχει πίστις, φαντασία δ' ἐν πολλοῖς[想象的确有可能是假的。剩下的是看一看它是不是意见，因为，意见也有真假，但意见有信念伴随（因为，人们看来不会接纳他们所不相信的看法），信念却从来不属于动物，可想象却属于大多数动物]。[④]δόξα[意见]中有以 ἀληθές[无遮蔽的事物]为定向的存在（Orientiertsein）：这种有定向的存在可能如此，它看上去如此，就好像它必须如此——为了—某事—而言说（Für-etwas-Sprechen）

① 《论灵魂》，卷 Γ 章 3，428a1 以下。

② 《论灵魂》，卷 Γ 章 3，428a22：δόξῃ ἀκολουθεῖ πίστις[意见有信念相随]。

③ 《论灵魂》，卷 Γ 章 3，428a20：δόξῃ μὲν ἕπεται πίστις[而意见有信念伴随]。

④ 《论灵魂》，卷 Γ 章 3，428a18 以下。

δόξα［意见］所谈论的某物。对此意见的一种“确信”(Überzeugtsein)即一种 πεπεῖσθαι［折服］，从属于关于某物的说法(Meinen)，从属于拥有—某种—观点(Eine-Ansicht-Haben)。而从属于确信(Überzeugtsein)的是 λόγος［言辞］，即对于我对其有某种观点的事物的一种“表达”(Aussprechen)。Ἔτι πάσῃ μὲν δόξῃ ἀκολουθεῖ πίστις, πίστει δὲ τὸ πεπεῖσθαι, πειθοῖ δὲ λόγος· τῶν δὲ θηρίων ἐνίοις φαντασία μὲν ὑπάρχει, λόγος δ' οὔ［此外，所有意见都有信念相随，信念又有折服相随，而说服则有言辞相随，有些动物尽管有想象，
143 却没有言辞］。[1]δόξα［意见］的特质是：向我表现出来的内容具有诸如此类(als so und so)的特质，也就是说，向我表现出来的内容只是评论(es is besprochen)。δῆλον ὅτι οὐκ ἄλλου τινὸς ἔστιν ἡ δόξα, ἀλλ' ἐκείνου ἐστὶν οὗ καὶ ἡ αἴσθησις*［很明显，意见不属于其他某物，而属于感知所属之事物］。[2] 亚里士多德在这里提出此论断是与**柏拉图**(《智术师》和《斐勒布》)论辩。φαντασία［想象］所不同于 δόξα［意见］的方式方法，就在于 ἀληθές［无遮蔽的事物］与 ψευδές［假的事物］本身的含义如何交织在一起的方式。

四、决定性的区分就在于 δόξα［意见］与 προαίρεσις［抉择］之分野。亚里士多德在《尼各马可伦理学》卷 Γ 章 4 中对此作了区分。将 δόξα［意见］与 προαίρεσις［抉择］并置，初看上去令人感到意外。

---

① 《论灵魂》，卷 Γ 章 3，428a22 以下。

* 海德格尔所依据的“陶博纳版”(Teubneri. Lipsiae 1911)《论灵魂》此处文本与其他校勘本不同，详参“牛津古典版”(Oxford Classical Texts)《论灵魂》(Aristotelis de anima, Recognovit brevique adnotatione instruxit. W. D. Ross, Oxonii MCMLVI)，页 67 脚注。——译注

② 《论灵魂》，卷 Γ 章 3，428a27 以下。

就某事作出决断与拥有—某种—观点(Eine-Ansicht-Haben)之间有何关系。需要注意的是，以往的哲学、柏拉图把 προαίρεσις[抉择]解释为某种 δόξα[意见]。可见，在 προαίρεσις[抉择]现象之中必定存在某些容许如此作出解释的成分。如果我们将 δόξα[意见]正确地译为"就此，我认为某一实事本身如此这般"(Ich bin dafür, daß die Sache sich so und so verhält)，问题就清楚了。尽管如今就此认为(Dafürsein)有可能意指：就此，我认为会如此这般做某事(Ich bin dafür, daß eine Sache so und so gemacht wird)。然而，我决定如此这般做某事，这才是 προαίρεσις[抉择]。亚里士多德从四个方面对 προαίρεσις[抉择]本身作了界定：第一，它与 ἐπιθυμία[肉欲]、对某物"有意愿"(Geneigtsein)、对某物"有—一种—冲动"(Eine-Regung-Haben)、为某物而"处—于——种—激动状态"(In-einer-Regung-Sein)不同；第二，它与 θύμος[激情]、"处—于—兴奋中"(In-Erregung-Sein)、为……"激动起来"、对……"有—热情"(Leidenschaft-Haben)不同；第三，它与 βούλησις[愿望]、"希望"(Wunsch)、"希望—某事"(Etwas-Wünschen)不同；第四，它与 δόξα[意见]不同。[①] 亚里士多德只是简单地将最先提到的三个方面归结为意在对 προαίρεσις[抉择]作出理解，[②] 因为，προαίρεσις[抉择]只是 ἀρετή[优异]的一项规定。Ἀρετή[优异]作为支配某种存在可能性的能力，被进一步解释为 ἕξις[状态]，解释为一种

① 《尼各马可伦理学》，卷Γ章4，1111b10以下：οἱ δὲ λέγοντες αὐτὴν ἐπιθυμίαν ἢ θυμὸν ἢ βούλησιν ἤ τινα δόξαν οὐκ ἐοίκασιν ὀρθῶς λέγειν[有些人说，它就是肉欲、激情、愿望和某些意见，看来这是不正确的说法]。

② 《尼各马可伦理学》，卷Γ章4，1111b12以下。

“随—身—带有”(Bei-sich-Haben)如此这般存在的某种确定的可能性，即 ἕξις προαιρετική[倾向于某种抉择的状态]，即“决定……的可能性”，即在某一确定的时刻自己能决定如此这般行事。ἔστιν ἄρα ἡ ἀρετὴ ἕξις προαιρετική, ἐν μεσότητι οὖσα[因此，优异是倾向于某种抉择的状态，它存在于中道之中]，[①] 一种 ἕξις[状态]，“处在 μεσότης[中道]之中，在此拥有手段”，手段 ὡρισμένῃ λόγῳ[由言辞来界定]，[②] 手段“由言辞来界定”，就是“由详加审辩的思考来规定”。对于 πρᾶξις[实践]而言，μέσον[居中之物]就是 καιρός[关键时刻]。如果我们更为准确地观察 προαίρεσις[抉择]，与此同时，尝试着眼于 προαίρεσις[抉择]来更为准确地解释 δόξα[意见]，上述定义就会从根本上变得更为显而易见。

προαίρεσις[抉择]与上述四种现象对立的原因究竟何在？对亚里士多德的分析的任何解释，都会面临这个问题，因为，这个问题对于现象的基本特质具有启发性。问题的关键，在于将本身具有这些现实要素的现象组织起来，从而使其构成一个确定的亲缘关系。这四个要素必定具有一种实事关联性(Sachhaltigkeit)，这使得它们与 προαίρεσις[抉择]密切联系在一起。可以将这五种现象的总体特质描述为：对具有预先拥有之特质的某种事物的热衷(Aussein auf etwas im Charakter des Vorweghaben)，所以，人们所热衷的事物以某种方式预先在此——这就是 προαίρεσις[抉择]。这个为何(Wozu)一开始就在此。这种对具有预先之特质的某物的热衷，属于 ἐπιθυμία[肉欲]，正如它也属于 θύμος[激情]。明摆着，

① 《尼各马可伦理学》，卷 B 章 6，1106b36。

② 《尼各马可伦理学》，卷 B 章 6，1107a1。

这种热衷也属于希望。在 δόξα[意见]中也有对某物的热衷，指向 ἀληθές[无遮蔽的事物]。观点本身的含义是：实事如此这般。这种对我尚未真正拥有、却已然在为此而努力的某物的热衷，是这样一种现象：其动机是将上述各种现象与 προαίρεσις[抉择]结合在 145
一起。

我们打算非常简短地对前三种现象与 προαίρεσις[抉择]加以界定。οὐ γὰρ κοινὸν ἡ προαίρεσις καὶ τῶν ἀλόγων, ἐπιθυμία δὲ καὶ θυμός[抉择的确不为无言辞者所共有，而肉欲和激情则为其所共有]。[①]"一种抉择，一个决定，不属于不言说的这种有生命的存在者。"言说、思索从属于 προαίρεσις[抉择]：只有通过思索而达成的决定才是本真的决定。在卷 Z 章 2 中，决定被描述为 ὄρεξις διανοητική[经过思考的欲求]，[②]即"经过思考的热衷"（betrachtendes Aussein），这是经过了彻底思考和思索而形成的热衷。ἐπιθυμία[肉欲]和 θυμός[激情]也属于动物，它们与 προαίρεσις[抉择]不是一回事，因为，只有说话的生物才作 προαίρεσις[抉择]。καὶ ὁ ἀκρατὴς ἐπιθυμῶν μὲν πράττει, προαιρούμενος δ᾽ οὔ· ὁ ἐγκρατὴς δ᾽ ἀνάπαλιν προαιρούμενος μέν, ἐπιθυμῶν δ᾽ οὔ. καὶ ἡ μὲν ἐπιθυμία ἡδέος καὶ ἐπιλύπου[无节制者行事出于肉欲，而非出于抉择；相反，有节制者行事出于抉择，而非出于肉欲。肉欲有可能违背抉择，肉欲却不会违背肉欲。肉欲着眼于快乐和痛苦]。[③]"无法控制自己的人按 ἐπιθυμῶν[肉欲]行事，所以，他扑（losgeht）向实事，但

---

① 《尼各马可伦理学》，卷 Γ 章 4，1111b12 以下。

② 《尼各马可伦理学》，卷 Z 章 2，1139b5。

③ 《尼各马可伦理学》，卷 Γ 章 4，1111b13 以下。

扑(Losgehen)不是作出决定后行事，有能力控制自己的人作出决定后再行事，他不必按 ἐπιθυμῶν[肉欲]行事。ἐπιθυμία[肉欲]和 θυμός[激情]朝向某种 ἡδύ[快乐之物]或 λυπηρόν[痛苦之物]，后者提高或贬抑内在情状(Befindlichkeit)。”προαίρεσις[抉择]朝向 πρακτόν[决定要做之事]，对于眼下的某项操持而言，πρακτόν[决定要做之事]具有决定性意义，对于眼下的某项操持是适宜的。πρακτόν[决定要做之事]正就是决定所把握住的内容。从属于 προαίρεσις[抉择]的定向朝向眼下之整体(Orientierung über den ganzen Augenblick)——προαίρεσις[抉择]并非所谓行动(Akt)，而是存在于此刻的本真可能性。θυμὸς δ' ἔτι ἧττον· ἥκιστα γὰρ τὰ διὰ θυμὸν κατὰ προαίρεσιν εἶναι δοκεῖ[激情更低级；因为，出于激情的行为看来更非符合抉择行为]。[1] 亚里士多德关于 θύμος[激情]的看法是：“在激动状态中、在盲目的激情中把握到的事物，与
146 靠清楚透彻的决定所把握到的事物最没有关系。”προαίρεσις μὲν γὰρ οὐκ ἔστι τῶν ἀδυνάτων, καὶ εἴ τις φαίη προαιρεῖσθαι, δοκοίη ἂν ἠλίθιος εἶναι· βούλησις δ' ἐστὶν τῶν ἀδυνάτων, οἷον ἀθανασίας[因为，抉择不从属于不可能的事物，如果谁说他会选择不可能的事物，那么，他想必是一个傻瓜；愿望从属于不可能的事物，不死就是这样的不可能的事物]。[2]προαίρεσις[抉择]远非 βούλησις[愿望]，尽管看上去如此。两者的区别与这两者联系在一起：“Προαίρεσις[抉择]并不朝向不可能之事。(如果我们决定做某事，那么，此事肯定是可能的。)如果某人说他要决定做一件不可能的事情，那么，

① 《尼各马可伦理学》，卷 Γ 章 4，1111b18 以下。

② 《尼各马可伦理学》，卷 Γ 章 4，1111b20 以下。

我们会说他是胡说八道。与此相对，希望却有可能指向不可能之事。”Προαίρεσις[抉择]所追求的总是可能之事，尽管它所追求的确定的可能之事，是我们当下有可能开始做并且有可能实施的事情。与此相对，βούλησις[愿望]却朝向不可能之事。βούλησις[愿望]有可能朝向我们无把握但其他人有把握的事情，譬如，我们希望“演员或某某参加竞赛的人获胜”。[①]这是有可能的，但对我们而言却没有可能。προαίρεσις[抉择]总是指向我们有把握的事情。προαίρεσις[抉择]通向ἔσχατον[终极]，通向我所追求的点，我的努力真正要投入的就是这个点。

我们通过界定有亲缘关系的现象ἐπιστήμη[知识]、φαντασία[想象]、βουλεύεσθαι[深思熟虑]和προαίρεσις[抉择]，更进一步接近了δόξα[意见]。这么做是为了界定προαίρεσις[抉择]，事实上，具有决定性意义的就是προαίρεσις[抉择]。这样一种界定的前提是，相互关联的两种现象都有一个特质，将它们联系起来的理由就在于这一特质。此特质就是对某物的热衷，后者就是所追求的事物，它在先已经被认识到了。Δόξα[意见]就是为—某事—而在(Für-etwas-Sein)。在为此而在(Dafürsein)中，有某种定向。δόξα[意见]中的这种热衷，似乎并不具有ὄρεξις[欲求]即“奋求”(Strebens)之特质。δόξα[意见]毋宁是某种肯定(Ja)，它已经达到了某个终点并停留于此。亚里士多德提出，προαίρεσις[抉择]与δόξα[意见]的区别有七点：

① 《尼各马可伦理学》，卷 Γ 章 4，1111b24 以下：οἷον ὑποκριτήν τινα νικᾶν ἢ ἀθλητήν[某个演员或运动员获胜]。

147 第一，将 προαίρεσις[抉择]与 δόξα[意见]区分开来的，就是它们所指向的事物。Προαίρεσις[抉择]，“自己决定”做某事，只指向这样的存在者：着眼于它，我才能达成某事。ἀρχὴ πράξεως[实践的开端]必定在我这里。这样的一个存在者，就是 προαίρεσις[抉择]的主题即 συμφέρον[有益之物]，后者适合于达成预先被确定为“有益”的操持，所以，我才能勇于追求此存在者本身。与此相对，δόξα[意见]不仅指向 συμφέροντα[有利之物]，从而指向可变之物，它还指向 ἀεὶ[总是]存在的那种事物：关于这种“总是”存在的事物，我也有某种观点。[1] 这一区分很重要。还需要思考的是，δόξα[意见]指向总是如其所是地存在着的存在者。这样的 δόξαι[意见]是科学终于兴起的基础。若着眼于其有可能指向的存在领域之范围，则我对其有某种观点的事物与我已然作出决定的事物之间是有区别的。

第二，Δόξα[意见]有 ἀληθές[无遮蔽的]和 ψευδές[假的]。[2] 就 δόξα[意见]而言，关键在于按照其存在来领会对其有某种观点的事物。就 προαίρεσις[抉择]而言，关键在于应当如何行事，从而在于会发生什么，在于决定的内容是什么。προαίρεσις[抉择]总是针对 πρακτὸν ἀγαθόν[决定要做的好事]。προαίρεσις[抉择]的内容，就其本质而言，就是 πρακτόν[决定要做之事]。

第三，就其 ἦθος[性情]而言，谁有某种观点，谁就无非受这

① 《尼各马可伦理学》，卷 Γ 章 4，1111b31 以下：ἡ μὲν γὰρ δόξα δοκεῖ περὶ πάντα εἶναι, καὶ οὐδὲν ἧττον περὶ τὰ ἀίδια καὶ τὰ ἀδύνατα ἢ τὰ ἐφ' ἡμῖν[因为，意见看来针对所有事物，它针对依赖于我们的事物，并不亚于针对永恒的事物和没有可能的事物]。

② 《尼各马可伦理学》，卷 Γ 章 4，1111b33：καὶ τῷ ψευδεῖ καὶ ἀληθεῖ διαιρεῖται[并且，将意见区分为假的和无遮蔽的]。

种拥有—某种—确定的—观点所决定。对某种确定的实事拥有—某种—确定的—观点，并非“伦理上的”规定，无关乎改变人本真的符合存在的举止。与此相对，我作决定的方式方法，我作出决定的 προαίρεσις[抉择]的内容，对于我的存在，对于我的存在方式和方法，对于我的 ἦθος[性情]具有决定性意义。① 所以，δόξα[意见]流露出某种对存在的冷漠，拥有—某种—观点的前提是对观点所涉 148
及的事物的冷漠。这一点对于古希腊人的科学概念非常重要。

第四，δόξα[意见]和 προαίρεσις[抉择]所指向的固有的存在特质，分别是 ἀληθές[无蔽]和 πρακτόν[决定要做之事]，按照这些存在特质，拥有—观点(Ansicht-Haben)本身作为举止，尖锐地集中到了一种确定的看，集中到了存在者如何在此存在的方式方法，集中到了将存在者作为存在者来对待的方式方法。προαίρεσις[抉择]指向“抓住”和“放弃”某一实事，δόξα[意见]则指向 ἀληθεύειν[去蔽]。②

第五，上述两种情形的不同在于构成其本真性的事物。就 δόξα[意见]而言，关键在于 ὀρθότης[正确性]，在于 δόξα[意见]要接近 ἀληθές[无蔽之物]，要按照存在者之所是来接近存在者。与此相对，就 προαίρεσις[抉择]而言，关键不在于按照其存在来表明某

① 《尼各马可伦理学》，卷 Γ 章 4，1112a1 以下：τῷ γὰρ προαιρεῖσθαι τἀγαθὰ ἢ τὰ κακὰ ποιοί τινές ἐσμεν, τῷ δὲ δοξάζειν οὔ[因为，好坏之抉择而非意见决定了我们是怎样的人]。

② 《尼各马可伦理学》，卷 Γ 章 4，1112a3 以下：καὶ προαιρούμεθα μὲν λαβεῖν ἢ φυγεῖν ἤ τι τῶν τοιούτων, δοξάζομεν δὲ τί ἐστιν ἢ τίνι συμφέρει ἢ πῶς· λαβεῖν δ' ἢ φυγεῖν οὐ πάνυ δοξάζομεν[一方面，我们的抉择是抓住或回避前述某种事物，另一方面，我们的意见是某物存在，或对某人有益，或如何有益；我们的意见绝不会是抓住或回避某物]。

个存在者。对于 προαίρεσις[抉择]而言，具有决定性意义的是，**要恰如其分地思考**问题。[①] 关键并不在于表明某一具体处境的存在要素，并不在于从理论上作出描述，而在于在 προαίρεσις[抉择]中正确地思考，在于把握住在思考中出现的 πρακτόν[决定要做之事]。尽管这也是一种 ἀληθεύειν[去蔽]，但它与 δόξα[意见]的 ἀληθεύειν[去蔽]根本有别。προαίρεσις[抉择]的正确性以 πρακτόν[决定要做之事]为定向，而 δόξα[意见]的正确性以 ἀληθές[无蔽之物]为定向。

第六，这两者的区分在于其对待**认识**(Wissen)的方式。δόξα[意见]关涉那些人们尚未明确知道之事物，关涉仍然隐藏着的事物。概而言之：δόξα[意见]指向“我们尚不真正知道的事物”，
149 προαίρεσις[抉择]则指向认识意义上“我们知道最多的事物”，指向我们清楚思考过的事物，指向与其所依赖的环境相符合的事物。[②]

第七，一个人完全有可能拥有非常好的观点，却有可能碰到或决定做一件 κακόν[坏事]。Δόξα[意见]和 προαίρεσις[抉择]本身不同。在最好的情况下，能够形成关于某事物的观点和能够以正确的方式作出决定，也不会同时发生。[③]

---

① 《尼各马可伦理学》，卷 Γ 章 4，1112a5 以下：καὶ ἡ μὲν προαίρεσις ἐπαινεῖται τῷ εἶναι οὗ δεῖ μᾶλλον ἢ τῷ ὀρθῶς, ἡ δὲ δόξα τῷ ὡς ἀληθῶς[抉择受到赞赏，必定是因为作出了十分正确的抉择，而意见受到赞赏，则必定是因为意见如何无蔽]。

② 《尼各马可伦理学》，卷 Γ 章 4，1112a7 以下：καὶ προαιρούμεθα μὲν ἃ μάλιστα ἴσμεν ἀγαθὰ ὄντα, δοξάζομεν δὲ ἃ οὐ πάνυ ἴσμεν[我们的抉择针对我们完全知道它们好的事物，我们的意见却针对我们并不确切知道的事物]。

③ 《尼各马可伦理学》，卷 Γ 章 4，1112a8 以下：δοκοῦσι δὲ οὐχ οἱ αὐτοὶ προαιρεῖσθαί τε ἄριστα καὶ δοξάζειν. ἀλλ᾽ ἔνιοι δοξάζειν μὲν ἄμεινον, διὰ κακίαν δ᾽ αἱρεῖσθαι οὐχ ἃ δεῖ[看来，最会抉择的人和最会提意见的人不是同样的人，相反，有些人有较好的意见，

就所有这些区别而言，当人们在狭义上理解 δόξα［意见］的时，δόξα［意见］和 προαίρεσις［抉择］最接近：δόξα［意见］指向的“事物有可能是其他情形”即 ἐνδεχόμενον ἄλλως［其他为人们所接受的情形］，因为，后者也是一种 συμφέρον［有益之物］。关于某一实事，着眼于其有用性(Beiträglichkeit)，我可以有某种确定的观点，我可以认为，这种或那种情形比另一种情形更好。

(四) δόξα［意见］的特质：作为平均地共在—于—此—世的方向性

我们打算对全部分析作出总结，并从内容上将全部分析定向于我们真正感兴趣的问题：有定向地存在于世这种特殊现象，人的此在如何首先在此平均地拥有其世界(zunächst seine Welt durchschnittlich da hat)，在对世界的在此拥有之中(im Dahaben der Welt)如何存在着定向性。关于被发现性(Entdecktheit)，我们由分析 δόξα［意见］得出的经验是什么？

δόξα［意见］是共在—于—此—世的本真的被发现性(eigentliche Entdecktheit des Miteinanderseins-in-der-Welt)。对于作为共在的存在者的我们而言，世界以被发现性之方式在此，因为，我们就生活在 δόξα［意见］之中。生活在某种 δόξα［意见］之中意指：与他人一道拥有这种 δόξα［意见］。意见所具有的特点是：其他人也拥有意见。

首先需要注意的是：δόξα［意见］的领域是 πάντα［整体］。即 150

却由于恶而没有作出应有的抉择］。

使就其日常性而言，有定向地存在于世也不仅仅指向 πρακτά［决定要做之事］，被发现性也不仅仅着眼于 πρακτά［决定要做之事］，我所知道的信息不仅仅关涉我的具体任务，也不仅仅关涉我在我最近的周遭所要处理的事情；相反，我对 πρακτά［决定要做之事］处于其中的世界、自然如何存在，有某种确定的观点：譬如，对月亮，对星星，对古希腊人的 ἀεί［永恒］。Δόξα［意见］涉及整个世界。因为，我所要对付的 πρακτόν［决定要做之事］，的确不是存在者的一个确定的领域，而是我要将其作为存在者来对待的事物，此事物本身存在于世界之中、存在于自然的存在之中。因此，在 πρακτόν［决定要做之事］和自然、ἀεὶ ὄν［总是存在］之间有确定的存在关联。

世界作为在某种程度上得到揭示的对象，它如何被拥有的方式方法，就是这种为何而在（Dafürsein）：这就是事实（es so ist）。在作为 δόξα［意见］之特质的这种为何而在中，存在着对跟随世界首先如何表明自身的方式（Mitgehens mit dem, wie sich die Welt zunächst zeigt）的规定，存在着信赖最近的角度（Vertrauens zum nächsten Aspekt）的要素。这一点无他，而正是泰勒斯（Thales）的意见：ὕδωρ［水］是 πρῶτον［最初之物］，存在的真正 ἀρχή［本原］是"水"。由一种贯彻始终的对最初表明自身的事物的信赖所具有的支配地位出发，上述规定方能得到理解。最初表明自身的事物，被认为是这样一种事物：按照关于世界的意见，它就是世界最初之所是。

拥有 δόξα［意见］的那种人，必定从属于 δόξα［意见］之规定。但就某种 ἐπιστήμη［知识］而言，谁拥有它都是一样的；就某一有效的原理而言，不管我是谁也都一样，我是谁无关乎澄清所知之物、无关乎所知之物的真实存在（Wahrsein）。与此相对，拥有观点之人

本身对于 δόξα［意见］也（mit）具有决定性意义。谁拥有 δόξα［意见］至为关键。实事本身不可能单纯地支持其自身，实事是隐藏着的，是我对实事有某种观点。就 δόξα［意见］而言，不仅实事本身说明实事直至实事被揭示之程度，而且拥有观点的人也同时说明实事，他们有对 δόξα［意见］的肯定（Ja）和 φάσις［表达］。与此相应，某种 δόξα［意见］的稳定性，并不唯独以其所传达的实际内容 151
（Sachgehalt）为根据，而是也有赖于拥有 δόξα［意见］的人。

在 δόξα［意见］的这一结构中，存在着有可能导致特殊的控制和固执（eigentümlichen Herrschaft und Hartnächigkeit）的可能性。人们会重复他人的意见。重复并不依赖于研究当事人说了什么。具有决定性意义的并非说了什么，而在于他是说这些话的人。处在 δόξα［意见］的控制背后的是其他人，这些人特别不确定，人无法把握这些人——人都拥有观点（man ist der Ansicht）：某种特殊的控制、固执和 δόξα［意见］本身所具有的某种强迫。

δόξα［意见］是共在—于—此—世的本真的有定向的存在，也是平均地共在—于—此—世的本真的有定向的存在。“平均地”意指：任务并不是探究世界的真相；所以，正如人们天天在世上混日子和与物打交道，人们在 δόξα［意见］之中或从 δόξα［意见］出发与世界打交道。人们根本没有必要着眼于其实际内容来探究所有事物的真相，人们所遵循的就是其他人所说的事情。

与此同时，δόξα［意见］被突出为交谈和磋商的基础和动力。因为，δόξα［意见］尽管具有某种稳定性，但在 δόξα［意见］之中，人们仍然有可能反复讨论人们对其有某种观点的事物。λόγος［言辞］、就某事磋商，一直是潜在的；在 δόξα［意见］之中，引—入—

语言一直处在准备之中。δόξα[意见]正是共同言说所由出的根源，共同言说由 δόξα[意见]获得动力，δόξα[意见]同时也是共同言说由以获得磋商对象的这样一种事物。所以，δόξα[意见]是交谈的基础、源泉和动力，所以，通过磋商本身所产生的事物，其本身反过来又具有 δόξα[意见]之特质，也从而接过了 δόξα[意见]的上述功能。δόξα[意见]是对共在于世的控制和指引。

我已然强调过了：δόξα[意见]的存在领域，并不局限于其他
152 可能的情形，δόξα[意见]**也是理解存在者的方法的基础**，**我们将此方法规定为** ἐπιστήμη[**知识**]，规定为 θεωρεῖν[静观]。存在者也首先以某种 δόξα[意见]而在此，关于存在者，我并不在操持意义上审理它，而是在突出实情的意义上如其所是地审理它。亚里士多德正是由此出发，完全有意识地追溯了哲学史。他评价任何基本问题，都首先着眼于人们如何思考它，并且以对下述事实的确定理解为出发点：在这样一种 δόξα[意见]中，实事必定以某种方式出现在眼前。δόξα[意见]的确是对最先表明自身的事物的特殊信赖。**而最先表明自身的事物**，**就是研究实事本身的基础**。

(五)δόξα[意见]作为理论磋商的基础

1. 命题(πρότασις)和难题(πρόβλημα)作为理论磋商之所由和所为(《论题篇》卷 A 章 4 和卷 A 章 10—11)

正是为了看清这一点，看清 δόξα[意见]还完全支配着理论式的 λέγειν[言说]，支配着"详尽讨论"(Abhandlung)某物意义上的 λόγος[言辞]，支配着理论揭示和彻底思考意义上的 λόγος[言辞]，而非实践性磋商意义上的 λόγος[言辞]，譬如，法庭论辩——

这种论辩是 διαλέγεσθαι[问答式论辩]意义上的“详尽讨论”，就好像人们谈论某一实事，其目的是为了成就某事，这种目的必须排除在外，λέγειν[言说]本身才是目前的所操持的对象——，为了看清 δόξα[意见]的这一基本含义，我简短地参照了《论题篇》（研究 διαλέγεσθαι[问答式论辩]）卷 A 中所阐述的内容，亚里士多德在此非常清楚地指出：何种 λόγοι[言辞]源自 δόξα[意见]；δόξα[意见]所具有的特质，也就是我言说时、共同言说时所依据的内容，如何总是这样一种事物。此项研究非常重要，因为，由此出发可以获得对 συλλογισμός[演绎法]的理解，也以获得对逻辑学的理解。存在一门逻辑学，这绝非偶然；相反，这一点可以由完全确定的此 153
在现象本身来获得理解。

亚里士多德在《论题篇》卷 A 章 4 中指出，“按照所有事物的规模，按照所有事物的构成方式（Wiebeschaffenheit）及其由来”，讨论和共同言说通过 διαλέγεσθαι[问答式论辩]所产生的结果是什么。[①] ἔστι δ' ἀριθμῷ ἴσα καὶ τὰ αὐτὰ ἐξ ὧν τε οἱ λόγοι καὶ περὶ ὧν οἱ συλλογισμοί. γίνονται μὲν γὰρ οἱ λόγοι ἐκ τῶν προτάσεων· περὶ ὧν δὲ οἱ συλλογισμοί, τὰ προβλήματά ἐστι[言辞所由出的材料，在数目上要与演绎关涉的内容相等。因为，言辞出自命题，而演绎关涉难题]。[②] “讨论（Rede）的出发点与讨论的（geredet）对象在数目上相等。讨论的对象是 προβλήματά[难题]，而讨论的出发点是 προτάσις[命题]。”根据所设定的前提，必须指出的是：这两种现

① 《论题篇》，卷 A 章 4，101b12：πρὸς πόσα καὶ ποῖα καὶ ἐκ τίνων οἱ λόγοι[按照其中有多少言辞，按照其中有何种言辞]。

② 《论题篇》，卷 A 章 4，101b13 以下。

象本身都出自 δόξα［意见］；它们都是 ἔνδοξα［普遍意见］，都是与 δόξα［意见］有某种内在关联的表述（Aussagen），都出自 δόξα［意见］并依托于 δόξα［意见］。两者的不同之处在于 τρόπος［方式］即“方式方法”（Art und Weise）。[1] 我们通过例证可以看到这究竟是什么意思。Πρoτάσις［命题］就是“摆在前面”（Vorlegen）、“预先规定”（Vorgabe）。Πρόβλημα［难题］源自 προβάλλω［抛出］即“扔出”（vorwerfen），意思是“题材”（Vorwurf），关键在于提出某种意见，也就是讨论时提出某种意见，所以，它与流行的意见不同，具有不可靠性和“难题性”，这表明它尚未得到解决。Πρoτάσις［命题］有 διαλέγεσθαι［问答式论辩］之特质，在 διαλέγεσθαι［问答式论辩］以某种确定的意见为根据的意义上，预先规定（Vorgabe）需要为自己提供基础，预先规定关涉不应当进一步讨论的事物，关涉作为其他人所要求的共同基础的事物。Πρόβλημα［难题］是 das πρό［在先之物］，而 προτάσις［命题］是 das ἐξ［所由出之物］。Πρόβλημα［难题］可译为“题材”（Vorwurf）。举例如下：

一、就 προτάσις［命题］而言，疑问在于：>ἆρά γε τὸ ζῷον πεζὸν δίπουν ὁρισμός ἐστιν ἀνθρώπου; < καὶ >ἆρά γε τὸ ζῷον γένος τοῦ ἀνθρώπου;<［“两脚行走的动物真是人的定义吗？”或者，“动
154 物真是人的属吗？”］[2]“一定是这么回事：人是一种两脚动物！动物当然是人的属！”Ἆρά γε［真是］：你的意见正是：这或那是怎么回事，我们打算以此为基础！

① 《论题篇》，卷 A 章 4，101b29：τῷ τρόπῳ［在于方式］。

② 《论题篇》，卷 A 章 4，101b30 以下。

二、就 πρόβλημα[难题]而言，疑问在于：>πότερον τὸ ζῷον πεζὸν δίπουν ὁρισμός ἐστιν ἀνθρώπου ἢ οὔ; <["两脚行走的动物是抑或不是人的定义？"][1]这个疑问由 πότερον[是否]开始："人是一种两脚动物，这项规定是人的定义吗？(疑问在于：)是抑或不是？" Πρόβλημα[难题]要求出示一项完全确定而又明晰的规定。一种特殊的 πρόβλημα[难题]就是 θέσις[待证命题]。[2]

我们已然由对 δόξα[意见]的思考得出了某种结论：在 δόξα[意见]中，有特定的存在—于—此—世的定向，在 δόξα[意见]中，世界到场。我们在此忽略了 δόξα[意见]的确定的内在关系，此内在关系的拓展方向是：δόξα[意见]是关于某物的观点，在 δόξα[意见]中，一种 φαινόμενον[现象]是预先给定的。δόξα[意见]的这一结构要素，随后将在思考 ἀληθεία[无蔽]时再来关注。[3]眼下问题的关键在于理解，**讨论世界的个别可能性是如何由上述 δόξα[意见]中发展出来的**。使一场讨论得以可能，乃是 δόξα[意见]题中应有之义。观点所支配的事物是这样一种事物：它仍然容许对其自身加以讨论。共同磋商的可能性，就包含在 δόξα[意见]之中。κοινωνία[共享]的贯彻就采取了上述方式。共在中的所有自我理解(Sichverständigen)，都是以信赖某物为基础的相互理解，这个基础本身不是讨论所要讨论的对象。这种熟悉(Vertrautheit)正是言说由以出发的前提，言说也正是在这种熟悉中展开的，因为，商讨本身的结论反过来也具有 ἔνδοξον[普遍意见]之特质。言说由以 155

① 《论题篇》，卷 A 章 4，101b32 以下。

② 比较《论题篇》，卷 A 章 11，104b19 以下。

③ [德文本编者注]：在这部讲稿中没有出现对 ἀλήθεια[无蔽]的思考。

出发的前提，并非明确在此。一旦它明确在此，便会出现 προτάσις［命题］现象，也就是出现对言说由以出发之物的“预先规定”，但言说由以出发之物不会在讨论中形诸语言。所谓“言说由以出发之物”，人们从理论上将其规定为 ἀρχή［本原］，因为，它在理论式的表明和证明的意义上，涉及一种非常细致的（zugespitzes）言说，在此，相互言说（Zueinandersprechens）现象尽管并不明确，却又的确在此。详尽讨论（Abhandlung）也针对某个接收者（Adressaten）——这就是 συλλογισμός［演绎］的内在关联。在此，προτάσις［命题］被称为 ἀρχή［本原］。证明由以出发的、作为前提的原理（Prinzipien），是原初的内在关联的一个完全确定的情形（Fall）：谈论此情形要从已知的事物出发。

我们要追究的是：“预先规定”（Vorgabe）即 προτάσις［命题］现象，是如何由 ἔνδοξον［普遍意见］、由 δόξα［意见］中产生的；进而，真正的主题内容即 πρόβλημα［难题］是如何由 δόξα［意见］本身之中产生出来的——这两项内容主要是着眼于 διαλέγεσθαι［问答式论辩］的共同言说的哲学讨论，而共同言说的关键是表明某种确定的实事关联。紧接着，我们将研究日常的共同讨论意义上的共同言说，就像《修辞学》所表明的那样。亚里士多德在《论题篇》卷A中探讨了此内容：章10探讨了 προτάσις［命题］，章11探讨了 πρόβλημα［难题］。

῎εστι δὲ πρότασις διαλεκτικὴ ἐρώτησις ἔνδοξος［辩证命题就是普遍同意的提问］：[①] 这是将 πρότασις διαλεκτικὴ［辩证命题］刻画

① 《论题篇》，卷A章10，104a8以下。

为 ἐρώτησις ἔνδοξος[普遍同意的提问],“这种提问处在由某种固定的观点所决定的处境中”——μὴ παράδοξος[并不违背一般人的意见]。[①]πρότασις[命题]中所表达出来的内容所具有的特质是:它“不违背普遍意见”。Ἐρώτησις ἔνδοξος[普遍同意的提问]是“处在由某种普遍意见所决定的处境中的提问”。以 ἆρά γε[真是] 156
即“真是……”(es ist doch wohl ...)为先导的问题,根据其含义,要求某种同意。Ἐρώτησις[提问]就是 ἀποκρίσεως αἴτησις[要求回答],[②] 即“请求某种回答”。人们通过 πρότασις[命题]请求自己同意所说出的内容,这是下述意义上的让步(Zugeständnis):人们更进一步的讨论将建立在普遍的基础之上。上述 αἴτησις ἀποκρίσεως[回答之要求]作为进一步的讨论展开的基础之呈示(Vorlage),指向“所有人或大多数人或有理智的人”认为如此的内容。[③] 某个 πρότασις διαλεκτικὴ[辩证命题]的内容,也有可能属于 δόξα[意见]。此外,某个通晓某一实事领域的人由他的经验出发所说的内容,一位科学家从他的学科领域出发不加证明而说出的内容,具有 ἔνδοξον[普遍意见]即 μὴ παράδοξον[并不违背一般人的意见]之特质。[④]

① 《论题篇》,卷 A 章 10,104a10 以下。

② 亚里士多德,《工具论:第一部分:范畴篇、解释篇、前分析篇》(Aristotelis Organon Graece. Novis codicum auxiliis adiutus recognovit, scholiis ineditis et commentario instruxit Th. Waitz. Pars prior: Categoriae, Hermeneutica, Analytica priora. Leipzig 1844),《解释篇》(De int.),章 11,20b22 以下。

③ 《论题篇》,卷 A 章 10,104a9 以下:ἢ πᾶσιν ἢ τοῖς πλείστοις ἢ τοῖς σοφοῖς[对于所有人或大多数人或有智慧的人而言]。

④ 参《论题篇》,卷 A 章 10,104a33 以下。

πρόβλημα[难题]并不涉及在基础意义上预先给出某物，相反，亚里士多德将 πρόβλημα[难题]称为 θεώρημα[思考对象]，[1] 即“要追究的某物”，也就是应当成为言说对象的事物。προτάσις[命题]的问题特质(Fragecharakter)要求同意，而 θεώρημα[思考对象]意指在磋商中要着手探究的某种事物，它 συντεῖνον ἢ πρὸς αἵρεσιν καὶ φυγὴν[要么致力于选择和回避]，“它密切关注所把握到的事物，即我决定取舍的事物”，ἢ πρὸς ἀλήθειαν καὶ γνῶσιν[要么致力于无蔽和知识]，“即已揭示的事物和获得认识的事物”。[2] 某种事物将得到推崇(aufgeworfen)，讨论将被推动(angestoßen)，在讨论中提出的事物本身要求作出讨论。πρόβλημα[难题]之于 ἔνδοξον[普遍意见]的关系是：某事物得到推崇，但关于此物并不存在一
157 致同意，περὶ οὗ ἢ οὐδετέρως δοξάζουσιν ἢ ἐναντίως οἱ πολλοὶ τοῖς σοφοῖς ἢ οἱ σοφοὶ τοῖς πολλοῖς ἢ ἑκάτεροι αὐτοὶ ἑαυτοῖς[对此难题，要么人们没有任何意见，或者大多数人与有智慧者的意见相反，或者有智慧者与大多数人的意见相反，或者每个人的意见都彼此相反]，[3]“就此难题，人们从哪方面都没有达成某种确定的观点，就其特质而言，它是有争议的、开放的，或者说它是这样一种难题：关于它，大多数人与有理智者的意见相左，或者，关于它，两个人之间不一致”。应当探究的事物具有争讼不休之特质。一种特殊形式的 πρόβλημα[难题]是 θέσις[待证命题]。并非任何 πρόβλημα[难题]都是 θέσις[待证命题]，但任何 θέσις[待证命题]都是 πρόβλημα[难

[1] 《论题篇》，卷 A 章 11，104b1。

[2] 《论题篇》，卷 A 章 11，104b1 以下。

[3] 《论题篇》，卷 A 章 11，104b3 以下。

题]。θέσις δέ ἐστιν ὑπόληψις παράδοξος τῶν γνωρίμων τινὸς κατὰ φιλοσοφίαν[待证命题是哲学上的某个知名人物的违背一般人意见的见解],[①]“一种见解(ὑπόληψις[见解]是 δόξα[意见]的另一种说法),它——παράδοξος[违背一般人的意见]——处在 δόξα[意见]的近旁而又外在于 δόξα[意见]”;这样一种 ὑπόληψις[见解]并非随便哪个人臆想出来的随便哪种偶然情况,因为,它作为拥有者的建构因素(Konstitutivum)从属于 δόξα[意见];θέσις[待证命题]是这样一种 δόξα[意见]:“拥有它的某人属于那些信赖哲学的人”,在此人的领域中,他所关注问题是对存在者的本真思考。Κατὰ φιλοσοφίαν[在哲学上]:切实致力于研究领域的人所推崇的观点——就是与智术针锋相对的 φιλοσοφία[哲学]。οἷον ὅτι οὐκ ἔστιν ἀντιλέγειν, καθάπερ ἔφη Ἀντισθένης· ἢ ὅτι πάντα κινεῖται καθ´ Ἡράκλειτον, ἢ ὅτι ἓν τὸ ὄν. καθάπερ Μέλισσός φησιν[譬如,正如安提斯蒂尼所言,相反对的言说不可能都存在;或如赫拉克利特所言,万物都处在运动之中;或正如麦里梭所言,存在是一]。[②]“一个这样的 θέσις[待证命题],譬如,像安提斯蒂尼的 δόξα[意见],矛盾不能存在(δόξα παράδοξος[违背一般人意见的意见],违背平均的意见,但它并非随便哪个人提出的意见,而是由通晓平均意见的人提出的);或如赫拉克利特所言,万物皆处在运动之中;或如麦里梭所言,ἓν τὸ ὄν[存在是一]”——这并非 ἐναντίον τοῦ τυχόντος[随便哪个人的任一意见],[③]并非“属于随便哪个人”,而是某个深思熟虑

① 《论题篇》,卷 A 章 11,104b19 以下。

② 《论题篇》,卷 A 章 11,104b21 以下。

③ 《论题篇》,卷 A 章 11,104b23 以下。

的内行的意见。θέσις［待证命题］与 πρόβλημα［难题］的不同之处在于：前者明确反对流行的意见，与此同时，存在很多 προβλήματα
158［难题］，它们并不以尖锐的形式反对流行的意见。但它们是有争议的，它们使某物保持开放。

2. 疑难（ἀπορία）作为理论磋商的主题（《形而上学》卷 B 章 1）

从 διαλέγεσθαι［问答式论辩］由以出发的事物和所谈论的事物的特性出发，可以知道有可能成为某项磋商的可能主题（Thema）的究竟是什么。可以更为精确地表明其相对于修辞学的谈论（Rede der Rhetorik）之不同。亚里士多德将谈论——修辞学的主题——描述为 τὰ ἤδη βουλεύεσθαι εἰωθότα［已然约定俗成的思考］，① 而将科学讨论的主题描述为 τὰ λόγου δεόμενα［需要言辞论证的内容］，② 这里的 λόγος［言辞］是 διαλέγεσθαι［问答式论辩］意义上的言辞。通过 διαλέγεσθαι［问答式论辩］所要处理的是下述内容：此内容尚"需要"（δέομαι）的那种言说没有更进一步的目的，就实践意图而言，此内容并非出于言说的自然功能。这里的 λόγος［言辞］与 πρακτόν［决定要做的事］无关，λόγος［言辞］本身在此变成了 πρᾶξις［实践］。在此，λόγος［言辞］作为磋商出现，它的纯粹功能是表明 λόγος［言辞］所要磋商的内容，表明此内容如何存在，以及表明此内容之所是。讨论所

① 《修辞学》，卷 A 章 2，1356b37 以下：ἡ δὲ ῥητορικὴ ἐκ τῶν ἤδη βουλεύεσθαι εἰωθότων［修辞学则从已然约定俗成的协商中获得材料］。

② 《修辞学》，卷 A 章 2，1356b37：ἐκείνη μὲν ἐκ τῶν λόγου δεομένων［后者从需要言辞论证的内容中获得材料］。

针对的内容,尚需 λόγος[言辞]论证,因此,若无更进一步的 λόγος[言辞]论证就不清楚,以其他某种方式就无法得到理解,以其他某种方式也无法明白。一种 λόγου δεόμενον[需要言辞论证的命题],并非某种“谴责”(κολάσεως[谴责])的简单实事或某种“直接的、朴素的感知”之实事。[①]“认为‘人是否应当敬神和爱父母’这个问题难以回答的人,当受谴责”,[②]我们或许会说:给他一记耳光。就此写一篇论文是没有意义的,即使写一篇论文讨论“雪是不是白色的”[③]也没有意义, 159
就此关键是要睁眼看。[④]在此,非常清楚的是,对话的基本要求是,人们已然就对话的主题达成了一致:是否容许按照其实际含义对主题作某种讨论;或此主题是否并不处在所有讨论之外。然而,就需要某种奠基的论题而言,也就是通过某种谴责或通过直接感知无法达成的结果而言,并非随便哪种论题都是一种 λόγου δεόμενον[需要言辞论证的命题]。οὐδὲ δὴ ὧν σύνεγγυς ἡ ἀπόδειξις, οὐδὲ ὧν λίαν πόρρω[证明不能靠得太近,但也不能离得太远],[⑤]“甚至证明所接近且容易表明的主题,还有证明起来非常遥远的主题”,都不会是这样一种对话的可能主题。这样的主题甚至没有疑难(Aporie)。它比对话的 δύναμις[能力]有可能达成主题都要困难。διαλέγεσθαι[问答式论辩]的可能主题

① 《论题篇》,卷 A 章 11,105a4 以下:μὴ κολάσεως ἢ αἰσθήσεως[而非需要指责或需要感知]。

② 《论题篇》,卷 A 章 11,105a5 以下:οἱ μὲν γὰρ ἀποροῦντες >πότερον δεῖ τοὺς θεοὺς τιμᾶν καὶ τοὺς γονεῖς ἀγαπᾶν ἢ οὔ< κολάσεως δέονται[对“是否必须敬神和爱父母”犹疑不决的人当受谴责]。

③ 《论题篇》,卷 A 章 11,105a7。>πότερον ἡ χιὼν λευκὴ ἢ οὔ<[“雪是不是白色的”]。

④ 同上:[δέονται] αἰσθήσεως[(需要)感知]。

⑤ 《论题篇》,卷 A 章 11,105a7 以下。

是受到限制和表明了的：主题本身之中必须有疑难(Aporie)。

亚里士多德在《形而上学》卷B章1中明确讨论了ἀπορία[疑难]。人们必须注意，ἀπορία[疑难]出现在λέγειν[言说]处境中，出现在独立的λόγος[言辞]处境中，它并不出现在πρᾶξις[实践]中，甚至在λέγειν[言说]就是πρᾶξις[实践]的情况下也是如此。亚里士多德本人还知道一系列有特色的与ἀπορία[疑难]相关的术语：他论及ἀπορεῖν[提出疑难]、[1]εὐπορεῖν[有了解决办法]、[2]διαπορεῖν[犹疑不决]、[3]προαπορεῖν[预先提出疑难]。[4]Πορεῖν指λέγειν[言说]意义上的"进展"(laufen)、"进行"(gehen)，它采取了谈话方式，是具有ἀποφαίνεσθαι[表明]功能的λέγειν[言说]。以这种在—进行中—存在(Im-Gang-Sein)中，以贯彻(Durchlaufen)，按照这种表明方式，"无法彻底解决(durchkommen)"：这就是ἀπορεῖν[提出疑难]。α这个否定成分表明：人们说到底必须πορεῖν[进行]，所以，πορεῖν[进行]从属
160 于ἀπορεῖν[提出疑难]；人们说到底已然在进行之中，人们使自己与某种表明本身关联在一起。τέλος[结果]就是εὐπορεῖν[有了解决办法]，就是顺利—解决了(Gut-Hindurchkommen)。Ἀπορία[疑难]本身不是τέλος[结果]，相反，它服务于某个确定的进行，它总是走向……的途中(Unterwegs)，人们在途中暂时无法解决什么。ἀπορεῖν[提出疑难]的功能，就是下述方式的δηλοῦν[表明]：表

① 《形而上学》，卷B章1，995a25。
② 《形而上学》，卷B章1，995a27。
③ 《形而上学》，卷B章1，995a28。
④ 《形而上学》，卷B章1，995b2。

明 πρᾶγμα[实事]中的“打结”(Verknotungen)。[①]

ἀπορεῖν[提出疑难]通过下述方式来贯彻:招来关于某一实事的流行意见。[②] 关于此实事的流行意见应当彻查,直至实事本身表现在意见当中。ἀπορία[疑难]所具有的肯定含义是,从一开始就按照确定的特质来展现(erschließen)实事。只有当我彻查了起初未能解决的问题,并且表明我在何处未解决问题,我才能在研究结束时确定我是否已经找到了我所寻找的答案。[③]

ἀπορία[提出疑难]具有为科学研究建立研究框架的意义。建立研究框架无非意指,按照基本规定来确定所讨论的实事,按照确定的方向来引导提问。就此,经典例证就是《物理学》卷 A 章 2—9,亚里士多德在此着眼于其运动之在(Bewegtseins)彻底研究了存在者的疑难。与此相应,《形而上学》卷 α 章 1—6 探讨了作为某一科学的可能主题的存在之为存在的疑难(Apoien des Seins als Sein als mögliches Thema einer Wissenschaft)。研究的基本前提是:由某种确定的基本实事经验出发,人们获得某种定向。只有当我已然已真 161

① 《形而上学》,卷 B 章 1,995a29 以下:λύειν δ᾽ οὐκ ἔστιν ἀγνοοῦντας τὸν δεσμόν. ἀλλ᾽ ἡ τῆς διανοίας ἀπορία δηλοῖ τοῦτο περὶ τοῦ πράγματος[不知道结就无从解开,思维的疑难表明了涉及行动的结]。

② 《形而上学》,卷 B 章 1,995a25 以下:ταῦτα δ᾽ ἐστὶν ὅσα τε περὶ αὐτῶν ἄλλως ὑπειλήφασί τινες[这包括就这些内容以其他方式提出的那些意见]。

③ 《形而上学》,卷 B 章 1,995a33 以下:διὸ δεῖ τὰς δυσχερείας τεθεωρηκέναι πάσας πρότερον, τούτων τε χάριν καὶ διὰ τὸ τοὺς ζητοῦντας ἄνευ τοῦ διαπορῆσαι πρῶτον ὁμοίους εἶναι τοῖς ποῖ δεῖ βαδίζειν ἀγνοοῦσι, καὶ πρὸς τούτοις οὐδ᾽ εἴ ποτε τὸ ζητούμενον εὕρηκεν ἢ μὴ γιγνώσκειν· τὸ γὰρ τέλος τούτῳ μὲν οὐ δῆλον τῷ δὲ προηπορηκότι δῆλον[因此,应当首先研究所有困难,这既因为所提到的理由,也由于开始一项研究而不首先考虑困难的人,犹若不知道将要何往之人;他甚至也不知道所探究的事物是否已经找到了;这样的人并不清楚他所探究的结果]。

正的方式拥有了实事，我才敢于接近疑难。这并非着手研究随便哪种难题和矛盾。ἀπορία［疑难］就是道路，就是出于 εὐπορεῖν［找到解决办法］的肯定性意图，来建构某种现实的肯定性提问的道路。

第十六节 ἦθος［性情］和 πάθος［情感遭遇］作为 πίστις［说服方式］(《修辞学》卷 B 章 1，《尼各马可伦理学》卷 B 章 4)

(一)理论磋商和实践协商

相反，公民大会、法庭以及如此等等场合的日常讨论的主题，“习惯上一直是协商的对象”，① 是人们自古以来在 πόλις［城邦］之共在中所谈论的对象。因此，有一种确定的实际针对谈论主题的定向是被给予的。只要事关 βουλεύεσθαι［协商］、事关 πρακτόν［决定要做之事］，只要事关 ἔνδοξον［普遍意见］，只要讨论针对普遍观点的普遍意见的目的是为了建构某种确定的观点，那么，这种讨论就不在 διαλέγεσθαι［问答式论辩］的范围之内。就关注上述对象的这种讨论而言，言说者和听取言说者至为关键。相反，在某种程度上，对 διαλέγεσθαι［问答式论辩］而言，不管听取言说者是谁都一样，而且，不管我是谁、不管我如何作为，也都一样。就最先提到的意义上的言说而言，言说者的 ἦθος［性情］和听取言说者的

① 《修辞学》，卷 A 章 2，1356b37 以下：ἡ δὲ ῥητορικὴ ἐκ τῶν ἤδη βουλεύεσθαι εἰωθότων［修辞学则从已然约定俗成的协商中获得材料］。

πάθος［情感遭遇］相互关联。因为，这两种规定为获得 δόξα［意见］的方式方法、为会对其转达观点之人对待观点的方式方法奠定了基础。我们必须由共同言说的内在关系出发，来理解演说家的 ἦθος 162 ［性情］和听众的 πάθος［情感遭遇］，并且着眼于演说者和听取演说者如何对待所谈论的 δόξα［意见］，如何对待谈论所由以出发的 δόξαι［意见］。与此同时，我们将特别选取"恐惧"即 φόβος［恐惧］这种 πάθος［情感遭遇］，《修辞学》卷 B 章 5 研究了这种 πάθος［情感遭遇］。

作为一场对话的主题的一个基本条件而出现的，正是 ἀπορία ἔχον［有疑难］这一基本规定，对话以讨论某个问题——讨论此问题是为了表明确定的实事关联——为目标，所给出的证据就涉及这些实事关联。疑难之要素，本身与 πορεῖν［进行］即"进展"（Laufen）有关：后者就是表明意义上的言说，就是表明在途中（Unterwegssein im Aufzeigen）。πορεῖν［进行］以 εὐπορεῖν［有了解决办法］为目标，也就是以"以—某种—正确的—方式—解决"所追问的问题。与此相应，πορεῖν［进行］/ ἀπορεῖν［提出疑难］是一种 προαπορεῖν［预先提出疑难］，它预先 εὐπορεῖν［有了解决办法］。与 λέγειν［言说］有关的是 δηλοῦν［表明］即"揭示"（Offenbarmachen）所追问的问题。与提问本身有关的是，以正确的方式建构问题本身的方式。通过表明所追问的实事的确定的实事特质，将显明研究的终点，从而为将研究引上正确的轨道给出了可能性，也从而有可能在研究的终点确定：是否已经发现了所寻找之物，是否在研究的终点所表明的事物就是具实质性的结果（Resultat）。亚里士多德采纳了疑难并对其作出限制。处在科学研究范围内的那些事物，必定具有 ἀπορία ἔχον［有疑难］之特质，也就是必定拥有难题。这是对某事物是 λόγου δεόμενον［需要言辞论证的命题］——从而是 πρότασις［命题］和 πρόβλημα［难题］——的基本规定。

第二种所要讨论的主题，是人们已约定俗成的讨论主题，它被按照生命的某种确定的存在关联引入了语言，它不可能通过现实的思考而一劳永逸地完成，而是随着环境和处境的变化而不断重现。
163 这样的主题与也许将在某一门科学中传达的主题不是同一种实事内容。这样的主题总是随着此在的环境而变化：是随着此在本身的环境而变化的事情，是情绪（Stimmung）从而也是观点的转变。这样的主题也是修辞学所研究的内容：它并非主题性的实事内容，是随着观点而变化的内容。事物和人的当时的处境在起作用。因此，这里的“获得命题”即 λαμβάνειν τὰς προτάσεις [①] 是另一码事。在命题中，必定有其他事物进入了视界（in Hinsicht），必须考虑听者的情绪，必须考虑事物当时的处境，还必须考虑人自身对待实事的方式方法。所以，需要具体思考：一、言说者的 ἦθος［性情］即“姿态”（Haltung）；二、听者的 πάθος［情感遭遇］即“情状”（Befindlichkeit）。

《修辞学》卷 B 章 1 概括了上述第一个方面，从而给出了卷 B 的主题。修辞学研究这种言说的方式如此考虑对话，认为对话本身意在观点—建构（Ansicht-Bildung）：应当建构出一种 δόξα［意见］。

① 《论题篇》，卷 A 章 13，105a22 以下：ἓν μὲν τὸ προτάσεις λαβεῖν［渴望获得命题］。

“但因为摆在修辞学眼前的最终是κρίσις[判断]、观点—建构、δόξα[意见]意义上的一种确定的抉择，所以，它必定无需仅仅关注讨论本身、关注作为δεικνύναι[指明]和δηλοῦν[表明]的讨论之功能，相反，讨论者必须将其自身以及会赞成抉择的那些人引向一种相应的状态(Verfassung)(尽管是通过讨论本身而引入了一种状态)。因为，在提出支持某事物的内容时，甚至在商讨时，都会造成极大的不同；即使在法庭论辩中，演说者如何表现自己，与此相应，听众自己又如何看待演说者的情状，此外，如果他们(听众)自己当时有合适的情状(即对待所讨论的实事的态度)，也会造成极大的不同。演说者表现自己的方式方法，对协商的贡献更多，在法庭论 164
辩中，听众当时的情状对协商的贡献居于首要地位。对于φιλοῦσιν[钟爱者]即那些偏爱它的人和对于μισοῦσιν[厌恶者]即那些厌恶它的人而言，当时表现在讨论中的实事是不一样的。实事有种种表现方式，这一点也适用于ὀργιζόμενος[被激怒的人]即对某事感到愤怒者或πράως ἔχων[温和的人]即对某事物心态平和者。”[①]ἀλλ’

① 《修辞学》，卷B章1，1377b21以下：ἐπεὶ δὲ ἕνεκα κρίσεώς ἐστιν ἡ ῥητορική [...], ἀνάγκη μὴ μόνον πρὸς τὸν λόγον ὁρᾶν, ὅπως ἀποδεικτικὸς ἔσται καὶ πιστός, ἀλλὰ καὶ αὑτὸν ποιόν τινα καὶ τὸν κριτὴν κατασκευάζειν· πολὺ γὰρ διαφέρει πρὸς πίστιν. μάλιστα μὲν ἐν ταῖς συμβουλαῖς, εἶτα καὶ ἐν ταῖς δίκαις, τό τε ποιόν τινα φαίνεσθαι τὸν λέγοντα καὶ τὸ πρὸς αὑτοὺς ὑπολαμβάνειν πως διακεῖσθαι αὐτόν, πρὸς δὲ τούτοις ἐὰν καὶ αὐτοὶ διακείμενοί πως τυγχάνωσιν.τὸ μὲν οὖν ποιόν τινα φαίνεσθαι τὸν λέγοντα χρησιμώτερον εἰς τὰς συμβουλάς ἐστιν, τὸ δὲ διακεῖσθαί πως τὸν ἀκροατὴν εἰς τὰς δίκας· οὐ γὰρ ταὐτὰ φαίνεται φιλοῦσι καὶ μισοῦσιν. οὐδ’ ὀργιζομένοις καὶ πράως ἔχουσιν [但修辞学的存在是为了判断(……)，这不仅需要思考如何让言辞本身有根据并且可信，说话者还应当表明自己有某种品质并左右法官；因为，说服的效果会非常不同，尤其在公民大会上，其次在法庭演说中，演说者应当表明自己有某种品质，并使听众觉得

ἢ τὸ παράπαν ἕτερα ἢ κατὰ μέγεθος ἕτερα［但要么完全不同，要么很大程度上不同］。[①]“可实事的表现要么完全不同，要么很大程度上不同。”τῷ μὲν γὰρ φιλοῦντι, περὶ οὗ ποιεῖται τὴν κρίσιν, ἢ οὐκ ἀδικεῖν ἢ μικρὰ δοκεῖ ἀδικεῖν, τῷ δὲ μισοῦντι τοὐναντίον［钟爱者要么认为他要作出判决的人无罪，要么认为他罪行轻微，而厌恶者的看法则相反］。[②]“从一开始对某人有好感的人，会认为此人的表现完全无罪或罪行轻微；与此相对，如果一个人反对某人，那么，后者的表现在他看来则完全相反。”在他看来，当事人的确违反了法律。καὶ τῷ μὲν ἐπιθυμοῦντι καὶ εὐέλπιδι ὄντι, ἐὰν ᾖ τὸ ἐσόμενον ἡδύ, καὶ ἔσεσθαι καὶ ἀγαθὸν ἔσεσθαι φαίνεται, τῷ δ᾽ ἀπαθεῖ ἢ καὶ δυσχεραίνοντι τοὐναντίον［对于充满渴望和乐观的人而言，如果将要发生的事情令人愉快，那么，它就会发生并且看上去是好事情，可对于无关痛痒甚或感到痛苦的人而言则相反］。[③]“从一开始就认定了所要商讨的实事的人，对实事抱有同情的人，会认为应当发生的事情就是事实上将要发生的事情，也是有益的事情（他正是我们所谓乐天派）。与此相对，在无关痛痒的人和心情糟糕的悲观派看
165 来，事物从一开始就是另外一种面貌”，相应地，他参与和对待商讨的态度也会不同。

他在以某种态度对待他们，进而成功地使他们对演说者也持有某种态度。演说者在公民大会上表明自己的某种品质要更为有用，在法庭演说中，则应当使得听众处于某种情状之中；因为，钟爱者和厌恶者的表现不一样，愤怒的人和心态平和之人的表现也不一样］。

① 《修辞学》，卷 B 章 1，1378a1。

② 《修辞学》，卷 B 章 1，1378a1 以下。

③ 《修辞学》，卷 B 章 1，1378a3 以下。

(二)ἦθος[性情]作为 πίστις[说服方式]

ἦθος[性情]和 πάθος[情感遭遇]对 λέγειν[言说]本身具有建构性(konstitutiv)。我们首先思考 ἦθος[性情]即演说者的“姿态”:在演说中演说者以何种方式将自己呈现给听众;这种 ἦθος[性情]如何产生共同言说的可能性,从而导致双方共同起决定性作用之可能性。在言说中,我们作为听众,要将演说者本人当成为他自己所支持的实事作证的人,我们得靠什么?在言说本身当中,若不考虑演说者说了什么,也就是不考虑他提出来支持某事的实际论证,那么,演说者要靠他的人格来支持实事,关键何在?

对于 ἦθος[性情]之养成(Ausbildung)而言,需要考虑三个要素:一、φρόνησις[实践智慧]即“考虑周全”(Umsicht)——演说者在演说中必须自己将自己表现为一个考虑周全的人;二、ἀρετή[优异]即“真诚”,也就是说话之前 σπουδαίως[严格]作出限定;三、εὔνοια[友好]即“好态度”“善意”。[①] 亚里士多德选取了相反的道路,也就是从对立面出发,来表明 ἦθος[性情]的这三个要素的具体含义。在此过程中,他问道:就演说者自我给予的方式方法而言,我们要从他那里发现他在骗人或在误导人,那么,我们得靠什么?亚里士多德追问的是一个骗子的自我表现的可能性条件。他的自我表现缺少了什么,以至于我们不会把他当做真有正当 ἦθος[性情]的人?

一、在他的演说中,演说者可以将自己表现为一个 οὐκ ὀρθῶς

① 《修辞学》,卷 B 章 1, 1378a9。

δοξάζων[没有正确意见的人],[①]“他没有以正确的方式形成他的观
166 点”。在演说过程中,演说者将自己表现为一个对实事没有正确眼光的人(nicht den rechten Horizont für die Sache hat),关于他所谈论的内容,当事人并没有从整体上综观实事。他所传达的观点并不以实事本真之所是为定向,而丧失了 ὀρθότης[正确性]。一旦听众注意到不足,演说者就丧失了 πίστις[说服力],便不再适宜于谈论他所支持的实事。

二、即使演说者能拥有第一个要素,即使他能有 φρόνησις[实践智慧],能自我表现出考虑周全,他还是有可能表现为这样的人:他不愿说出,在他看来,他对其有这样那样的观点的事物实际上是怎样的。[②]在演说过程中,听众有可能注意到:演说者自己尽管是内行,却没有和盘托出,他掩盖了他自己关于实事的立场和观点,他并没有真正真诚地对他的听众说那些话,因为,他知道的还要更多。一旦听众注意到这一点,便会失去对演说者的信赖,不再把他当回事儿,因为,演说者说话不真诚。

三、演说者有可能将自己表现为一个考虑周全的人和一个说话真诚的人,但即使如此,听众有可能注意到:他缺乏必要的善意。他有可能建议某事物,有可能推荐某事物是 συμφέρον[有益之物],他也相信此事物就是 συμφέρον[有益之物],但即使满足了这两个

① 《修辞学》,卷 B 章 1,1378a11 以下:οὐκ ὀρθῶς δοξάζουσιν[他们没有正确发表意见]。

② 《修辞学》,卷 B 章 1,1378a12 以下:ἢ δοξάζοντες ὀρθῶς διὰ μοχθηρίαν οὐ τὰ δοκοῦντα λέγουσιν[或者,尽管他们有正确的意见,但却出于邪恶而不说出他们的所思所想]。

要素，听众在演说过程中仍有可能注意到：演说者几经犹豫却始终没有说出最好的建议，他由于缺乏善意而不透露最好的建议，因为，民众(Leute)引不起他的兴趣。他在他的建议性演说中有可能不透露最确实的可能性，可他从他的 φρόνησις[实践智慧]出发对此可能性具有支配能力。对于他而言，在公民大会上提出某种真诚的建议就足够了，但他不会提出最好的建议。[①] 听众也会因此而失去真正的信赖。 167

一个演说者也会转变心意，将自己表现为这样的人：对实事的表达既考虑周全又充满真诚且有善意，他因此会获得真正的信赖，也就是说，凭着他的 λόγος[言辞]，他本身会成为一种 πίστις[说服方式]。[②] 亚里士多德在《修辞学》卷 A 章 9 中已然探讨过 φρόνησις[实践智慧]和 ἀρετή[优异]这两种要素。[③]

(三)πάθος[情感遭遇]作为 πίστις[说服方式]

亚里士多德在卷 2 接下来的章节中彻底研究了 πάθος[情感遭遇]这种适宜于 πίστις[说服]的第二个要素。πάθος[情感遭遇]是一个非常多义的术语，但它在亚里士多德哲学中具有基础性意义。

---

① 《修辞学》，卷 B 章 1，1378a13 以下：ἢ φρόνιμοι μὲν καὶ ἐπιεικεῖς εἰσιν ἀλλ' οὐκ εὖνοι. διόπερ ἐνδέχεται μὴ τὰ βέλτιστα συμβουλεύειν γιγνώσκοντας[或者，尽管他们既有实践智慧又公平合理，但却没有善意，因此，他们也许不会给出最好的建议，虽然他们知道最好的建议是什么]。

② 《修辞学》，卷 B 章 1，1378a15 以下：ἀνάγκη ἄρα τὸν ἅπαντα δοκοῦντα ταῦτ' ἔχειν εἶναι τοῖς ἀκροωμένοις πιστόν[看上去拥有所有这些品质的人，在听众看来必定是值得信赖的人]。

③ 参《修辞学》，卷 A 章 9，1366a23 以下。

我们可以讨论此术语的**三个基本含义**，从而讨论此术语所指涉的三种实事关联：一、它的平均、直接的含义是“可变性”（veränderliche Beschaffenheit）；二、一种**特定的本体论**含义，此含义对于理解 κίνησις[运动]很重要：πάθος[情感遭遇]与 πάσχειν[遭受]有内在关联，人们大多将后者译为“遭受”（Leiden）；三、最极端的一种含义是：与某种确定的实事关联有关的可变性，也就是生命的一个确定的存在领域——“激情”（Leidenschaft）——的可变性。后一种含义的 πάθος[情感遭遇]是《修辞学》和《诗学》的主题。

我们首先面对最后一种含义，还有讨论 πάθος[情感遭遇]所指涉的现象时的正确的内在关系。这一内在关系在《尼各马可伦理学》卷 B 章 4 中表现得非常明显。亚里士多德以此章开启了对
168 ἀρετή[优异]的本真之所是的研究。根据 ἀρετή[优异]的存在特质来进行研究的直接任务，必须以表明究竟该如何理解 ἀρετή[优异]为目标，也就是以表明 ἀρετή[优异]出自怎样的存在关联为目标：就是要表明 ἀρετή[优异]的 γένεσις[起源]。亚里士多德以一项讨论作为上述研究的开场白，这项讨论对我们很重要：ἐπεὶ οὖν τὰ ἐν τῇ ψυχῇ γινόμενα τρία ἐστί, πάθη δυνάμεις ἕξεις, τούτων ἄν τι εἴη ἡ ἀρετή[因为，事实上灵魂有三个构成部分：情感遭遇、能力、习惯，优异必定是这三者之一]。[1] 因此，πάθος[情感遭遇]属于“灵魂中的生成之物”。Ψυχή[灵魂]是一个 ζῷον[动物]的 οὐσία[本体]，它构成这样一种存在者的存在：此存在者的特质是在—其—世间—

① 亚里士多德，《尼各马可伦理学》，卷 B 章 4，1105b19 以下。

存在(In-seiner-Welt-Sein)。所以,此存在者拥有的存在有三种不同的生成方式:πάθη[情感遭遇]、δυνάμεις[能力]、ἕξεις[习惯]。

λέγω δὲ πάθη μὲν ἐπιθυμίαν ὀργὴν φόβον θάρσος φθόνον[我认为情感遭遇就是肉欲、愤怒、恐惧、勇气、嫉妒],以及如此等等,“在所有这些情状中,同时被给予的是 ἡδονὴ[快乐]和 λύπη[痛苦]”,[①] 这是两种确定的自我感受(Sichbefinden):“被提升”(Gehobensein)和“遭压抑”(Herabgedrücktsein)。

相反,ἕξεις[习惯]首先是某种用来刻画方式方法的事物,它刻画了我们处在某种 πάθος[情感遭遇]之中的方式方法。[②] 与我们之所以受赞扬或遭斥责有关的事物就是 ἕξεις[习惯]。着眼于激情,譬如,当我们处在愤怒之中的时候,“我们绝不会受赞扬也不会遭斥责”。[③] 我处在愤怒之中的方式方法、情形、事件、所针对的人,就是 πῶς[怎样],它构成赞扬或斥责的基础。ἕξεις[习惯]关涉 πῶς ἔχομεν πρὸς τὰ πάθη[我们如何对待情感遭遇],“我们如何自持”,面对这样的 πάθος[情感遭遇]“我们怎么办”(in welcher Fassung wir sind)。Πάθος[情感遭遇]就是一种确定的不—知—所—措(Aus-der-Fassung-Kommen)。

---

① 亚里士多德,《尼各马可伦理学》,卷 B 章 4,1105b21 以下:ὅλως οἷς ἕπεται ἡδονὴ ἢ λύπη[快乐和痛苦伴随着所有这些情状]。

② 亚里士多德,《尼各马可伦理学》,卷 B 章 4,1105b25 以下:ἕξεις δὲ καθ' ἃς πρὸς τὰ πάθη ἔχομεν εὖ ἢ κακῶς[习惯是我们凭借这些情状来对待遭遇或好或坏的方式]

③ 亚里士多德,《尼各马可伦理学》,卷 B 章 4,1105b31 以下:κατὰ μὲν τὰ πάθη οὔτε ἐπαινούμεθα οὔτε ψεγόμεθα [...],κατὰ δὲ τὰς ἀρετὰς καὶ τὰς κακίας ἐπαινούμεθα ἢ ψεγόμεθα[我们既不会因为情感遭遇而受赞扬,也不会因为情感遭遇而受斥责……,我们受赞扬或遭斥责是因为优异或邪恶]。

δυνάμεις[能力]事关有生命的存在者的那些存在规定，亚里士多德用 φύσει ὄν[出于自然的存在者]来描述这些存在规定：在我们实际的此在中，我们同时拥有变得愤怒、悲伤、高兴、厌恶以及如此等等的可能性。[①] 这些 δυνάμεις[能力]也是 γινόμενα ἐν τῆ
169 ψυχῆ[灵魂中的构成部分]。

重要的是作为γινόμενα[构成部分]即**存在本身的方式**(Weisen des Seins selbst)的 πάθη[情感遭遇]的同时被给予之在(Mitgegebensein)，只要我们活着，**生成的方式**(Weisen des Werdens)就与存在—于—某—世间有关，这也使得 πάθη[情感遭遇]有可能与 ἕξεις[习惯]联系在一起。我们将由对 ἕξεις[习惯]的含义之所是出发，来更为准确地理解对 πάθη[情感遭遇]的分析。我们将看到：**在某种基础性意义上**，πάθος[情感遭遇]**所指的存在—于—此—世是如何得到规定的**；在形成 κρίσις[判断]、"立场"、"决断"和某种确定性的问题过程中，存在—于—此—世的基本规定本身是如何被考虑的。通过指出 πάθη[情感遭遇]在 κρινεῖν[判断]本身当中所起的作用，我们同时获得了更为具体地看清楚 λόγος[言辞]本身的基础的可能性。

演说者的 ἦθος[性情]必定是某种完全确定的 ἦθος[性情]，演说者正是靠此 ἦθος[性情]向听众表明，他是这样一个实际支持他所拥护的实事的人。ἦθος[性情]必须满足对 ἀρετή[优异]、φρόνησις[实践智慧]和 εὔνοια[友好]规定。ἦθος[性情]无非是

---

① 亚里士多德，《尼各马可伦理学》，卷 B 章 4，1105b23 以下：δυνάμεις δὲ καθ' ἃς παθητικοὶ τούτων λεγόμεθα, οἷον καθ' ἃς δυνατοὶ ὀργισθῆναι ἢ λυπηθῆναι ἢ ἐλεῆσαι[能力就是我们所谓面对这些情感遭遇时的情感状态，譬如，我们面对这些情感遭遇时有能力愤怒或痛苦或悲伤]。

演说者的意愿，在 προαίρεσις[抉择]意义上对某事物的意愿，表明自己的方式方法。亚里士多德在《诗学》中也对 ἦθος[性情]作了如此规定：ἦθος[性情]“表明了言说者当时的决定（Entschlossensein）”。① 在其含义并非旨在形成某种决定，或并非旨在使他人作出某种确定的决定的那些演说中，并不存在 ἦθος[性情]。相反，在这样的演说中，问题的关键是 διάνοια[思想]：这是必然的，以便能够着眼于其实事特质来表明某事物。这种对演说当时的条件的设定，到目前为止还没有发挥出来，直到人们能够问：对于科学和哲学演讲而言，在何种程度上，必须将 λόγος[言辞]视为纯粹的 δεικνύναι[指明]，在何种程度上，此间有某种 προαιρεῖσθαι[抉择]。这里并非确切澄清这些内在关联的场合。我只想指出，也许合适的做法是，哲人自己决定考虑，对他人言说究竟意味着什么 170
（wenn die Philosophen sich entschließen würden zu überlegen, was es überhaupt heißt, zu anderen zu sprechen）。

第二项条件是听众自己当时的“情状”，亚里士多德将其设定为 πάθος[情感遭遇]。因此，在修辞学的任务中，就有表明能够符合听众心情的可能处境，也就是表明其心境——着眼于其不同要素而提出的这些条件，目的是为言说者给予某种指示，这是他必须思考的内容，如果他想作出 προαίρεσις[抉择]。《修辞学》分析 πάθη[情感遭遇]就是出于上述意图：分析听众的自我感受的种种可能性，目的是就必须如何塑造听众本身给出指导线索。

① 亚里士多德，《诗学》（Über die Dichtkunst. Griechisch und Deutsch. Mit sacherklärenden Anmerkungen hg. v. F. Susemihl. Zweite Auflage. Leipzig 1874），1450b8 以下：ἔστιν δὲ ἦθος μὲν τὸ τοιοῦτον ὃ δηλοῖ τὴν προαίρεσιν, ὁποία τις[性情是这样的事物：它表明了抉择以及某种诸如此类的行动]。

首要的规定是：ἔστι δὲ τὰ πάθη δι' ὅσα μεταβάλλοντες διαφέρουσι πρὸς τὰς κρίσεις[情感遭遇就是使人发生改变的那些情感，人们由以会有不同的判断]。[①] 一、Μεταβάλλοντες[使人发生改变的情感]是由以“将某种突转置于我们之中”的事物，通过它们我们由一种情状“突转”入另一种情状。二、与此突转合而为一的是 διαφέρουσι πρὸς τὰς κρίσεις[人们由以会有不同的判断]：我们会与突转之前的我们“不同”，在此过程中，听众的任务是“采取立场”“建构观点”。观点—建构事关我们突转的方式方法。三、οἷς ἕπεται λύπη καὶ ἡδονή[伴随它们的是痛苦和快乐]：[②] 不是“随之而来”而是“同时被给予”的是，与 πάθη[情感遭遇]合而为一的相关此在的“心情高涨—低沉”（Höher- oder Niedergestimmtsein）。这是具有建构性的要素，正如亚里士多德就 πάθη[情感遭遇]出于特殊的分析目的在《修辞学》中所设定的那样。

我们身处其中的心境的方式方法，也导致我们如何对待实事、如何看清实事，导致我们看得有多远、着眼于什么角度来看。由—一种—确定的—心境—转—入—另——种心境，首先与对世界采取的立场的方式有关，也就是与存在—于—此—世的方式有关。在
171 此，有境况转变的可能性和危险。正确的状态无非是对世界有支配能力的正确的在—此—世—存在（Die rechte Verfassung ist nicht anderes als das rechte In-der-Welt-sein als Verfügen über sie）。世界首先并且主要在 πρᾶξις[实践]中在此，它具有 ἐνδεχόμενον ἀλλῶς[其他为人们所接受的情形]之特质，具有“或多或少”之规

① 《修辞学》，卷 B 章 1，1378a20 以下。
② 《修辞学》，卷 B 章 1，1378a21 以下。

定。世界作为 ἀγαθόν[好的事物]或 συμφέρον[有利之物]在此，而这样的事物具有“或多或少”的特点。所以，我们对待它们的态度也具有“或多或少”的特点，我们的态度之偏转(Ausschläge)或多或少采取了平均方式，以便我们在世界中活动。世界之显而易见(Durchsichtigkeit)的方式方法就是或多或少。由此出发我们方能明白，“进入本真的心境”意指进入中道(in die Mitte kommen)，由偏转进入中道。中道无非就是 καιρός[关键时刻]，就是方式、时间、为何和关于何物等情况之整体。

因此，现在的问题是，如何根据其结构来更为准确地理解 πάθος[情感遭遇]。我们必须按照 πάθος[情感遭遇]本身的存在规定来查究它，也就是按照亚里士多德对 πάθος[情感遭遇]本身的定义来查究它。Πάθος[情感遭遇]的最一般描述是 γινόμενον τῆς ψυχῆς[灵魂的构成部分]，①“灵魂”又被描述为 οὐσία[本体]。Μεταβολή[转变]和 γένεσις[生成]的使用具有同样的含义：Πάθος[情感遭遇]就是一种“突转”，从而也是一种确定的、从先前的某种状况“变成……”(Werden zu ...)，但它并不是为其确定一种固有路径的突转，而是在世的自我感受的一种方式，此方式也与 ἕξις[状态]有关。这种向另一心境的转变，以及存在于和旧的心境相对的新的心境之中，其本身就具有被攫住(Ergriffenwerdens)、受侵袭(Überfallenwerdens)的可能性。不—知—所—措(Aus-der-Fassung-Kommens)、使—不—知—所—措(Aus-der-Fassung-gebracht-Werdens)的方式方法的含义是：方式方法能重新得到调

① 参《尼各马可伦理学》，卷 B 章 4，1105b20。

整；在某种危险之中，在恐怖时刻，在冷静的时候，我能重新调整我自己。我能将由恐怖所标示的情状与为此而采取的某种可能的调整联系起来。因此，πάθος［情感遭遇］本身已然与 ἕξις［状
172 态］有关。这两个概念已然被亚里士多德描述为存在的基本概念（fundamentale Begriffe des Seins）。由此，πάθος［情感遭遇］已然被显示为一个存在概念，因为，与 ποιεῖν［制作］相对的 πάσχειν［遭受］表现为分析 κίνησις［运动］即分析运动之在意义上的存在的一个基本要素。Ἔχειν［拥有］被亚里士多德认定为一种存在方式，所以，ἔχειν［拥有］出现在亚里士多德的十范畴之中，并非不可思议。这表明了已指出两种现象 πάθος［情感遭遇］和 ἕξεις［习惯］的存在结构。

第十七节　ἕξις［状态］
（《形而上学》卷 Δ 章 23 和章 20，
《尼各马可伦理学》卷 B 章 1—5）

（一）ἔχειν［拥有］和 ἕξις［状态］

我们从 ἕξις［状态］和 ἔχειν［拥有］谈起。亚里士多德在《形而上学》卷 Δ 章 23 中研究这两个概念。引言是这样说的：τὸ ἔχειν λέγεται πολλαχῶς［拥有有多种含义］，[①] 也就是说，不同的存在者可由此术语来称呼，不同存在者有不同含义，但不同的含义绝非随心

① 《形而上学》，卷 Δ 章 23，1023a8。

所欲的混乱（Durcheinander），相反，不同的含义都与某个基本含义有关，通过表明个别含义，就可以明了此基本含义。我们必须明白，ἔχειν[拥有]的含义的复多性何在，ἔχειν[拥有]在何种程度上表达存在。

一、τὸ ἄγειν κατὰ τὴν αὑτοῦ φύσιν ἢ κατὰ τὴν αὑτοῦ ὁρμήν, διὸ λέγεται πυρετός τε ἔχειν τὸν ἄνθρωπον καὶ οἱ τύραννοι τὰς πόλεις καὶ τὴν ἐσθῆτα οἱ ἀμπεχόμενοι[处理（事务）或出于自己的本性或出于自己的欲望，因此，我们说：发烧拥有人，僭主拥有城邦，着衣人拥有衣服]。[①] 在 ἄγειν[处理]的意义上，Ἔχειν[拥有]作为"行动（Vorgehen），符合此在本已的完全确定的可能性——φύσις 173
[本性]——或符合有关存在者本身的内在冲动。所以，人们说，发烧拥有人（疾病拥有了人，疾病袭击了人，袭击了'它所拥有的人'或'它所抓住的人'），僭主拥有城邦（支配城邦），还有，着衣人拥有衣服（在身）"。——这是 ἄγειν[处理]意义上的 Ἔχειν[拥有]。

二、ἐν ᾧ ἄν τι ὑπάρχῃ ὡς δεκτικῷ, οἷον ὁ χαλκὸς ἔχει τὸ εἶδος τοῦ ἀνδριάντος καὶ τὴν νόσον τὸ σῶμα[在拥有中，某种事物作为适合接受的事物，从开始就在当前，譬如，铜拥有人像的型，肉体拥有疾病]。[②]"铜拥有某个雕像的样子（拥有样子，就是雕像），肉体有病（它病了）。"对这种拥有的更为精确的规定是：一个存在者以下述方式存在："在它自身之中有某物现成在手，对于这样的现成在手的存在而言，有关存在者本身有准备（Bereitschaft）（δεκτικόν[适

① 《形而上学》，卷 Δ 章 23，1023a8 以下。

② 《形而上学》，卷 Δ 章 23，1023a11 以下。

合接受])”。由此 δεκτικόν[适合接受],铜被规定为铜。按照其存在对铜所作的规定是:它有可能成为一座柱形雕像(Bildsäule)。铜被规定为 ὕλη[质料]。Ὕλη[质料]在此语境中并非指某种确定的“物质”,而是此在的某种方式的一种确定特质。对……有准备,就是某一存在者的一种确定的规定。拥有无非意指:某物的某种现成在手的存在之所向(Wohin)出于准备。

三、ὡς τὸ περιέχον τὰ περιεχόμενα· ἐν ᾧ γάρ ἐστι περιεχόμενόν τι, ἔχεσθαι ὑπὸ τούτου λέγεται, οἷον τὸ ἀγγεῖον ἔχειν τὸ ὑγρόν φαμεν καὶ τὴν πόλιν ἀνθρώπους καὶ τὴν ναῦν ναύτας· οὕτω δὲ καὶ τὸ ὅλον ἔχειν τὰ μέρη[作为拥有所拥有之物;因为,其中拥有某物时,我们说所拥有之物为其所拥有,譬如,我们说:容器拥有水,城邦拥有人民,船拥有水手,以及整体拥有部分]。[①]“包容物拥有(以内容方式、以围绕—四周—存在的[Darum-herum-Seins]方式)所包容之物;在其中,某物作为包容其中的事物而存在,我们说后者为前者所拥有,就像容器拥有、包容水,城邦拥有、包容人民,船拥有、包容水手;还有整体拥有部分。”部分之在(Teil-Sein)总是出自—某物的—部分之在(Teil-von-etwas-Sein),某一整体的部分总是从属于某物的从属之在(Zugehörigsein)。

四、ἔτι τὸ κωλῦον κατὰ τὴν αὑτοῦ ὁρμήν τι κινεῖσθαι ἢ πράττειν ἔχειν λέγεται τοῦτο αὐτό, οἷον καὶ οἱ κίονες τὰ ἐπικείμενα βάρη, καὶ ὡς οἱ ποιηταὶ τὸν Ἄτλαντα ποιοῦσι τὸν οὐρανὸν ἔχειν ὡς συμπεσόντ᾽ ἂν ἐπὶ τὴν γῆν, ὥσπερ καὶ τῶν φυσιολόγων τινές φασιν

① 《形而上学》,卷 Δ 章 23,1023a13 以下。

[同样，阻止某物顺着自己的势头运动或行事，我们也称其为拥有，譬如，梁柱支撑着加于其上的重量，就像诗人让阿特拉斯支撑着天，要不然天将倾覆于地，有些自然哲人也有类似的看法]。[①]"柱子支 174
撑、拥有加于其上的重量，如诗人所言，阿特拉斯支撑着天穹"：这是支撑(Halten)意义上的拥有，也是作为κωλύειν[阻止]的拥有，也就是"妨碍"(abhalten)另一存在者，"阻止"它按照其属己的存在、"按照其本真的ὁρμή[势头]"而存在；抑制(Halten)意义上的拥有，就是使得某物无法按照其所想要的存在那样存在。重量的ὁρμή[势头]是朝下坠落；天穹"有倾覆于地的倾向"。妨碍另一事物的确定的、存在于ὁρμή[势头]之中的存在可能性意义上的拥有，就是συνέχον[保持在一起]即"粘合在一起"(Zusammenhalten)。τοῦτον δὲ τὸν τρόπον καὶ τὸ συνέχον λέγεται ἃ συνέχει ἔχειν, ὡς διαχωρισθέντα ἂν κατὰ τὴν αὑτοῦ ὁρμὴν ἕκαστον[这种方式的保持在一起，就是我们所谓拥有保持在一起的事物，按照自己的势头，事物就会分崩离析]。[②]这一概念作为理解运动的建构性要素，必须由上述ἔχειν[拥有]出发来理解。Συνεχές[连续不断]即"连续性"(Kontinuum)、"持续性"(Stetigkeit)，是运动之物的存在的基本要素(《物理学》卷五[③])。

这四种方式的ἔχειν[拥有]，永远标示着存在者热衷于某一确定的存在可能性的存在特质或对此存在特质的否定，在否定意义上，就是妨碍存在者按照其所想要的存在那样本真地存在。并

① 《形而上学》，卷Δ章23，1023a17以下。
② 《形而上学》，卷Δ章23，1023a21以下。
③ 参《物理学》，卷E章3，226b18以下。

非偶然的是，亚里士多德在结论中指出：καὶ τὸ ἔν τινι δὲ εἶναι ὁμοτρόπως λέγεται καὶ ἑπομένως τῷ ἔχειν［我们认为，在某物中存在，同样符合拥有之含义］。[1]“以同样的方式，拥有可以被认为正如在—某物中—存在。”ἑπομένως［符合］在在—某物中—存在之含义中已然被给予了。拥有和被拥有的特质，正如在—某物中—存在的特质。

所以，若 ἔχειν［拥有］与 κεῖσθαι［分解］一道出现在范畴中，那是有根据的。从 ἕξις［状态］方面而言，它与被当成一种此在方式的 ἔχειν［拥有］有关（章 20）：ἕξις δὲ λέγεται ἕνα μὲν τρόπον οἷον ἐνέργειά τις τοῦ ἔχοντος καὶ ἐχομένου, ὥσπερ πρᾶξίς τις ἢ κίνησις［所谓状态的方式，诸如拥有者及其所有物的某种活动状态，再如某种实践或某种运动］。[2] ἕξις［状态］就是 ἐνέργειά［活
175 动状态］，“就是本真的此（Da），就是拥有者和拥有物的当前之在（Gegenwärtigsein）”。此与拥有有关，拥有是拥有者和拥有物的拥有。Ἕξις［状态］意指内在于上述存在关联之中的拥有本身的当前之在。

ὅταν γὰρ τὸ μὲν ποιῇ τὸ δὲ ποιῆται, ἔστι ποίησις μεταξύ· οὕτω καὶ τοῦ ἔχοντος ἐσθῆτα καὶ τῆς ἐχομένης ἐσθῆτος ἔστι μεταξὺ ἕξις. ταύτην μὲν οὖν φανερὸν ὅτι οὐκ ἐνδέχεται ἔχειν ἕξιν· εἰς ἄπειρον γὰρ βαδιεῖται, εἰ τοῦ ἐχομένου ἔσται ἔχειν τὴν ἕξιν［因为，既有制作，也有被制作，制作活动就处在两者之间；同样，状态就处在拥

[1] 《形而上学》，卷 Δ 章 23，1023a23 以下。

[2] 《形而上学》，卷 Δ 章 20，1022b4 以下。

有衣物的人和所拥有的衣物之间；显然，拥有这样的状态是不可能的］。[①]“如果一个事物制作某物，另一个事物被制作，那么，这个制作本身就是 μεταξὺ［中间状态］即居于两者之间。这样，就穿着一件衣服而言，也有一个中间状态，一方面是穿衣，另一方面是穿在身上的衣服。”穿衣本身就是 ἕξις［状态］。这种拥有(Haben)乃是终极之物，对于它而言，它不可能被拥有。对此拥有的拥有，并非新的存在规定，而只是此(Da)，只是当前之在。在穿着作为穿在身上的衣服的过程中，穿衣本真地作为穿在身上的衣服而在此。对于衣服的此在而言，同样如此。如果一件衣服放在柜子里，那么，它就不在此，相反，如果它被穿在身上，那么，它便达成了它的 τέλος［结果］。被穿在身上的是衣服，因此，衣服既构成了穿在身上的衣服的本真的此，也构成了披在身上的衣服的本真的此：这种本真的此就是 ἕξις［状态］。

亚里士多德更进一步将此 ἕξις［状态］描述为 διάθεσις καθ' ἣν ἢ εὖ ἢ κακῶς διάκειται τὸ διακείμενον, καὶ ἢ καθ' αὑτὸ ἢ πρὸς ἄλλο, οἷον ἡ ὑγίεια ἕξις τις· διάθεσις γάρ ἐστι τοιαύτη［情状，被安排的事物凭借它，可以得到或好或坏的安排，安排要么着眼于被安排的事物本身，要么针对其他事物，譬如，健康就是某种状态；因此，这个健康就是情状］。[②] 与我们所研究的存在关联有关，μεταβάλλειν［转变］也与 διακεῖσθαι［安排］有关，μεταβάλλειν［转变］通过 πάθη［情感遭遇］而发生。章19是这样描述 διακεῖσθαι［安排］

① 《形而上学》，卷Δ章20，1022b5以下。
② 《形而上学》，卷Δ章20，1022b10以下。

的：拥有是一种 τάξις［处置］，[1] 是顾及各方面来分配（Verteilung）各个部分，是一种分配，它具有 θέσις［安排］之特质，[2]从而，拥有也是一种既定的（gesetzte）分配，它不是一种纯粹偶然的有分歧的存在（Zusammengeratensein），而是一种既定的存在（Gesetztsein）。
176 ἕξις［状态］作为 διάθεσις［情状］、作为 τάξις［处置］，出自 προαίρεσις［抉择］，后者是在眼下已分配的存在（im Verteiltsein des Augenblicks）之中的正确的自我感受。

Ἕξις［状态］就是**在对某事有领会的存在的某一时刻的此在之本真性的规定**（Bestimmung der Eigentlichkeit des Daseins in einem Moment des Gefaßtseins für etwas）：不同的 ἕξις［状态］就是有领会的存在能力（Gefaßtseinkönnens）的不同方式。Ἕξις［状态］从最基本的意义上讲，是对本真存在的存在规定，在此它与人有关：πρᾶξις［实践］的特质是 ἀρετή［优异］，ἀρετή［优异］的特质是 ἕξις προαίρετική［倾向于某种抉择的状态］。Πρᾶξις［实践］作为存在—于—此—世之如何（Wie），在此表现为一种存在关联：在另一种意义上，我们可以将此存在关联称为**生存**（Existenz）。有领会的存在（Gefaßtsein）并非随便哪种不确定的存在，在 ἕξις［状态］中有对 καιρός［关键时刻］的原初定向："我在此，无论会发生什么！"（Ich bin da, es mag kommen, was will!）。这种此—在（Da-Sein）、在—此—位置上—存在于其处境之中、面对其实事，这些都是 ἕξις［状态］的特质。因此，ἕξις［状态］作为一种存在可能性，**本身与另一种可能性有关**，也就是与我的存在可能性有关：**在我的存在之**

①《形而上学》，卷 Δ 章 20，1022b1。

②《形而上学》，卷 Δ 章 20，1022b2。

中，有某物朝我涌来，它让我不知所措(innerhalb meines Seins etwas über mich kommt, das mich aus der Fassung bringt)。

(二)呈现研究 ἕξις［状态］的内在关联

上次课堂上，我们已经澄清了亚里士多德的一个本体论的基本概念 ἕξις［状态］，后者在亚里士多德对人的存在的分析中具有一种基础性作用，但它对于另一个基本规定也很重要，因为，亚里士多德在与 ἕξις［状态］相对的思考中讨论了 στέρησις［阙失］，准确地说，联系 κίνησις［运动］讨论了 στέρησις［阙失］。现在，我们已经非常明白，στέρησις［阙失］概念也与存在具有基本关联。我们必须关注我们接近 ἕξις［状态］时所处的内在关联。我们的任务是将 πάθη［情感遭遇］作为描述听众之特质的那些规定来理解。与言说者相对的听众处在某种确定的处境之中，所以，处境同时对听众理解问题的方式具有决定性。通过共同言说和重复言说(Mit- und 177
Nachsprechen)，听众可以获知演说者通过其言说究竟想表明什么。πάθη［情感遭遇］就是主题，因为，πάθη［情感遭遇］同时对 λέγειν［言说］的方式方法具有决定性意义，λόγος［言辞］按此方式方法在 πάθη［情感遭遇］本身之中拥有其基础。为了正确理解 πάθη［情感遭遇］的含义，我们选择了朝向 ἕξις［状态］的迂回道路，并借助了一个普通的解释学的指导线索，这种做法表明，就其结构而言较为明了的内容有助于澄清不明了的内容。

πάθη［情感遭遇］可以被拥有(gehabt)，在拥有(Haben)中有一种与存在的关联。靠 πάθη［情感遭遇］定向于 ἕξις［状态］，πάθη［情感遭遇］本身可以定向于作为存在的此在。借助与 ἕξις［状态］的关联而表明的后一种基本定向，对于和传统的情感（Affekte）观念相对的理解意义重大，人们过去常常将情感视为“灵魂的状况”（seelische Zustände），后者也许和“身体的伴随症状”具有内在关联。人们将现象划分为具有内在关联的灵魂和身体状况。相对于此，必须思考：与他在研究作为生命存在方式的灵魂内容时的定向一致，亚里士多德强调指出，πάθη［情感遭遇］表达了人的存在，所以，在此从一开始就有一个完全不同的基础。πάθη［情感遭遇］现象的原初统一性，就在于人本身的存在。

无论就基本定向和奠基而言，还是着眼于现象之选取，亚里士多德的 πάθη［情感遭遇］学说都对后世的哲人和神学家影响重大（譬如，托马斯［Thomas］的情感学说）。说到底，πάθη［情感遭遇］乃是神学一个基本问题。我想特别提到的是，内在于中世纪神学和哲学的基本问题的情感学说，与路德（Luther）关系重大。尤其是恐惧（Furcht）在中世纪起了某种特殊作用，因为，恐惧现象和罪这个与信仰相对应的概念具有特殊的内在关联。在其早期作品，尤其在《忏悔布道辞》（Sermo de poenitentia）中，路德也深入分析了
178 罪。对 φόβος［恐惧］即对 timor［恐惧］的讨论，与 timor servilis［奴性的恐惧］和 timor castus［圣洁的恐惧］，从而与懊悔（Reue）具有内在关联，而懊悔被区分为 attritio［不完全忏悔］和 intritio［完全忏悔］。timor castus［圣洁的恐惧］就是面对上帝而发的“纯粹的恐惧”，而 timor servilis［奴性的恐惧］则是面对惩罚、面对地狱的恐惧，同样，懊悔也分为 attritio［不完全忏悔］和 intritio［完全忏悔］。这种区分可以追溯到奥古斯丁（Augustinus），他详尽研究此区分是在《杂问八十三题》第 33 问（De diversis quaestionibus oc-

toginta tribus, quaestio 33)、《上帝之城》卷十四章5以下(De civitate Dei, Buch 14, Kapitel 5 ff.)和反佩拉纠派论著(Pelagianischen Schriften)中。这些现象也被以其他方式作了全面而又详尽的研究。中世纪对πάθη[情感遭遇]的研究,还可以追溯到大马士革的约翰(Johannes Damscenus)的《论正统信仰》卷二(De fide orthodoxa, Buch 2)。进一步的一个来源,可以追溯到尼撒的格里高利(Gregor von Nyssa),更准确地说,中世纪引述了他的《论人性》(Περὶ φύσεως ἀνδρώπου),但后者是内美西乌(Nemesius)的一篇著作(格里高利撰写了一篇题名相似的著作《论人的状况》[Περὶ κατασκευῆς ἀνδρώπου])。内美西乌的πάθη[情感遭遇]学说则来自斯多亚派(Stoa),内美西乌是中世纪的一个主要来源。进一步需要论及的是亚略巴古的狄奥尼修斯(Dionysius Areopagita)的《论圣名》(De divinis nominibus)。情感学说的全部发展至今尚不是哲学式的分析。只有狄尔泰(Dilthey)在其《文艺复兴和宗教改革以来的世界观和对人的分析》中,深入思考了πάθη[情感遭遇],并超越了心理学处境描述了πάθη[情感遭遇]的含义。[1]

πάθη[情感遭遇]以完全一般的方式刻画了人的情状,刻画了存在—于—此—世之如何(Wie)。与此相应,亚里士多德也为分析预先给出了指导线索,他在《修辞学》卷B中作了分析,思考了affictus[情感]的三个方面: 179

① 狄尔泰,《文艺复兴和宗教改革以来的世界观和对人的分析》(Weltanschauung und Analyse des Menschen seit Renaissance und Reformation),见《狄尔泰全集》(Wilhelm Diltheys Gesammelte Schriften, hg. v. G. Misch, Bd. 2, Leipzig, Berlin 1914),尤参页416以下"16、17世纪文化中的人类学的功能"。

一、关于每一种 πάθος[情感遭遇]所产生的问题是：πῶς διακείμενοι εἰσί[情状是怎样的]：[①] 我们本真的感受如何，我们的存在—于—此—世是怎样的，我们何时会发怒，我们何时会恐惧，我们何时会感受到同情？

二、ποῖα[什么样的事情]：[②] 我们感到愤怒而不知所措的究竟是什么？

三、ἐπὶ ποίοις[对什么人]：[③] 我们面对的是谁，我们碰到的和我们共同在此是什么人？——在 πάθη[情感遭遇]的基本结构中，又出现了朝向作为在—此—世—存在的此在之共在的定向(Orientierung auf das Miteinandersein des Daseins als In-der-Welt-Sein)。

这也许恰恰表明了上述关系的复多性，这些关系是由 πάθη[情感遭遇]所表明的，也从而可以通过 ἕξις[状态]来理解，与这些关系相对，ἕξις[状态]表现为一种有领会的存在(Gefaßtsein)。为了看清楚作为自我感受的可能性和被攫住(Ergriffenwerdens)的可能性的 πάθη[情感遭遇]，我们必须更为仔细地研究 ἕξις[状态]本身，因为，它是人的此在的一个基本规定。

(三)ἕξις[状态]与 ἀρετή[优异]

我们来思考 ἕξις[状态]，因为，它与 ζωὴ ἀνδρώπου[人的生存]

① 《修辞学》，卷 B 章 1，1378a24 以下：πῶς τε διακείμενοι ὀργίλοι εἰσί[使人们发怒的情状是怎样的]。

② 《修辞学》，卷 B 章 1，1378a25：τίσιν εἰώθασιν ὀργίζεσθαι[人们习惯于对什么人发怒]。

③ 同上。

有关，与 πρᾶξις μετὰ λόγου[实践依赖言辞]有关——ἕξις[状态]作为 ἀρετή[优异]的 γένος[属]：[1]πρᾶξις[实践]因为 σπουδαίως[严肃]而拥有了其本真的如何(Wie)，严肃则通过 ἀρετή[优异]表现出来。由 ἕξις[状态]和 ἀρετή[优异]的内在关系出发，我们将明了 ἕξις[状态]以有其具体的可能性的人的此在为定向。

《尼各马可伦理学》卷二章1—5最重要的内容，仅仅是为了向您们说明 ἕξις[状态]，为了使您们明白《尼各马可伦理学》的一个基本概念 μεσότης[中道]。Μεσότης[中道]并非什么"平庸"(Mittelmäßigkeit)，也不是对导致平庸的人类事务(menschlichen Handelns)的规定，它不是所谓"公民道德"(bürgerliche Moral)， 180
也不是"价值安排"的原则，而是与 ἕξις[状态]的基本关联，从而也是与人的此在的基本关联，与 πρᾶξις[实践]的基本关联，从而也是与 καιρός[关键时刻]的基本关联。《尼各马可伦理学》与研究某种庸常之平均(mittelmäßigen Durchschnittlichkeit)的伦理学完全不同，也与研究习俗(Konvention)的伦理学完全不同。

由关于 ἕξις[状态]和 ἀρετή[优异]的内在关系的洞见，可以得出**此在的四个基本要素**：

一、"行事"(Handeln)、πρᾶξις[实践]、操持本身就是操持着的此在的操持。通过在世界中实行其自我关切(Sichumtun)，通过应付他人和与他人交往，如此应付他人的此在操持着它自己，操持着它的存在。**作为操持的此在，就是为其自身操心**(Dasein als Besorgen ist Sorge um sich selbst)，大多数情况下，这种操心不

① 《尼各马可伦理学》，卷B章5，1105b19以下。

明确。这一基本现象就隐藏在 ἕξις［状态］概念之中——ἕξις［状态］作为拥有某物(Haben von etwas)，作为拥有的存在方式、对于所拥有之物的存在态度的方式(im Haben Weise des Seins, des Gestelltseins zum Gehabten)。

二、通过 ἕξις［状态］，此在将更为清楚地表明自己的**个别性**(Jeweiligkeit)。人的存在，作为此在的人的生命的存在是**个别的**、**眼下的**(jeweilig, im Augenblick)：ἕξις［状态］是此在的一种存在态度(Gefaßtsein)，它以当前为定向。

三、这种存在态度，这种以当前为定向的存在，是这样一种可能性：这种可能性**从此在的个别处境中**攫住了此在本身。平均而言并且在大多数情况下，此在本身就处在偏转(Ausschlägen)之中，处在"或多或少"之中，处在过多过少之中。

四、由上述三个基本结构也可以清楚地看到：ἕξις［状态］是此在本身的一个基本规定；ἕξις［状态］的 γένεσις［生成］、此在本身与某种存在态度(Gefaßtsein)相对应的方式方法，能够拥有时机，并且能够仅仅再次**通过此在本身**而拥有制造时机的方法。此在必须靠其自身来把握时机，以便为自己建构出这种作为一种可能性的
181 存在态度(Gefaßtsein)。

1. ἀρετή［优异］的 γένεσις［生成］

ἕξις［状态］与 ἀρετή［优异］的内在关系：我们由 ἀρετή［优异］的 γένεσις［生成］出发。我们研究 ἕξις［状态］，只是为了更清楚地理解 πάθη［情感遭遇］本身。作为 ἕξις［状态］的 ἀρετή［优异］并非由外部加于此在之上的所有物，而是**此在本身的一种方式**。

我们总是会不断碰到如何(Wie)的特定范畴。Ἀρετή［优异］是此在之如何，但不能由其存在出发将其规定为确定的所有物，而应将其规定为此在之如何，应当由时间性(Zeitlichkeit)、由时间中的延展(Erstreckung)来描述其特质。因此，ἀρετή［优异］δι' ἔθους［依赖于性情］并且将δι' ἔθους［依赖于性情］，①“依赖于习性”(durch die Gewohnheit)。与各种情状相关的存在态度(Gefaßtsein)的种种可能性，其特质可以由“我不知所措或失去了自制”来描述，这些可能性只有通过所经受的(durchgemacht)各种情况和危险处境才能得到把握。只有通过这一事实，即生命不可能摆脱其本己的种种可能性和风险，才能把握时机来建构此在本身的这种如何(dieses Wie des Daseins selbst)。我们正是以下述方式方法来把握ἕξις［状态］的：与我们的存在相对应，在我们所碰到的处境的全部当前，我们都在当前。我们最初正是以下述方式将ἕξις［状态］：我们以感受(Befinden)之方式方法来运用行事、操持的种种可能性；我们并非以相反的方式将ἕξις［状态］作为所有物来拥有，从而来运用ἕξις［状态］，而是χρησάμενοι ἔσχομεν［我们作为运用者而拥有(状态)］。② 这种经受、把握或寻找时机是一种交往(Umgang)。正是通过与人们相互交往，我们方才变得成熟而又明智。正是通过进入险境，我们方才有了获得勇气的可能性，才会抛弃怯懦，我们靠的不是对此在的幻想式的反思，而是靠自己敢于进入此在(Sichhinauswagen in das Dasein)，当然这样做要以涉及生存的可能

① 《尼各马可伦理学》，卷B章1，1103a25以下：διὰ τοῦ ἔθους［依赖于性情］。
② 《尼各马可伦理学》，卷B章1，1103a30以下。

182 性为根据。因为，对上述规定不应作如下解释：对于上述把握时机和自己敢于进入生命之 δεινά[恐怖]而言，存在某种 τέχνη[技艺]。οὔτε γὰρ ὑπὸ τέχνην οὔθ᾽ ὑπὸ παραγγελίαν οὐδεμίαν πίπτει, δεῖ δ᾽ αὐτοὺς ἀεὶ τοὺς πράττοντας τὰ πρὸς τὸν καιρὸν σκοπεῖν[因为，这既不依赖于技艺，也不依赖于任何命令，行事之人必须自己深思，关键时刻，哪些做法合宜]。① 就此，并不存在像军队的某一条常规命令那样的 παραγγελία[命令]或某一条先验伦理，靠它人性 eo ipso[当然]会变得更好。任何人为了他自己，都必须在任何时候将自己的目光朝向当前存在的事物和关涉他的事物。

由此，将建构出与此在相对应的存在态度之如何（Wie des Gefaßtseins），ἕξις[状态]也将由此获得定向。然而，在理解 ἀρετή[优异]的 γένεσις[生成]时会碰到一个困难，因为，会出现下述问题：通过公正行事而变得公正究竟是什么意思？但我必须已然是公正的人，才能公正地行事。② 亚里士多德在《尼各马可伦理学》卷 B 章 3 中讨论了这个困难。他通过诉诸与 τέχνη[技艺]的其他关系而解决了这个困难。③ τέχνη[技艺]的关键是：γιγνόμενα[进入新状态的事物]要保持正确的方式。制鞋技艺的关键是：鞋子、τέλος[结果]、ἔργον[活动]，若保持正确的方式，那么，它就是一只合脚的好鞋。就此已勿复多言。与此相反，我们知道，人在其 ἔργον[活动]

① 《尼各马可伦理学》，卷 B 章 2，1104a7 以下。

② 《尼各马可伦理学》，卷 B 章 3，1105a17 以下：Ἀπορήσειε δ᾽ ἄν τις πῶς λέγομεν ὅτι δεῖ τὰ μὲν δίκαια πράττοντας δικαίους γίνεσθαι [...]. εἰ γὰρ πράττουσι τὰ δίκαια [...], ἤδη εἰσὶ δίκαιοι.[然而，我们的下述说服会引起某种困难：必须行事公正才能成为公义的人……。因为，如果他们行事公正……，他们就已经是公正的人了]。

③ 参《尼各马可伦理学》，卷 B 章 3，1105a26 以下。

中的存在被规定为πρᾶξις［实践］。在其本身之中拥有τέλος［结果］的事物，靠其本身达到了终点。因此，对于人的ἔργον［活动］具有决定性的基本条件，与某种τέχνη［技艺］的基本条件完全是两码事。对于人的πρᾶξις［实践］而言，关键在于行为人自身如何像行为人那样行事，关键在于ἕξις［状态］，而存在态度和πράττων［实践者的］πῶς ἔχων［拥有方式］[①] 即"行为人"之"如何"（Wie），要根据三个要素来规定： 183

一、εἰδώς［精通］[②]——φρόνησις［实践智慧］：他必须是"内行"（wissend），他行事必须正确地"考虑周全"，这种"考虑周全"着眼于实事领域并以καιρός［关键时刻］为定向。

二、προαιρούμενος［出于抉择］，[③]"出于对……的某种现实的决定"，也就是说，他必须由其自身出发来行事。

三、所以，他的βεβαίως καὶ ἀμετακινήτως ἔχων［拥有是牢靠的和不可动摇的］，[④]"确定的并且不会不知所措"。这让我们想起了将πάθος［情感遭遇］规定为δι' ὅσα μεταβάλλοντες［由以使人发生改变的那些情感］的做法，[⑤] 我们会放弃一种办法（Fassung）而采取另一种办法。特质不在于结果，不在于采取了—另——种—办法（In-eine-andere-Fassung-Gekommensein），而在于不—知—所—措（Aus-der-Fassung-Sein），在于处在由一种状态向另一种状态转变的过程之中，这是与πάθος［情感遭遇］一道被给予的特殊的不

① 《尼各马可伦理学》，卷B章3，1105a30以下。
② 《尼各马可伦理学》，卷B章3，1105a31。
③ 《尼各马可伦理学》，卷B章3，1105a31以下。
④ 《尼各马可伦理学》，卷B章3，1105a33。
⑤ 《修辞学》，卷B章1，1378a20以下。

安(Unruhe),与 φόβος[恐惧]有关,后者的特质是 ταραχή[混乱][①]即“迷惘”“晕头转向”。

上述规定，尤其是后一种规定即 προαίρεσις βεβαίως[牢靠的抉择]，“不可归于”某种 τέχνη[技艺]。[②] 在 τέχνη[技艺]中起作用的只是正确的实事认识。让我自己成为一个可爱的家伙的东西，对于制鞋技艺不起作用。针对 τέχνη[技艺]和 πρᾶξις[实践]的某种共通性,亚里士多德通过规定 εἰδέναι[知道],[③] 强调了 προαίρεσις[抉择]和 βεβαίως[牢靠]的首要含义。“被称作恰如其分的和运筹帷幄的 πράγματα[事情](我们尚无范畴能给予这些实情[Sachlage],也就是给予我通过我的 πρᾶξις[实践]——实情之现象——所造成的这些实情，亚里士多德把对某物的存在态度[Gestelltsein]称为 πράγματα[事情])的那些 πράγματα[事情]，乃是 σώφρων[有智慧的人]或 δίκαιος[公正的人]有可能作出的 πράγματα[事情]。但恰如其分的人和 σώφρων[有智慧的人]，并不是(出于任何偶
184 然情形)而作出恰如其分和公正行动的人，而是凭着自己的公正和运筹帷幄之如何(Wie)在操持实情的人。”[④] 这是对智术师和大多数人的一种讽刺，这些人认为，通过闲聊伦理冲突，通过道德说教

① 《修辞学》，卷 B 章 4，1382a21。

② 《尼各马可伦理学》，卷 B 章 3，1105b1：οὐσυναριθμεῖται[不考虑在内]。

③ 《尼各马可伦理学》，卷 B 章 3，1105b1 以下。

④ 《尼各马可伦理学》，卷 B 章 3，1105b5 以下：τὰ μὲν οὖν πράγματα δίκαια καὶ σώφρονα λέγεται, ὅταν ᾖ τοιαῦτα οἷα ἂν ὁ δίκαιος ἢ ὁ σώφρων πράξειεν· δίκαιος δὲ καὶ σώφρων ἐστὶν οὐχ ὁ ταῦτα πράττων, ἀλλὰ καὶ ὁ οὕτω πράττων ὡς οἱ δίκαιοι καὶ σώφρονες πράττουσιν[行动会被说成是公正的和有智慧的，如果这些行动是公正的人或有智慧的人作出的；但如果只是作出这些行动，而不是作为公正的人和有智慧的人作出这些行动，那么，他就不是公正的人和有智慧的人]。

（Moralisieren），就可以弄清伦理行为的某些内容。ἀλλ᾽ οἱ πολλοὶ ταῦτα μὲν οὐ πράττουσιν, ἐπὶ δὲ τὸν λόγον καταφεύγοντες οἴονται φιλοσοφεῖν καὶ οὕτως ἔσεσθαι σπουδαῖοι, ὅμοιόν τι ποιοῦντες τοῖς κάμνουσιν, οἳ τῶν ἰατρῶν ἀκούουσι μὲν ἐπιμελῶς, ποιοῦσι δ᾽ οὐδὲν τῶν προσταττομένων. ὥσπερ οὖν οὐδ᾽ ἐκεῖνοι εὖ ἕξουσι τὸ σῶμα οὕτω θεραπευόμενοι, οὐδ᾽ οὗτοι τὴν ψυχὴν οὕτω φιλοσοφοῦντες[但大多数人不这样行事，他们乞灵于言辞，认为这就是搞哲学，会让他们成为优良的人，他们这样一种做法，就像是尽管小心听医师说话，却一点也不按医师的吩咐去做的病人。正如靠这样的治疗方式不会有好的身体，这样搞哲学也不会有好的灵魂]。[1]"大多数人不关心这一点（προαίρεσις-βεβαίως-Sein[抉择—牢靠的—存在]），他们乞灵于废话，从而认为他们在搞哲学且严格采取了正确的方式。他们和那些尽管小心听医师的话（还就此展开讨论）却一点也不付诸行动的人一样。就像那些通过这种操持方式不会变得健康的人一样，他们还会成为这样的人：他们只是作道德说教，却不靠其自身来拥有本真的生存（而唯独靠谈话）。"关于伦理问题的λέγειν[言说]和正确的哲思之间的对照非常典型——要采取一项行动来反击对苏格拉底方法的滥用，就要求行动者已正确理解了苏格拉底，但他要做到这一点恐怕没那么简单。

2. ἀρετή[优异]作为μεσότης[中道]

更进一步澄清ἕξις[状态]之于ἀρετή[优异]的关联，是为了

① 《尼各马可伦理学》，卷B章3，1105b12以下。

由此来理解，ἕξις［状态］本身怎么能够成为我们对于 πάθη［情感遭遇］的态度之如何(Wie)。ἕξις［状态］怎么能够成为 πῶς ἔχομεν［我们的拥有方式］？Ἕξις［状态］无非是 πάθος［情感遭遇］的一
185 种方式，无非是不—知—所—措(Aus-der-Fassung-Sein)，或者更确切地说，无非是对……有领会的存在(Gefaßtsein)。只要我们能按照其基本结构来规定 ἕξις［状态］，我们也将同时澄清 πάθη［情感遭遇］的可能结构。ἕξις［状态］本身正是 ἀρετή［优异］的一项基本规定。亚里士多德在《尼各马可伦理学》卷二章 5 中指出："就存在来源而言"，ἀρετή［优异］就是一种 ἕξις［状态］，一种对……有领会的存在(Gefaßtsein)。[①] ἕξις［状态］就是**按照人的具体存在**来理解问题(ist zu verstehen im Bezug auf das konkrete Sein des Menschen)。也就是说，ἕξις［状态］还有引申含义，它与任何一种存在者的 δύναμις［能力］是一回事。就此而言，ἕξις［状态］拥有指向人的存在的定向。就其本身而言，ἕξις［状态］关涉 ζωή πρακτικὴ μετὰ λόγου［依赖言辞的实践性生存］，关涉这样一种在—此—世—存在：在此存在中碰到的世界，具有 συμφέρον［有利］、βλαβερόν［有害］、ἡδύ［让人快乐］和 λυπηρόν［让人痛苦］之特质。我们的在—此—世—存在，总可以由被提升(Gehobensein)和遭压抑(Gedrücktseins)之情状来描述，也正因为如此，我们感到自己处在偏转之中，受某种不愉快或情绪高涨支配。在具有如此特质的存在之中，ἕξις［状态］就是确定的有领会的存在。由此，ἀρετή［优异］的存在特质便得到了规定。

---

① 《尼各马可伦理学》，卷 B 章 5，1106a13：τῷ γένει［就属而言］。

亚里士多德又试图通过下述方式，来更精确地把握 ἀρετή[优异]的存在规定：他将 ἀρετή[优异]当做 μεσότης[中道]，也就是将 ἀρετή[优异]的 οὐσία[本体]当做 μεσότης[中道]。术语 μεσότης[中道]、μέσον[居中之物]源自医学，目的是将人的健康状态当作某种 μέσον[居中之物]来理解，医学的概念建构就以此为定向。亚里士多德将此源自医学的概念转借到伦理学中，具体着眼于存在的基本含义的不同特点（Andersartigkeit），以便在伦理学领域中研究此概念。在此前的伦理问题中，μεσότης[中道]这个概念没有出现过。

亚里士多德尝试通过下述方式，来接近 μεσότης[中道]现象，也就是接近持—中（Die-Mitte-Haltens）现象：他以规定某种 πράγμα[事情]的 μεσότης[中道]为出发点：ἐν παντὶ δὴ συνεχεῖ 186
καὶ διαιρετῷ ἔστι λαβεῖν τὸ μὲν πλεῖον τὸ δ' ἔλαττον τὸ δ' ἴσον[在每一种连续并且可分的事物中，都可以找到或更大或更小或相等的部分]。[1]"在所有本身有内在关联和连续不断的事物之中，可以区分多少和与之相应的相等。"这些区分要么是 κατ' αὐτὸ τὸ πρᾶγμα[就事情本身而言]，要么是 πρὸς ἡμᾶς[相对于我们而言]，[2]也就是说，"着眼于实事本身"和 πρὸς ἡμᾶς[相对于我们而言]。τὸ δ' ἴσον μέσον τι ὑπερβολῆς καὶ ἐλλείψεως[相等是过度和不足的某种居中之物]。[3]Μέσον[居中之物]就是相等之物，我们将其理解为从终点离—开—相等—距离（Gleich-weit-weg-Sein）。"与两个终

① 《尼各马可伦理学》，卷 B 章 5，1106a26 以下。

② 《尼各马可伦理学》，卷 B 章 5，1106a28。

③ 《尼各马可伦理学》，卷 B 章 5，1106a28 以下。

点中的每一个终点距离一样远的事物，被称为实事本身的 μέσον[居中之物]。"[①] 这样一来，人们就能够以几何方式来规定某个事物的中点。但只要 μέσον[居中之物]应当与对人的存在的解释(Interpretation)具有同源关系，那么，μέσον[居中之物]本身就不会与某种 πράγμα[事情]有关，相反，它只不过是 πρὸς ἡμᾶς[相对于我们而言]的 μέσον[居中之物]，只不过我们与它有关联，它只不过以下述方式有关：实事对于我们而言"既不过多也不过少"。[②] 就 μεσότης[中道]而言，连世界也成了问题，非但如此，在一此一世一存在本身的方式靠 μεσότης[中道]才能得到规定。相应地，必须注意的是，并不存在符合存在之尺度的 μέσον[居中之物]，并不存在 ἕν und ταὐτὸν πᾶσιν[相对于所有人而言的同一个][③]μέσον[居中之物]，但就 πράγμα καθ' αὐτό[以自身为根据事情]而言，譬如，就一条线或者两个数而言，仍然存在相对于所有人而言的同一个 μέσον[居中之物]，正如 4 永远是 2 的倍数，并且距离 2 和 6 一样远。在此意义上，对于人的存在而言，并没有 μέσον[居中之物]，因为，任何属人的 μέσον[居中之物]都是 πρὸς ἡμᾶς[相对于我们而言]的 μέσον[居中之物]。对于我们的存在而言，其特质是个别性，无法给出唯一而又绝对的规范。问题的关键在于如此建构人的存在，从而使人有能力持守中道(daß es in die Eignung versetzt

① 《尼各马可伦理学》，卷 B 章 5，1106a29 以下：λέγω δὲ τοῦ μὲν πράγματος μέσον τὸ ἴσον ἀπέχον ἀφ' ἑκατέρου τῶν ἄκρων[我所谓事情的居中之物，就是到两个极端距离相等的点]。

② 《尼各马可伦理学》，卷 B 章 5，1106a29 以下：πρὸς ἡμᾶς δὲ ὃ μήτε πλεονάζει μήτε ἐλλείπει[相对于我们而言，它既不多也不少]。

③ 《尼各马可伦理学》，卷 B 章 5，1106a32。

wird, die Mitte zu halten)。然而，持守中道无非意指要把握眼下(Augenblick)。问题的关键在于，ὅτε δεῖ καὶ ἐφ' οἷς καὶ πρὸς οὓς καὶ οὗ ἕνεκα καὶ ὡς δεῖ[在合适的时间，在合适的场合，针对合适的人，为了合适的目的，采取合适的方式]。[①] 针对存在规定的这种复多性，需要持守中道，但需要持守的中道并非数学或几何学上的 187
中点，这里指的是作为 τάξις[处置]的 ἕξις[状态]意义上的中道：即对一项决定所需要考虑的事物"所作出的分配"(Verteiltsein)。分配是一种实事，一种从决定本身当中生发出来的实事，也就是说，中道在此并非某种确定的品质(Eigenschaft)，而是自己的处世态度的一种方式。亚里士多德认为 ἀρετή[优异]就是 τοῦ μέσου στοχαστική[有能力切中居中之物]，[②] 后者作为持守中道者、作为有定向的存在，以正确的分配、对当前的正确把握"为目的"。Μεσότης[中道]就是 ἕξις βλέπουσα[明了状态]，[③] 就是"有领会的存在，它明了"处境并且对处境开放。在此意义上，必须由下述事物的存在特质出发来理解中道：中道之为中道需要考虑，就是为了此事物。在此意义上，中道必定与作为定向于某物的人的存在有关。

在《论灵魂》卷二章 11 中，亚里士多德在解释 αἴσθησις[感知]的时候，将 αἴσθησις[感知]本身定性为一种 μεσότης[中道]，尽管，感知是 κριτικόν[批评]特质与彼此"分离的能力"(Abhebenkönnen)特质的 μέσον[居中之物]。[④] 上述理解，源于亚里士多德看到：

---

① 《尼各马可伦理学》，卷 B 章 5，1106b21 以下。

② 《尼各马可伦理学》，卷 B 章 5，1106b28：στοχαστική γε οὖσα τοῦ μέσου[就是有能力切中居中之物]。

③ 《尼各马可伦理学》，卷 B 章 5，1106b9。

④ 《论灵魂》，卷 B 章 11，424a4 以下。

看到颜色，总是对一种确定的颜色与另一种颜色的分离。看的能力必定是这样一种可能性：它与周围的某一个对象无关，而是能看到模糊—清楚这两个终点的一种可能性，从而也是能够看到颜色的复多性的整体延续范围的一种可能性——它是一种针对可能对象的存在态度，是一种 κριτική[批评]意义上的 δύναμις[能力]。感知所针对的对象，处在向它们敞开的存在（Freisein）的特殊处境中。在此敞开的存在中，有一种从两个终点出发的、确定的有定向的存在。由 μέσον[居中之物]的这一运用出发，可以清楚的看到：μέσον[居中之物]本身与某种慎重权衡的品质无关，而首先关涉世界之中的
188 有定向的存在。

3. ἀρετή[优异]指向关键时刻（καιρός）

ἔστιν ἄρα ἡ ἀρετὴ ἕξις προαιρετική, ἐν μεσότητι οὖσα τῇ πρὸς ἡμᾶς, ὡρισμένῃ λόγῳ[因此，优异是倾向于某种抉择的状态，它存在于相对于我们而言的中道之中，由言辞所决定]。① 在此意义上，ἕξις[状态]作为 μεσότης[中道]是“被划定了界限”（ausgegrenzt）的这样一种 ἕξις[状态]，它本身“被与世界的言说”划定了界限，所采取的方法是对眼下的预先思考（Vorüberlegen des Augenblicks），它本身也被彻底讨论处境的方式所决定——此时此刻，相对于这位确定的人，需要考虑这一点——，所以，通过此划界，产生了当前的正确分配（Verteiltheit）。从如此理解的 μεσότης[中道]和 ἀρετή[优异]出发，如今能够明了：如果人们将 ἀρετή[优异]

① 《尼各马可伦理学》，卷 B 章 6，1106b36 以下。

理解为完全性，那是错误的——这种理解与 ἀρετή[优异]的含义相抵触。

进入某种确定的 ἕξις[状态]的本真含义究竟是什么？Ἕξεις[状态]根本不是我们与生俱来的品质(ja nicht Eigenschafen, die wir von Natur mitbringen)，相反，它具有一种确定的 γένεσις[生成]：它 δι' ἔθους[依赖于性情]。养成习惯(Gewöhnung)是道路(Weg)，我们由此道路形成 ἕξις[状态]、造就 ἀρετή[优异]。正是在《尼各马可伦理学》卷B开头，亚里士多德对 ἀρεταί[优异]的复多性作了本质区分：ἡ μὲν διανοητικὴ [ἀρετὴ] τὸ πλεῖον ἐκ διδασκαλίας ἔχει [...], διόπερ ἐμπειρίας δεῖται καὶ χρόνου[理智上的(优异)大多由教育得来……，正因为如此，它需要经验和时间]。[①]“行为举止(Verhaltens)的那些通过 διανοεῖν[彻底思考]形成的可能性，你们大多得自传授，因此，它们需要经验和时间。”ἡ δὲ ἠθικὴ ἐξ ἔθους περιγίγνεται[而伦理上的(优异)则出自性情]。[②]“相反，沉湎于某种确定的激情的有领会的存在(Gefaßtsein)，我们则得自习惯之养成。”至关重要的是，弄清 ἀρετή[优异]之 γένεσις[生成]于习惯之养成的特质。ἐθίζειν[养成习惯]：通过常常—经受，将自身—引—入—某种—确定的—可能性(Sich-in-eine-bestimmte-Möglichkeit-Bringen durch das Öfter-Durchmachen)。与此同时，可能性总是某种确定的可能性，譬如，对于某种 ποίησις[制作]而言：某种制作的可能性之获得，就是技术(Technik)；再

① 《尼各马可伦理学》，卷B章1，1103a15以下。

② 《尼各马可伦理学》，卷B章1，1103a17。

譬如，达成 πρᾶξις［实践］的可能性，πρᾶξις［实践］并没有被当成更广泛意义上的“行为”（Handlung）本身，而是被当成了对人的存
189 在的规定。Ποίησις［制作］和 πρᾶξις［实践］是两种可能性，也许它们只是指获得的两种不同方式。

亚里士多德谈论了 γραμματικός［语法学家］。①他说，人能够正确地写作，首先是出于偶然或有外在帮助。但偶然写作的人，还没法轻而易举地写作。他必须按照 τέχνη［技艺］的要求来写作。他一定不能偶然地写作，而必须按照规定来写作，他也不能靠外在帮助来写作，而必须从自身出发能够写作。练习、常常经受（Öfter-Durchmachen）的关键，恰恰在于逐渐排除靠规定来定向的存在（Orientiertsein an der Vorschrift）。练熟（Einübung）恰恰具有不假思索之含义，因为，对于完全性而言，恰恰是通过练熟才达成了某种结果。就 τέχνη［技艺］而言，具有决定性意义的是 ἔργον［活动］。操持此种 ἔργον［活动］，就是要使 ἔργον［活动］变得正确，要使生产顺利进行。

就某一行为——在与 ποίησις［制作］相对的更为严格的意义上——而言，按照其含义，问题的关键并不在于要使行为轻而易举地进行，也不在于达成某种结果，相反，具有决定性意义的是 προαίρεσις［抉择］，也就是“自我决断”（Sichentschließens）。从属于行为的是：行为总是出自某种决断。行为本身在 καιρός［关键时刻］中拥有其 τέλος［结果］。从属于行为的还有：行为恰恰通过深思熟虑（Überlegung）而被经历，其本身也通过深思熟虑而被完成。按

① 《尼各马可伦理学》，卷 B 章 3，1105a22 以下。

照 ὀρθότης[正确性],按照思考的“正确性”,行为得以完成。练熟(Einübung)排除了行为的可能性,而深思熟虑和决断也就是行为方式——这才是问题的关键之所在。因此,将自身引入正确行为的可能性,并不意味着获得某种完全性。靠行为养成习惯的方式方法,并不是练习(Übung),而是**重复**(Wiederholung)。练习并非指:使某种牢固的完全性发—挥—作用(Ins-Spiel-Bringen),而是**在所有当前都重新由相应的决断出发来行为**。

形成 ἕξις[状态],取决于某种运转(Betrieb),而非取决于某 190
种规程(Routine)。在运转中,眼下(Augenblick)遭到毁弃。任何完全性作为固定规程,都对眼下不起作用。通过养成习惯而养成 ἕξις[状态],无非意指正确地重复。因此,亚里士多德在《尼各马可伦理学》卷B章3中也将 ἀρετή[优异]和行事(Handeln)与任何 τέχνη[技艺]作了严格区分,尽管起初在划定两者与 ἐπιστήμη[知识]的界限时,他将两者并置在一起。ἐμπειρία[经验]和 χρόνος[时间]从属于 ἐκ διδασκαλίας[由教育]养成之过程。[①] 在亚里士多德看来,“科学”即 ἐπιστήμη[知识]是一种确定的 ἕξις[状态],是对待此在的实事本身的一种确定的存在态度,其方式是:我对此在的实事本身了然于胸。这种 ἕξις[状态]在其本身之中带有一定程度的具体知识。就其内容而言,这种具体知识只能一点一点获得。这有赖于知识的程度。这种具体知识本身需要一个完全确定的期限。与此相对,πράττειν[实践]即“行事”,还有“制作”即 ποιεῖν[制作]一项实事,都取决于通过 πρᾶξις[实践]和 τέχνη[技艺]将

① 《尼各马可伦理学》,卷B章1,1103a15以下。

其本身建构出来；但并非接纳确定的物质（Material），而是建构出交往本身的方式（das Wie des Umgehens selbst auszubilden）。其中的区别在于，πρᾶξις［实践］就取决于此方式。此方式只有通过下述方式来养成：人们本身必须能够对每一个眼下都有所领会（für jeden Augenblick gefaßt zu sein）；这种有所领会并非规程，而是使自己保持开放（Sichfreihalten），是按照 μεσότης［中道］行事的 δύναμις［能力］。所有人类的生命都不可能永久在此。某种人类生存所能够支配的可能性，在此在的伸展中不可能永久在此，此在会丧失自己。可能性会衰败，此在需要总是重新不断反复来养成。重复作为某种确定的练习所依赖的事物的特性，可以由下述事实来描述：所有行事和所有不一行事，都以 μεσότης［中道］为定向。亚里士多德反复强调说，μέσον［居中之物］难以企及又极易失去，偏离
191 很容易发生。发怒很容易，但在恰当的眼下发怒却很难。所以，需要能够将眼下作为整体来把握的可能性。因此，从 μεσότης［中道］出发来行事和行事符合 μεσότης［中道］都很难得。[①]

习惯的自我养成的全部问题，必须由可能性的表现方式出发才能看清，习惯的自我养成就取决于可能性的获得。这取决于当时作出决定，取决于将当前据为己有（Aneignen）。也必须如此来理解亚里士多德所谓“由经常的行事出发”（aus dem Öfter-

① 《尼各马可伦理学》，卷 B 章 9，1109a26 以下：οὕτω δὲ καὶ τὸ μὲν ὀργισθῆναι παντὸς καὶ ῥᾴδιον [...]· τὸ δ᾽ ᾧ καὶ ὅσον καὶ ὅτε καὶ οὗ ἕνεκα καὶ ὥς, οὐκέτι παντὸς οὐδὲ ῥᾴδιον· διόπερ τὸ εὖ καὶ σπάνιον καὶ ἐπαινετὸν καὶ καλόν［所以，每个人都会发怒，并且都容易发怒……；但应该对谁发怒、应该发多大的怒气、应该在什么时候发怒、应该为什么发怒，并非每个人都能把握，或者并不容易把握；因此，恰当地发怒是稀罕的、值得赞赏的、高贵的］。

Handeln)。[1] 所谓经常的行事，在此并非指某一期限意义上的经常(Oft)，以至于人们经过一段确定的时间之后最终会达成规程；相反，所谓经常的行事与作为 προαίρεσις[抉择]的 πρᾶξις[实践]有关：它指 προαίρεσις[抉择]的不断—重复(Immer-Wiederholen)。经常(Öfter)恰恰刻画了此在的时间性。亚里士多德不能说 ἀεί[永恒]，因为，人的此在本身不可能永久不断地如此持存。人的此在恰恰能够不断地以另外的方式存在。像此在这样一类存在者的不断(Immer)，乃是重复之经常(Öfter der Wiederholung)。正是在由历史性(Geschichtlichkeit)所决定的人的此在中，可以看到完全不同的时间关联，与这些时间关联相对的其余的时间规定都不起作用。

第十八节　πάθος[情感遭遇]：它的普通含义及其在人的此在中的作用(《形而上学》卷 Δ 章 21，《论灵魂》卷 A 章 1)

(一)以 ἕξις[状态]作为指导线索来建构 πάθος[情感遭遇]的存在结构

就理解 ἕξις[状态]本身，并就理解 ἕξις[状态]之 γένεσις[生成]，我们得知：不能将 ἕξις[状态]理解为规程意义上的一种完

① 《尼各马可伦理学》，卷 B 章 3，1105b4：ἐκ τοῦ πολλάκις πράττειν[出自重复实践]。

192 全性。由此出发，我们已然更为透彻地看清了某物，此物需要与πάθη［情感遭遇］本身一道来考虑。πάθη［情感遭遇］也是诸特质，这些特质更进一步以自己的方式规定了在—此—世—存在，规定了在—眼下—存在（Im-Augenblick-Sein）。这并不关涉与“身体的伴随现象”相关的“灵魂状态”，相反，πάθη［情感遭遇］刻画了具有其在世情状（Befindlichkeit in der Welt）的全部人类。全部人类最初成为研究对象，是在亚里士多德《论灵魂》卷A的灵魂论（Psychologie）中。着眼于其存在，必须将人类之整体理解为ζωή［生存］、理解为在—某—世—存在——如此领会的本真主题并不属于灵魂论，而属于对这种存在者之存在的讨论。Πάθη［情感遭遇］：我们将以分析恐惧（Furcht）为例。在古希腊人那里，作为焦虑（Angst）的恐惧，对经验之所是与所不是（was ist und was nicht ist）的方式方法具有建构性（konstitutiv）。所以，亚里士多德对恐惧现象的看法如此广泛，以至于他还注意到：如果无物在此（nichts da ist），就会产生一种恐惧，因为，无物在此也许是（wäre）恐惧的直接诱因——这就是对虚无的恐惧（Furcht vor dem Nichts）。由此便可以明白，古希腊人如何以当前（Gegenwart）方式本真地看到存在，古希腊人如何将存在作为当前性（Gegenwärtigkeit）来操持。

亚里士多德对ἀρετή［优异］概念的规定遵循了存在的基本概念，由此出发，他在《尼各马可伦理学》卷B章6开头，将ἀρετή［优异］规定为ἕξις προαιρετική［倾向于某种抉择的状态］，ἐν μεσότητι οὖσα τῇ πρὸς ἡμᾶς, ὡρισμένη λόγῳ καὶ ὡς ἂν ὁ φρόνιμος ὁρίσειεν［它存在于相对于我们而言的中道之中，由言辞所决定，也就是像有实践智慧的人作出的决定那样]。[1] ἀρετή[优异]是一种"具有自我决断能力的有领会的存在"。由 προαίρεσις[抉择]来规定的 ἕξις[状态]、由当前来规定的 ἕξις[状态],可以更进一步解释为 μεσότης[中道]。"中道"作为对 ἕξις[状态]的规定,μεσότης[中道]πρὸς ἡμᾶς[相对于我们而言],正如世界本身与我们相待(zu uns steht),或者更准确地说,正如我们存在于世界之中;也就是说,在自我决断和当前—在此拥有(Gegenwärtig-Dahaben)决定性的眼下的时候,能够保持中道。但通过彻底讨论(Durchsprechen),这些情形本身还是按照不同的着眼点被排除了。甚至在作为有领会的存在的 ἀρετή[优异]之中,对 λέγειν[言说]的规定也浮现出来了。可以更进一步对 ὁρίζεσθαι λόγῳ[由言辞所决定]作出规定,以免 193
与对某一实事的某种理论规定相混淆。正是这样一种 ὁρίζεσθαι[决定],像 φρόνιμος[有实践智慧的人]所作的那样,λέγειν[言说]是 φρόνιμος[有实践智慧的人]的 λέγειν[言说],看(Sehen)并不是使实情(Sachverhalte)显露出来的观望(Hinsehen),而是作为环顾(Umsicht)的看世界,是自己在世界中环顾,看世界首先是在自我决断中考虑周全(Umsicht)。围绕此在的在—此—操心中—存在(In-der-Sorge-Sein)看问题的方式具有 φρόνησις[实践智慧]。因此,λέγειν[言说]是这样一种事物,它符合 φρόνησις[实践智慧],与 φρόνησις[实践智慧]有关的是 μετά[与时俱进]。如果我们这样来思考 ἀρετή[优异],那么,就会将 ἀρετή[优异]描述为 οὐσία[本体],因为,ἀρετή[优异]的存在建构出了人的此在。行事的可

① 《尼各马可伦理学》,卷 B 章 6,1106b36 以下。

能性和自身的态度的可能性通过 ἀρετή[优异]表达出来，就此可能性而言，ἀρετή[优异]不是某种 μεσότης[中道]，而是一个顶点、最高点、ἀκρότης[极致]。纯粹从本体论的角度看，即就 οὐσία[本体]而言，ἀρετή[优异]就是 μεσότης[中道]，但就 ἀρετή[优异]本身所带有的可能性而言，就 εὖ[好]而言，ἀρετή[优异]是 ἀκρότης[极致]。①

朝向 ἦθος[性情]的 ἀρετή[优异]，ἀρετή ἠθική[伦理上的优异]，具有符合其特质的一个完全特定的 γένεσις[生成]，在《尼各马可伦理学》卷 B 开头，亚里士多德比照 ἀρετή διανοητική[理智上的优异]，联系在世的自我环顾，更为清楚地将 ἀρετή[优异]的 γένεσις[生成]描述为有领会的在世存在能力(Gefaßtseinkönnen in der Welt)。ἀρετή[优异]与 πρᾶξις[实践]有关，ἀρετή ἠθική[伦理上的优异]与 ἔθος[性情]有关：在更为经常地经受的意义上，ἀρετή ἠθική[伦理上的优异]的 γένεσις[生成]就是"习惯的自我养成"(Sichgewöhnen)。② 当人们着眼于 γένεσις[生成]，将另一种 ἀρετή[优异]即 ἀρετή διανοητική[理智上的优异]，比方说将科学，视为占有某个确定的实事领域的时候，便等于说：ἀρετή[优异]需要"经验和时间"。③ 这并不是说，养成 ἀρετή ἠθική[伦理上的优

① 《尼各马可伦理学》，卷 B 章 6，1107a6 以下：κατὰ μὲν τὴν οὐσίαν καὶ τὸν λόγον τὸν τὸ τί ἦν εἶναι λέγοντα μεσότης ἐστὶν ἡ ἀρετή, κατὰ δὲ τὸ ἄριστον καὶ τὸ εὖ ἀκρότης[就本体而言，和就说明其所是的言辞而言，优异是中道，但就最好而言，优异是好的极致]。

② 《尼各马可伦理学》，卷 B 章 1，1103a17:ἐξ ἔθους περιγίγνεται[出自性情]。

③ 《尼各马可伦理学》，卷 B 章 1，1103a16 以下：ἐμπειρίας δεῖται καὶ χρόνου[需要经验和时间]。

异]不需要时间，但 χρόνος[时间]在此被当成了持续(Dauer)。持续本身，我在其中获得了实事认识的持续本身，同时是养成作为知 194 晓某物的有领会的存在的建构性要素。ἠθική[伦理上的(优异)]的时间特质在于 πολλάκις[常常如此]。亚里士多德从词源学的角度，将 ἀρετή ἠθική[伦理上的优异]与 ἔθος[性情]联系起来。[1] 因此，ἔθος[性情]在此同时表明了 γένεσις[生成]。作为 ἠθική[伦理事物的]ἀρετή[优异]的建构性要素，恰恰并非时间而是持续，亚里士多德的下述强调表明了这一点：赢得内在于此在之中的本真的有领会的存在的人，是作为成人的人(Mensch als Mann)，而非处在青年和老年时的人，青年和老年时期的大多数时间恰恰流逝了。亚里士多德在《修辞学》卷二章 12—15 中明确探讨了年纪。需要注意的是，譬如，最年长的人并非基于这种时间上的延伸而拥有本真地存在于 ἕξις[状态]之中的可能性，但靠 ἐπιστήμη[知识]达成这一点却是有可能的。与 πάθη[情感遭遇]有关的 ἕξις[状态]，应当成为我们更进一步把握 πάθη[情感遭遇]本身的存在结构的指导线索。

(二)πάθος[情感遭遇]的四种普通含义

为了规定 πάθος[情感遭遇]，我们来考察《形而上学》卷 Δ 章 21 中的定义：

一、πάθος λέγεται ἕνα μὲν τρόπον ποιότης καθ’ ἣν ἀλλοιοῦσθαι ἐνδέχεται, οἷον τὸ λευκὸν καὶ τὸ μέλαν, καὶ γλυκὺ καὶ πικρόν, καὶ

---

[1] 《尼各马可伦理学》，卷 B 章 1，1103a17 以下。

βαρύτης καὶ κουφότης, καὶ ὅσα ἄλλα τοιαῦτα［情感遭遇在某种意义上可以说是靠它会发生变化的品质，譬如，白与黑、甜与苦、重与轻以及诸如此类的变化］。[①] 对 πάθος［情感遭遇］的第一个也是最切近的规定是“有白—黑、甜—苦……变化的特性即 ποιότης［品质］（因此，此特性并非随便哪种特点本身，而是可以如此来描述的一种特点即特性：它本身为具有如此特性的事物提供了变化的可能性）”。此规定将存在者描述为这样的事物：它在一定程度上有可能遭受某物的影响。对于这样的存在者，可能碰到（passieren）某种事情。“碰到”在本真意义上切中了 πάσχειν［遭受］和 πάθος［情感遭
195 遇］的含义。亚里士多德靠运动的事实在 πάθος［情感遭遇］中看到的被动内容（das Passive）较少，相反，他看到我经历了某物（etwas mit mir geschieht）。在此，πάθος［情感遭遇］在最广泛和最肤浅的意义上，被当成了 ἀλλοίωσις［变化］、“变化”（Anderswerdens）的可能性；πάθος［情感遭遇］是对具有变化性特质的存在者的规定。

二、ἕνα δὲ αἱ τούτων ἐνέργειαι καὶ ἀλλοιώσεις ἤδη［是上述变化的活动状态和已然发生的变化］：[②] 如此刻画的存在者本身带有下述可能性：在特性范围内，存在者经历了某物，譬如，关于某种颜色；如今我们如此认为，那是因为在存在者的此在本身之中的变化的发生本身被当成了 πάθος［情感遭遇］。ἐνέργεια［活动状态］：就是一个如此变化着的某人—经历（Mit-einem-Geschehens）。

三、ἔτι τούτων μᾶλλον αἱ βλαβεραὶ ἀλλοιώσεις καὶ κινήσεις,

① 《形而上学》，卷 Δ 章 21，1022b15 以下。

② 《形而上学》，卷 Δ 章 21，1022b18。

καὶ μάλιστα αἱ λυπηραὶ βλάβαι[较为特别的是上述变化中有害的变化和运动,最特别的是痛苦的伤害]。[①] 对 πάθος[情感遭遇]的规定变得越来越窄:既然 πάθος[情感遭遇]就是某人一经历,那么,它就可能有令人不快和 βλαβερόν[有害]之特质。我所遭遇(passiert)的事物对我有害,是在我遭遇它的时候(in seinem Passieren mir),我们也正是这样来运用"遭遇"(passieren)这个词的。但还可以更为确切地将 πάθος[情感遭遇]规定为大多与 λύπη[痛苦]相关的有害性,正因为如此,我的心境会受到我这种遭际的影响(meine Stimmung von diesem Geschehen mit mir betroffen wird);被迫忍受(Angegangenwerden)某物指我的心境,指变得沮丧(Herabgedrücktwerden)意义上的变化。

四、ἔτι τὰ μεγέθη τῶν συμφορῶν καὶ λυπηρῶν πάθη λέγεται[巨大的不幸和痛苦被称为情感遭遇]。[②] 其次,πάθος[情感遭遇]指我碰到的事物、伤害我的事物的"巨大"和"程度"的极端含义。对此,我们有相应的表达:"此事对我是一个打击"。

由此四重含义,可以清楚地看到 πάθος[情感遭遇]的本真关联性(Bezogenheit):与有生命之物的存在有关,有生命之物的存在特质可以用自我一时一时一如此一感受(Je-und-je-sich-so-Befinden)来描述。某人的经历是在上述情状中碰到的,某人在上述情状中遭到打击。这种经历本身具有有害之特质。经历本身不消说 196
不必具有有害之特质、φθορά[毁灭]之特质,相反,亚里士多德知

① 《形而上学》,卷 Δ 章 21, 1022b18 以下。

② 《形而上学》,卷 Δ 章 21, 1022b20 以下。

道一种 μεταβολή[转变]、κίνησις[运动]、ἀλλοίωσις[变化]，在此，πάσχειν[遭受]具有 σωτηρία[保存]之特质。[1]我经历了某事，以至于这种经验或遭遇具有 σῴζειν[保全]之特质。我碰到了某事、我发生了某事，但我并没有被毁掉，相反，我自己因此才进入了本真的状态即可能性，这种可能性就在我之中，它现在变成了本真的现实。黑格尔从亚里士多德出发，将 σῴζειν[保全]现象归于“扬弃”(Aufhebung)这个术语之下。我已经确定了这些事实，由此可以澄清与运动现象的内在关联。亚里士多德在独特处境中涉及了区分问题：如果某人知晓某一确定的实事，拥有某种认识，由此认识出发、由对看的能力(Sehenkönnen)的领会出发，相应的实事领域会向他呈现出来，那么，就可以将某种 κίνησις[运动]、μεταβολή[转变]确定下来，确定为一种“突变”(Umschlagen)，但我们无法正确地称其为“变化”(Anderswerden)，或者，如果谁真想称其为“变化”(Anderswerden)，他就必须引入 ἀλλοίωσις[变化]的一个新的 γένος[属]；这正如人们很少能说，一个建筑师如果建一所房子，通过建房他会变成另一个人——他仍将是其所是。[2]

---

① 《论灵魂》，卷 B，章 5，417b2 以下：οὐκ ἔστι δ’ ἁπλοῦν οὐδὲ τὸ πάσχειν, ἀλλὰ τὸ μὲν φθορά τις ὑπὸ τοῦ ἐναντίου. τὸ δὲ σωτηρία μᾶλλον τοῦ δυνάμει ὄντος ὑπὸ τοῦ ἐντελεχείᾳ ὄντος[遭受的意思并非不是双重的，相反，它既指由另一方所导致的毁灭，甚至也指现实事物通过隐德莱希而实施的保存]。

② 《论灵魂》，卷 B，章 5，417b5 以下：θεωροῦν γὰρ γίγνεται τὸ ἔχον τὴν ἐπιστήμην, ὅπερ ἢ οὐκ ἔστιν ἀλλοιοῦσθαι [...] ἢ ἕτερον γένος ἀλλοιώσεως. διὸ οὐ καλῶς ἔχει λέγειν τὸ φρονοῦν, ὅταν φρονῇ, ἀλλοιοῦσθαι, ὥσπερ οὐδὲ τὸν οἰκοδόμον ὅταν οἰκοδομῇ[因为，当拥有知识的人转入沉思时，他并未发生变化……或发生了另外某种变化。因此，说有智慧的人运用智慧的时候发生了变化，不是好的说法，正如说建造房屋的人建造房屋的时候发生了变化，也不是好的说法]。

通过此 ἀλλοίωσις[变化]，ἕξις[状态]受到保护，也就是说，将 ἕξις[状态]引向了其应所是，与此 ἀλλοίωσις[变化]相对，有这样一种 πάσχειν[遭受]，它具有 στερητικόν[否定性品质]之特质：我碰到了某事，与此同时，我丧失了 ἕξις[状态]，譬如，我变老了(Altwerden)。Πάθος[情感遭遇]因而是让我丧失某种实事的事情，是一种扬弃(Aufheben)、保护(Retten)——是保存意义上的扬弃，197
是通过扬弃而上升(Hinaufhebens)到 ἐνέργεια[活动状态]的更高的本真存在。[①]

(三)πάθος[情感遭遇]作为人的此在在其全部身体性的在—此—世—存在中的被消耗

因此，关涉 ζωὴ πρακτικὴ μετὰ λόγου[依赖言辞的实践性生存]的 πάθος[情感遭遇]是此在的一种被消耗(Mitgenommenwerden)。被消耗是由于那种与其本身在世界中共在于此的事物——是由于外在的事物，但这是作为我的存在之所在的世界(als der Welt als Worin meines Seins)的外在事物。由此在本身产生了其被消耗的可能性和方式。因此，作为在—其—世—存在的此在的这种被消耗，并不涉及我们可以称为“灵魂的”某物(das Seelische)，并不涉及作为情感(Affekt)的 πάθος[情感遭遇]所要求的某物，而是涉及作为有生命之物本身的存在者的一种被消耗。准确地说，我不能说：灵魂希望、灵魂有恐惧、灵魂有同情；相反，我总是只能

① 《论灵魂》，卷 B，章 5，417b14 以下：δύο τρόπους εἶναι ἀλλοιώσεως, τήν τε ἐπὶ τὰς στερητικὰς διαθέσεις μεταβολὴν καὶ τὴν ἐπὶ τὰς ἕξεις καὶ τὴν φύσιν[变化有两种方式，一是向否定性的情形转变，二是向状态和本性转变]。

说：人希望、人勇敢。τὸ δὴ λέγειν ὀργίζεσθαι τὴν ψυχὴν ὅμοιον κἂν εἴ τις λέγοι τὴν ψυχὴν ὑφαίνειν ἢ οἰκοδομεῖν· βέλτιον γὰρ ἴσως μὴ λέγειν τὴν ψυχὴν ἐλεεῖν ἢ μανθάνειν ἢ διανοεῖσθαι, ἀλλὰ τὸν ἄνθρωπον τῇ ψυχῇ［说灵魂发怒，如同有人说灵魂在编织或造屋；因此，较好的说法不是灵魂在同情、学习或筹划，而是人凭借灵魂在做这些事情］。[①]"说灵魂发怒，和某人想说灵魂建造一所房屋是一样的。更好的说法，不是灵魂有同情或灵魂知道或以为怎样，而是人 τῇ ψυχῇ［凭借灵魂］有同情或灵魂知道或以为怎样。"——灵魂在此被理解为 οὐσία［本体］，因为，πάθη［情感遭遇］表达了作为有生命之物的存在者的被消耗。亚里士多德所谓 Περὶ ψυχῆς［"灵魂论"］的存在者本体论（Ontologie des Seinden）的主题恰恰是人。因此，πάθη［情感遭遇］并非"灵魂的遭遇"，并不"处在意识之中"（im Bewußtsein），而是在人的在—此—世—存在中的一种被消耗。这是由下述事实所表明的：从属于 πάθη［情感遭遇］的是整体，是在这种碰到、被消耗过程中出现的（vorfindlich）全部经历
198 关系（Geschenhenszusammenhang）。愤怒、愉快等此类情况下的所谓"身体状态"，并非伴随现象，而是同时属于存在者的、人的特殊存在。

亚里士多德在《论灵魂》卷 A 章 1 中讨论了 Περὶ ψυχῆς［"灵魂论"］这样一种研究的本真对象是什么，讨论了 πάθη［情感遭遇］起着何种作用。他是这样同时讨论 πάθη［情感遭遇］和一个有生命之物遭受消耗的方式的：ἀπορίαν δ' ἔχει καὶ τὰ πάθη τῆς

① 《论灵魂》，卷 A，章 1，408b11 以下。

ψυχῆς, πότερόν ἐστι πάντα κοινὰ καὶ τοῦ ἔχοντος ἢ ἔστι τι καὶ τῆς ψυχῆς ἴδιον αὐτῆς· τοῦτο γὰρ λαβεῖν μὲν ἀναγκαῖον, οὐ ῥᾴδιον δέ. φαίνεται δὲ τῶν μὲν πλείστων οὐθὲν ἄνευ τοῦ σώματος πάσχειν οὐδὲ ποιεῖν, οἷον ὀργίζεσθαι, θαρρεῖν, ἐπιθυμεῖν, ὅλως αἰσθάνεσθαι. μάλιστα δ' ἔοικεν ἴδιον τὸ νοεῖν· εἰ δ' ἐστὶ καὶ τοῦτο φαντασία τις ἢ μὴ ἄνευ φαντασίας, οὐκ ἐνδέχοιτ' ἂν οὐδὲ τοῦτ' ἄνευ σώματος εἶναι [灵魂的情感遭遇还有一个疑难：所有情感遭遇是拥有这些情感遭遇的人共同的情感遭遇，还是说存在某种为灵魂本身所专有的情感遭遇；把握住这一点在所必须，尽管做起来并不容易。大多数人当中没有谁认为，遭受或制作能离开身体，譬如，发怒、鼓起勇气、渴望、全部感知。尽管大多数情况下，思考看上去是专有物；但如果思考也是想象，或者它不能没有想象，那么，若没有身体，思考就不会存在]。[①] 亚里士多德对 πάθη[情感遭遇]提出的问题是："是否 πάθη[情感遭遇]对于有这些遭遇者都是共同的(即对于 ἄνθρώπος[人]而言：κοινά[共有之物]在此有全部人类的意思)，或是否存在特别符合灵魂的那种 πάθη[情感遭遇]。对此必须加以澄清(值得注意用了 λαβεῖν[把握]这个词)，但要做到这一点并不容易。大多数人(诉诸人对此在本身的平均经验)的意见是，身体参与了所有鼓起—勇气(Mut-Haben)以及如此等等，尤其以某种方式参与了所有感知。(αἰσθάνεσθαι[感知]这个术语——对……鼓起—勇气，有意愿[Geneigtsein]以及如此等等——并非狭义的觉察[Wahrnehmung]，相反，αἰσθάνεσθαι[感知]被当成了在此拥

① 《论灵魂》，卷 A，章 1，403a3 以下。

有［Dahaben］世界意义上的感知；αἰσθάνεσθαι［感知］不是理论思
考，而是对围绕我的某物敞开［Aufgeschlossensein］。）对于大多数
人而言，νοεῖν［思考］似乎是灵魂的一种 ἴδιον［专有物］。（对于
大多数人而言，纯粹的思考是这样一种事物——譬如，纯粹的数学
内容——：身体本身并不参与其中。）但如果 νοεῖν［思考］（彻底思
考［Durchüberlegen］某一实事，如果我没有以觉察方式［wahrneh-
199 mungsmäßig］意识到此实事），也是像 φαντασία［想象］那样事物，
或者说 νοεῖν［思考］不能没有 φαντασία［想象］，那么，若不与人
的整体生命联系起来，思维（Denken）就不可能存在。”思维：与某
种大脑进程（Gehirnvorgang）无关，而与 φαντασία［想象］有关，与
世界的“自我再现”（Sichvergegenwärtigen）有关，在 φαντασία［想
象］中，所再现之物并非现实在此，而是譬如存在于回忆或纯粹而
又空洞的（bloßen blassen）再现之中。在关于某物的思考中，实事
再现于此。φαντασία［想象］是 νοεῖν［思考］的基础。由于 νόησις
［思］是人的存在的最高可能性，所以，人的全部存在的规定是：必
须将人的全部存在理解为与身体有关的在—此—世—存在。

在此由亚里士多德所给出的内容，至今尚未得到充分利用。最先着手研究这些内容的是现象学（Phänomenologie）。“灵魂的活动”（psychischischen）与“身体的活动”（leiblichen Akten）无法分割。在实践中可以看到这一点，譬如，当我活动我的手的时候，当我用手做运动的时候。我们一定注意到，身体性的原初此在功能（Daseinsfunktion）为人的全部存在奠定了基础。在亚里士多德那里，也已然可以看到整个传统误入生物学的萌芽（笛卡尔：res cogitans［运思之物］——res extensa［广延之物］）。

亚里士多德的出发点是 πάθος[情感遭遇]的四重含义：一、可变性(veränderliche Beschaffenheit)；二、由此而来的一种特殊含义；三、作为使生命变得消沉之物；四、尤其作为有害之物的 πάθος[情感遭遇]：不幸事件、打击。必须指出：在何种程度上，如恐惧、愤怒等等这样的现象，满足我们对 πάθος[情感遭遇]提出的普遍规定；在何种意义上，从而也应该将 πάθη[情感遭遇]视为 γινόμενα τῆς ψυχῆς[灵魂的构成部分]。

亚里士多德以下述问题开启了《论灵魂》：应当如何来理解 ψυχή[灵魂]的含义，以便获得正确的 προτάσεις[前提]，由这些 προτάσεις[前提]出发，将建构出关于有生命之物的存在关联的更进一步的内容。ψυχή[灵魂]意指构成某个有生命之物的存在的所有事物，意指构成存在的事物，这样的事物本身就是某物。因此，200
存在关联的复多性从属于确定的对象范畴的某种确定的复多性。亚里士多德将 πάθη[情感遭遇]置于其下来讨论的问题是：着眼于其存在，一个有生命的存在者如何可能经历某事物？可以认为有生命的存在者所能经历的所有事物都属于这种存在本身吗？还是说，有生命之物的经历之可能(Geschehenkönnens)还有其他规定，而这些规定在特殊意义上符合有生命的存在者本身——符合 ψυχή[灵魂]而非符合 ἄνθρώπος[人]——的某种存在？

处在上述完全普遍的问题的背景之中的现象，亚里士多德称其为 νοῦς[理智]。具体问题(亚里士多德在《论灵魂》卷 Γ 章 4 和章 5 中提出了这些问题，却未解决这些问题)是：何以在本真意义上将人的存在规定为在—此—世—存在；是否可以将人的存在规定为在此拥有—敞开的—此—世(Die-Welt-aufgeschlossen-Dahaben)，规定为被发现性(Entdecktheit),规定为存在—于—此—世的敞开性(Aufgeschlossenheit),是否以及如何由 νοῦς[理智]来作出这些规定;这种由 νοῦς[理智]对敞开性作出的规定是否应当理解为:νοῦς[理智]本身以化入人的存在(im Sein des Menschen aufgeht)的方式而同时从属于人的此在;或者说,是否人的存在、敞开性可以由 νοῦς[理智]来规定,但必须以下述方式来规定:νοῦς[理智]从外部进入了人,以至于人的存在只是敞开性的一种确定的可能性,一种由 νοῦς[理智]本身来保证的确定的可能性。问题也从而在于,是否存在这样的 πάθη[情感遭遇]:它们超越了人的具体的存在,却仍然在其本身之中拥有一种特有的存在。如果我使得 νοῦς[理智]的一些基本规定突显出来,上述内在关联便会变得明了。

亚里士多德对 νοῦς[理智]和 φῶς[光]作了比较。[1] 正如某种颜色只有通过光才表现出了其此—在(Da-Sein),才存在于其此(Da)之中,这是因为这种颜色处在亮光之中——此—在作为特殊
201 的照亮(Erhellung)——,同样,任何此—在者作为存在者,都需要某种具根本性的照亮,以便存在于此(um da zu sein)。存在者本身作为此—在者,必须拥有敞开的可能性。这种可能性无非就是 νοῦς[理智]。νοῦς[理智]、"臆测"(Vermeinen)某物的基本规定,就是 δυνατόν[有能力],[2] 就是敞开的绝对"可能性",某物的此(Da)的绝对"可能性"——任何具体经验都在此(Da)中运转并保持在此(Da)之中。这样的 νοῦς[理智]就是 ἀπαθές[无情感遭遇],[3] "它

① 《论灵魂》,卷 Γ 章 5,430a14 以下。

② 《论灵魂》,卷 Γ 章 4,429a22。

③ 《论灵魂》,卷 Γ 章 4,429a15。

不可能碰到什么”，而可能性的条件是：有生命之物总会碰到某物，有某物为了生命而在此。所以，与在其中—存在(In-Sein)之敞开有关的 νοῦς[理智]，要比人可能之所是更多，因为，人把握上述可能性、把握 νοῦς[理智]的方式就是 διανοεῖσθαι[筹划]。① 由于 νοῦς[理智]形成了人的敞开，所以，νοῦς[理智]是一种 διά[凭借]，因为，生命的规定是 λύπη[痛苦]与 ἡδονή[快乐]。νοῦς[理智]是在—此—世—存在的可能性的基本条件，此条件本身远远超越了个别人的种种具体的存在。

需要注意的是，亚里士多德在《论灵魂》卷 Γ 章 3 至章 5 中的上述阐述，完全局限于描述，他的上述 νοῦς[理智]学说不是某种理论，而是出自具体的经验。亚里士多德对上述学说的推进，只进行到他实际看到的实事之程度。他搁置了对 νοῦς[理智]的研究，因为，他的确没有走得更远。

可以将作为 δυνατόν[有能力]的 νοῦς[理智]，更进一步规定为 δεκτικὸν τοῦ εἴδους[有能力接受形式]，② 规定为对各种 εἶδος[形式]、对某个存在者的“外观”(Aussehens)的“接受能力”。因此，νοῦς[理智]就是光，在此光中可以看到某物的“外观”(Aussehen)。着眼于任何存在者本身的存在规定，关于和颜色有关的亮光的说法(αἴσθησις[感知])，从根本上可以用来谈论 νοῦς[理智]。

前述具体问题是亚里士多德在开场白中提出的：νοῦς[理智] 202

① 《论灵魂》，卷 Γ 章 4，429a23：νοῦν ᾧ διανοεῖται [...] ἡ ψυχή[灵魂……靠理智来筹划]。

② 《论灵魂》，卷 Γ 章 4，429a15 以下。

在何种程度上从属于或不从属于人的具体存在；是否存在某种 ἴδιον πάθος τῆς ψυχῆς［所专有的情感遭遇］；νοῦς［理智］是否形成了有生命之物的存在，以至于这一规定的描述将有生命之物的存在归于了某个特有的存在者；νοῦς［理智］是否作为 μέρος ψυχῆς χωριστόν［灵魂中可分离的部分］而存在。[①] 亚里士多德从印象(Augenschein)出发来确定这些问题。印象告诉我们，一个有生命之物作为在世存在者，在其与世界遭遇的时候，也遭遇了其身体性：所有事物都以具有其完整此在(in seinem vollen Dasein)的有生命之物为目标。印象表明的这一点与人的存在有关，这一点可以用 νοῦς［理智］来规定。人的 νοεῖν［理解］并不纯粹。对我在此并不真实拥有对某物的臆测，以 φαντασία［想象］为根据，只有从再现(Vergegenwärtigung)出发才有可能，而再现本身无非是曾经当前之物的重现(Wiederholung)，是对过去了的某一次当前(Gegenwart)的重现。Φαντασία［想象］不一定是回忆——回忆是一种特殊的再现。回忆是这样一种再现：在回忆中有对当时经验到的重现之物的认识。所以，人的 νοῦς［理智］也与 φαντασία［想象］有关，从而与 αἴσθησις［感知］和对 σῶμα［身体］的 πάσχειν［遭受］有关。

我们关注的问题是：亚里士多德是如何将具有其完整此在的人的存在与 σῶμα［身体］密切联系在一起的。这个问题决定了研究 πάθη［情感遭遇］本身所采取的方式。《修辞学》中所贯彻的分析 πάθη［情感遭遇］的方式是这样一种方式：无需探讨 πάθη［情感遭遇］的下述特性，就能使 πάθη［情感遭遇］的 εἶδος［形式］变得

① 《论灵魂》，卷 A 章 1，403a8 以下。

可见：作为具有如此外观的 κινήσεις τοῦ σώματος［身体的运动］，πάθη［情感遭遇］是某个有生命之物的这样一种经历：此经历还同时需要身体性。

起初，亚里士多德让是否存在某种灵魂 ἴδιον πάθος［所专有的情感遭遇］这个问题保持开放。他甚至越过此问题指出：所有 πάθη 203
μετὰ σώματος［情感遭遇都有赖于身体］。[①] 他以双重方式指出了这一点：所有对……的愤怒态度（Zornigsein）、对……的宽厚态度（Mildesein）、对……的恐惧以及如此等等情感，都以某种方式同时涉及身体。[②] 由此表现出的特性是：我们为世界中的 παθήματα［所遭遇之物］、事件、处境所牵扯，它们极为强大，但与此同时，我们却不至于陷入恐惧；可反过来，有时候的表现是，那些完全不充分的理由倒让我们激动起来。[③] 因此，当我们陷入某种 πάθος［情感遭遇］之中时，原因并不完全在于我们遭遇的事物，相反，πάθη［情感遭遇］的 γένεσις［生成］也可能由身体性所给予。πάθη［情感遭遇］的 γένεσις［生成］的更为清楚的表现是：我们有时候陷入恐惧，却没有碰到可怕的事物，[④] 以至于在一定程度上，当我们自己产生恐

① 《论灵魂》，卷 A 章 1，403a16 以下：Ἔοικε δὲ καὶ τὰ τῆς ψυχῆς πάθη πάντα εἶναι μετὰ σώματος［看上去，灵魂的所有情感遭遇都有赖于身体］。

② 《论灵魂》，卷 A 章 1，403a18 以下：ἅμα γὰρ τούτοις πάσχει τι τὸ σῶμα［因为，这些情感同时都使身体有所遭受］。

③ 《论灵魂》，卷 A 章 1，403a19 以下：σημεῖον δὲ τὸ ποτὲ μὲν ἰσχυρῶν καὶ ἐναργῶν παθημάτων συμβαινόντων μηδὲν παροξύνεσθαι ἢ φοβεῖσθαι. ἐνίοτε δ' ὑπὸ μικρῶν καὶ ἀμαυρῶν κινεῖσθαι［表明这一点的是，有时候强烈而又明显的遭遇也不会使人害怕，但有时候微小而又隐晦的遭遇倒使人激动起来］。

④ 《论灵魂》，卷 A 章 1，403a22 以下：ἔτι δὲ μᾶλλον τοῦτο φανερόν· μηθενὸς γὰρ φοβεροῦ συμβαίνοντος ἐν τοῖς πάθεσι γίνονται τοῖς τοῦ φοβουμένου［更进一步的证明是，在确实没有遭遇任何可怕的事情的情况下，也会产生恐惧之情］

惧的时候，恐惧和焦虑的可能性在我们的存在中是同时被给予的。但这表明，事实上身体性在 πάθη[情感遭遇]的 γένεσις[生成]中也在参与决定。“如果情况是这样的，那么，很清楚，πάθη λόγοι ἔνυλοι[情感遭遇就是物质化的言辞]。”①

（四）πάθη[情感遭遇]的双重思考方式：按照 εἶδος[形式]与 ὕλη[质料]。追问 φυσικός[自然哲人]的任务

谈论上述现象，若要切中 πάθη[情感遭遇]之所是，就必须朝向 πάθη[情感遭遇]之所由来（woraus），必须朝向 πάθη[情感遭遇]之所在（worin）。πάθη[情感遭遇]的 ὕλη[质料]无非就是 σῶμα[身体]，就是人的身体性。因此，由于研究 πάθη[情感遭遇]要采取这种方式，所以，相应地，将任何现象限定在其自身之内的 ὅροι
204 [限度]必定会丧失。② 因此，ὀργή[愤怒]的 ὅρος[限度]是：“愤怒态度好比处于某种状态的身体或某种体态（Leiblichkeit）的一种在—运动中—存在（In-Bewegung-Sein），这种体态对自身有完全确定的感受；或者，愤怒态度好比某个身体部分的一种在—运动中—存在，因此，愤怒态度是一种为某事所迫、为因某事而起的确定的环境所迫而发生的完全确定的运动。”③ 曾经看到的 ὕλη[质料]，就

① 《论灵魂》，卷 A 章 1，403a24 以下：εἰ δ' οὕτως ἔχει, δῆλον ὅτι τὰ πάθη λόγοι ἔνυλοί εἰσιν[如果情况是这样的，那么，很清楚，情感遭遇就是物质化的言辞]。

② 《论灵魂》，卷 A 章 1，403a25。

③ 《论灵魂》，卷 A 章 1，403a26 以下：τὸ ὀργίζεσθαι κίνησίς τις τοῦ τοιουδὶ σώματος ἢ μέρους ἢ δυνάμεως ὑπὸ τοῦδε ἕνεκα τοῦδε[愤怒是这样的身体的某种运动，或者是身体的部分或能力的某种运动，它依赖于某物或因某物而起]。

τοιουδὶ σώματος［属于这样的身体］；同样，εἶδος［形式］、忍受（Angegangenseins）的如此在（Sosein）是：ὑπὸ τοῦδε ἕνεκα τοῦδε［依赖于某物或因某物而起］。[①] 从而，也同时言及（angesprochen）λόγος［言辞］。在亚里士多德看来，由此产生了一个具基础性的科学理论规定："所以，将处在某个有生命之物的存在主题范围内的事物纳入视野，已然成为 φυσικός［自然哲人］的事务。"[②] Φυσικός［自然哲人］：在最广泛意义上研究自然的人。在 πάθος［情感遭遇］现象中，σῶμα［身体］共同具有建构性（mitkonstitutiv），也就是说，σῶμα［身体］好比某种将存在—于—某—世间的可能性纳入其本身之中的事物；σῶμα［身体］可以描述为一种使生命成为可能的、完全确定的 ὕλη［质料］。所以，在亚里士多德看来，φυσικός［自然哲人］思考 πάθη［情感遭遇］的方式与 διαλεκτικός［辩证法家］不同：他们"对 πάθη［情感遭遇］，譬如，对愤怒的划界完全不同；一方（διαλεκτικός［辩证法家］，研究修辞学）将愤怒看成是 ὄρεξιν ἀντιλυπήσεως［报复的欲望］，即热衷于报复（作为对—待—他人［Seins-zu-anderen］的一种方式的某种势不两立），φυσικός［自然哲人］则将愤怒规定为心血和热量的沸腾。"[③] 最初的 λόγος［言辞］

① 同上。

② 《论灵魂》，卷 A 章 1，403a27 以下：διὰ ταῦτα ἤδη φυσικοῦ τὸ θεωρῆσαι περὶ ψυχῆς［因此，对灵魂的思考属于自然哲人］。

③ 《论灵魂》，卷 A 章 1，403a29 以下：διαφερόντως δ' ἂν ὁρίσαιντο ὁ φυσικός τε καὶ ὁ διαλεκτικὸς ἕκαστον αὐτῶν. οἷον ὀργὴ τί ἐστιν· ὁ μὲν γὰρ ὄρεξιν ἀντιλυπήσεως ἤ τι τοιοῦτον. ὁ δὲ ζέσιν τοῦ περὶ καρδίαν αἵματος καὶ θερμοῦ［自然哲人和辩证法家对其中的每种事物的区分不同，譬如，对什么是愤怒的区分不同；因为，后者将其看成是报复的欲望或诸如此类的事物，而前者则认为愤怒是围绕心脏的血液和热量的沸腾］。

给出了本真的 εἶδος[形式],[①] εἶδος[形式]是 λόγος[言辞]的本真之所是。然而,愤怒作为对人的在世存在的规定,也必定同时受下述情形规定:愤怒是血液的一种 ζέσις[沸腾]即“沸腾”。

205 因此,存在双重的思考方式,问题恰恰在于:就 ψυχή[灵魂]而言,φυσικός[自然哲人]的本真任务究竟是什么。譬如:λόγος οἰκίας[关于房屋的言辞][②]——一座“房屋”看上去如何?“我们可以把它说成是住所、遮盖物,后者能阻挡风雨炎热的损害(一个庇护所,我们在其中寻找并获得保护)。另一个人会说:房屋就是石头加砖头再加木头。第三个人会说:这所房屋的外观(Aussehen)、εἶδος[形式]就在木头、石头、砖头之中,这是因为它形成了急需的保护和住所(一所建筑物[Gebautsein],对它的使用着眼于:在此会有 σκέπασμα[掩蔽所])。到底谁是 φυσικός[自然哲人]?他单纯谈论物质(他说,在此存在之物只是石头和木头),而对如何本真地分辨出有关的物质无知,他是这样的人吗?还是说,他是只谈论 εἶδος[形式]的人?抑或他是 ἐξ ἀμφοῖν[从两方面出发]的人?”[③] 真正的 φυσικός[自然哲人]是这样的人:他依据外观来谈论

① 《论灵魂》,卷 A 章 1,403b2。

② 《论灵魂》,卷 A 章 1,403b3 以下。

③ 《论灵魂》,卷 A 章 1,403b4:ὁ μὲν λόγος τοιοῦτος, ὅτι σκέπασμα κωλυτικὸν φθορᾶς ὑπ’ ἀνέμων καὶ ὄμβρων καὶ καυμάτων· ὁ δὲ φήσει λίθους καὶ πλίνθους καὶ ξύλα, ἕτερος δ’ ἐν τούτοις τὸ εἶδος ἕνεκα τωνδί. τίς οὖν ὁ φυσικὸς τούτων; πότερον ὁ περὶ τὴν ὕλην. τὸν δὲ λόγον ἀγνοῶν. ἢ ὁ περὶ τὸν λόγον μόνον; ἢ μᾶλλον ὁ ἐξ ἀμφοῖν[关于它的言辞,说它是能阻挡风雨炎热损害的掩蔽所;可有人会说,它就是石头加砖头再加木头;还有人会说,这所房屋的形式就在这些事物之中,靠的就是这些事物。那么,他们中到底谁是自然哲人?是单纯谈论物质而对言辞无知的人,还是说,他是只谈论言辞的人?甚或他是从两方面出发的人?]。

房屋，而外观本身与房屋由以形成之物有关；他首先以房屋之所是为目的，以房屋本身如何构成为目的。亚里士多德给予这个规定以一种超越了以往所有自然思考的根本优先性。就其外观而言，不能单纯靠 ὕλη［质料］来规定自然的存在（Sein der Natur），而首先要靠运动之在（Bewegtsein）来规定它。只有如此规定存在者，才是 φυσικός［自然哲人］本真而又确定的主题。自然哲人询问 σώματα［实体］的着眼点是其 ἔργα［活动］和 πάθη［情感遭遇］[1]——在完全广泛意义上的 πάθη［情感遭遇］，在《形而上学》卷 Δ 章 21 的第一种意义上的 πάθη［情感遭遇］。φυσικός［自然哲人］认为 σώματα［实体］具有如此这般的构造。譬如，他思考木头，是因为木头作为树（Baumes）的存在规定而受到关注，木头也同时规定了植物的存在。与此相对，τεχνίτης［工匠］[2] 不会认为木头，譬如，一只舵，对 206
于树也具有决定性意义，而是思考，若确定地着眼于资格，木头的硬度在何种程度上适合于掌舵（Steuerruder）。医师对 σώματα［身体］的思考与 φυσικός［自然哲人］不同，也就是说，医师关注由他按照他的 τέχνη［技艺］、按照他对待身体的方式方法所规划的事物。更为广泛的思考 σώματα［实体］的方式是：之所以思考木头，并非因为它具有如此这般的构造，并不认为木头就是树干、就是植物的组成部分、就是物质，而只因为它有长度（ausgedehnt ist）。若如此来思考木头，它就成了 μαθηματικός［数学家］的可能对

① 《论灵魂》，卷 A 章 1，403b11 以下：ὁ φυσικὸς περὶ ἅπανθ’ ὅσα τοῦ τοιουδὶ σώματος καὶ τοιαύτης ὕλης ἔργα καὶ πάθη［自然哲人关注所有从属于某个身体和某种质料的活动和情感遭遇］。

② 《论灵魂》，卷 A 章 1，403b13。

象。[①] 除此思考存在者的方式之外，还有一种思考方式，这种思考方式思考任何存在者，都着眼于其存在规定，而非单纯着眼于长度(Ausgedehntseins)，相反，它将所有可能的存在者都综合起来，纳入对存在本身的根本追问。这就是 πρῶτος φιλόσοφος[第一哲人]的对象。[②]

对于 πάθη[情感遭遇]的存在规定而言，重要的是：若将 πάθη[情感遭遇]视为 σῶμα[身体]的 πάθη[情感遭遇]，就只能按照其本身来理解 πάθη[情感遭遇]；πάθη[情感遭遇]的 εἶδος[形式]首先被规定为**关涉在世的在其中—存在的有生命之物的规定**(Bestimung des Lebenden bezüglich des In-Seins in der Welt)。Θυμός[激情]和 φόβος[恐惧]符合某种具有完全确定的构造的身体，它们“不可分离”。[③] 不存在像某种纯粹恐惧——作为抽离(abgezogenes)某物的态度——这样的事物。所有人的某种态度本身都与其身体性有关。但这种不—可—抽—离(Nicht-abgezogen-werden-Können)，与数学的对象性的不—可—抽—离不是一回事。
207 πάθη[情感遭遇]无法与数学意义上的体的线和面划等号。[④] 古希腊人不会首先就其本身来看一条线，而总是将 γραμμὴ[线]看成是某个面的界限，将面看成是体的界限，若无体，面就不拥有存在——

① 《论灵魂》，卷 A 章 1，403b15。

② 《论灵魂》，卷 A 章 1，403b16。

③ 《论灵魂》，卷 A 章 1，403b17 以下：τὰ πάθη τῆς ψυχῆς οὔ τως χωριστὰ τῆς φυσικῆς ὕλης τῶν ζῴων, ᾗ δὴ τοιαῦθ' ὑπάρχει. θυμὸς καὶ φόβος[灵魂的情感遭遇，譬如，激情和恐惧，与动物的质料不可分离]。

④ 《论灵魂》，卷 A 章 1，403b19：οὐχ ὥσπερ γραμμὴ καὶ ἐπίπεδον[与线和面不是一回事]。

所以，在此也有一种不—可—抽—离。因此，恐惧的 εἶδος[形式]也首先与身体的某种自我感受具有关联性。区别在于：σώματα[实体]的确定的特性(Beschaffenheit)，譬如，身体的棕色和划伤，对于数学的不可分离性不起作用，与此同时，如此这般构成的存在对于 πάθη[情感遭遇]却具有根本性。它们都是 λόγοι ἔνυλοι[物质化的言辞]，含义却完全不同。

这是《修辞学》着眼于 εἶδος[形式]来思考 πάθη[情感遭遇]的方式的基础。重要的是，对某个有生命之物的基本规定并非出自生理学的思考。πάθη[情感遭遇]的 εἶδος[形式]是对待他人的态度，是一种在—此—世—存在。由此出发，才有可能本真地研究 πάθη[情感遭遇]的 ὕλη[质料]。

《论灵魂》卷 A 章 1 的关键是研究：在何种程度上，作为人的存在的基本规定的 νοῦς[理智]是这种存在的一个基本特性；在何种程度上，人只是构成了 νοῦς[理智]的一种确定的存在可能性。根据在于，亚里士多德看到：与其他所有理解方式相对的 νοῦς[理智]、"臆测"(Vermeinen)是一种理解的可能性，这种理解的可能性并不局限于某一确定的存在领域，譬如，局限于听、看等等；相反，朝向 τὰ πάντα[大全]的 νοῦς[理智]是一种理解所有可能的存在者的理解的可能性，以至于所涉及的存在者并不一定会存在于当前。理解的可能性的这种普遍性是这样一种事物：它并不一定会与分别存在着的人的具体存在合一。那么，这种超越了人及其具体存在的、理解所有事物的可能性的根据究竟何在？与此问题相关，亚里士多德还探讨了作为下述现象的 πάθη[情感遭遇]：这些现象向我们表明，只有人们将人的具体存在作为整全的存在来把握，才

有可能理解人的具体存在，尽管这种做法由以出发的思考会各不相
208 同。首先，具有决定性的是：我们因为某种恐惧而不知所措，在周围世界中却没有作为恐惧的直接诱因的某物与我们照面。在 πάθη［情感遭遇］的这种被迫忍受（Angegangenwerden）之中，以某种方式同时涉及身体性。

若情形如此，问题就在于：具有有生命之物的特质的存在者会落入哪个研究领域？ φυσικός［自然哲人］不必同时将 ψυχή［灵魂］作为主题吗？事实上，情形正是如此，因为，对于 φυσικός［自然哲人］而言具有根本性的是，每一个 σῶμα［身体］都具有 τοιοῦτον［这种性质］，都具有如此这般的规定，由此导致的结果是，φυσικός［自然哲人］所遵循的做法是，从一开始就对 τοιοῦτον［这种性质］作出规定，即在其肯定意义上对 ὕλη［质料］作出规定。然而，早期 φυσιολόγοι［关于自然的言辞］恰恰一直无视对存在者作出这种基本规定这一任务。我们必须从对立面出发来接近实情（Sachverhalt），并表明：**在何种程度上**，φυσικός［**自然哲人**］**必须按照确定的界限将** ψυχή［**灵魂**］**纳入其思考之中**。作此离题讨论的一个理由是，《物理学》卷 Δ 章 1 至 3 中的运动分析的文本处境。

第十九节　φυσικός［自然哲人］及其对待 ψυχή［灵魂］的方式（《论动物的部分》卷 A 章 1）

ψυχή［灵魂］究竟是如何进入视野的，从 Περὶ ζῴων μορίων［《论动物的部分》］卷 A 章 1 看得很清楚——这一章同时也是亚

里士多德如何本真地施用理论性 λόγος［言辞］的方式方法的一个具体例证。这篇论文叫做“论动物的部分”。但由此题名却了解不到更多的内容。然而，需要注意的是，这里的 ζῷον［动物］被理解为最广泛意义上的“生物”。而 Μόριον［部分］和 μέρος［部分］所具有的含义，要比数量上的片段（Stücks）意义上的单纯的“部分”（Teil）远为广泛：μόριον［部分］也有“功能”（Funktion）、“性能”（Leistung）、结构要素的含义。μέρη［部分］则是所有构成某种确定的存在者的配置（Fügung）和配置状态（Gefügtsein）的事物。Περὶ 209
ζῴων μορίων［《论动物的部分》］意指“论作为某种确定的存在者的有生命之物的配置—性能关系”。

（一）两类 ἕξις θεωρίας［静观状态］：实事认识／知识（Sachkenntnis/ἐπιστὴμη）和处理方式／教养（Behandlungsart/παιδεία）的可靠性

亚里士多德以一项关于科学研究条件的根本思考开启了他的探讨。在此将要了解到的相应内容，我们在讨论 ἀρετή［优异］时已经了解过了。在那里，我们将 ἀρετή［优异］规定为 ἕξις προαιρετική μετὰ λόγου［依赖言辞的倾向于某种抉择的状态］，就像 φρόνιμος［有实践智慧的人］所实现 ἀρετή［优异］。在这里，亚里士多德则指向 ἕξις θεωρίας［静观状态］，指向“支配科学研究的能力”。他对此 ἕξις［状态］的规定着眼于两个方面：一、ἐπιστήμη［知识］；二、παιδεία τις［某种教养］。

补充一：首先是实事认识，从属于某个研究者的正确可能性的是关于他的领域的实事认识。

补充二：在亚里士多德看来，更具决定性和根本性的是 παιδεία［教养］，即**处理方式的可靠性**。

Περὶ πᾶσαν θεωρίαν τε καὶ μέθοδον, ὁμοίως ταπεινοτέραν τε καὶ τιμιοτέραν, δύο φαίνονται τρόποι τῆς ἕξεως εἶναι, ὧν τὴν μὲν ἐπιστήμην τοῦ πράγματος καλῶς ἔχει προσαγορεύειν, τὴν δ' οἷον παιδείαν τινά. πεπαιδευμένου γάρ ἐστι κατὰ τρόπον τὸ δύνασθαι κρῖναι εὐστόχως τί καλῶς ἢ μὴ καλῶς ἀποδίδωσιν ὁ λέγων［就任何静观和研究而言，不管它较为卑微还是崇高，其状态看上去有两种方式，一种方式可以准确地称其为关于实事的知识，另一种方式可以称为教养。有教养的人有能力恰当地判断发言人的说法好还是不好］。[1] 在此，λέγων［发言人］是在讲座中的发言者的意义上来使用的。与此人相对，拥有 παιδεία［教养］的 ἕξις［状态］的人要"决定"，也能够"判断"，并且"可靠地"决定和判断：关于他所谈论的实事，"以正确的方式他可以提出什么或不能提出什么"。他可以判断演说者谈论作为主题的实事的**方式**。关于**处理方式之如何**，πεπαιδευμένος［有教养的人］有能力把握，发言人是不是**从正
210 确的基本态度出发**来讲话的。靠教养可以确定，他进入问题的方式是否**具有原创性**，抑或演说者只是道听途说，或者是他学来的。相应地，支配 παιδεία［教养］的理论性思考，能够凭借**正确的方法论直觉**(rechten methodischen Instinkt)，实现研究的全部可能性或确定的可能性。这并非意指采取某种确定的已然达成的作为技术的

① 《亚里士多德全集》(Aristotelis opera. Ed. Academia Regia Borussica. Volumen primum: Aristotelis Graece ex recognitione I. Bekkeri volume posterius. Berlin 1831)，《论动物的部分》(De part. an.)，卷 A 章 1，639a1 以下。

方法，而是意指 ἕξις[状态]，意指自由的存在(Freisein)，意指经过特别思考的对某种确定的实际内容开放的存在，也意指一个确定的对象性领域。有正确直觉的人，有正确的 παιδεία[教养]的人，也将能够确定：如果某人以数学方式来研究逻辑学，或用艺术史范畴来编修基督教史、从而提出虔敬的类型，这样的做法是否有意义。有正确直觉的人甚至会看到，这样做的人对基督教还一无所知。如今，这种 ἕξις[状态]完全被忽视了，这种 ἕξις[状态]也很难获得，并且更难以传达。对 παιδεία[教养]的 ἕξις[状态]的这种规定恰恰表现出绝对的可靠性，亚里士多德就是凭借这种绝对可靠性来讲授他的研究的，这也是亚里士多德对传统采取行动的方式。

(二)探究 φύσει γινόμενα[出于自然的构成部分]时的不同的 παιδεία[教养]。οὗ ἕνεκα[因是之故]作为 λόγος[言辞]的首要着眼点

何种 παιδεία[教养]对研究 φύσις[自然]具有决定性意义？τοιοῦτον γὰρ δή τινα καὶ τὸν ὅλως πεπαιδευμένον οἰόμεθ´ εἶναι, καὶ τὸ πεπαιδεῦσθαι τὸ δύνασθαι ποιεῖν τὸ εἰρημένον[因为，我们认为这样的人才是有完全教养的人，有教养就是有能力做这样的事情]。[①] 关于 πεπαιδευμένος[有教养的人]，需要确定的是：一个 ὅλως πεπαιδευμένος[有完全教养的人]，一个“真正”有直觉的人，他的 παιδεία[教养]如此宽广，以至于无需相应的实事知识，他也能够看出，发言人是否言之有物，或者他是否切中实事；除了有完

① 《论动物的部分》，卷 A 章 1，639a6 以下。

全教养的人，还有一种局限于某一领域的人，他对于自己的专业相
211 对有把握。① 亚里士多德首先讨论 παιδεία［教养］之规定，因为，παιδεία［教养］与 ἱστορία περὶ φύσιν［关于自然的研究］有关。② ἱστορία［研究］意指自我定向（Sichorientieren），意指最初环视（Umsehen）φύσις［自然］本真的外观是怎样的。因为，这种 ἕξις［状态］朝向自然进程，所以，此 ἕξις［状态］会产生多重问题。我们只论及主要问题。

问题在于：人们在研究某个领域时的注意力，是否一开始就必须达到一定程度；人们是否一开始就在与 φαινόμενα［现象］、与我们谈论的事物如其原初给予其自身的样子打交道，从而问题的提法也可以是，在何种程度上事物是并且表现为如此这般的事物；或者，问题的次序应当与此不同。③ 正如思索世界 ἀρχαί［本原］的古人无需知晓他们所谓世界的含义是什么，人们是否应当从理论出发、从关于某一实事的肤浅设想出发，还是应当从一开始就审视实事本身。需要解决的更为广泛的问题是：由于对 διὰ τί［何以］的表述从属于任何研究，所以，需要注意的是，关于人们称为"自然"的存在者，存在两种可能性：οὗ ἕνεκα und ὅθεν ἡ ἀρχὴ τῆς κινήσεως［运动的本原因何之故］和［从何而来］，④"运动是因何之故和运动从何而来"。这两个原因是两个着眼点（Hinsichten），按这两个着眼点，

① 参《论动物的部分》，卷 A 章 1，639a8 以下。

② 《论动物的部分》，卷 A 章 1，639a12：τῆς περὶ φύσιν ἱστορίας［从属于关于自然的研究］。

③ 参《论动物的部分》，卷 A 章 1，639b14 以下。

④ 《论动物的部分》，卷 A 章 1，639b10 以下。

就能够把握某个通过其此在而得到澄清的存在者。从而引出了两个问题：一、现象是否从一开始就应当得到全面研究，然后才研究程度(Inwiefern)；二、就程度(Inwiefern)而言，何种原因才是主要原因。

由关注实事本身出发，我能够确定，我可以通过何种方式和何种问题提法来着手研究实事。由实事本身出发，一定可以解决第二个问题，按照其内在于存在者的含义，这是第一个着眼点，这里谈论的存在者就是 φύσει ὄν[出于自然的存在者]。亚里士多德给出的 φύσει ὄντα[出于自然的存在者]是 ζῷα[动物]。由实事本身表 212
明，因何之故(Weswegen)是首要的 διὰ τί[何以]，因此，我必须以对有生命之物的存在的表达为根据而朝向 οὗ ἕνεκα[因是之故]。这样做的理由是：οὗ ἕνεκα[因是之故]是一种 λόγος[言辞]，λόγος γὰρ οὗτος, ἀρχὴ δ' ὁ λόγος ὁμοίως ἔν τε τοῖς κατὰ τέχνην καὶ ἐν τοῖς φύσει συνεστηκόσιν[因为，言辞是这样事物，它就是本原，它既存在于依赖技艺的事物之中，也存在于出于自然的事物之中]。[①]“因为，λόγος[言辞]处在存在(besteht)、在此(da ist)的存在者的领域内，λόγος[言辞]以同样的方式存在于制造出来的存在者的范围内，也存在于 φύσει ὄν[出于自然的存在者]的存在者范围内，λόγος[言辞]就是 ἀρχή[本原]。”

存在者由何得到规定的问题，首先需要着眼于哪一点来把握存在者问题，都可以通过回复到 λόγος[言辞]来解决。Λόγος[言辞]意指“言说”(Sprechen)，也意指“所言”(das Ausgesprochenes)——

① 《论动物的部分》，卷 A 章 1，639b14 以下。

ἀποφαίνεσθαι[表明]的规定是:所言是由所言及之物(Angesprochene)出发所指明的内容,也就是说,靠λόγος[言辞],所谈及之物在此被揭示出来、被表明。λόγος[言辞]这个术语具有这种双重含义,那是有确定理由的:一、λόγος[言辞]是向—某物—走去和表明意义上的λέγειν[言说],是具有走近含义(Zugangssinne)的λέγειν[言说];二、λέγειν[言说]也意指所言本身,所言就处在所论及的存在者之中。我们在第二种意义上将λέγειν[言说]译为"要求"(Anspruch)。德语也在一种确定的意义上来使用Ansprechen这个术语,我们谈论某种器具(Apparat)时,在以某物来回应对它的召唤的意义上会说:"它有反应"(er spricht an),"他回答"(er anwortet),"他回复"(gibt zurück)。具有走近含义(Zugangssinne)的λέγειν[言说],就是如此这般指明某个实事、如此这般召唤某个实事。通过言及(Ansprechen),如此被召唤的实事作出反应(spricht die so angerufene Sache an);通过表明(Aufzeigen),它表明自身之所是。关键在于:某个实事如何被召唤,从而使其以正确的方式由其本身出发作出回应(anspricht)。在此第二种意义上的λόγος[言辞],就是要求,就是某个实事提供出来以回应召唤的实际内容。所以,λόγος[言辞]又往往与εἶδος[形式]是一回事:Λόγος[言辞]意指要求(Anspruch),意指实事可以提供的内容,而且,通过正确言及(Ansprechen)此内容,实事提供出了它的外观之如何,提供出了它之所是。

213 因何之故(Weswegen)是λόγος[言辞],正因为它是λόγος[言辞],又因为λόγος[言辞]是ἀρχή[本原],所以,因何之故(Weswegen)就是最初的程度(das erste Inwiefern)。如果说因何之故是关于某一实事的λόγος[言辞],那么,出自某种确定的照面方式

(Begegnisart)的因何之故就意指 τέλος[结果]。Τέλος[结果]是本真的 λόγος[言辞]。Τέλος[结果]不是“目的”(Zweck),而是“完全之在”(Fertigsein),是“终点”(Ende)。συνεστηκός[已然存在之物]、“在此站立之物”(Dastehende)作为完全之物,是某个存在者的此在的本真含义。若就其完全之在来谈及某物,就提出了正确的要求。τέλος[结果]作为完全之在是这样的事物:在它这里,制作(Herstellung)拥有了其终点。完全之在本身是这样的事物:在它这里,制作、完成(Fertigmachen)达到了终点。Τέλος[结果]作为制作的完成是这样的事物:制作如此这般是因它之故(weswegen)。若专注于进—入—其—存在(In-sein-Sein-Kommens)的道路,则 τέλος[结果]就是 οὗ ἕνεκα[因是之故]。

亚里士多德对这种内在关联的贯彻十分具体。就此我们打算追随他,以便为通过上述存在思考来理解下述问题打下基础:τέλος[结果]如何成了某个存在者的 λόγος[言辞],古代自然哲人的研究方式如何误入了歧途。对 φύσει ὄντα[出于自然的存在者]的整体研究方式就由此所指引。与此同时我们也看到,τέλος[结果]作为 φύσει ὄντα[出于自然的存在者],也就是 ζῷα[动物]的本真 λόγος[言辞],无非就是 ψυχή[灵魂],所以,自然哲人(Physiker)必须 πρῶτον[首先]研究 τέλος[结果]。Τέλος[结果]并非“目标活动性”(Zielstrebigkeit),τέλος[结果]是一种 φαινόμενον[现象]:并非器具,而是“完全之在”,就像动物自己的运动。关于 τέλος[结果]的首要经验是:它通过此在本身而达成了其存在。

Περὶ ζῴων μορίων[《论动物的部分》]卷 A 章 1 思考的目的具有多重性:一、讨论 φύσις[自然];二、在多大程度上 ψυχή[灵魂]

落入了的研究领域？三、对 λόγος θεωρητικός［静观的言辞］的具体运用的一种了解——ἀληθεία［无蔽］；四、洞察讲稿整体的目标之所向：何谓 οὐσία［本体］和 ὄν［存在］？

Οὐσία［本体］——我们曾经由常用的含义出发认为：οὐσία［本体］就是“当前—在此站立之物”（das Gegenwärtige- Daseiende）、“可以动用之物”（verfügbare）、“家产”（Hab und Gut）——就
214 好像 οὐσία［本体］为基本的讨论奠定了基础。作为当前之在（Gegenwärtigsein）的存在之含义：此—在于当前（Da-Sein in der Gegenwart）。在基础性讨论的语境中，作为当前之在的存在之含义，获得了一种更为明晰的照亮，因为，我们成功地表明，对于古希腊人而言，此（Da）意指什么：进—入—此—存在（In-das-Da-Ge-kommensein），而且是通过来此—树立（Her-stellung）；来此（Her）就是此（Da），来此（Her）是一种确定的此（Da）；来此—树立（her-stellen）就是引入此（Da）、引入当前（in die Gegenwart）。这就是 ποίησις［制作］的本真含义。此—在就是本真意义上的来此—树立起来的存在（Her-gestelltsein），也就是完全的—此在（Ferig-Dasein）、达—到—终点的存在（Zu-Ende-Gekommensein）。Τέλος［结果］=πέρας［界限］。——这就是古希腊本体论的基本含义的指导线索，此含义在古希腊人的后裔那里就是如此发生影响的，如此一来，存在的原初含义便遮蔽了自身，而变成了一个纯粹的词义（Wortsinn）。οὐσία［本体］、我们由以出发的存在（Sein）的首要含义，就是“家产”（Hab und Gut）：这个用木头、石头制造而成，并且建造在地基（地基也是 φύσει ὄν［出于自然的存在者］）之上的事物，就是 τέχνῃ ὄν［出于技艺的存在者］。一、因此，πράγματα［事情］和 χρήματα

[所需之物]：我与它们打交道，它们随时可供我使用，即在实践性生命中使用它们；二、作为 γινόμενα[构成部分]的 φύσει ὄντα[出于自然的存在者]；三、作为 ἀεί[永恒]的 φύσει ὄντα[出于自然的存在者]。存在的特质只有从作为制作而成的存在的此在出发，才能获得理解。πράγματα[事情]在此，因为，它们是通过 τέχνη[技艺]制作而成的。φύσει ὄντα[出于自然的存在者]则是通过自—己—来自树立（Sich-selbst-Herstellen）而在此的事物，它们不靠他物来制作。它们明确在此的方式与 πράγματα[事情]别无二致。但它们一方而言，它们的 γένεσις[生成]复又具有此（Da）之特质：一株植物生长起来，会长出其他事物。最终，还有此在者，即作为 ἀεί[永恒]的 φύσει ὄν[出于自然的存在者]，它不需要制作，它在此的方式是，它无需被制作。它在本真意义上在此，但只有从制作出发才能获得理解。存在者的基础就是制作（Herstellen）。需要看到，λόγος[言辞]是获得通达存在的可能性，这个存在是完全的此在、达—到—终点的存在（Zu-Ende-Gekommensein）意义上的存在。

亚里士多德在此所推进的思考，是由对 ἕξις[状态]的一种区分所开启的：一、实事认识（Sachkenntnis）；二、通过研究而进行的对某个确定的存在者的方法论处理的可靠性：παιδεία[教养]。这 215
样的思考并不涉及实事认识，这样的思考只是为其自身，这样的思考与 πῶς ἔχει τ´ ἀληθές[如何拥有无蔽之物]、“存在者如何处在其被揭示出来的存在（Aufgedecktsein）之中”的问题相分离。抛开此问题，应当讨论的是：通达某个存在者的正确方式是怎样的；本真的研究应当从何处着手；研究的个别步骤的次序是怎样的。亚里士多德首先以纲要方式将这些思考确定为两个问题：一、是否应

首先关注 φαινόμενον［现象］，然后关注 διὰ τί［何以］；二、如果关注 διὰ τί［何以］，又要关注到何种程度：我必须首先按照何种着眼点来措置如此呈现的存在者？我们知道两点：οὗ ἕνεκα und die ἀρχὴ κινήσεως［运动的本原因何之故］和［从何而来］。这两个着眼点哪个更具原初性的问题，需要从实事本身出发来解决。我自己无法系统地设想问题，我只能由实事本身出发来解决问题。讨论和证明 οὗ ἕνεκα［因何之故］是首要的着眼点，是具有优先性的着眼点，只能按下述方式来实施：我回复到存在本身，回复到现象。着眼点的合法性只能从实事本身之中产生出来。但由于这样的存在者是 φύσει ὄντα［出于自然的存在者］，所以，具有进一入一此（Ins-Da-Kommen）、γένεσις［生成］之特质的存在者的问题是：οὗ ἕνεκα［因何之故］是第一性的（das Erste），还是说 ὅθεν ἡ ἀρχὴ τῆς κινήσεως［运动的本原从何而来］是第一性的；人们是否应当按照其所是（Was）来思考所讨论的实事领域；人们操持存在者应当着眼于**其所是**（was es ist），着眼于其作为此在者之所是，还是应当着眼于 γένεσις［生成］来操持其将如何（wie es wird）。

因为，目前已然确定的是，追问 τί［什么］是首要的问题，所以，我们将由此出发来理解 οὐσία［本体］，并由此出发来理解 γένεσις［生成］。也许 οὗ ἕνεκα［因何之故］也将回答 τί［什么］的问题。在何种程度上 οὗ ἕνεκα［因何之故］是首要的（das Primäre），也应当由此获得理解。这是按照其本真的存在来规定存在者的着眼点的基础。意图也在于为必须研究的问题确定基本的着眼点，在于突
216 出 ζῷα［动物］的存在，也就是说，应当突出有生命的存在者的基本规定即 ψυχή［灵魂］。在思考处境中需要看到，亚里士多德以非

同寻常的方式，将 ἔμψυχον［有灵魂之物］的特质从存在者表现自己的方式中突显出来。如此我们便为我们的下述主张获得了根据：ζωή［生存］，或者更准确地说，ψυχή［灵魂］意指存在—于—此—世的存在者。需要指出的是：章节就处在文本本身当中，而不是我的发明。

对这门学科的 παιδεία［教养］所提出的问题，亚里士多德是这样回答的：存在者所要求的首要的着眼点，就是 οὗ ἕνεκα［因何之故］。就“因何之故”而言，或者更准确地说，就按此着眼点所询问的事物而言，必须沿着此着眼点本身来表明它的存在方式。在此，问题的关键在于 φύσει ὄντα［出于自然的存在者］，也在于 γινόμενα［构成部分］，而并不在于 ἀεί ὄντα［永恒存在者］，不在于 οὐρανός［天］，后者恰恰也是 φύσει ὄν［出于自然的存在者］。问题的关键也在于 γινόμενα［构成部分］，后者就是 ἔμψυχον［有灵魂之物］。更为广泛的问题是，这种存在含义——在一开始所给予的意义上——对于解释（Auslegung）究竟如何具有决定性意义，因为，问题的关键在于作为的人的存在。存在解释方向的结果是 ἕξις［状态］范畴，是作为确定的“拥有”“支配某物”的存在。

亚里士多德首先为 οὗ ἕνεκα［因何之故］是首要的着眼点给出了理由，他的理由是，认为 οὗ ἕνεκα［因何之故］就是 λόγος［言辞］。为什么 οὗ ἕνεκα［因何之故］因此就成了首要的着眼点呢？在此语境中，λόγος［言辞］究竟指什么呢？一、Λόγος［言辞］具有走近之含义（Zugangssinn），是对作为 φαινόμενον［现象］的存在者的 ἀποφαίνεσθαι［表明］。二、Λόγος［言辞］具有回答之含义（Antwortsinn），它询问（als Anspruch）的是存在者回应某种召唤的方式；它按照其外观复述了存在者。——在第一种意义上，通过言及存在者，存在者被按照某一着眼点设定为某物，在此被设定为这个事物或那个事物，譬如，设定为椅子。λόγος[言辞]完成了对这种 τί κατά τινος[由某物支持某物]的突显，将某物突显为某物。在 λόγος[言辞]的这一要素中，生发出了作为突显和表达的 λόγος[言辞]、作为 τί κατά τινος[由某物支持某物]的 λόγος[言辞]的更为广泛的可能性。由此而来的可能性：相应于关系的 λόγος[言辞]，譬如，ἀνάλογον[类比]。λόγος[言辞]是揭示某种关系的可能性，
217 但 λόγος[言辞]本身并非关系。λόγος[言辞]除此双重含义，还有第三种含义，即真正平均性的含义：三、这里，λόγος[言辞]意指表明(Aufzeigen)和所言(das Ausgesprochene)两者，所言的方式是：我由此并未真正完成表达，不过随口如此说出了这些。但随口说出的内容本身潜在地具有原本就拥有(ursprünglichen Aneigung)之可能性，我有可能会严肃对待纯粹如此随口说出的内容。这样的 λόγος[言辞]是关于实事的平均性质的讨论，人们在某种程度上通晓此实事，而此实事却无需呈现自身。由这样的 λόγος[言辞]产生了单纯贯彻之可能性，在这样的 λόγος[言辞]也产生了正确表明之可能性。

(三)规定与 φύσει γινόμενα[出于自然的构成部分]有关的独立 λόγος[言辞]

λόγος[言辞]恰恰是这样一种事物：它是表明存在者的方式，它是可能性，凭此可能性可以确定首要的理解能力，可以确定首先应当表明什么。故此，全部讨论所围绕的问题是：πῶς λεκτέον

[必须如何说]?[①] λεκτέον[必须说的内容]采纳了从一开始就定下的主张：οὗ ἕνεκα[因是之故]是 πρῶτον[最初之物]，因为，οὗ ἕνεκα[因是之故]就是 λόγος[言辞]。在此所涉及的是本真的 λόγος[言辞]、θεωρία[静观]的 λόγος[言辞]。我们由较早前的内容已然知道，[②]λόγος[言辞]拥有的一个基本含义就在于人的存在：ζωή πρακτικὴ μετὰ λόγου[依赖言辞的实践性生存]。λόγος[言辞]通过言及世界、通过评论世界而完成自身。通过 λέγειν[言说]，世界中的此在者和作为生命的此在本身得到解释，解释要依据存在者活动于世界之中的程度。言说是正在操持的交往的建构性贯彻方式。对于人的此在而言，存在下述可能性：在正在操持的交往中，这种确定的 λέγειν[言说]不考虑 ποίησις[制作]意义上、具有方向性的有事可做(Zutunhabens)意义上的操持。πρᾶξις[实践]有可能失去 ποίησις[制作]特质，πρᾶξις[实践]不需要具有处理(Handelns)特质，它有可能具有在详尽讨论意义上纯粹地论述某物的特质。λόγος[言辞]将变得具有独立自主性，它本身将成为 πρᾶ- 218
ξις[实践]。这种交往方式就是 θεωρία[静观]，不再是为了……而环顾，而是观望(Hinsehen)，是按照其存在和此在来经验事物。如此便产生了理论性的事物，产生了作为出自存在本身的一种可能性的科学(Wissenschaft)。

问题是：就 λόγος[言辞]将变得具有独立自主性而言，也就是说，在详尽讨论的意义上(在“详尽讨论”意义上来运用 λόγοι[言

① 参《论动物的部分》，卷 A 章 1，640a33，641a15，641a29。

② 参页[45]以下。

辞］），通过这种特殊的、越来越尖锐的向作为 γινόμενα［构成部分］的 φύσει ὄντα［出于自然的存在者］的存在领域集中，λόγος［言辞］看上去是怎么样的。亚里士多德谨慎地向前推进，却没有发现 λέγειν［言说］的方式，而是发现了最熟悉的事物。由此出发，他试图澄清 θεωρία［静观］的特殊 λόγος［言辞］。需要指出的一个内在关联，与 θεωρία［静观］的特殊 λόγος［言辞］具有一种确定的亲缘关系。这种亲密的与事物打交道的方式，与 θεωρία［静观］有亲缘关系的方式，就是 τέχνη［技艺］，就是一种 ποίησις［制作］，就是由某种通晓所引导的"制作"某物。建造一所房屋由建筑管理（Bauführung）来引领。然而，为何恰恰是这个存在者，或者更准确地说，为何恰恰是这种交往？ποίησις［制作］是最亲密的（das Nächste），这一点无需多言十分清楚。但我们必须弄清楚，属于 ποίησις［制作］的存在者与向作为 γινόμενα［构成部分］的 φύσει ὄντα［出于自然的存在者］具有一种特殊的亲缘关系。φύσει ὄντα［出于自然的存在者］只是这样的事物：它们不是我们制作的，相反，对于我们而言，它们已然在此、已然在世界中在此。但这样一来，它们又以某种方式与制作有关系，这是一种自一己一来此树立（Sich-selbst-Herstellen），从而通过自一己一来此树立（Sich-selbst-Herstellen）而在此。这完全是一种首要的发现。亚里士多德现在摆出了问题：τέχνη［技艺］中的 λόγος［言辞］看上去如何？进而，作为纯粹的思考之物 λόγος［言辞］看上去如何？需要看到的是：

一、亚里士多德如何描述 τέχνη［技艺］或者更准确地说 ἔργα τέχνης［技艺活动］，如何描述对于 τέχνη［技艺］而言的特定的此在者，如何描述 τέχνης[技艺的]λόγος[言辞]。

二、作为 γινόμενα[构成部分]的 φύσει ὄντα[出于自然的存在者]，最初作为 φαινόμενον[现象]自己表现为什么？

三、古人以何种方式看到了 φύσει ὄντα[出于自然的存在者]？或者更准确地说，他们在 φύσει ὄντα[出于自然的存在者]那里没 219
有看到什么？他们将作为表明者的什么（Herauszustellendes）疏忽了？由亚里士多德所表明的疏忽出发，在他看来十分重要的内容变得可见。

1. ἔργα τέχνης[技艺活动]和 τέχνη[技艺]的 λόγος[言辞]

τέχνη[技艺]、ἔργα τέχνης[技艺活动]和 τέχνης[技艺]的 λόγος[言辞]看上去如何？[①]ἢ γὰρ τῇ διανοίᾳ ἢ τῇ αἰσθήσει ὁρισάμενος ὁ μὲν ἰατρὸς τὴν ὑγίειαν, ὁ δ᾽ οἰκοδόμος τὴν οἰκίαν, ἀποδιδόασι τοὺς λόγους καὶ τὰς αἰτίας οὗ ποιοῦσιν ἑκάστου, καὶ διότι ποιητέον οὕτως[因为，医师是靠思想或感知来规定健康的人，而建筑师是靠思想或感知来规定房屋的人，他们解释言辞，并解释他们所做的每件事情的原因，还要解释他们何以要这样做]。[②]“医师或建筑师运用思考（通过思考他需要与之打交道的存在者的自我再现）还是运用 αἴσθησις[感知]（以他已然看到的房屋作为具体例证），他们会采取自己的方式，在这两种情况下，他们都会给出 λόγος[言辞]（如何言及实事，实事看上去如何），给出关于给出他们方才所

① 《论动物的部分》，卷 A 章 1，639b26 以下，640a16 以下，a31 以下。

② 《论动物的部分》，卷 A 章 1，639b16 以下。

做的、与他们有关的每个事物的 λόγος[言辞],也(因为他们提出了要求)从而表明,所涉及的事物需要如此这般来变成现实。”我想为我建造的房屋:如果我想让它看上去如此,我就必须如此来建造,我就必须如此选材。由 λόγος[言辞]所表明的是因是之故(Deshalb)即 λόγος[言辞],也就是因何之故(Weswegen):因为,λόγος[言辞]如此这般,所以,必须如此这般来变成现实,也就是说,γένεσις[生成]只有从 τέλος[结果]出发才能得到理解。

问题将取决于由其 λόγος[言辞]出发来理解 φύσει ὄντα[出于自然的存在者]。ψυχή[灵魂]就出现在此内在关系之中,正如它是 φυσικός[自然哲人]的主题。当前之在(Gegenwärtigsein)和作成之在(Hergestelltsein)这个两个规定澄清了古希腊人的存在概念。这两个要素必须更为准确地在古希腊人的此在本身当中来考究。必须澄清:古希腊人的此在是什么样的,以至于世界和生命是被按照这种完全性来经验的;为何恰恰是这种存在经验要靠此概念手段
220 来阐明。后一个问题着眼于古希腊的本体论,不是我们在此要探讨的问题。我们的努力在于澄清作为存在—于—运动之中的存在者的一些基本规定,从而澄清作成之在、生成之在(Gewordenseins)的一些基本规定。更具体地说,这里的处境是,亚里士多德试图抽绎出此在的特质,抽绎出当前的方式(Art der Gegenwart)和作成之在的方式:表明存在作为自然中的生命存在的典型存在要素(charakteristischen Seinsmomente des Seins als Lebenden in der Natur)。对这样一种表明而言,不同寻常的事实,也就是说,古希腊人用 ψυχή[灵魂]所指的事实,必定变得可见,如果灵魂从属于存在者,也就是存在于世界之中:这就是 φαινόμενον ψυχῆς[灵

魂的现象]。这种思考的结构以下述问题为定向：什么属于 φύσει ὄντα[出于自然的存在者]的正确的方法论上的研究方式？我们将研究划分为三个部分：

一、我们思考亚里士多德研究 φύσει ὄντα[出于自然的存在者]的当前特质和存在特质时由以出发的基础，我们思考澄清不熟知之物时由以出发的熟知的领域。后者就是 ἔργα τέχνης[技艺的活动]，就是在此之物，就是对其有支配能力的、使用中的、上手的(zuhanden)事物，也是为确定地研究和处理另一事物而作成的事物。

二、φύσει γινόμενα[出于自然的构成部分]、有生命的自然(die lebende Natur)是如何表现自身的？

三、古代自然哲人是如何看到 φύσει γινόμενα[出于自然的构成部分]的存在的？对前人的批评性思考的目标是，表明典型的过失和误导性尝试。

补充一：我们已然开启了第一点，也就是呈现出了 ἔργα τέχνης[技艺活动]。τέχνη[技艺的]通过其最初的思考所给出的外观，是将要制作的事物所应有的外观，ποιητέον[将要制作]就是制作的步骤(Gangart)。在第二次引用的段落中，[①] 亚里士多德澄清了制作所言及的外观与制作本身之间的内在关联。此关联是通过某种确定的言说方式建构起来的，λόγος[言辞]的特质可以用"如果—那么"(wenn-so)来描述：如果某某事物应当完成，那么，某某事物必定会发生。在此"如果—那么"中同时包含着下述情形：对将要制 221

① 《论动物的部分》，卷 A 章 1，639b26 以下。

作的事物的外观(Aussehen)所提出的要求，就是制作(Herstellens)的某种确定的由来(Woraus)、某种确定的 ὕλη[质料]。为了制作一把椅子，我需要某种皮革(Leder) ——某种产生(Entstehens)、存在(Bestehens)的由来。情况必然是：某种具有如此这般性质的 ὕλη[质料]，从一开始就现成在手，从来都处在掌控之中。制作的由来本身在这种确定的可支配性中在此。这种可支配性是由应当作为完全之物而在此的事物预先确定的。ἀνάγκη δὲ τοιάνδε τὴν ὕλην ὑπάρξαι, εἰ ἔσται οἰκία ἢ ἄλλο τι τέλος· καὶ γενέσθαι τε καὶ κινηθῆναι δεῖ τόδε πρῶτον, εἶτα τόδε, καὶ τοῦτον δὴ τὸν τρόπον ἐφεξῆς μέχρι τοῦ τέλους καὶ οὗ ἕνεκα γίνεται ἕκαστον καὶ ἔστιν[如果要有房屋或其他某种结果，就必须使用某种质料；必须首先生成某物并运动起来，然后再生成某物并运动起来，如此前起后继直达结果，因是之故每个事物才得以形成并存在]。[①] “如果一座房屋或另外某种存在者要达成其完全之在，则某种具有如此这般性质的 ὕλη[质料]必须现成在手。而生成和驱动(也就是制作的步骤)必须首先出现，制作的第一个步骤必须如此这般，然后才能以此方式达到终点，也就是 μέχρι τοῦ τέλους[直达结果]。” 按照预先认识到的存在，由完全的存在者的外观之如何，预先确定了制作的步骤、次序和方向。这同时意味着，γένεσις[生成]本身可以在 τέλος[结果]中找到。如其当时之所是，γένεσις[生成]本身就有其成为完全之在的存在可能性，所以，τέχνη[技艺]之如何可以通过 λόγος[言辞]按其特殊的方式预先认识到。ἐπεὶ τοιόνδ᾽ ἐστὶ τὸ εἶδος τῆς

① 同上。

οἰκίας, ἢ τοιόνδ΄ ἐστὶν ἡ οἰκία, ὅτι γίνεται οὕτως. ἡ γὰρ γένεσις ἕνεκα τῆς οὐσίας ἐστίν, ἀλλ΄ οὐχ ἡ οὐσία ἕνεκα τῆς γενέσεως[因为，房屋的形式就是如此，或者，房屋就是如此，所以，房屋要建成这样。因为，起源靠本体，而非本体靠起源]。[①]"因为，房屋的外观(它应当如此这般在此站立，符合建筑师预先采取的思考)是这样的，所以，房屋要这样来制作。因为，生成靠的是现成在手的存在(Vorhandenseins)(靠将要制作之物的完全之在的当前)，而非相反 222
是当前靠制作。"

简短的总结将清楚地表明 τέχνη[技艺]的 λόγος[言辞]有这样的外观：ἡ δὲ τέχνη λόγος τοῦ ἔργου ὃ ἄνευ τῆς ὕλης ἐστίν[技艺是无需质料的活动的言辞]。[②]"τέχνη[技艺](不是制作本身，而是作为通晓的 ἐπιστήμη[知识]的一种形式，着眼点是将要制作之物)是将要制作之物的、ἔργον[活动]的一种 λόγος[言辞]，是一种言及(Ansprechen)，此言及无需 ὕλη 即质料"，[③]譬如，言及房屋无需石头、砖头、木头。我们方才听到：回应言及的恰恰是 εἶδος[形式]，εἶδος[形式]由其本身出发预先决定需要具有某种确定性质的质料。因此，λόγος ἄνευ τῆς ὕλης[无需质料的言辞]不可能意指：ὕλη[质料]根本不会被论及。从属于 λόγος[言辞]的，恰恰是同时论及作为某种完全确定之物的 ὕλη[质料]。与此相关，τέχνη[技艺]也 ἄνευ τῆς ὕλης[无需质料]，而只有制作本身。ἄνευ τῆς

① 《论动物的部分》，卷 A 章 1，640a16 以下。

② 《论动物的部分》，卷 A 章 1，640a31 以下。

③ [德文本编者注]：海德格尔因疏忽将中性的 ὃ 与 λόγος[言辞]关联起来。关于在后来的讲座课上的自我修正，参见页[226]以下。

ὕλης[无需质料]在此意指：有一种思考，它本身不拥有与ὕλη[质料]相应的那种交往(Umgang)。对待制作之由来的首要行为举止，就是这种进行的制作本身。但这种制作本身并不存在于λόγος[言辞]之中。这意指：λόγος[言辞]预先以确定的尺度相对于制作而生发出来，只因为λόγος[言辞]这样做了，所以，它才是对制作步骤和制作方向的指示，才将制作引向了正确的可能性。

正因为此—在意指完全之在，意指作成之在，所以，任何制作都必须以εἶδος[形式]为基础。这种τέχνη[技艺]已预见到的“自我表现”(Sichausnehmen)，是按照其此在来规定完全—此在者(Fertig-Daseiende)的事物，是按照其作为—房屋—此在(Als-Haus-Dasein)来描述完全—此在者(Fertig-Daseiende)的事物。也就是说，某一存在者的此在本身是由其所是之物所共同决定的。古希腊人从根本上同时以所是(Wassein)来规定此在意义上的
223 存在，不是将其规定为自为的一种存在，而是像亚里士多德那样，将所是作为此在者本身的建构性要素。只要人们看到的房屋就像它本身所显示的样子，人们就没有孤立地看到房屋，房屋不是在白天的某某时刻通过照明而为某某所占有，相反，这个此在者就像人们平均所看到的那样是房屋，就像人们日常生活在其中那样，它被看作这种什么(Was)是按照交往中的这种存在者的当前的平均性。在其外观中以平均方式照面的什么(Was)构成了此在。追问古希腊人在何种意义上将“个体”存在理解为具体的此在规定，是没有意义的。古希腊根本不会在这种hic et nunc[此地此时]中看到真正的此(Da)。

2. φύσει γινόμενα［出于自然的构成部分］的存在特质

亚里士多德如何以 ἔργα τέχνης［技艺活动］为指导线索来规定 φύσει ὄντα［出于自然的存在者］并视其为有生命之物？[①] 首要的问题是：φύσει ὄν［出于自然的存在者］如何表明自身？何种角度是这样的存在者表明自身的最初角度？ πανταχοῦ δὲ λέγομεν τόδε τοῦδε ἕνεκα, ὅπου ἂν φαίνηται τέλος τι πρὸς ὃ ἡ κίνησις περαίνει μηδενὸς ἐμποδίζοντος. ὥστε εἶναι φανερὸν ὅτι ἔστι τι τοιοῦτον, ὃ δὴ καὶ καλοῦμεν φύσιν［我们在所有地方都说某物是因为某物之故，如果看上去存在某一结果，而运动以此结果为界限且不受任何阻碍。所以，显然存在某种我们称其为自然的某物］。[②]“在所有地方，我们都言及作为 τόδε τοῦδε ἕνεκα［某物因某物之故］而照面的某物，也就是说，此物因此物而在此。”言及作为照面之物的某一实情具有如此这般的外观，是着眼于 ἕνεκα τοῦδε［因某物之故］。这种言及方式在何处完成，为了言及某物又必须如何与某物照面？对于非同寻常的实情，对于所照面之物本身，首要的发现是什么，以至于我们可以如此言及它？这里的“所有地方”指的是：“在此，某物的自我表现总像是某种完全之在，总像是达到了终点（Zu-Ende），运动到此就像达到了终点，从而没有什么制造困难，从而运动也不受阻碍。”首要的经验是看到了某种**正在完成的自我运动者**（fertigseienden Sichbewegenden）。建构性的要素是：**某物在运动**，**也因此会** 224
达到某一终点。“所以，很清楚，我们称为 φύσις［自然］的事物就

① 参《论动物的部分》，卷 A 章 1，641b23 以下，639b19 以下，641b12，639b30 以下。

② 《论动物的部分》，卷 A 章 1，641b23 以下。

是这样的事物。”在我们看到这样的事物的所有地方，我们使用的言及方式是：τόδε τοῦδε ἕνεκα［某物因某物之故］。只要某物，如此存在的某物，如此与我们照面，它就是我们作为 φύσις［自然］而公开言及的事物。将 φύσις［自然］的含义刻画为此在的一种方式的基本实情，乃是一个正在完成的存在者，在这样的完全之在、生成之在中，这个正在完成的存在者被按照其源于……扬弃为自我来此树立者（Fertigseiendes, in welchem Fertigsein, Gewordensein es aufgehoben ist in seinem Herkommen aus...als Sichherstellendes）。这就是实情，它为 ἕνεκα［因……之故］的要求奠定了基础。

μᾶλλον δ᾽ ἐστὶ τὸ οὗ ἕνεκα καὶ τὸ καλὸν ἐν τοῖς τῆς φύσεως ἔργοις ἢ ἐν τοῖς τῆς τέχνης. τὸ δ᾽ ἐξ ἀνάγκης οὐ πᾶσιν ὑπάρχει τοῖς κατὰ φύσιν ὁμοίως, εἰς ὃ πειρῶνται πάντες σχεδὸν τοὺς λόγους ἀνάγειν οὐ διελόμενοι ποσαχῶς λέγεται τὸ ἀναγκαῖον. ὑπάρχει δὲ τὸ μὲν ἁπλῶς τοῖς ἀϊδίοις, τὸ δ᾽ ἐξ ὑποθέσεως καὶ τοῖς ἐν γενέσει πᾶσιν［因是之故和美更在于自然的活动而非技艺的活动中。必然对于所有事物自然从来都是一样的，几乎所有人都试图将言辞引入必然，但他们没有通过分析来说明必然有多少种含义。有唯独从属于永恒之物的必然，但有前提的必然又从属于所有生成的事物］。[1]“这种实情恰恰更多存在于我们称为自然的领域，而非存在于在此处在作成之在领域的对象之领域，此作成之在具有 τέχνη［技艺］意义上的制作之特质：这种实情就是 οὗ ἕνεκα［因是之故］和 καλὸν［美］。”καλὸν［美］的含义与 μηδενὸς ἐμποδίζοντος［不受任何阻碍］

① 《论动物的部分》，卷 A 章 1，639b19 以下。

有关——καλὸν[美]就是“美”(das Schöne),就是成功并在此成功之在中如此在此的事物,以至于不存在任何失败。与此同时,手工制作意义上的 τέχνη[技艺]恰恰可以描述为:必须尝试某物,质料有可能不合适,τέχνη[技艺]需要条件和偶然以获得成功。与此相对,具有 φύσει ὄντα[出于自然的存在者]之特质的存在者进展顺利,并且在此顺利—进展的—存在(Glatt-vonstatten-Gegangen-sein)中在此,这就是 καλὸν[美]。这种关于 καλὸν[美]的经验,引导古人言及作为 ἀναγκαῖον[必然之物]的总是“进展顺利”的 φύσει ὄν[出于自然的存在者],这样的事物根本不可能发生意外。

然而,关于必然性,还存在一种区分,存在一种双重的 ἀναγκαῖον[必然之物]:一、ἀναγκαῖον ἁπλῶς[简单的必然之物];二、ἀναγκαῖον ἐξ ὑποθέσεως[有前提的必然之物]。[①] 一、“永恒之 225
物”具有“绝对必然性”,它将生成之物排除于其自身之外。永恒存在者排除了生成之在。有一种此在,它无需生成之在,或生成之在和它不相容。这种永恒—如此—此在者(Immer-so-Daseiende)就是绝对必然之物。二、此外,恰恰通过生成之在而在的存在者还有一种必然性。这种必然性关系通过“如果—那么”结构发生作用,这种必然性关系是 ἐξ ὑποθέσεως[有前提的]:如果将生成某某事物,那么,在此前提下,某某事物必然会发生。

亚里士多德对上述思考作了简短的概括:ἡ φύσις ἕνεκά του ποιεῖ πάντα[自然造就所有事物都是因是之故]。[②]“被刻画为自然

① 《论动物的部分》,卷 A 章 1,639b24。

② 《论动物的部分》,卷 A 章 1,641b12。

的此在者，造就了所有因某物之故而是其本身之所是的事物”——永远具有先前所表明的思考方式之维度。某物随着某种运动过程而完成，并不意指某种幽暗的“目的论”（Teleologie）！所以，亚里士多德能够将 φύσει ὄν［出于自然的存在者］规定为一种 ἐσόμενον［将要存在之物］，规定为一种存在者，此存在者通过将—如此—存在（So-sein-Werden）而拥有其存在，这是因为，在某种程度上，此存在者跑在了它自己的前面。

3. 对古代自然哲人的研究方式的批评

上述对 φύσει ὄν［出于自然的存在者］的基本规定，如前面已论及的段落所凸显的那样，是**古人在他们思考自然的时候首先错失了的内容**。相应于这些错失，古人也没有能力用正确的方式看到作为有生命之物的自然的特殊存在。他们最初看到的首要观点是：这些此在者自动着（bewegt sich）。然而，我看到某个**运动之物**（Bewegtes）并将其作为运动之物而言及这一实情，还并不意指我看到了**运动**（Bewegung）；由此还没有给予将作为存在规定的此运动之物的运动突显出来的可能性。

226 οἱ μὲν οὖν ἀρχαῖοι καὶ πρῶτοι φιλοσοφήσαντες περὶ φύσεως περὶ τῆς ὑλικῆς ἀρχῆς καὶ τῆς τοιαύτης αἰτίας ἐσκόπουν［古代最初对自然作哲思的那些人，思考了质料的本原和质料的原因］。① “古人如此对自然作了哲思，他们追问自然的存在的基本规定，他们言及 ὑλική ἀρχή［质料的本原］即所—由来（Von-Woraus），并言及

① 《论动物的部分》，卷 A 章 1，640b4 以下。

作为一种由 ὕλη[质料]所决定的 ὑλικόν[质料之物]。"如果我们在 τέχνη[技艺]的领域澄清了这一点，那么，一把椅子，一把在此现成在手椅子，一旦追问其此在，就会被古人作为木头而言及：这个此在者，在此的这把椅子，乃是木头之在(Holzsein)。这意味着：他们最初看到此在者，乃是着眼于其存在之所由来；相应于他们言及此在的方向，他们还形成了更为广泛地追问的方式方法。对 αἰτία[原因]的特质的规定是：如果他们追问运动之所由来，他们就会问：什么处在运动之中？回答是：这种木头之在(Holzsein)。他们认为这是对下述问题的回答：什么是此在？如此一来，他们根本没有回答对桌子的此在和存在特质的追问。他们对待自然的情形与此相类。他们还根本没有追问过桌子的存在，因为，木头之在规定了譬如说椅子或箱子。

亚里士多德如此详细讨论了古人的思考方式：他越来越接近了讨论 φύσει ὄν[出于自然的存在者]的正确的着眼点。按照本真的着眼点及其所给出的内容，我们碰到了 ψυχή[灵魂]。由此出发，变得很清楚的是，作为真正的 φυσικός[自然哲人]的 φυσικός[自然哲人]，如果他想将有生命之物看成有生命之物，就需要同时思考 ψυχή[灵魂]。如果具有一个 σῶμα[身体]的存在同时从属于有生命之物，那么，σῶμα[身体]也从属于对 πάθη[情感遭遇]的基本现象的理解，φυσικός[自然哲人]也同时参与了上述证明。

我必须提醒大家注意前几节课上的一个疏忽。在将 τέχνη[技艺]规定为 λόγος τοῦ ἔργου[活动的言辞]的时候，我由此出发指出：作为 τέχνη[技艺]的 λόγος[言辞]是一种更为确定的 λόγος[言辞]，这是因为，λόγος[言辞]失去了与 ὕλη[质料]的关系，失 227

去了与 ἔργον[活动]本身由以造成之物的关系。真正与 ὕλη[质料]有关系的是制作。因此,ἄνευ ὕλης[无质料]明显是由 λόγος[言辞]造成的。但我忘了指出,文本的写法是 ὃ ἄνευ ὕλης[无质料的活动],[①] 因此,在文本中,ἄνευ ὕλης[无质料]真正所指涉的是 ἔργον[活动]。首先看到的是 ἔργον[活动];由于它被首先看到,所以,它尚未作成。与此同时,需要注意的是,λόγος[言辞]是 λόγος ἔργου[活动的言辞],也就是说,在预先的认识中,活动(Werk)是被作为完全之物而谈论的。这里的情形是:所谈论的是制作的整体关联。从而,在此 λόγος[言辞]中,恰恰同时以确定的方式谈论了 ὕλη[质料]。ἄνευ ὕλης[无质料]不应误导我们将 εἶδος[形式]视为某种无意义之物(Unsinnliches)。在 ἔργον[活动]中有 ὕλη[质料],而非在真正的关系之中有 ὕλη[质料]。在 εἶδος[形式]之中——εἶδος[形式]是对 ἔργον[活动]的预先认识——预先认识到的事物,人们粗略地称其为某个将要制作之物或某个完全之物的目的。房屋作为 σκέπασμα[掩蔽所]是用来在此居住(Darinwohnen)的,在 εἶδος[形式]之中可以预先认识到在此居住(Darinwohnen)。在房屋看上去—本身—如此—这般—样子(So-und-so-sich-Ausnehmen)中,包含房屋之为何(Wozu)。εἶδος[形式]是这样一种事物:它按照某个此在者的完全之在,形成了这个此在者的本真的此在,所以,作成性(Hergestelltheit)作为一种由 εἶδος[形式]所奠定的此在方式,同时从属于作为现成在手之在的此在的全部规定性。

---

① 《论动物的部分》,卷 A 章 1,640a31 以下。——见页[222]。

由 ἔργον[活动]与 ὕλη[质料]的上述内在关系出发，更准确地说，由 ἔργον[活动]与 λόγος[言辞]和 ποίησις[制作]的内在关系出发，可以看出 ὕλη[质料]本身如何得到规定的方式方法。ὕλη[质料]绝不是纯粹的非存在(Nichtsein)即 μὴ ὄν[不在]，绝不是相对于形式的不确定的材料或界限，以至于使 ὕλη[质料]成了不确定之物。ὕλη[质料]恰恰是确定之物：这块木头具有这样或那样的材质(Eignung)，正是基于此材质，这块木头才被作为 ὕλη[质料]使用在此，并为此目的来考虑。ὕλη[质料]就是 δύναμις[能力]，就是达成某某事物的确定的"可能性"，它从 εἶδος[形式]出发方才变得可见。由此，亚里士多德说：λεκτέον γὰρ τὸ εἶδος καὶ ᾗ εἶδος ἔχει ἕκαστον, τὸ δ᾽ ὑλικὸν οὐδέποτε καθ᾽ αὑτὸ λεκτέον[因为，我们应当说形式和拥有形式的质料是个别事物，而从来都不应称质料本身是个别事物]。[①]"因此，应当首先言及某一个别的此在者的 228
外观，只要事物有一个外观，还应当言及拥有其外观的事物。质料之物，也就是所涉及的存在者所由来的质料之物，从来无法按其本身来言及。"可见，若着眼于 λόγος[言辞]，ὕλη[质料]就不具有独立自主性，必须从 εἶδος[形式]出发才能够将 ὕλη[质料]展示出来。这个 λεκτέον[应当说]对于当前的思考具有决定性。问题的关键是，需要指出：如果要研究自然，就必须首先追问其外观。只有当 εἶδος[形式]变得可见时，才能获得研究存在(Bestehens)之由来(Woraus)、或者更准确地说是研究产生(Entsehens)之来源(Woher)、从而研究 γένεσις[生成]的可能性。所以，εἶδος[形式]、

① 《形而上学》，卷 Z 章 10，1035a7 以下。

οὐσία[本体]为 γένεσις[生成]奠定了基础。

以此基本思考——εἶδος[形式]是首要之物——为指导线索，亚里士多德按照更为确切的着眼点讨论了古人：他们自己关注 φύσει ὄντα[出于自然的存在者]，关注作为有生命之物的自然的存在，关注他们和我们看到的存在者，到了怎样的程度。他还就下述问题作了批评性讨论：如何才能本真地言及存在者？更早前的古人已然做过努力的趋向如何才能正确地完成？与此同时，需要具体关注的是，古人也看到了运动中的自然。当巴门尼德（Parmenides）说“所有存在者是 ἕν[一]，没有运动”的时候，他也一定知道运动。

关键是，要按照其此在来揭示自然，就不能让成见和理论阻断它通达我们的道路。古人也看到了此在的自然的变化、出现和消失，因此，他们追问来源（Woher）。在《形而上学》卷 A 章 1 和 2 中，亚里士多德讨论了 διότι[何以如此]。[①] 在实践性的日常生活和操持中，人只是在不明确地围绕为何与为此（Warum und Darum）而运转。这一点将通过 λόγος[言辞]得到阐明，而 λόγος[言辞]是存
229 在一于一此一世的基本方式。此在者在古人那里是引导性的着眼点，它被理解为是由……所构成的（bestehend aus...）。这是回答对一把椅子或一张桌子的此在之所是的追问的直接方式，人们在此过程中说这是木头。这是一种回答，但并非对作为桌子的此在者的本真此在的回答。由于桌子的自我表现并没有同时被作为讨论的基础，所以，一定不能放弃对存在者之来源的追问。通过研究此问题，通过着眼于此问题来思考自然，人们获知了对作为桌子的此在者的

① 参《形而上学》，卷 A 章 1，981a28 以下。

存在的追问。

因此，由于 φύσει ὄντα[出于自然的存在者]应该这样来研究：εἶδος[形式]同时进入了思考；所以，按照 φύσει ὄντα[出于自然的存在者]之所由来，按照 τὸ ἐκ τίνων[某物由某些事物而来]，[①]由火、水、土、气而来，追问 φύσει ὄντα[出于自然的存在者]是不够的。把握住某种质料是不充分的，相反，我们必须同时追问 εἶδος[形式]，正如在 τέχνη[技艺]之中：如果我们制作某物，简单地利用材料是不够的，相反，需要从 εἶδος[形式]出发预先确定材料。某物有如此这般的外观，并由某某材料制成。κλίνη γὰρ τόδε ἐν τῷδε ἢ τόδε τοιόνδε, ὥστε κἂν περὶ τοῦ σχήματος εἴη λεκτέον, καὶ ποῖον τὴν ἰδέαν[因为，床是寓于某物中的某物，或者是这样的事物：我们应当谈论其形态，应当谈论其理式是怎样的]。[②]"因为，某一实事，譬如，一张床架，具有 ἐν τῷδε[在某物之中]即在这样一种事物之中的外观。"Σχῆμα[形态]就是"轮廓"(Umriß)、"形象"(Figur)。而且还应当谈论 ποῖον τὴν ἰδέαν[理式是怎样的]："σχῆμα[形态]会决定，就外观而言，一事物是怎样的事物。"ἰδέα[理式]：亚里士多德那里出现过的唯一用词是 ἰδέα[理式]和 εἶδος[形式]。ἰδέα[理式]无非意指"外观"(反对柏拉图)："某一此在者的轮廓是指，着眼于它的外观，它具有何种性质"——某一此在者的轮廓，不只是一堆木头和石头；它也并非像是实存于超感觉的某处，而是自己表现出来的轮廓。"因为，φύσις[自然]、自然事物的此在，若

① 《论动物的部分》，卷 A 章 1，640b22。

② 《论动物的部分》，卷 A 章 1，640b26 以下。

着眼于 μορφή[形状](与 σχῆμα[形态]是一回事),超越了属于自
230 然事物的此在者,若着眼于其存在(Bestehens)之由来(Woraus),则超越了 τῆς ὑλικῆς φύσεως[质料性的自然]。”① 靠 μορφή[形状]、σχῆμα[形态],我本真地获得了自然事物的存在。

亚里士多德指出,在古人当中,**德谟克利特**(Demokrit)事实上已经提出了上述问题,他第一次探究的了 σχῆμα[形态]即事物的“形象”。德谟克利特强调,σχῆμα[形态]和 χρῶμα[颜色](存在的视觉规定)是这样的事物:它们按其存在将某个存在者规定为 φύσει ὄν[出于自然的存在者]。“因此,当德谟克利特指出生命存在的形象和颜色时,他的说法是正确的。因为,他说:谁都看得出,人之所是就是着眼于其外观的人,因为,我们的确是根据其颜色和形象来了解人、熟悉人的。”② 但亚里士多德又说,“死人尽管有同样的外观和形象,却不是人”③。这表明,这种外观的规定最终也是不充分的,还不能将外观作为 σχῆμα[形态]和 χρῶμα[颜色]来理解。“进而言之,如果用任意某物,譬如,用铜或木头,造成一只手,那么,

① 《论动物的部分》,卷 A 章 1,640b28 以下:ἡ γὰρ κατὰ τὴν μορφὴν φύσις κυριωτέρα τῆς ὑλικῆς φύσεως[因为,基于形状的自然,要比质料性的自然更具有决定性]。

② 《论动物的部分》,卷 A 章 1,640b29 以下:εἰ μὲν οὖν τῷ σχήματι καὶ τῷ χρώματι ἕκαστόν ἐστι τῶν τε ζῴων καὶ τῶν μορίων, ὀρθῶς ἂν Δημόκριτος λέγοι [...]. φησὶ γοῦν παντὶ δῆλον εἶναι οἷόν τι τὴν μορφήν ἐστιν ὁ ἄνθρωπος, ὡς ὄντος αὐτοῦ τῷ τε σχήματι καὶ τῷ χρώματι γνωρίμου[如果每个动物及其每个部分依赖于图式和颜色,那么,德谟克利特的说法就是对的……]。

③ 《论动物的部分》,卷 A 章 1,640b34 以下:καὶ ὁ τεθνεὼς ἔχει τὴν αὐτὴν τοῦ σχήματι μορφήν, ἀλλ΄ ὅμως οὐκ ἔστιν ἄνθρωπος[死人拥有一样的形象和颜色,但它却不是人]。

这只手要成为其所是是不可能的。”[①] 一只由木头制成的手不是手。尽管它看上去像手，而且，按照德谟克利特的存在规定，它一定是手。但它不可能行使手的特定功能。正如用石头制成的一支笛子不是笛子，因为，人们不可能用它来吹奏。[②] 一只用木头制成的手不是活的，不会像手一样在此。因此，从属于 εἶδος［形式］的还有 δύναμις［能力］和 ἔργον［活动］。一个看上去如此的存在者，如此这般表现自己——对于有生命之物的此之特质（Da-Charakter）具有 231
建构性的要素，就是功能，就是 ἔργον［活动］，就是决定存在之由来的功能。一只手不可能由木头作成，手需要一个 σῶμα τοιοῦτον［这样的身体］。ὕλη［质料］必须满足作为 ζῷον［动物］的 μορίον［部分］的手的特殊功能。

所以，亚里士多德说，λίαν οὖν ἁπλῶς εἴρηται［这种说法的确过于简单］。[③]“这是过于简单的说法”，德谟克利特和古人就是这样说的。所以，谈论自然的古人对待存在时，仅仅以 σχῆμα［形态］为定向（德谟克利特），他认为这样一来就算是对存在作出了正确的规定。可实际上，他根本没有抓住有生命之物的此—在。这正如，“当一个 τέκτων［木匠］即一个木匠谈论木制的手时”，他处理的是看上去像手的某物，可此物并不是手。λίαν οὖν ἁπλῶς εἴρηται, καὶ τὸν αὐτὸν τρόπον ὥσπερ ἂν εἰ τέκτων λέγοι περὶ χειρὸς ξυλίνης. οὕτως γὰρ καὶ οἱ φυσιολόγοι τὰς γενέσεις καὶ τὰς αἰτίας

① 《论动物的部分》，卷 A 章 1，640b35 以下：ἔτι δ᾽ ἀδύνατον εἶναι χεῖρα ὁπωσοῦν διακειμένην, οἷον χαλκῆν ἢ ξυλίνην［其次，手无论如何不可能用诸如铜或木头制成］。

② 《论动物的部分》，卷 A 章 1，641a2 以下。

③ 《论动物的部分》，卷 A 章 1，641a5。

τοῦ σχήματος λέγουσιν· ὑπό τινων γὰρ ἐδημιουργήθησαν δυνάμεων. ἀλλ᾽ ἴσως ὁ μὲν τέκτων ἐρεῖ πέλεκυν ἢ τρύπανον, ὁ δ᾽ ἀέρα καὶ γῆν, πλὴν βέλτιον ὁ τέκτων. οὐ γὰρ ἱκανὸν ἔσται αὐτῷ τὸ τοσοῦτον εἰπεῖν, ὅτι ἐμπεσόντος τοῦ ὀργάνου τὸ μὲν κοῖλον ἐγένετο τὸ δὲ ἐπίπεδον, ἀλλὰ διότι τὴν πληγὴν ἐποιήσατο τοιαύτην, καὶ τίνος ἕνεκα, ἐρεῖ τὴν αἰτίαν, ὅπως τοιόνδε ἢ τοιόνδε ποτὲ τὴν μορφὴν γένηται[这种说法的确过于简单，和木匠谈论木制的手是同一种情形。自然哲人也以同样的方式谈论形态的生成和原因；而生成和原因的确出自某些能力的活动，但木匠说是靠斧子和钻子，而自然哲人说是靠气和土，木匠的说法要好得多；但仅仅说靠工具的运用在这里挖个洞、把那里削平是不够的，而为何要这样击打，因何之故要这样击打，他要说出要造出如此这般形状的原因]。① 当木匠追问他所制作之物的 γένεσις[生成]时，追问“从何种可能性出发”并且用何种工具可以作成如此这般的存在者时，“若按下述方式来回答是不够的：由于一件工具(譬如，锤子)落在这里，故而使得这里变成了如此这般模样。古人也是这样谈论自然的：由于如此模样的事物碰撞在了一起，故而形成了这样的事物。τέκτων[木匠]对他的存在者的理解好得多，他甚至会说，“他为何要这样击打，这是因何之故(他这样使用锤子是出于何种目的)，他会谈论原因，出于
232 此原因，μορφή[形状]被规定为如此这般。” τέχνη[技艺]将决定其 ποίησις[制作]，τέχνη[技艺]通过对 εἶδος[形式]的预先确定而拥有了其基础。

对于有生命之物，必须以正确的方式追问其 τέλος[结果]。为

① 《论动物的部分》，卷 A 章 1，641a5 以下。

此，必须追问 δύναμις[能力]和 ἔργον[活动]。因此，事实上古人并没有按照正确的方式言及有生命之物。"一旦它(即本真地规定了某一有生命之物的外观的事物，它规定外观的方式是将手规定为手)，一旦它最终就是我们称为灵魂的事物，φυσικός[自然哲人](如果他想将有生命之物作为此在者来对待)就一定有必要研究灵魂。"① 只是问题仍在于：必须研究整全的灵魂，还是只研究灵魂的确定部分。

我们的探讨到了终点，从而又回复到了 πάθη[情感遭遇]。如果 πάθη[情感遭遇]应当成为某项研究的对象，那就表明，对于同时涉及肉体性的作为有生命之物的内在情状的 πάθη[情感遭遇]，必须首先关注 εἶδος[形式]。

必须将本真的此在突显出来，以便采取可能方式来研究"生理学的内容"或"身体状况"。如此一来，思考身体的定向由人的生命的 εἶδος[形式]所给予，而人的生命的特质被描述为 ζωή πρακτικὴ μετὰ λόγου[依赖言辞的实践性生存]。

(四)对 φυσικός[自然哲人]有局限的领域的双重证明

我们看到，在他对前人的自然哲学的批评中，亚里士多德是如何提出对于自然存在者的生命特质具有决定性意义的基本规定的。他甚至说：超出 ὕλη[质料]来把握 σχῆμα[形态]是不够的，在某种意义上 σχῆμα[形态]就是 ἰδέα[理式]；相反，一旦 233

① 《论动物的部分》，卷 A 章 1，641a17 以下：εἰ δὴ τοῦτό ἐστι ψυχὴ [...], τοῦ φυσικοῦ περὶ ψυχῆς ἂν εἴη λέγειν[如果它就是灵魂……，那么，谈论灵魂就属于自然哲人的任务]。

就此驻足不前，我们就真的失败了。就 ἰδέα［理式］而言，生命被描述为 δύναμις［能力］，生命能够成为某物，因此，ὕλη［质料］作为同时对存在具有决定性意义的事物，包含相应的刻画和规定（Charakterisierung und Determination）。手首先是作为有生命之物的手，因为，它能抓取和感受，如此存在的手的要求：手的 ὕλη［质料］是一种确定的事物，手是有组织的，可以由能力的确定的存在来描述。ὕλη［质料］就是"肉"即 σάρξ［肉］。那么，就此古人尚未注意到的内容，就表现为能力（Können），它决定了 ὕλη［质料］的存在，我们称此存在为灵魂。

现在出现的问题是：φυσικός［自然哲人］必须按照其所有可能性及其整体伸展来研究生命的存在？还是说，对于自然哲人而言，若着眼于其存在主题，只存在有生命之物的一个确定的片段？[①] 亚里士多德用两种方式来解决这个问题：一、间接方式；二、从发现自然存在者将自己表现为有生命之物的方式出发。他将两种方式都追溯到对所涉及的存在者的自我表现的同一个发现。

1. 间接证明

对于有局限的领域的间接证明，他是按下述方式进行的：如果 φυσικός［自然哲人］打算着眼于其生命存在来研究处处可见的全部有生命之物，"那么，除了 φυσική［自然学］这种科学，就不存在哲学"。[②] 这一点暂时还无法理解。这一思路以一个确定的前提为基

---

① 《论动物的部分》，卷 A 章 1，641a32 以下。

② 《论动物的部分》，卷 A 章 1，641a34 以下：εἰ γὰρ περὶ πάσης, οὐδεμία λείπεται παρὰ τὴν φυσικὴν ἐπιστήμην φιλοσοφία［因为，如果讨论的是灵魂之整体，那么，除了自然认识，就没有哲学］。

础。“因为，猜测和理解（概而言之：思想）指向可思之物”，[①] 指向思考和猜测的可能对象。这种可思之物，就是可能的感知的全部领域，就是 πάντα［大全］。所有事物，任何意义上的存在的事物，都 234
是 νοητόν［可思之物］。“从而，φυσική ἐπιστήμη［自然知识］的对象或许就是全部存在者。”[②] 我们问：这种思路在何种前提下才有道理？在亚里士多德看来，只有当按其存在来思考这个（des）存在者必然同时从属于某个具有生命之特质的存在者时，在其存在中，所涉及的有生命之物建基于其存在可能性之上，与此有关的是作为交往上的用什么（worauf es als umgangsmäßiges Womit bezogen ist）。只有当生命原初地意指存在—于—某—世间，意指按在某物—旁—存在（Bei-etwas-Seins）、在旁存在（Dabeiseins）的方式存在，而在旁之物（das Dabei）就是世界，在旁存在者作为有生命之物存在于世——只有这种情况下，上述思考才有道理。如果 νοῦς［理智］同时落入了思考，如果 νοῦς 就是对象，所有 νοητά［理智之物］都会成为 φυσική ἐπιστήμη［自然知识］的对象。“这是这样一种科学的事情：它在感知、思考（Denkens）、思虑（Bedenkens）以及如此等等意义上研究存在，并在可思之物的意义上研究存在，而其他的思考和可思之物相互关联即 πρὸς ἄλληλα［相互关联］。”[③]（Πρὸς［相

① 《论动物的部分》，卷 A 章 1，641a36：ὁ γὰρ νοῦς τῶν νοητῶν［因为，理智从属于理智之物］。

② 《论动物的部分》，卷 A 章 1，641a36：ὥστε περὶ πάντων ἡ φυσικὴ γνῶσις ἂν εἴη［那么，自然认识会涉及所有事物］。

③ 《论动物的部分》，卷 A 章 1，641b1：τῆς γὰρ αὐτῆς περὶ νοῦ καὶ τοῦ νοητοῦ θεωρῆσαι, εἴπερ πρὸς ἄλληλα［关于理智和理智之物，它们从属于同一种思考，如果它们果真相互关联］。

对于］支配宾格：意思是“对”［zu］某物，“相对于”［gegenüber］它。)① 如果要按照其存在来理解有生命之物与之共在的存在者，那么，有生命之物只能按照其存在来规定(Das Lebende in seinem Sein kann nur bestimmt warden, wenn das Seinde, womit es ist, in seinem Sein verstanden wird)。只有以此为前提的思路才有道理。

235 亚里士多德本人没有更进一步追究间接证明的后果。他必须按下述方式更进一步：φυσικός［自然哲人］只研究存在者即 φύσει ὄν［出于自然的存在者］，后者是 κινούμενον［被动者］；但还有并不以生命方式存在的处在—运动中的—存在者，因为，νοῦς［理智］是具有决定性的可能性。由于 νοῦς［理智］和 νοητά［理智之物］都被间接证明排除在外，这些以生命方式存在的 φύσει ὄντα［出于自然的存在者］所涉及的是有生命之物，而后者是 ἀνόητον［无理智之物］，它的存在方式并非有所思，所以，它的存在也不受思考和思虑引导。结果，得到考虑的只是有生命之物，后者的特质是 ἀνόητον［无理智］。亚里士多德将 ἀνόητα［无理智之物］与拥有 φρόνησις［实践智慧］的存在者对立起来，φρόνησις［实践智慧］就是 διανοεῖσθαι［筹划］：ἀνόητα［无理智之物］—φρόνιμα［实践智慧］；ἄλογα［无言辞］—ἔλλογα［有言辞］。② ἔλλογα［有言辞］：其中的 λόγος［言辞］的存在方式在原初意义上 λόγον ἔχον［拥有言辞］。亚里士多德不加区分地使用了这些术语，他在论及科学的演进之情形时说，动物也以某种方式拥有 φρόνησις［实践智慧］：这

① 《论动物的部分》(De part. an.)，卷 A 章 1，641 b2 以下：ἡ αὐτὴ θεωρία τῶν πρὸς ἄλληλα πάντων［同一种思考从属于相互关联的所有事物］。

② 《尼各马可伦理学》，卷 K 章 2，1172b10，1173a2 以下。

里的 φρόνησις[实践智慧]指自我定向，指 αἴσθησις[感知]；这里的 φρόνησις[实践智慧]的规定不是 νοῦς[理智]，它不是本真的 φρόνησις[实践智慧]。

着眼于其存在的有生命之物，通过**在旁存在**而突显出来。亚里士多德敏锐地看到了这一基本规定，所以，他能以此存在含义、以此基本规定为基础，预先规定全部生命研究的个别步骤的进路和结构[①]——就方法论意义而言，重要的是看到所谓灵魂研究必须如何开始。问题是，一个有生命之物，就其有生命而言，是否具有不同的存在可能性：[②] 它能察觉某物(αἴσθησις[感知])；它热衷于某物(ὄρεξις[欲求])；它能够朝某物运动；或者，它以思虑世界的方式拥有世界。“难点在于：人们如何突出某一有生命之物的这些个别的存在可能性，这些个别的存在可能性如何在其中共在；就这些存在可能性而言，首先需要探究什么。问题是，需要按照生命本身来 236
探究生命的存在可能性，还是需要按照发展过程来探究生命本身，如果人们事实上必须首先研究 ἔργα[活动]，那么，人们是否需要首先研究 ἀντικείμενα[相对之物]，也就是在各种情况下，处在这个有生命之物的某个确定的存在可能性旁边或与之相对的事物，譬如，与 αἴσθησις[感知]相对的事物，即与感知本身相对的事物(就 ὄψις[面貌]而言，世界具有有颜色[Farbigseins]之特质)。”[③]事实

① 《论灵魂》，卷 A 章 1，402b9 以下，以及相应的卷 B 章 4，415a16 以下。

② 《论灵魂》，卷 A 章 1，402b9：εἰ [...] μόρια[如果……部分]。

③ 《论灵魂》，卷 A 章 1，402b10 以下：χαλεπὸν δὲ καὶ τούτων διορίσαι ποῖα πέφυκεν ἕτερα ἀλλήλων, καὶ πότερον τὰ μόρια χρὴ ζητεῖν πρότερον ἢ τὰ ἔργα αὐτῶν, οἷον [...] τὸ αἰσθητικόν [...] εἰ δὲ τὰ ἔργα πρότερον, πάλιν ἄν τις ἀπορήσειεν εἰ τὰ ἀντικείμενα πρότερον τούτων ζητητέον, οἷον τὸ αἰσθητὸν [...] καὶ τὸ νοητὸν[要区分它们相互之间表

上，我们必须从 ἀντικείμενα[相对之物]出发，只是应当与其一道来把握 ἔργον[活动]。“首先应当指出的是，思考本身就处在其发展过程之中。”①πρότεραι γάρ εἰσι τῶν δυνάμεων αἱ ἐνέργειαι καὶ αἱ πράξεις κατὰ τὸν λόγον[因为，基于言辞的活动状态和实践要先于能力]。②“因为，着眼于言及(Ansprechens)，现实的此在者、当前之物先于可能性。”我只是获得了一种理解的可能性，我只是通过下述方式将这种可能性带到了面前：我仿佛按照它的此(Da)将其作为 ἐνέργεια[活动状态]带到了面前。“若如此，对 ἀντικείμενα[相对之物]的思考还必须更早。”③就一个有生命之物的最主要的存在可能性而言，就 αὔξησις[生长]而言，情形也是如此，亚里士多德将 γέννησις[产生]与 αὔξησις[生长]结合起来，后者的意思是“生长”(Wachstum)和“带入世界”(zur Welt Bringen)。在此，首先应当研究的是依赖—营养—存在(Bei-der-Nahrung-Sein)，与此相关的是将另一事物带入世界，这样一个事物就像是有生命之物本身。Γέννησις[产生]这种生成(Werden)无非意指来到世上(zur Welt Kommen)，但不是简单地立于眼前的某物，如一个死胎(Totgeburt)，相反，存在者以下述方式在此：它存在于它的世界上。由此您们可以看到，我最初几次讲座中由以出发的基本规定是有其根

现出来的不同是困难的，应当首先探究这些部分，还是首先探究它们的活动，譬如，……可感之物；如果应当首先探究活动，再次出现的疑问是，是否必须首先探究相对之物，譬如，感知对象……和理智之物]。

① 《论灵魂》，卷 B 章 4，415a18：πρότερον ἔτι λεκτέον τί τὸ νοεῖν[首先要探讨何为思考]。

② 《论灵魂》，卷 B 章 4，415a19 以下。

③ 《论灵魂》，卷 B 章 4，415a20 以下：εἰ δ᾿ οὕτως, τούτων δ᾿ ἔτι πρότερα τὰ ἀντικείμενα δεῖ τεθεωρηκέναι[若如此，对相对之物的思考必须早于对它们的思考]。

据的：生命意指在—此—世—存在，并且特别按照一种确定的可能 237
性在—此—世—存在。

2. 出自运动之在本身的特质的证明

第二项证明直接出自对生成、对运动之在本身的特质的探究。我们由已完成的间接证明看到：只有 ἀνόητα[无理智之物]得到了思考。对于 φυσικός[自然哲人]而言，运动之在者(Bewegtseiende)将成为其最初的主题，着眼点是对作为在—此—世—存在的运动之在者的存在的基本规定。自动于世(Sichbewegens in der Welt)的三个基本方式是：一、αὔξησις[生长]；二、ἀλλοίωσις[变化]；三、φορά[移动]。[①] 这三种在—此—世—存在的可能性，其特质是运动，应该着眼于 ἀρχή[本原]，并按照这种存在的"由来"、按照存在—于—此—世的本真可能性的存在特质来研究。

事实上，αὔξησις[生长]尤其适用于植物，而植物的存在只有用 αὔξησις[生长]来描述。[②] 植物没有 αἴσθησις[感知]，它们存在于世的方式是：它们存在于世，却不感知世界；它们从世界中摄取营养，它们活动的特殊方式就是摄取营养。我们几乎可以说，亚里士多德最初看待植物的运动之在的方式就是现象学式的，《论灵魂》416a26 以下表明了这一点。这里讨论的植物，就拥有这种在—此—世—存在的特殊的存在可能性，它们"朝着相反的位置方向"生长：φαίνεται γὰρ ἐν αὐτοῖς ἔχοντα δύναμιν καὶ ἀρχὴν τοιαύτην,

① 参《论动物的部分》，卷 A 章 1，641b5 以下。

② 《论动物的部分》，卷 A 章 1，641b5 以下：αὐξήσεως μὲν ὅπερ καὶ ἐν τοῖς φυτοῖς[从属于生长的事物，就在植物之中]。

δι’ ἧς αὔξησίν τε καὶ φθίσιν λαμβάνουσι κατὰ τοὺς ἐναντίους τόπους［因为，看上去在它们之中它们拥有能力和这样的本原，由此它们向相反方向上生长并衰亡］。① 植物在生长中朝四面运动，并从四面摄取以维持生命，它们就是这样生活的。αὔξησις［生长］是对植物生命的首要和唯一的规定。

238 亚里士多德以其典型方式将 αἴσθησις［感知］理解为 ἀλλοίωσις［变化］。② 由于对于某个以感知—此—世的方式存在于世的存在者而言，总有出自世界的他者在此，与其照面，生命共同在此，生命本身也将变成他者。只有按照其存在对生命本身作出下述规定，生命才可能有意义：生命的存在意指在—此—世—存在。

对于大多数动物而言，又增加了 φορά［移动］的可能性，也就是"从一处到另一处自我运动的能力"。③ 这不是抽象的臆想，而是具体可见。亚里士多德正是在《论动物的部分》这部作品中探讨了"自我运动能力"、φορά［移动］的种种可能性：πτῆσις 即"飞"，νεῦσις 即"游"，ἕρψις 即"爬"，βάδισις 即"走"。

现在，亚里士多德曾经像是作为教条提出的原理变得可以理解了：οὗ ἕνεκα［因是之故］的 λόγος［言辞］是首要的 λόγος［言辞］。在 οὗ ἕνεκα［因是之故］中，有生命之物的存在的本真的存在特质显露出来。生命总是与"因何之故"、τέλος［结果］、在—此—世—存在意义上的"完全的此在"联系在一起。有生命之物的所有存在

① 《论灵魂》，卷 B 章 2，413a26 以下。

② 《论动物的部分》，卷 A 章 1，641b6：ἀλλοιώσεως δὲ τὸ αἰσθητικόν［从属于变化的正是感知］。

③ 《论动物的部分》，卷 A 章 1，641b7 以下：ὑπάρχει γὰρ ἡ φορὰ καὶ ἐν ἑτέροις τῶν ζῴων［因为，生产也存在于其他动物之中］。

规定，首先以这种作为在旁存在的存在为定向，由在旁存在出发，才能按照其外观来规定每个存在者的确定的特质。

由此，我们也能够按照其典型的存在来理解 ὕλη[质料]。σῶμα[身体]、一个有生命之物的 ὕλη[质料]，不单单是轮廓看上去不同的质料，相反，有生命之物的 σῶμα[身体]是 ὄργανον[器官]。有生命之物的质料所具有的首要存在特质是为了……，是在旁存在，是在其中—存在（In-Sein）。ὄργανον[器官]将意指一个存在者，它具有功能特质，它本身以达到—终点的—存在（Zu-Ende-Sein）为定向。因为，若着眼于 ὕλη[质料]，属于有生命之物的完全—存在者（Voll-Seienden）的每一个要素，都具有这种完全的特质，所以，对此存在者的解释的出发点是在其中—存在（In-Seins）的首要特质：对于植物而言，首要特质是 αὔξησις[生长]；对于动物而言，首要 239
特质是 αἴσθησις[感知]和 φορά[移动]；对于人而言，首要特质是 νοῦς[理智]。只有从 νοῦς[理智]出发，才能按照其存在来理解其他的存在可能性。亚里士多德再次指向 τέχνη[技艺]之类比，在此类比中存在的关系是：如果有将某物分离的必要性，行使分离之物必须很硬，如果它必须很硬，那么，它必须是铁制成的，所以，这种必然性、这种功能预先决定了 ὕλη[质料]的存在特质。有生命之物的全部 ὕλη[质料]，就是 ὄργανον[器官]，它是由有生命之物的可能性所决定的，并且是由功能预先决定的。φύσει ὄντα[出于自然的存在者]的存在可能性所拥有的界限，就在于 αἴσθησις[感知]和 φορά[移动]。这两个原因，表明了 οὗ ἕνεκα[因是之故]，也表明了以 οὗ ἕνεκα[因是之故]为根据的第二个问题：ὅθενή ἀρχὴ τῆς κινήσεως[运动的本原从何而来]，πάθη[情感遭遇]就出自这种存在关联之中。πάθη［情感遭遇］同时为 σῶμα［身体］所决定。πάθη［情感遭遇］是人的存在可能性的规定。

亚里士多德在《论动物的运动》(De motu animalium) 中研究了运动。长期以来，这部作品被认为不是亚里士多德的作品，**耶格尔**(W. Jaeger) 第一次从研究藏于罗马的手稿出发证明，这部作品的确是亚里士多德的作品。他接着对此作品作了相应的新的编辑。① 这部作品对于从根本上追问有生命之物的运动具有基础性意义。一个具本质性的要素是：这部作品指出，在某物静止时，运动本身如何只是可能的。

(五) 通过真理本身来探究自然的历史的确定性

对迄今为止的自然研究的批判性探究，对能够实行这样一种研究的历史作了一种特殊的考察。事实表明，一门科学可能已经运转很长时间了，材料已聚集起来，某些原理和理论也已展示出来，但
240 与此同时，这门科学的存在却还根本不需要依赖它的对象，一门科学的推进也根本不必依赖于洞察力或证明技巧之程度，此证明技巧依赖于这门科学的推进。科学是一件**与实事的正确关系**的事情。这一点不可能强求，相反，若着眼于准备，它是最大程度地依赖于我们自己的事情，但归根结底，在一件实事出现并存在于此的程度上，它是从属于命运的一件实事，它使得上述基本关系获得了生命力。尽管有这些理论，研究者还是逐步**受到真理本身的强迫**，**以便**

① 亚里士多德，《论动物的运动和论动物的行进，附：论气息》(Aristotelis de animalium motione et de animalium incessu, Ps.-Arisotelis de spiritu libellus. Ed. V. G. Jaeger. Lipsiae in aedibus B.G. Teubneri 1913)。

看到存在者。

亚里士多德在同一文本处境中使用了两个典型术语，它们对于他所理解到的真理十分重要。关于恩倍多克勒(Empedokles)，亚里士多德说：ἐνιαχοῦ δέ που αὐτῇ καὶ Ἐμπεδοκλῆς περιπίπτει, ἀγόμενος ὑπ᾽ αὐτῆς τῆς ἀληθείας[在很多地方，恩倍多克勒或许也触及了此问题，这是因为他受无蔽本身引导]。① 他受"真理本身引导"，在某种意义上，真理使他的理论崩溃了。关于德谟克利特，亚里士多德说：ἀλλ᾽ ἥψατο μὲν Δημόκριτος πρῶτος, ὡς οὐκ ἀναγκαίου δὲ τῇ φυσικῇ θεωρίᾳ, ἀλλ᾽ ἐκφερόμενος ὑπ᾽ αὐτοῦ τοῦ πράγματος[但德谟克利特是着手此问题的第一人，尽管他并不认为自然探究必须如此，而是因为他为实事本身所支配]。② 他为"实事本身所支配"，并且被引向了下述发现：对于存在者，不仅仅要着眼于 ὕλη[质料]，相反，它的 σχῆμα[形态]也必须得到把握。ἀληθεία[无蔽]和 πρᾶγμα[实事]在此是在同一种意义上使用的，也就是说，ἀληθεία[无蔽]不是依附于原理的"有效性"(Gültigkeit)或诸如(某种误入歧途的逻辑学)之类的事物，而无非就是处在其被揭示出来的存在之中的存在者(das Seiende in seinem Aufgedecktsein)，就是 πρᾶγμα[实事]，因为，我必须与之打交道的存在者，在此具有某种被发现性(Entdecktheit)。走近实事的努力受到阻碍，因为，人们否认对 τὸ τί ἦν εἶναι[某物曾经之所是]的追问，因为，所有狭义的研究都应当追问什么(Was)和如何(Wie)：ἐπὶ Σωκράτους δὲ τοῦτο μὲν ηὐξήθη, τὸ δὲ ζητεῖν τὰ περὶ φύσεως ἔληξε, πρὸς δὲ τὴν

① 《论动物的部分》，卷 A 章 1，642a18 以下。

② 《论动物的部分》，卷 A 章 1，642a26 以下。

χρήσιμον ἀρετὴν καὶ τὴν πολιτικὴν ἀπέκλιναν οἱ φιλοσοφοῦντες[到了苏格拉底的时代，上述研究有了进步，但关于自然之物的探究却停滞不前，搞哲学的人转向有用的优异和政治]。[①] 苏格拉底推进
241 了致力于实事本身的事业，但在这个时代却放松了 ζητεῖν τὰ περὶ φύσεως[关于自然的探究]，人们游移到了 πολιτική[政治]，φύσει ὄντα[出于自然的存在者]退入了背景。这并非一种偶然的失误，譬如说，他们更多从事精神科学而非自然科学；相反，这是一种具有根本性的失误（Versehen）：存在—于—此—πόλις[城邦]之中的概念的基础就在自然概念之中。亚里士多德看到了这一点，并将他的劳作重点首先放在对作为存在的 φύσις[自然]的研究之上。由此出发，他为存在研究本身获得了基础。

第二十节　πάθος[情感遭遇]作为 ἡδονή[快乐]与 λύπη[痛苦]（《尼各马可伦理学》卷十章 1—5）

由上述关于有生命之物的存在特质的考察我们看到，生命就意指**在—某—世—存在**。这个规定现在有了**双重含义**：

一、这个有生命的自然的存在，按照其 εἶδος[形式]，被规定为在—此—世—存在的 δύναμις[能力]——一旦规定为 εἶδος[形式]，也就等于规定为**存在者的存在规定本身**。

二、**作为由世界出发的运动**：有生命之物还在第二种意义上存

① 《论动物的部分》，卷 A 章 1，642a28 以下。

在于世，在从属于世界(Weltzugehörigkeit)的意义上存在于世。我的存在就是在—此—世—存在，在第二种意义上存在于世，就是从属于世界，尽管我在世界中能够为另一事物所照面，譬如，就像一把椅子。

对于古希腊人而言，此两者都是εἶδος[形式]，古希腊人不知道区分外在和内在的思考。由此，在更为广泛的意义上产生了有生命之物的存在的基本内在关联。我要指出的是：现在，共在得到了更为精确的规定：

一、在共在中共在的是这样的存在者：它们都为了其自身而在—此—世—存在。彼此照面(Einanderbegegnen)是为了彼此的此在(Füreinanderdasein)，所以，每一个存在者、每一个为了另一个而在的存在者，都存在于世。

二、在共在中我们共同拥有同一个世界。共在同时是共同拥有 242
这同一个世界。

如果谁要写一本关于认识理论的书，上述内容就是前提。但能否按通常方式提出问题，可以让认识论学者自己去决定。如今，我们听说，在哲人们中间充斥着一项重大争执：哲学是否应当成为"生命哲学"(Lebensphilosophie)。一派主张，哲学不能成为生命哲学；另一派则认为，哲学当然必须成为生命哲学。"生命哲学"就像"研究植物的植物学"(Botanik der Pflanzen)！强调植物学必须研究植物，这种主张就像反面说法那样滑稽和不可理喻。

我们对πάθη[情感遭遇]的总体思考的结果加以总结。πάθη[情感遭遇]是这样一种事物：它们发生在灵魂之中，存在于生命之在中(im Lebendsein)，更准确地说，它们意指被消耗

(Mitgenommenwerden)、失—去—自—制(Aus-der-Fassung-Geraten)、κινεῖσθαι[激动起来],后者指向有生命之物的本真存在,指向在—某—世—存在。着眼于在—此—世—存在,πάθη[情感遭遇]是被消耗的方式(Weisen des Mitgenommenwerdens),通过πάθη[情感遭遇],在世的自我定向的可能性可以从根本上得到规定。不—知—所—措(Aus-der-Fassung-Sein)本身与有领会的存在(Gefaßtsein)有关,与 ἕξις[状态]有关。我们的消耗是平均的和日常的,我们的运动处在偏转之中。与此相关的是一个有领会的存在。因为,πάθη[情感遭遇]的特质如此表现为有生命之物的存在方式,这种存在的结构是在—此—世—存在,是在世界中打交道,是与他人交往,如此便得出了分析个别 πάθη[情感遭遇]本身的预先规定,因为,思考这些 πάθη[情感遭遇]必须:一、着眼于世界,遭遇者在世界中感受着自己;二、着眼于情状方式、自己对待同时代人(Mitwelt)的方式;三、人自己必须如何存在,人自己必须有怎样的心境,以便碰到这样那样的 πάθη[情感遭遇]。

πάθη[情感遭遇]有一个典型的规定,我们至今尚未论及:每一种 πάθος[情感遭遇],每一种被消耗,都"紧接着"、ἕπεται[伴随]
243 一种确定的情状;但并非是在下述意义上:任何情状在此都伴随着某种 ἡδονή[快乐]或 λύπη[痛苦]。对任何这种情状的同时被给予之在(Mitgegebenseins)的上述规定如此具有根本性,以至于亚里士多德说,πάθος[情感遭遇]本身就是 ἡδονή[快乐]或 λύπη[痛苦]。我们必须更进一步为上述规定作某种补充。

亚里士多德在《尼各马可伦理学》卷 H 章 12—15、卷 K 章 1—5 中探讨了 ἡδονή[快乐]。《修辞学》卷 A 章 11 也致力于此问题。

我的解释将专注于《尼各马可伦理学》卷 K 中的段落。在此我只给出分析 ἡδονή[快乐]的指导原则。

对 ἡδονή[快乐]的基本规定在《尼各马可伦理学》卷 K 章 2 中清楚可见：ἴσως δὲ καὶ ἐν τοῖς φαύλοις ἔστιν τι φυσικὸν ἀγαθὸν κρεῖττον ἢ καθ' αὑτά, ὃ ἐφίεται τοῦ οἰκείου ἀγαθοῦ[也许，在低等的有生命之物那里，也有某种超越了它们本身的自然的好，这种自然的好渴求本己的好]。[①]“也许，在低等的存在者那里、在低价值的存在者那里，也存在 τι φυσικὸν[某种自然之物]、某种存在可能性，这种可能性从属于它们的存在，这种可能性要比本身之所是（即低等的）更好，它们将这种可能性作为 οἰκεῖον ἀγαθόν[本己的好]来追求，它们在 οἰκεῖον ἀγαθόν[本己的好]这种存在者那里本真地找到了其终点。”这无非是说，对所有有生命的存在者，有下述规定：它们追求本己的此在的完全性。每一个有生命之物几乎都有倾向性（tendenziös），都有成为完全之在的倾向。

ἀλλ' ἐπεὶ οὐχ ἡ αὐτὴ οὔτε φύσις οὔθ' ἕξις ἡ ἀρίστη οὔτ' ἔστιν οὔτε δοκεῖ, οὐδ' ἡδονὴν διώκουσιν τὴν αὐτὴν πάντες, ἡδονὴν μέντοι πάντες. ἴσως δὲ καὶ διώκουσιν οὐχ ἣν οἴονται οὐδ' ἣν ἂν φαῖεν, ἀλλὰ τὴν αὐτήν· πάντα γὰρ φύσει ἔχει τι θεῖον[然而，因为没有同一种最好的或看上去最好的自然和状态，故而所有人不会追求同一种快乐，尽管所有人都的确在追求快乐。但也许他们并没有追求他们所期望的快乐和他们所说的快乐，这时候他们追求的却是同一种快乐；因为，所有出于自然的事物都具有神性]。[②]“所有人都追求、

① 《尼各马可伦理学》，卷 K 章 2，1173a4 以下。

② 《尼各马可伦理学》，卷 H 章 14，1153b29 以下。

热衷于某种 ἡδονή[快乐]”、某种情状，并且大多“不追求他们相信的事物，也不追求人们说对于他们重要的事物，而是所有人都追求同一种快乐”。对于他们最主要的是活着。作为有生命之物的存在者是这样一种存在：就其存在而言，对于此存在者具有重要性的是此一在。在亚里士多德那里，θεῖον[神性]并非宗教性(Religiöses)：他把 θεῖον[神性]视为**属于永恒存在的本真存在**(eigentliche
244 Sein des Immerseins)。从而已然十分明显的是，ἡδονή[快乐]乃是有生命之物的一个规定，这个规定是**与有生命之物本身一道被给予的**。更准确地说，ἡδονή[快乐]无非是**在一此一世一存在的一项基本规定**，因为，在一此一世一存在是这样一种存在：我同时拥有这种存在——“拥有”(Haben)是对“知道为何”(wissen darum)的一种较为模糊的表达。ἡδονή[快乐]是这样一种自我感受：处在 ἡδονή[快乐]中的我对我的在一此一世一存在**拥有解释**(Aufschluß habe)；我**拥有**我的在一此一世一存在。我还**拥有一种对我的存在的规定，拥有一种我的存在的方式**。这个现象无非是当我们提出“好吗?”(Wie geht's ?)这个问题时，我所指的东西。ἡδονή[快乐]不是所谓“喜悦”(Lust)，而是一项**对作为生命的存在本身的规定**。照此范围，在此能够成功地将 ἡδονή[快乐]作为一项基本规定来贯彻。

在《尼各马可伦理学》卷 K 章 3 中，亚里士多德通过与 αἴσθησις[感知]比较，对 ἡδονή[快乐]作出解释：δοκεῖ γὰρ ἡ μὲν ὅρασις καθ' ὁντινοῦν χρόνον τελεία εἶναι (οὐ γάρ ἐστιν ἐνδεὴς οὐδενὸς ὃ εἰς ὕστερον ενόμενον τελειώσει αὐτῆς τὸ εἶδος)[因为，看，似乎在任何时候都是完全的(因为，看，不缺乏任何发展到后来

可以使其形式变得完全的内容]。[1]“看”、“眼—中—拥有”(Im-Blick-Haben)、“积极地看过去”本身是“完全的”即 τέλειον[完全的],这将意味着,不存在“还会出现这样的事物的可能性:就看之所是而言,使看变得更加完善。相反,只要我看,看就一下子在此了。这一点与下述情形相互关联:看的确无非是以当前方式—在—此—世—存在(Gegenwärtig-in-der-Welt-Seins)的一种当前被激活的方式,而在—此—世—存在的方式是拥有—世界(Sie-Haben)。

τοιούτῳ δ' ἔοικεν καὶ ἡ ἡδονή. ὅλον γάρ τι ἐστίν, καὶ κατ' οὐδένα χρόνον λάβοι τις ἂν ἡδονὴν ἧς ἐπὶ πλείω χρόνον γινομένης τελειωθήσεται τὸ εἶδος. διόπερ οὐδὲ κίνησίς ἐστιν. ἐν χρόνῳ γὰρ πᾶσα κίνησις καὶ τέλους τινός, οἷον ἡ οἰκοδομική. τελεία ὅταν ποιήσῃ οὗ ἐφίεται[看上去,快乐也是如此。因为,快乐是整体,在任何时候,谁也无法抓住这样的快乐:靠更长时间的发展,可以使快乐的形式变得完全。同样,快乐不是运动。因为,每一种运动都处在某个时间,都属于某种结果,譬如,建筑,只有通过制作达成了结果,建筑才算完全]。[2]它本身是完全的,不拥有运动,它的存在方式不是这样的:只有经过一段确定的时间,它才有可能变得完全。一所房屋完全,是因为它在其作成和作成之在(Hergestelltwerden und -sein)中拥有其确定的时间,是因为它经历了一段运动,那时候它还没有 245
达到终点——ἀτελής[尚无结果]。[3]与此相对,ἡδονή[快乐]恰如 αἴσθησις ἐν τῷ νῦν[当前的感知],[4]即“当前的”感知,感知之所

① 《尼各马可伦理学》,卷 K 章 3,1174a13 以下。
② 《尼各马可伦理学》,卷 K 章 3,1174a16 以下。
③ 《尼各马可伦理学》,卷 K 章 3,1174a26。
④ 《尼各马可伦理学》,卷 K 章 3,1174b9。

是(was sie ist) μὴ ἐν χρόνῳ[不在时间之中],[①]在一种确定延伸的意义上“不在时间之中”，ἡδονή[快乐]不必非得经历时间才能达到完成之在。ἡδονή[快乐]不是κίνησίς[运动]这个特质，被描述为一项对此在本身的当前性的规定。在《修辞学》卷A章11中，亚里士多德却说ἡδονή[快乐]就是一种κίνησίς[运动]，是κίνησίς τις[某种运动][②](就好像上文谈论动物时谈到的φρόνησις[实践智慧][③])，因为，ἡδονή[快乐]也拥有对πάθος[情感遭遇]的规定、对被消耗(Mitgenommenwerdens)的规定。这里有由……向……转变的规定。与此相关的ἡδονή[快乐]在某种意义上就是一种κίνησίς[运动]、μεταβολή[转变]。但ἡδονή[快乐]本身却并不是一种存在方式，它并非偶然才出现，通过另一种举止方式它也有可能同时出现，ἡδονή[快乐]本身与作为有生命之物的存在一道已然在此了。ἡδονή[快乐]的存在，譬如，并不像在任何交往本身当中的可能性，ἡδονή[快乐]不是αἴσθησις[感知]的ἕξις[状态]，之所以如此，是因为我以正确的方式看到，并且看到了恰当的对象，通过完成看，ἡδονή[快乐]出现了，但并非作为这种处境的结果而出现，相反：自我—如此—这般—感受(Sich-so-und-so-Befindens)的这种可能性，就根植于作为在—此—世—存在的我的存在之中。ἡδονή[快乐]不是确定的处境的结果，所以，亚里士多德方能在规定ἡδονή[快乐]时，直接将其与ζωή[生存]、“生命”(Leben)等

① 《尼各马可伦理学》，卷K章3，1174b8。

② 《修辞学》，卷A章11，1369b33：εἶναι τὴν ἡδονὴν κίνησίν τινα[快乐是某种运动]。

③ 见页[235]。

而同之。原理：πάντες ἐφίενται ἡδονῆς[所有人都渴望快乐]无非是说，πάντες ἐφίενται τοῦ ζῆν[所有人都渴望活着]，[1] 所以，关键在于存在中的此在(es im Sein auf das Dasein ankommt)。所以，最终的问题是："我们靠我们的自我感受来把握生命，还是靠生命来把握我们的自我感受、把握 ἡδονή[快乐]；这个问题此刻被搁置一旁"。[2] 亚里士多德在卷 K 随后的章节中解决了这个问题。 246

人的本真存在，最高的存在可能性，在于 θεωρεῖν[静观]——这是在最例外意义上存在于此的可能性。[3] 简而言之，ἡδονή[快乐]无非就是对在—此—世—存在的当前性的规定，ἡδονή[快乐]在自我感受本身中在此。紧接对 ἡδονή[快乐]的这一规定，我将简单探讨应如何理解 θεωρεῖν[静观]之所谓。人们必定会放弃传统灵魂论的规定：将 ἡδονή[快乐]与 λύπη[痛苦]理解为灵魂进程的附属物。ἡδονή[快乐]总是以作为在—此—世—存在的生命为目的。正因为如此，亚里士多德描述种种 πάθη[情感遭遇]的方式才变得可以理解。将 φόβος[恐惧]理解为 λύπη[痛苦]，理解为一种由沮丧之在(Herabgestimmtsein)所规定的确定的感受，究竟有何理由？我们拥有一个特殊的基本结构：就此在就是生命而言，此在总是个别的此在，不存在一般的此在。此在总是我在(ich bin)，

① 《尼各马可伦理学》，卷 K 章 4，1175a10 以下：ὀρέγεσθαι δὲ τῆς ἡδονῆς οἰηθείη τις ἂν ἅπαντας, ὅτι καὶ τοῦ ζῆν ἅπαντες ἐφίενται [...]. εὐλόγως οὖν καὶ τῆς ἡδονῆς ἐφίενται[有人认为，所有人都追求快乐，因为，所有人都渴望活着……。他们渴望快乐的确有道理]。

② 《尼各马可伦理学》，卷 K 章 4，1175a18 以下：πότερον δὲ διὰ τὴν ἡδονὴν τὸ ζῆν αἱρούμεθα ἢ διὰ τὸ ζῆν τὴν ἡδονήν, ἀφείσθω ἐν τῷ παρόντι[我们通过快乐来把握生命活动，还是通过生命活动来把握快乐，这个问题此刻不予考虑]。

③ 参《尼各马可伦理学》，卷 K 章 7，1177a12 以下。

我不是存在者之所是(kein Seiendes, das ist)，而是我之所是(das ich bin)，但我之所是同时也有成为某人之所是(das man ist)这样一种存在者的可能性。相应于此在的个别性(Jeweiligkeit)，每一种感受都总是一种确定的感受，不存在一般的自我感受，每一种自我感受都是如此这般的感受。每一种 ἡδονή[快乐]都是一种确定的 ἡδονή[快乐]，同样，每一种 λύπη[痛苦]都是一种确定的 λύπη[痛苦]。

正如在定义 πάθη[情感遭遇]的上下文中所指明的那样，ἡδονή[快乐]被认为“同时在此”(ist mit da)即 ἕπεται[伴随]。① 更进一步的考察表明，ἡδονή[快乐]的共同此在(Mitdasein)无非意指此在本身的共同此在(Mitdasein des Daseins selbst)，这种共同此在与某种确定的 πάθος[情感遭遇]有关。作为情状的 ἡδονή[快乐]是自我拥有某种此在的方式(Weise des Sichhabens eines Daseins)。这已然将生命刻画成为在—此—世—存在，刻画成为作
247 为在其中—存在的生命(Leben als In-Sein)。被给予的可能性是：作为有自我定向的如此存在者(das so Seiende)，以某种方式同时拥有自身。我们必须放弃将自—我—拥有(Sich-selbst-Habens)定向于反思。反思只是一种有些超常规的(outrierte)形式，在此形式中，此在能意识到其自身。由此出发，人们根本无法理解情状的原初方式。情感(das Affektive)本身已然具有自—我—拥有的特质。ἡδονή[快乐]从原初就深入了此在的存在，以至于可以将 ἡδονή[快乐]与 ζῆν[活着]等而同之。ἡδονή[快乐]从属于此在本身。

由 ἡδονή[快乐]所表明的这种情状，如今有了一种双重的可

① 《修辞学》，卷 B 章 1，1378a20 以下。

能性：一、在某种程度上（sofern），这种自我感受具有 αἵρεσις［选择］之特质；二、在某种程度上，这种自我感受就是 φυγή［回避］。①情状或可描述为“走向”“抓取”，即走向此在本身；或者，情状是这样一种特质：情状从此在前“后退”，差不多是“逃离”此在。这就是在 ἡδονή［快乐］或 λύπη［痛苦］中被给予的情形。αἵρεσις［选择］和 φυγή［回避］是此在的基本运动状态（Grundbewegtheiten）。并非偶然的是，αἵρεσις［选择］和 φυγή［回避］出现的地方，正是涉及对此在的最终本体论解释的地方。② 因为，ἡδονή［快乐］或 λύπη［痛苦］从一开始就与有生命之物的此在密切关联，从而形成了基本情状，而此基本情状就是此在在某种程度上使其自身有所得失的方式（in der das Dasein sich gewissermaßen selbst mitnimmt），所以，可以将 ἡδονή［快乐］描述为 πάθος［情感遭遇］，描述为这样一种 πάθος［情感遭遇］：用亚里士多德的话说，它 ἐγκεχρωσμένον［浸染了］，③“完全浸透了颜色”，这样一种 πάθος［情感遭遇］完全浸透了 βίος［生活］，浸透了此在——βίος［生活］不是 ζωή［生存］：作为“生存”（Existenz）的 βίος［生活］，是在被强调的人的意义上的“生命”（Leben），而人是通过 προαίρεσις［抉择］获得其自身的。
另外还有更进一步的形式，亚里士多德不断提到：在任何操持中， 248

① 《尼各马可伦理学》，卷 B 章 2，1104b30 以下：τριῶν γὰρ ὄντων τῶν εἰς τὰς αἱρέσεις καὶ τριῶν τῶν εἰς τὰς φυγάς［确有三种事物是选择的对象，还有三种事物是回避的对象］。卷 K 章 2，1172b19 以下：τὴν γὰρ λύπην καθ᾽ αὑτὸ πᾶσιν φευκτὸν εἶναι, ὁμοίως δὴ ἐναντίον αἱρετόν. [...] τοιοῦτο δ᾽ ὁμολογουμένως εἶναι τὴν ἡδονήν［因为，对于所有人而言，痛苦本身都是要回避之物，同样，与痛苦相反的事物则是要择取之物。……换句话说，要选择之物就是快乐］。

② 《论灵魂》，卷 Γ 章 5，431a9 以下。

③ 《尼各马可伦理学》，卷 B 章 2，1105a3。

ἡδονή[快乐]和 λύπη[痛苦]是同时被给予的，在任何 πάθος[情感遭遇]中，甚至在任何感知、任何思考(Denken)、任何思虑(Bedenken)中，在 θεωρία[静观]中，就它们都是生命的基本方式而言，ἡδονή[快乐]都是不可分割的伴随物。[①]

我来对 πάθος[情感遭遇]的规定作简单总结。我们(在《论动物的部分》中)所经历的离题讨论表明，若按照其 εἶδος[形式]来描述，可以将 πάθος[情感遭遇]规定为在—此—世—存在：规定为 πρὸς ἄλληλα[相互关联]。由于 ἡδονή[快乐]是与任何 πάθος[情感遭遇]同时被给予的，所以，在其中—存在便获得了自身，获得了 αἵρεσις[选择]和 φυγή[回避]这两种可能性。有生命之物的存在作为 πάθος[情感遭遇]，是这样一种存在：它具有被消耗(Mitgenommenwerdens)和消耗(Mitgenommenseins)之特质。这其中存在 μεταβολή[转变]、失去—自—制(Außer-Fassung-Geratens)、不—知—所—措(Außer-Fassung-Seins)的契机(Moment)——由……转变为……。《修辞学》卷 B 章 1 对 πάθος[情感遭遇]的更进一步的规定，就是 κρίνειν[挑选]的转变之契机：在这种失去—自—制(Außer-Fassung-Geraten)的情况下，同时碰到了 κρίνειν[挑选]，[②] 即“区分”、“立场选择”(Stellungnehmen)；朝向世界的、或者更准确地说在世界之中的有定向的存在的方式方法，就是在碰到某种 πάθος[情感遭遇]的情况下，同时提出要求。由此便表明了 πάθος[情感遭遇]和 λόγος[言辞]之间的内在关联——λόγος[言

① 《尼各马可伦理学》，卷 K 章 4，1174b20 以下。

② 《修辞学》，卷 B 章 1，1378a20 以下：ἔστι δὲ τὰ πάθη δι᾽ ὅσα μεταβάλλοντες διαφέρουσι πρὸς τὰς κρίσεις[情感遭遇就是使人发生改变的那些情感，人们由以会有不同的判断]。

辞]乃是κρίνειν[挑选]的实施方式。

第二十一节　φόβος[恐惧]
(《修辞学》卷B章5)

我们现在过渡到恐惧之特性。亚里士多德在《修辞学》卷B章5中研究这个问题，并采取了两个研究方向： 249

一、φόβος[恐惧]作为πάθος[情感遭遇]："自感恐惧"(Sichfürchten)表现为不—知—所—措(Außer-Fassung-Sein)的一种完全确定的具体化(Konkretion)；

二、φόβος[恐惧]作为πίστις[说服方式]——这是解释《修辞学》的真正的指导线索："自感恐惧"作为一种对他者、对听者的基本规定，在讨论、决断某一必须解决的事情的过程中共同发生作用(mitspricht)。

(一)概述对恐惧特质的描述

我将对此章如何描述恐惧作出完全概括式的描述：

1382 a20-27：亚里士多德在最初的论述中给出了三点：一、主题；二、定义；三、基本规定。

1382 a27-b2：亚里士多德描述了φοβερόν[可怕之物]，更准确的说，φοβερά[可怕之物][1]是下述意义上的"恐怖之物"(Fürchterliche)、"可怕之物"(Furchtbare)：它指那种一照面就会

① 《修辞学》，卷B章5，1382a28。

使我陷入恐惧的事物。对 φοβερά[可怕之物]的思考，同时包含着对 σημεῖα[标志]的思考，[1] 也就是包含着对恐怖之物的照面特质(Begegnischaraktere)的思考，照面特质呈报(anmelden)恐怖之物。Φοβερά[可怕之物]是对象、处境和诸如此类的事物。

1382 b2-22：亚里士多德研究了 φοβεροί[可怕的人]，[2] 也就是研究了具有生命特质的 φοβερά[可怕之物]即他人：在何种程度上，与我共生的他人，对于我而言具有 φοβερόν[可怕]之特质。

1382 b22-27：亚里士多德给出了对 φοβερόν[可怕之物]的一般规定：符合 φοβερά[可怕之物]和 φοβεροί[可怕的人]这两者的要素，构成恐怖之物的本真性。

1382 b28-1383 a8：恐怖中的情状，是我自己必定会感到恐惧、
250 或者更准确地说会陷入恐惧的方式方法。只有把握了这一要素，本真的解释才算达到其终点。只有这样，恐惧现象才变得明白可见。

1383 a8-12：亚里士多德从如此规定的恐惧现象出发，描述了形成 πίστις[说服方式]的指导线索。φόβος[恐惧]和其他 πάθη[情感遭遇]是确定的情状，在这些情状中，听者感受到了自身，或者更准确地说，可以感受到自身。演说者必须重视：他要尽可能地通过他的演说，将他人置于恐惧之中。他必须以下述现象为定向：靠此现象，他能够恰当地抓住他人，以便能够将他人置于恐惧之中。

(二)主题、第一个定义和第一项规定

亚里士多德首先给出了主题和第一项规定：ποῖα δὲ φοβοῦνται

① 《修辞学》，卷 B 章 5，1382a30 以下。

② 《修辞学》，卷 B 章 5，1382b7。

καὶ τίνας καὶ πῶς ἔχοντες［什么样的事物和什么样的人使他们感到恐惧，以及他们忍受恐惧的方式］，①“可怕的事物是如何形成的(Geartetes)，哪些人可怕，自持(Sichhabens)方式如何”，这是感到恐惧者的情状。您们把指向 πάθος［情感遭遇］的含义的基本定向视为在—此—世—存在，视为朝—向—他人(Zu-anderen-Stehen)并感受着自身。这就是着眼点，每一种 πάθος［情感遭遇］都处在这些着眼点之下。

由此出发，亚里士多德尝试给出了**第一项规定**。但恐惧真正变得可以理解，是在他给出了 πῶς ἔχοντες［他们忍受恐惧的方式］之后。第一项规定只是给出了恐惧的**形式结构**(formale Struktur)，但这并未表明，这样一种自我感受就是一种恐惧。亚里士多德将 φόβος［恐惧］描述为 λύπη τις ἢ ταραχὴ ἐκ φαντασίας μέλλοντος κακοῦ φθαρτικοῦ ἢ λυπηροῦ［由对即将来临的坏事、破坏或痛苦之事的想象而来的某种痛苦或错乱］。②这里再没有用 ἕπεται［伴随］，而是说 φόβος［恐惧］就是 λύπη τις［某种痛苦］：“恐惧就好比一种沮丧之在(Herabgestimmtsein)”，它是一种可以描述为 φυγή［回避］的情状，就像“逃离”我的此在，没有 αἵρεσις［选择］，此在没有提升，而是在此在前退缩。……ἢ ταραχὴ［或错乱］，也就是“精神错乱”(Verwirrung)：更进一步将 λύπη［痛苦］描述为陷入 251
混乱(Durcheinandergeraten)、混乱之在(Durcheinandersein)。当我以下述方式对待我自己时，这种混乱之在便更进一步得到了规

① 《修辞学》，卷 B 章 5，1382a20。
② 《修辞学》，卷 B 章 5，1382a21 以下。

定：我面对我自己，或者更准确地说面对我的此在退缩了。……ἐκ φαντασίας[由想象而来]，就是“由显现出自身的某物而来”(von etwas her, was sich zeigt)；φαντασία[想象](完全原初的含义)就是“显现出自身的事物”(das, was sich zeigt)，就是“自我显现”(Sichzeigen)；ἐκ φαντασίας[由想象而来]= ἐκ τοῦ φαίνεσθαι[由自我显现而来]。从而表明，显现出自身的事物并非本真在此，它并非在 αἴσθησις[感知]中在此，它在此的方式是：它以某种方式尚未在此。由自身—预—见(Vor-sich-Sehen)一个尚未在此的存在者而陷入一种混乱，但此存在者以下述方式尚未在此：此存在者所具有的特质，属于还不会或不应出现的事物。……μέλλοντος[即将来临的]，也就是说，在即将来临(Bevorstehendseins)、朝—我—走来(Auf-mich-Zukommens)的意义上“尚未在此”。这样的 μέλλον[即将来临之物]作为 κακόν[坏事]、φθαρτικόν[痛苦之事]，“以有害(Abträglichkeit)方式”朝我走来，在有可能对我的此在“有害”“造成伤害”的意义上、在对我而言的“有害之物”的意义上朝我走来。——简而言之，恐惧是面对关涉我的、朝我走来并如此呈报自身的、也恰恰通过呈报而迫近的可能性时的一种情状。

一开始就需要注意的是，让我恐惧的事物，刻画我在—恐惧中—存在(In-Furcht-Sein)时的特质的事物，可以这样来规定：它和我有如此这般的关联，它是会让我不知所措的 λυπηρόν[痛苦之物]。并非任何 κακόν[坏事]都是恐惧的对象，[①] 让人恐惧的 κακόν

① 《修辞学》，卷 B 章 5，1382a22 以下：οὐ γὰρ πάντα τὰ κακὰ φοβοῦνται[因为，并非所有坏事都让人恐惧]。

［坏事］必须是这样一种 κακόν［坏事］：它针对我的此在的方式让我陷入混乱。亚里士多德在前一章中说，将我引入特殊情状，也就是让我面对自我时退缩了的 λυπηρά［痛苦之物］乃是 αἰσθητά［可感知的事物］，我能感觉到这种被迫忍受(Angegangenwerden)，所以，我不知所措；认为某种涉及我的不公正即将来临，或者我面临使我变得迟钝的可能性，这时候我并不是真有恐惧，而是我极为厌 252
恶这种恐惧。① 我不感兴趣、在厌恶之冷漠中不感兴趣的那种即将来临的事物，不会让我不知所措。从属于恐惧的这种特殊的照面方式(Begegnisart)，让陷入恐惧的人感到不安。

进而言之，必须将正在照面的事物规定为 σύνεγγυς［近旁的事物］，② 它并非完全远离，它必须存在“于近旁”。“在远处的事物，并不会让我们感到恐惧。众所皆知他们会死，我们面临即将到来的死亡，但因为死亡不在近旁，所以，他们不会对死亡动用 φρόνησις［实践智慧］，他们不会把死亡放在心上，他们并不寻找死亡。”③ 让我陷入恐惧的事物必须具有接近的特质：即将来临的事物本身在近旁逼迫着。周围世界的上述照面方式，对自感恐惧的这种可能性具

① 《修辞学》，卷 B 章 4，1382a9 以下：ἔστι δὲ τὰ μὲν λυπηρὰ αἰσθητὰ πάντα, τὰ δὲ μάλιστα κακὰ ἥκιστα αἰσθητά, ἀδικία καὶ ἀφροσύνη· οὐδὲν γὰρ λυπεῖ ἡ παρουσία τῆς κακίας. καὶ τὸ μὲν μετὰ λύπης, τὸ δ᾽ οὐ μετὰ λύπης· ὁ μὲν γὰρ ὀργιζόμενος λυπεῖται, ὁ δὲ μισῶν οὔ［让人痛苦的事物全部都是可感知的事物，可极恶却是极难感知，譬如，不公正和无知；因为，邪恶的存在并不会让人痛苦。愤怒伴随着痛苦，厌恶却不会痛苦；这是因为，发怒的人会感到痛苦，厌恶之人不会感到痛苦］。

② 《修辞学》，卷 B 章 5，1382a25。

③ 《修辞学》，卷 B 章 5，1382a25 以下：τὰ γὰρ πόρρω σφόδρα οὐ φοβοῦνται· ἴσασι γὰρ πάντες ὅτι ἀποθανοῦνται, ἀλλ᾽ ὅτι ἐγγύς, οὐδὲν φροντίζουσιν［因为，非常遥远的事物不会让人恐惧，所有人都知道他们会死，但因为事物不在近旁，所以，没有人感到害怕］。

有建构性。在周围世界中照面的事物，必须具有威胁（Bedrohung）之特质，如此—在—此—世—存在是一种受到威胁的存在（Bedrohtsein）。但同时需要注意的是，受到威胁的存在还不是自感恐惧（Sichfürchten）。在任何恐惧中都同时存在着某种受到威胁的存在，而不是相反。恐惧恰恰是一种确定的自我感受，是在受到威胁的存在中对待自身的一种态度。

（三）有威胁之物（φοβερά［可怕之物］）和呈报有威胁之物的照面特质（σημεῖα［标志］）

由此，亚里士多德过渡到 φοβερά［可怕之物］和 σημεῖα［标志］的特性。我们非常简单地概括“有威胁之物”的三个要素，将其置于威胁性（Bedrohlichkeit）的题名之下：

253 一、φαίνεται［显现］，① 有威胁之物必定如此这般地“显现自身”，但它并非本真地在此。让人恐惧之物的特质是可能性、可能之在，但是不确定意义上的可能性和可能之在。不确定性之要素恰恰放大了可能性：着眼于自感恐惧的可能情状，这是有可能的。不确定也放大了威胁性。

二、δύναμιν ἔχειν μεγάλην［拥有很大的能力］② 这个规定：我有可能受到某种损害，对此我发现自己的确无能为力，朝我走来的事物具有“强大”之特质。这种强大对威胁具有建构性。我从一开始就思考的事物，不可能对我造成伤害，也没有能力威胁我，即使它也不确定，也不管它是否会涉及我。

① 《修辞学》，卷 B 章 5，1382a29。

② 同上。

三、如此强大的事物具有能够出现(Kommenkönnens)的可能性，它“被引到近旁”，它在πλησιασμός[接近]，它使威胁变成了“危险”。[①] 更远处的有威胁之物并不是危险。危险变成危险，是当它自身向我聚集的时候。由此出发，恐惧的特殊要素变得可以理解，我们从身体上、从身体的憋闷中可以认出此要素。发出威胁的是有可能涉及我、笼罩着我、向我汇聚的某物的不确定的可能性，它并不是现实，而是具有自身—向—我—近旁—逼来的特质；如此一来，φοβερόν[可怕之物]被呈报出来，此φοβερόν[可怕之物]又为σημεῖα[标志]所支持。[②]σημεῖα[标志]接替了φοβερόν[可怕之物]的特殊的此之特质(Da-Charakters)的形成：接替此(Da)的功能，就是形成了一种正在—接近的—非—此在(Nicht-Dasein-im-Sichnähern)。σημεῖα[标志]有三：一、ἔχθρα[敌意]和ὀργὴ[愤怒]，[③]“敌视态度”和“愤怒”；二、ἀδικία[不公正]，[④]“不公正的 254
态度”；三、ἀρετὴ ὑβριζομένη[优异受到冒犯]，[⑤]“真诚受到嘲讽而被激怒”。——我们必将注意到，这些σημεῖα[标志]之所以成为σημεῖα[标志]，是因为它们通过其不确定性本身形成了可能性。

对理解阐明恐惧具有启发性的是，事实上，人们从能够激起恐惧的事物出发，还无法完全确定陷—入了—恐惧，因此，在让人恐惧的事物之中并没有包括所有要素——在让人恐惧的事物和自感恐

① 《修辞学》，卷B章5，1382a32：τοῦτο γάρ ἐστι κίνδυνος, φοβεροῦ πλησιασμός[因为，它就是危险，就是恐惧之物在接近]。

② 《修辞学》，卷B章5，1382a30以下。

③ 《修辞学》，卷B章5，1382a33。

④ 《修辞学》，卷B章5，1382a34。

⑤ 《修辞学》，卷B章5，1382a35以下。

惧之间并不存在对应关系(Parallelismus)。现象学的主张，并不符合事实。

自感恐惧之人所面对之物的特质要素，必须作为可能之物来把握。在此预先规定了让人恐惧之物本身本真地成为其能是(was es sein kann)的方式，这种可能之物被夸大为一种将要到来的事物、一种带着有害特质朝我走来的事物。这种可能之物的可能性被夸大，是由于它在此又不在此，是由于它也以某种方式呈报了其此在。但在呈报中它本身尚不在此。让人恐惧之物本身到场的方式是 φαντασία［想象］而非 αἴσθησις［感知］。建构出近旁的要素是 πλησιασμός［接近］。面对某个有威胁之物时的自我感受，通过 πλησιασμός［接近］变成了危险的处境。接近、呈报的功能，也就是对让人恐惧之物所包含的可能性的典型的夸大，接替了 σημεῖα［标志］：一、ἔχθρα［敌意］和 ὀργὴ［愤怒］；二、ἀδικία［不公正］，“不公正的态度”，尤其是属于某个 δύναμιν ἔχοντος［拥有权力者］，①“属于某个拥有权力的人”，也就是说，他自己有可能决定某
255 事；三、ἀρετὴ ὑβριζομένη［优异受到冒犯］。

补充一：问题是，ἔχθρα［敌意］和 ὀργὴ［愤怒］，“敌视态度”和“愤怒”，在多大程度上将有威胁之物引到了近旁，尤其是形成了危险。敌视态度和愤怒的特质可以由 προαίρεσις［抉择］来刻画。愤怒和敌视态度表现为这样一种人的此在的方式：他有可能突然爆发。究竟他会不会爆发，还不好说，但他有可能爆发。愤怒恰恰将这种“可能”(kann)推向了极端。

① 《修辞学》，卷 B 章 5，1382a34 以下：ἀδικία δύναμιν ἔχουσα［拥有权力的不公正］。

补充二：ἀδικία[不公正]：有一种人，他有损害他人的癖好，也有损害他人的权力。这里也再次对 προαίρεσις[抉择]作了规定，προαίρεσις[抉择]将可能引向了危险性。我们要处理一种双重的"可能"(kann)：一、因为，他拥有实施他暗中策划之事的权力——所以，他能；二、因为，这种拥有权力就在 προαίρεσις[抉择]之中，所以，"可能"出现第二种可能，προαίρεσις[抉择]、"自我决定能力"的第二种"可能"，就处在这(第一种意义上的)"可能"之后。——ἀδικία[不公正]的含义为 δύναμις[权力]注入了真正的可能性。有威胁之物变成了危险之物。由于"可能"游移不定，我所面对的事物的不确定性的被夸大了。

补充三：ἀρετὴ ὑβριζομένη[优异受到冒犯]，"被激怒的真诚"：被激怒的人总是在准备，他有可能突然对我造成危险、伤害我。由于他有可能突然伤害我，所以，他是危险的。

所有这些要素作为 σημεῖα[标志]，*自己接替了它们所指明之物的特质*。它们是这种有威胁之物的*呈报者*，在它们呈报过程中，它们自己变成了可怕之物。指点之所向(Worauf des Verweisens)将其作为威胁者的存在特质传递给了指点者本身。由 σημεῖα[标志]所呈报之物，从它那一方面将特质注入了有威胁之物的特质(schiebt seinerseits die Charaktere in den Charakter des Bedrohlichen)。有威胁之物通过呈报变成了有危险之物。σημεῖα[标志]形成了威胁者的危险性，σημεῖα[标志]本身也因此变得危险。256

(四)让人恐惧的人本身(φοβεροί[可怕的人])

根据上述对 φοβερά[可怕之物]及其特殊的呈报特质——φοβερά[可怕之物]通过此呈报特质而来到了我的近旁——的思考，亚里士多德讨论了 φοβεροί[可怕的人]，也就是说，讨论了让人恐惧的人本身(die Menschen selbst, sofern sie fürchterlich sind)。他以一个普遍的论断开启了上述思考。人们彼此恐惧的可能性在于：一、人们“具有糟糕的态度”，人们热衷于糟糕的事物；二、他们热衷于本己的偏见，热衷于获利；三、所以，他们大多数人都很“卑鄙”，他们为虚无付出全力，他们不可信赖。[①]

但如此规定的人可以由 ζωὴ πρακτική[实践性生存]、由 προαίρεσις[抉择]来描述。所有前述要素显然都在 προαίρεσις[抉择]中在此，都在下述可能性中在此：人靠这些要素并由这些要素出发对某事作出决断。

亚里士多德列举了九种不同的特质，它们描述了不同情况，在这些情况下，一个人碰到的他者有可能让他感到恐惧。让人恐惧的人是：

一、我任由其摆布的那号人；譬如，“一个人，他做了坏事，对于他而言，知道他内情的从犯让他感到恐惧”；因为，他们大多都是追逐利益的人，还热衷于伤害他人，所以，他面临的危险是，他们会告发他。[②] 任由某个确定的人摆布的存在是一种确定的可能性，它必定涉及可怕之人。

---

① 《修辞学》，卷 B 章 5，1382b4 以下：ἐπεὶ δ' οἱ πολλοὶ χείρους καὶ ἥττους τοῦ κερδαίνειν καὶ δειλοὶ ἐν τοῖς κινδύνοις[因为，大多数人更卑贱更坏，他们贪图利益又害怕危险]。

② 《修辞学》，卷 B 章 5，1382b6 以下：οἱ συνειδότες πεποιηκότι δεινὸν φοβεροὶ ἢ κατειπεῖν ἢ ἐγκαταλιπεῖν[做出某种可怕之事者的知情的同谋者，是可怕的人，他们有可能告发或抛弃他]。

二、“有权力的人”对低于他们的人而言是可怕的。[①] 在有权力的人那里，存在“可能”的上述双重可能性，我们已然描述了其特质。257

三、“那些受到伤害或者自认为受到伤害的人”的确感到屈辱，他们渴望对伤害和侮辱作出报复。人们期待他们会有所举措。[②]

四、“那些自己伤害了别人并且现在恐惧遭到报复的人。”[③] 他们做好了准备，以免他们伤害过的人反过来伤害他们。

五、“同一件实事上的竞争对手”[④] 彼此感到恐惧，因为，一方有达成一切的能力，可以占据优势。这种有—达成——切的—能力为其带来了作出威胁的可能性。

六、“还有那些对于比我们更有可能成功的人构成威胁的人；如果连这些比我们更有权力的人都已经受过罪，我们自己就更是不用说了。”[⑤]

七、“那些搞垮了位居我们之上者的人”。[⑥]

---

① 《修辞学》，卷 B 章 5，1382b8 以下：οἱ δυνάμενοι ἀδικεῖν τοῖς δυναμένοις ἀδικεῖσθαι[有能力行不公的人对于有可能遭受不公的人(是可怕之人)]。

② 《修辞学》，卷 B 章 5，1382b10 以下：οἱ ἠδικημένοι ἢ νομίζοντες ἀδικεῖσθαι· ἀεὶ γὰρ τηροῦσι καιρόν[那些遭受不公或自认为遭受不公的人(也是可怕的人)，因为，他们总是伺机(报复)]。

③ 《修辞学》，卷 B 章 5，1382b11 以下：οἱ ἠδικηκότες [...] δεδιότες τὸ ἀντιπαθεῖν[那些伤害了别人的人……害怕遭到报复]。

④ 《修辞学》，卷 B 章 5，1382b13：οἱ τῶν αὐτῶν ἀνταγωνισταί[同一件事情上的竞争对手]。

⑤ 《修辞学》，卷 B 章 5，1382b15：οἱ τοῖς κρείττοσιν αὐτῶν φοβεροί· μᾶλλον γὰρ ἂν δύναιντο βλάπτειν αὐτούς, εἰ καὶ τοὺς κρείττους.[连比我们更强大的人都感到可怕的人；因为，他们更有能力伤害我们，如果他们有能力伤害更强大的人]。

⑥ 《修辞学》，卷 B 章 5，1382b17 以下：οἱ τοὺς κρείττους αὐτῶν ἀνηρηκότες[搞垮比我们更强大者的人]。

八、“那些搞垮了比我们弱小者的人”；因为，我们可能预期他们哪天会突然袭击我们。[①]

九、“在敌人和对手当中，让人恐惧的还不是那些会突然开火的人，也不是心直口快的人和言无不尽的人，更让人恐惧的是πρᾶοι［温顺的人］即隐忍的人（Zurückhaltenden）、εἴρωνες［口是
258 心非的人］即说反话的人（他们的做法就好像他们处理的事情并不像他们所认为的那样重要）、πανοῦργοι［无赖］即滑头。（人们并不知道和这些人共处的理由何在——这特别不可靠：人们并不知道，在他们那里是否一切正常，或是否他们的做法只是看上去一切正常。）在他们那里，并不清楚威胁是否就在近旁（他们是否有所企图），所以，根本不确定事实上没有危险”[②]——夸大不可靠性是因为近旁的不确定性（Unbestimmtheit der Nähe）。

从亚里士多德用来描述φοβεροί［可怕的人］的特质的那些事例可见：按照整体的内在关系，这里探讨的是一个πόλις［城邦］与其他城邦的关系，以及在πόλις［城邦］中，个体相互之间的关系——所看到的φοβεροί［可怕的人］符合上述共在倾向（Richtung des Miteinanderseins）。

① 《修辞学》，卷B章5，1382b18以下：οἱ τοῖς ἥττοσιν αὐτῶν ἐπιτιθέμενοι· ἢ γὰρ ἤδη φοβεροὶ ἢ αὐξηθέντες［攻击比我们更卑微者的人；因为，他们已然是让人恐惧的人，或者会强大为让人恐惧的人］。

② 《修辞学》，卷B章5，1382b19以下：τῶν [...] ἐχθρῶν ἢ ἀντιπάλων οὐχ οἱ ὀξύθυμοι καὶ παρρησιαστικοί, ἀλλὰ οἱ πρᾶοι καὶ εἴρωνες καὶ πανοῦργοι· ἄδηλοι γὰρ εἰ ἐγγύς, ὥστε οὐδέποτε φανεροὶ ὅτι πόρρω［在……敌人或对手当中，最可怕的不是易怒的人和言无不尽的人，而是温顺的人、伪善的人和无赖；因为，搞不清楚危险是否迫近，所以，也根本不知道危险是否尚远］。

(五)让人恐惧之物(φοβερόν[可怕之物])的真实性

紧接着,亚里士多德对 φοβερόν[可怕之物]的特质作了本真描述。人们失去的那种事物和人们不再能够支配的那种事物,人们本来有可能避免但如今却无法避免的那种事物,乃是最高等级的让人恐惧之物;那种事物不可避免,却并非绝对不可避免,而是对我而言不可避免;可避免性还掌握在对手手中。[①] 这种情形表明了**最高意义上的让人恐惧之物**:**不可避免**之事,并非绝对不可避免,**只是对我而言**不可避免。可避免的可能性**掌握在他人手中**,此人对我充满敌意。只要不可避免性不是绝对的,相反,他人掌握可避免性,他人可以作出 προαίρεσις[抉择],那么,不可避免性就会被刻画为威胁。这种受到威胁的存在是由受到威胁者的 ἐλπίς[希望]来规定的。甚至,这种最高等级的有威胁之物,也必定以某种方式呈现出 259
对某种尚未发生之事的展望(Aussicht bieten auf ein Ausbleiben)。让人恐惧的事物越真切,展望帮助的特质(Charakter der Aussicht auf Hilfe)就越弱,在没有帮助的地方,受到威胁者仍然在期待:对尚未发生之事的展望必定会仍然保持。

(六)自感恐惧的情状

必须将自感恐惧的特质描述为一种 οἴεσθαι[相信]:会陷入恐

① 《修辞学》,卷 B 章 5,1382b22 以下:πάντα δὲ τὰ φοβερὰ φοβερώτερα ὅσα ἁμαρτάνουσιν ἐπανορθώσασθαι μὴ ἐνδέχεται, ἀλλ᾽ ἢ ὅλως ἀδύνατα, ἢ μὴ ἐπ᾽ αὐτοῖς ἀλλ᾽ ἐπὶ τοῖς ἐναντίοις[在下述情况下,所有让人恐惧的事物会变得更加让人恐惧:人们犯下了无法弥补的错误,要么人们完全没有能力弥补,要么人们自己无法弥补可他人却有能力弥补]。

惧的那种人必定“相信”(glauben)确定的有威胁之物威胁着他；此外，有威胁之物出自前述确定的人，他现在威胁着他。[①] 有威胁之物不仅以下述方式在此：我知道它有可能发生在我身上。——有威胁之物不是朝向威胁之可能性的有定向的存在，而是就此认为(Dafürsein)、是相信(Glauben)：我必须等待某事发生，此人正在对我做某事。φοβερά[可怕之物]对于我而言在此的方式方法的特质就是 οἴεσθαι[相信]。只要这种特殊的 οἴεσθαι[预见]尚未变成现实，人们就完全能够明了某个有威胁之物，但它不可能让人恐惧。对于状况良好的那些人，对于面对危险可以保全的那些人，就此认为的事情(Dafürsein)尚未发生，那些人对于财富、体力、追随者、影响力有支配能力。这些人绝不会陷入恐惧，他们形成了一种特殊的轻蔑、傲慢和放肆。[②] 此外，下述这号人也不会感到恐惧：他们另外有所 οἴεσθαι[相信]，他们相信可保平安无事，因为，他们已经将一切都摆平了。“老于世故的人”(Abgebrühten)处在恐惧的可
260 能性之外。[③] 我在这方面(im Meinen darüber)获得本己的此在的方

① 《修辞学》，卷 B 章 5，1382b34 以下：ἀνάγκη τοίνυν φοβεῖσθαι τοὺς οἰομένους τι παθεῖν ἄν, καὶ τοὺς ὑπὸ τούτων καὶ ταῦτα καὶ τότε[因此，那些相信有某种遭遇的人必然感到恐惧，他们感到恐惧的或者是人或者是事或者是时间]。

② 《修辞学》，卷 B 章 5，1382b35 以下：οὐκ οἴονται δὲ παθεῖν ἂν οὔτε οἱ ἐν εὐτυχίαις μεγάλαις ὄντες καὶ δοκοῦντες, διὸ ὑβρισταὶ καὶ ὀλίγωροι καὶ θρασεῖς (ποιεῖ δὲ τοιούτους πλοῦτος ἰσχὺς πολυφιλία δύναμις)[那些非常成功或看上去非常成功的人，不会认为他们会遭遇(祸事)，所以，他们放肆、轻蔑、狂妄(是财富、强力、追随者和能力让他们变成了这样的人)]。

③ 《修辞学》，卷 B 章 5，1382a3 以下：οὔτε οἱ ἤδη πεπονθέναι πάντα νομίζοντες τὰ δεινὰ καὶ ἀπεψυγμένοι πρὸς τὸ μέλλον[不会恐惧的人，还有认为他们已然经受了所有祸事并且对未来心灰意冷的人]。

式必须转变，必须形成某种确定的 οἴεσθαι[相信]，从而使让我感到恐惧之物有可能来到近旁。

相信处在危险之中，同时也是这样一种活动在某种 ἐλπίς[希望]之中的相信：有威胁之物被接纳为一种有关联的事物，但仍然同时希望摆脱有威胁之物。ἐλπίς σωτηρίας[保全的希望]正如相信某种有威胁的存在，对于自感恐惧具有建构性。[①] 在这种“获救的希望”中，明显存在特殊的情状：我操持着我所担忧之事，此事必定关涉我自己，它绝不可能是无关紧要之事。

按此，特殊的 ταραχή[混乱]即“不安”(Unruhe)方才第一次得到理解。不安无非就是 οἴεσθαι[相信]和 ἐλπίς[希望]的对立。相信会落空，但希望犹存。获救的可能性必须坚持，通过期待来坚持不可能被毁灭(Nichtvernichtetwerdenkönnens)之可能性，而特殊的“退缩”、在威胁我自己的事物前“退缩”，又活动在这种坚持之中——这就是作为 φυγή[回避]的 λύπη[痛苦]。获救的可能性，简而言之，存在的可能性在此，但我还是在存在前退缩了(Die Möglichkeit, gerettet zu sein, kurz: zu sein, ist da, trotzdem weiche ich vor dem Sein zurück)。这就是 ταραχή[混乱]的基本含义。此在并没有离弃自身，而是在希望中坚持着获救的可能性。如此表明，在 ταραχή[混乱]中有 δίωξις[追求]和 φυγή[回避]两个要素：这就是此在的本真活动状态的两个基本要素。

① 《修辞学》，卷 B 章 5，1382a5 以下：ἀλλὰ δεῖ τινα ἐλπίδα ὑπεῖναι σωτηρίας[无论如何，需要保存某种获救的希望]。

（七）恐惧作为 πίστις［说服方式］。面对恐惧鼓起勇气的可能性。πάθη［情感遭遇］作为 λόγος［言辞］的基础

亚里士多德说，人一旦进入这种由 οἴεσθαι［相信］和 ἐλπίς［希望］所规定的不安，他就会乐意与人**商讨**。[①] 陷入恐惧的人会跑到他人那里，为的是与其商讨，为的是自己向他人请教。如果我使人
261 们处在恐惧之中并使其陷入其中，如果我表明政治事件是危险的，那么，我由此便可以使人们心甘情愿地与我商讨。我把他们自己变成了致力于实现某个已作出的决定的人，我这样改变他们的目的是：让他们自己成为 πίστις［说服者］。

考虑到共在之日常性，可以表明恐惧自身是**能够引向言说**的那种情状。在日常性的领域中所表明的是一种现象，这种现象具有某种非常原初的基础，因为，在人的此在中，此现象本身还能在另外一种意义上关涉恐惧，我们称此现象为**焦虑**（Angst）或**害怕**（Grauen）：我们感到这地方**无家可归**（unheimlich），但我们不知道究竟在害怕什么。当我们感到阴森可怕的时候，我们就会开始讨论。对言说的符合此在的 γένεσις［生成］的提示是：言说与此在本身的基本规定如何联系在一起的方式，而此在本身的基本规定可以由**无家可归**（Unheimlichkeit）来刻画。

亚里士多德在此刻画的恐惧，本身就具有这种可能性：人可以果断方式来把握它。恐惧作为一种确定的 πάθος［情感遭遇］，具有

① 《修辞学》，卷 B 章 5，1382a6 以下：ὁ γὰρ φόβος βουλευτικοὺς ποιεῖ［恐惧的确会造就审慎的人］。

某种 ἕξις[状态]之可能性。这样的一种可能性就是勇气。然而，十分明显的是，只有当我自感恐惧的时候，我才有可能在真正意义上鼓起勇气。恐惧是鼓起勇气的可能性条件。谁不感到恐惧，或者更准确地说，谁说服自己不要恐惧(大多数时候就是如此)，谁就不会最终在真正意义上作出决断并鼓起勇气。关键是要把握住勇气。关键是要以正确的方式恐惧并因此保持坚定。与此具有内在关联的是奥古斯丁的名言：initium sapientiae timor Domini[智慧的开端是对主的恐惧]，[①] 他揭示了恐惧与此在的基本关联。——对恐惧有领会的存在之可能性：《修辞学》卷 B 章 5 作了讨论，更为彻底的讨论在《尼各马可伦理学》卷 Γ 章 9—10 中。[②]

ἐλπίς σωτηρίας[保全的希望]同时给出的提示是：与 σωτηρία [保全]有关的恐惧与此在本身具有一种特殊的内在关联。亚里士多德曾谈论过 ἕξις[状态]，更确切地说，谈论过以正确的 σῴζει μεσότητα[保全中道][③] 即“保全中道”(die Mitte rettet)的方式来支配当前的能力，中道将我引入了符合处境的本真的存在。此外，还可以在隐喻意义上使用 σῴζειν[保全行动]：ὁ θεός σῴζει τὸν οὐρανός[神保全了天]即“神保全了天”——“保全”的含义是不—让—丧命(Nicht-umkommen-Lassen)、保持—在—此在中 262

① 奥古斯丁(Aurelius Augustinus)，《问题八十三条》(De diversis quaestionibus octoginta tribus)，第 36 条。

② 《修辞学》，卷 B 章 5，1383a13 以下；《尼各马可伦理学》，卷 Γ 章 9—10，1115a6 以下。

③ [德文本编者注]：参《尼各马可伦理学》，1104a25 以下或 1106b11 以下，但在这两处地方说的是 μεσότης[中道]挽救 σωφροσύνη[明智]和 ἀνδρεία[男子气概]还有 εὖ[完美]。

(Im-Dasein-Erhaltens)。σῴζειν[保全行动]和 σωτηρία[保全]是与 φθορά[毁灭]、与“从—这个—此在中—消失”(Aus-dem-Dasein-Verschwinden)对立的概念。

我们接下来还必须简单理解,恐惧和 πάθη[情感遭遇]是如何与 λόγος[言辞]联系在一起的,因为,λόγος[言辞]被视为共同言说,而共同言说的功能是设法按照其日常性来解释此在。由于 πάθη[情感遭遇]并非只是灵魂过程的附属物,而是**言说由以生发出来的基础和所言说之物复又进入其中的基础**,πάθη[情感遭遇]本身就是**此在最初指向自身的基本可能性**和感受自身的基本可能性。最初有定向的存在、对其存在—于—此—世的澄清不是认识(Wissen),而是一种自我感受(Sichbefinden),按照某个存在者的此在方式,可以对这种自我感受作出不同的规定。只有在如此描述的自我感受和在—此—世—存在中,才给予了言说事物的可能性,因为,在此情况下,事物剥去了它们在直接交往中所拥有的外观。这便产生了实现确定的**客观性**(Sachlichkeit)的可能性,此客观性以某种方式保留了看到世界的方式,保留了世界如何由 πάθη[情感遭遇]来预先规定的方式。只有当我们以这种方式看到世界的时候,我们才能使 πάθη[情感遭遇]回归原位。由此出发,我们才能
263 理解,对于在某种程度上执迷于 λόγος[言辞]的古希腊人而言,他们挣脱对话和闲言以达成客观性究竟要付出怎样的努力。如果人们肤浅地认为古希腊是个乐园,认为这里天天都有某种新发现,就好像这些名人得来全不费工夫,那就错了。

第二十二节　对此在作为在—此—世—存在的一种阐明的补充

（一）ἀληθεύειν［去蔽］之 ἕξις［状态］（《尼各马可伦理学》卷 Δ 章 12—13）

我们在某种程度上完成了对恐惧的思考。需要记住的是，在《修辞学》中，πάθη［情感遭遇］被理解为 πίστεις［说服方式］，因为，πάθη［情感遭遇］表达了某种意见，而意见支配着人在 πόλις［城邦］中的共同生活。这些 πίστεις［说服方式］是 ἐξ ὧν ἡ πρότασις［命题由以出发之物］，是“各自对熟悉的事物的预先规定由以出发的事物”。任何论证都是由某个自明的前提出发来言说的。πάθη［情感遭遇］是由 ἡδονή［快乐］规定的，ἡδονή［快乐］标明了此在在其世界中当时的感受。在思考 φόβος［恐惧］和 πάθη［情感遭遇］之整体的过程中，思考了上述内容，这些内容是对听众的规定。然而，任何与其他存在者共在者，在其此在中既是听众也是发言人。因此，πάθη［情感遭遇］参与了其所形成的 δόξα［意见］，按照日常性描述了此在的被解释性（Ausgelegtheit）。κοινωνία［共享］、“共在”就是在共同—拥有—此—世过程中的一种对确定的 δόξαι［意见］的共同拥有，这种共同拥有是由此在本身当时谈论自己的方式获得其定向的。

这种 κοινωνία［共享］还具有人们彼此（gegenseitig）共在的特

264 殊可能性：ὁμιλία[交往]和 συζῆν[共同生活]的可能性。[①] 但这种“共在”平常可以由 δόξα[意见]来描述。就日常性而言，此在本身“或多或少”保持着自身。此在活动在偏转中，此在靠自己并不能认清这一点，在某种程度上，此在**并不客观**(unsachlich)。人对其自身并不客观。只要他是这样的人，并且同时自己有确定某种本真之物的可能性，也就是说，具有 προαίρεσις[抉择]的可能性，那么，着眼于其存在的被揭示性(Aufgedecktheit seines Seins)，他还拥有 ἕξις[状态]。还有一种与 ὁμιλία[交往]和 συζῆν[共同生活]有关联的 ἕξις[状态]：这种 ἕξις[状态]就是**拥有真实对待他人和对待自己的态度**(Verfügen über die Echtheit des Verhaltens zu anderen und zu sich selbst)。由此 ἕξις[状态]所规定的人，亚里士多德称其为 ἀληθευτικὸς[无蔽之人]，[②] 这意指着眼于被发现性而支配此在(über das Dasein hinsichtlich der Entdecktheit verfügen)，意指自我表现的方式是：自我表现和与他人共在并非自我隐藏(Sichverbergen)和自我伪装(Sichverstellen)，**而是按照人的存在方式和人的思考方式来自我表现**。

συζῆν[共同生活]可以用 ζωὴ πρακτική μετά λόγου[凭借言辞的实践性生存]来描述。这种 ἕξις[状态]就发生 ἐν λόγοις καὶ πράξεσιν καὶ τῷ προσποιήματι[在言辞、实践和佯称之中]。[③]

---

① 《尼各马可伦理学》，卷 Δ 章 12，1126b11：ἐν δὲ ταῖς ὁμιλίαις καὶ τῷ συζῆν[在交往和共同生活中]。《尼各马可伦理学》，卷 Δ 章 13，1127a18：ἐν δὴ τῷ συζῆν οἱ μὲν πρὸς ἡδονὴν καὶ λύπην ὁμιλοῦντες εἴρηνται[讨论了在共同生活中带来快乐的痛苦的交往]。

② 《尼各马可伦理学》，卷 Δ 章 13，1127a24。

③ 《尼各马可伦理学》，卷 Δ 章 13，1127a20。

προσποίημα[佯称]就是人将关于自己的表达(was man von sich selbst aussagt)归于自己(Sichzusprechens)意义上的关于自己的表达,关于自己的表达就是采取了下述方式的关于自己的主张:人们将关于自我的表达归于了其自身。这种 προσποίημα[佯称]、προσποίησις[佯装]主要存在于偏转之中。人通常并且大多或明或暗在 ὁμιλία[交往]中具有 ἀλαζὼν[吹嘘者]之特质的人,或者是 εἴρων[口是心非的人]。ἀλαζὼν[吹嘘者]是那种爱表现自己、夸大自己的人:δοκεῖ δὴ ὁ μὲν ἀλαζὼν προσποιητικὸς τῶν ἐνδόξων εἶναι καὶ μὴ ὑπαρχόντων καὶ μειζόνων ἢ ὑπάρχει[看上去,吹嘘者是佯称享有威望,却从来都不曾拥有更多威望或从来都不曾拥有威望的人],[1]"是吹嘘自己是深孚众望的人"。人大多并且首先像是 ἀλαζὼν[吹嘘者],他执着于谈论那些深孚众望的事情,或者更准确地说,执着于表明自己具有那些"他对其根本不具有支配能力的事情",或者"比本身之所是更伟大或更重要的事情"——人们
爱表现自己,以至于他们隐藏了自己本真的存在,从而不是那种坦 265
率地表明其本真存在的人。另一种可能性,可以通过 εἴρων[口是心非的人]来描述:ἀρνεῖσθαι [δοκεῖ] τὰ ὑπάρχοντα ἢ ἐλάττω ποιεῖν[(看上去)他是否认从来就拥有的品质或把这些品质弄得更少的人],[2]"他否认他所是,他不承认他的存在的直接的自我表现,他贬低了他的存在"——苏格拉底假装是无知的人,实际上他比别人知道得更多。εἴρων[口是心非的人]有好坏两种可能性。处在中间的

① 《尼各马可伦理学》,卷 Δ 章 13, 1127a21 以下。

② 《尼各马可伦理学》,卷 Δ 章 13, 1127a23。

人是 ἀληθευτικὸς[无蔽之人]:“诚实”“坦率”——每个 ἀληθευτικὸς[无蔽之人]的言行都符合他的存在方式。[①]

您们看到了 λόγος[言辞]在存在—于—此—世中发挥的作用，从而看到了 λόγος[言辞]与存在—于—此—世的内在关联，同时也看到：坦率、在为—自—己—存在(Sein-zu-sich-selbst)和为—他人—存在(Sein-zu-anderen)中揭示出来的有定向的存在，可以用 ἀληθεία[无蔽]来刻画，更准确地说，可以用作为一种 ἕξις[状态]的 ἀληθεύειν[去蔽]来刻画，ἀληθεύειν[去蔽]的方式是不隐藏的—此—在—可能(Unverborgen-da-sein-Könnens)。亚里士多德在《尼各马可伦理学》卷 Z 中对 ἀληθεύειν[去蔽]的各种可能性作了主题研究：研究了这种 ἕξεις[状态]的复多性。最高的可能性有二：一、σοφία[智慧];二、φρόνησις[实践智慧]——就是当前“考虑周全”(Umsicht)和 θεωρεῖν[静观]，θεωρεῖν[静观]就是那种对世界的展现(Aufschließen)、对存在的开启(Erschließen)，在此过程中，不可能涉及实践性的次要目的，这种作为 βίος θεωρητικός[静观生活]的 ἀληθεύειν[去蔽]表明了古希腊的生存的本真的和最高的可能性。

(二)作为自然世界的世界

到目前为止，我们一直将人的此在描述为在—此—世—存在，

① 《尼各马可伦理学》，卷 Δ 章 13，1127a23 以下：ὁ δὲ μέσος αὐθέκαστός τις ὢν ἀληθευτικὸς καὶ τῷ βίῳ καὶ τῷ λόγῳ[处在中间的人是那种直率的人，他在生活和言辞上都是无蔽的人]。

并首先用 ἀγαθόν［好］的照面要素（Begegnismomente）来规定世界。我们必须与其打交道的世界的存在特质，可以规定为 ἐνδεχό-μενον ἀλλῶς［其他为人们所接受的情形］，世界的存在特质或多或少都受变化支配（dem Wechsel unterstellt）。在此周围世界中，我们通过我们的操持与之打交道的世界与作为自然的世界看上去是合为一体的。自然不是立于此世界一旁的存在领域（Seinsbereich），而是世界本身，就像它在周围世界中以确定的方式所表现出来的那样，可以将其描述为：对于我们日常交往中的在—此—世—存在而言，作为自然的世界表现为总是—已然—此在（Immer-schon-Dasein）：航行在大海上，鱼可以在河中捉到。制作（Herstellens）的日常性总是从相关的某物中制作，譬如，从矿山、从树林中。需要日常性的所有事物都拥有日常性，并且都在自然中在此。重要的是看到，自然首先并非科学研究的一个客体（Objekt）。自然是世界的已然—总是—此在（Schon-immer-Dasein）。世界首先可以看成是周围世界本身的一个方面。白天与黑夜的转换周而复始，太阳和行星的运行同样如此。在我拥有的周围世界中，有我站立的基础，即空气，空气的当前在某种程度上等待着我。所以，如果我们将在—此—世—存在规定为与世界打交道，那么，世界就必定可以理解。在这种此在经验中，世界被看成是永恒存在的事物和也有可能以其他方式存在的事物。 266

本真—永恒—存在者，也就是说，对于在世界中的自然定向而言长久以来无需探究之物，就是天（Himmel）。古希腊人的天和世界，必须理解为一个穹窿，太阳附着于它上升—下降周转运行。人的实践性的操持发生在当中，发生在 μέσον［中间］。地球（Erde）是在世界中作定向(Orientierung)的定向中心(Orientierungszentrum),这样的定向根本无需理论化，也无需从自然科学角度去探讨。这样的定向系统是一个绝对的定向系统。根本不存在我的此在由以出发可能被相对化的事物(Es gibt nichts, von woher mein Dasein relativ wäre)。只存在一种存在，一种立于作为绝对的定向中心的地球之上的此在。在亚里士多德看来，有三种基本的运动：一、离开中点的运动，ἄνω[向上]；二、朝向中点的运动，κάτω[向下]；三、围绕中点的运动，κύκλος[环绕]——作为在—此—世—存在的此在就
267 处在这三种运动之中。处在世界本身当中的全部事物就是κόσμος[宇宙]。作为κόσμος[宇宙]的存在者，可以用总是已然在此之物的当前性即παρουσία[在场]来描述。任何处在其存在中的存在者的规定是：任何存在者都是πέρας[界限]，都是拥有其界限的完全的事物——“界限”并不能用某个存在者与另一存在者的联系来规定，相反，界限本身是存在者所具有的一个存在要素，πέρας[界限]就是存在者的位置(Ort)、场所(Platz)、作成之在(Hergestelltsein)、在—其—场所中—存在(An-seinem-Platze-Sein)。所以，在κόσμος[宇宙]中运动的存在者，拥有其运动的确定的界限，也就是说，拥有其位置。位置是存在的一个肯定性规定(Ort ist eine positive Bestimmung des Seins)。位置从属于存在者本身。当今的物理学回复到了“场”(Feldes)这个概念。

对世界的特质的思考达到了什么程度，对作为自然世界的世界的思考就会达到什么程度。这个自然并非某种伴随物，并非首先有了自然，然后才有附属于自然的种种事物，相反，人们若要想着眼于其此在看到自然事物(Naturdinge)，就必须透过周围世界看世界

(sie sehen durch die Umwelt hindurch)，或者更准确地说，看作为周围世界的世界如何在此存在。只有这样，才能为原初地理解从属于自然的存在者的此在方式获得一个正确的基础。 268

第二部分

重释亚里士多德的基本概念
以关于概念性之原生性的理解为根据

269

第一章　人的此在作为概念性之原生性

第二十三节　指出此在的概念性之可能性：按照实际给予的基本经验、主导要求和支配性的可理解性

对作为在—此—世—存在的人的此在的思考，已达成了一个确定的结论。这种在—此—世—存在在 λόγος［言辞］中拥有其存在的基本特质。λόγος［言辞］完全控制着在其中—存在（In-Sein）。在 λόγος［言辞］中保存着世界和世界中的此在本身被发现（entdeckt）、被开启（aufgeschlossen）的方式方法。λόγος［言辞］支配着世界的当时的被发现性（Entdecktheit）和被公开性（Aufgeschlossenheit）。λόγος［言辞］预先给予我们方向，按此方向，此在能够询问世界和此在本身。

询问世界和世界中的人的此在的努力是为了何种目的？这是要追问概念性之原生性（Bodenständigkeit der Begrifflichkeit），尤其是出于理解概念性本身之意图。而这样做，是因为，只有按照概念性才能理解任何概念之所是。只要理解了概念性，就给出了看清

具体概念的指导线索。正是为此，才需要展现基本概念，才需要为 270
理解概念性本身而使得概念性变得可见（sichtbar zu machen）并获得（anzueignen）概念性。需要在此探寻概念性的地方，概念性本身以此地方为家（zu Hause），概念性就出自此地方：这地方就是那种像概念性这样的事物能够在其中存在的存在者。对于突出概念性之原生性，尤其是对于突出概念性的古希腊的原生性，我们已然考虑到了一项任务，它摆在任何解释（Interpretation）前面，因为，一项解释需要定向于它所谈论的事物。

我们描述了概念性的三个要素：一、给予实事的基本经验（sachgebende Grunderfahrung）；二、概念性由主导要求（führenden Anspruch）所决定；三、概念性由具支配性的可理解性（herrschende Verständlichkeit）所决定。——追问概念性之原生性就是追问：这三个已提及的特质在何处并且如何拥有其存在，以至于它们有可能存在于这个存在者本身当中，并由此存在者中生发出来，甚至构成了这个存在者的某种可能性？回答对概念性之原生性的追问，必须指出具有下述存在特质的某个存在者：在此存在特质本身当中表现出了上述三个特质。

出于此目的阐明此在，就是着眼于其存在阐明此在。这种阐明具有如此特点：基本概念已然同时进入了语言（zur Sprache kamen）。这些基本概念进入语言的意图是：它们的作用首先是澄清此在，并将此在作为基本概念本身的可能性基础来理解。本真的解释只有在下述情况下才会以正确的方式出现：只有在明确的概念性的基础上完成解释，只有当解释重复自身，也只有在基础得到理解之后。在此表明了一个普遍的解释学的基本原理：任何解释只有

通过重复才能成为本真的解释(jede Interpretation erst eigentlich ist in der Wiederholung)。只有这样,解释才能展现出不再在此站立的事物。

正是为了展现概念性之原生性,才需要对此在加以描述:

271 一、**就其存在而言**,如此描述的存在者就是**概念的可能性**吗?

二、作为在—此—世—存在的人的此在**如何**就是这种可能性?

补充一:“可能性”必须被理解为存在的存在特质意义上的可能存在(Möglichsein),所谓可能存在并非带给此在的(an das Dasein herangebracht wird)空洞的可能性,所以,保持在此在面前的问题是:这对于它是否可能。如果概念性在此在本身当中具有原生性,那么,**此在本身必定以某种方式就是概念性**(muß das Dasein selbst die Begrifflichkeit in gewisser Weise sein)——但与此同时,概念性本身的要素却不一定会**突显**(herausgetreten)出来,概念性有可能以不明确的方式在此。我们接着将表明,事实上,概念性就处在此在本身当中。

第一,着眼于**给予实事的基本经验**:在此经验中得到规定的是某个存在者的首要的外观,所以,由此基本观点出发,可以按照其存在对所有更进一步造成的事物作出描述。任何作为此在的存在者,都是表明自身在此的某个存在者。在—此—世—存在意指:按照其展现的外观在此拥有(Dahaben)某个存在者,并且与展现出来的存在者打交道。在—此—世—存在意指以某种方式**在此拥有世界**。不仅世界被拥有,此在也在**情状**中**拥有其自身**。在—此—世—存在可以用情状来刻画。此在拥有其自身,并非通过反思,自我拥有的首要方式是自我感受。这种自我拥有是从一开始就将一个存在者规定为具有如此这般外观的可能性，所以，在此存在着本真地细察在自然交往中所拥有之物的可能性，存在着与所操持的交往保持距离并停驻于纯粹朝其观看的可能性。只要将此在的特质描述为在其中—存在、在—此—世—存在，将此在—此—世—存在的特质描述为情状，世界和生命某种程度上就已然在此，所以，给予实事的基本经验作为已然在此之物，本身就拥有一种自我给予的可能性。

第二，主导要求（führenden Anspruch）：从而主导要求意指言及（angesprochen）某个存在者的根据（woraufhin）。最终，总是要按照其存在来言及存在者。在所有对存在者的自然解释中，存在的某种确定含义具有主导性，对此含义无需从范畴上加以澄清，也只有 272
这样，此含义才拥有其本真的存在及其支配地位。在这种此在解释中，存在意指：当前之在（Gegenwärtigsein）、完全之在（Fertigsein）。存在者不只在其外观中在此，在日常的看、思考、讨论的明确性的意义上，存在特质本身也是明确的。

第三，具支配性的可理解性（herrschende Verständlichkeit）。共在完全为 δόξα［意见］所支配：所有言说都以将成问题的事物、不理解之物引入某种确定的熟知为定向。此在自己对本真意义上的熟知之物提出了某种确定的要求。此在的解释完全为某种确定的关于显而易见的观念（Idee von Evidenz）所支配，对于此在本身而言，显而易见是充分的，这是用来规范科学的显而易见含义、规范种种证明、规范证明之严格性的显而易见。熟知是可理解性的标准，λόγος［言辞］具拥有此熟知，λόγος［言辞］从 ἔνδοξον［普遍意见］中走出，又回到了 ἔνδοξον［普遍意见］。

补充二：我们必须更准确地问：如此描述的存在者作为此在本

身如何能够建构出自身，从而使得概念性突出出来。我们已经知道，人的此在的特质可以用 προαίρεσις［抉择］来描述。某种"自我决定"（Sichentschließen）总可以这样来规定：这是针对某事的决定；从而，概念性的建构也许是由与此概念性正相背离的这样一种此在之存在中生发出来的，因此，可以在双重意义上将概念性的可能之在的存在特质描述为可能性，也就是在下述两种事物的可能性的意义上：一、由以能够形成出自其对立面的概念性（Begrifflichkeit als aus ihrem Widerstand）的事物；二、为此（wofür）和据此（woraufhin）能够通过把握概念性来形成此在的事物。

以此定向为基础，我们必须对运动的特质作出描述，因
273 为，我们将认识到运动乃是存在者的一项规定，甚至是生命存在（Lebendseins）的一项规定，由此规定出发，可以着手全部更进一步的存在思考。κίνησις［运动］是阐明人的此在之存在的指导线索。[①]

第二十四节 此在的概念性之可能性的双重含义

我已尝试表明其中的内在关联：由此在本身出发来理解概念性本身，按照其存在的一种基本可能性来描述此在。这样的存在者具有将概念性的基本规定引入其中的可能性。实情是：在人的生命中，有像科学和科学研究这样的可能性存在。概念性的三个要素：给予实事的基本经验；主导要求；具支配性的可理解性。

---

① 参见"手稿"，页［354］以下。

一、给予实事的基本经验：我们必须明白，所谓人的存在这样的存在者，具有将概念性引入自身的可能性。在此在中概念性本身是如何可能存在的呢？此在就是在一此一世一存在。只要此在存在，它就处在经验之中，它就拥有自身，它感受到自己与自己的对立，即使它常常以超越它生活于其中的世界的方式在世界中拥有自己。我处(bin)在某些可能性之中：我的职业，我的生意。

二、主导要求：这样的此在靠自己本身拥有某种确定的存在含义(Sinn von Sein)以及相应的它不是什么的含义。

三、此在如何谈论自己并谈论它的行为方式和方法，都具有可理解性的确定尺度。

在如此描述的某个此在中，概念性本身是如何可能的？我们必须区分两种可能性。如果科学是此在可以决定的某种事物，是 ἕξις［状态］，那么，这种 ἕξις［状态］可以这样来描述：ἕξις［状态］是 πῶς ἔχομεν πρὸς ἄλλων［我们如何对待他者］——πῶς［如何］就是其所是，πρὸς［对待］就是“针对”(gegen)，就是“与某物有关”，此物是它由以塑造出自身的事物。因此，首先是素质(Anlage)意义上的可能性，ἕξις［状态］就是针对此素质而形成的，其次是肯定性意义上(im positiven Sinne)的可能性。 274

(一)概念性的建构所针对的事物的可能性的否定性意义上的概念性之可能性

1. 先行拥有、先行看见和先行把握中的此在的被解释性

这种概念性首先并非原初地在此，概念性事物(Begrifflichen)

的各种可能性首先被此在阻断(verlegt)。作为在—此—世—存在的此在,最初完全为λόγος[言辞]所支配,它的活动靠用词语思考(Wortdenken)、听说(Hörensagen)、从书本上学来的东西(Angelesenem)。这意指三个要素:作为在—此—世—存在的此在,总是处在某个已然熟知的事物、某个已然被如此这般解释的事物之中的一种存在,此在已然被如此这般来理解。人一来到世上,就生入了(wächst in)言说、看、解释的某个确定的传统。在—此—世—存在就是一种已—如此—这般—拥有—此—世(Die-Welt-schon-so-und-so-Haben)。我进入其中的世界,我在其中成长的世界,对于我而言,以某种确定的被解释性在此;我称呼这种特殊的实情的术语是**先行—拥有**(Vor-habe)。

世界已然如此这般在此,我的此在也与世界一道共在于已然如此这般在此的世界之中,在与世界打交道的过程中,某种确定的言及(Ansprechens)方式已然占据支配和主导地位,世界通过言及而被操持和讨论。这圈定了把握(Begreifens)、提问(Fragestellung)
275 的某种确定的可能性,也就是说,世界被操持的着眼点已然在此。先行拥有从一开始就已然被置入某种确定的**先行—看见**(Vor-sicht)之中了。已然此在者(Das schon Daseiende)处在某个确定的着眼点上,所有看、所有着眼点的采取,都有确定的具体含义。对存在者的操持,也就是说,对世界和生命的操持,是在某种确定的存在含义的指导下进行的:在作成之在(Hergestelltsein)和当前之在(Gegenwärtigsein)的含义指引下进行的,但与此同时,这种存在含义恰恰无需明确;也正是由于它不明确,在所采取的着眼点的主导和指引下,这种存在含义才具有一种特殊的顽固性

(Hartnäckigkeit)。

如此已然从一开始就拥有之物：世界和生命，以及与其结为整体的已然处在这种确定的先行看见中的事物，还有按照此先行看见的指引所阐明的事物，同时以平均方式并且大体上都被言及(ausgesprochen)——ἀποφαίνεσθαι［表明］——“指涉”(aufgewiesen)和表达(artikuliert)。在着眼点的主导下，外观得到更准确的阐明，而且，支配可理解性的要求有多高，证明和有证明力的某种确定的观念的指导性就有多高。若回顾16和17世纪，我们会认识到，数学诸学科是这样一类事物：它们指引着概念性事物的方式方法，也指引着对科学之严格性的要求。把握的确定的可能性能够赢得支配地位，其他所有可能性必须与具有支配性的可能性相适应。19世纪的潮流正是如此：因为，自然科学就是那种(die)严格的科学，所以，历史科学也必须以完全同样的方式来行事。然而，所有这些情况都是一种误识。我将包含作为表达的表述(Aussprechen als Artikulation)于其中的具支配性的可理解性，称为先行—把握(Vor-griff)。

这三个要素本身作为拥有、看和把握联系在一起。任何拥有都处在某个确定的着眼点上，并将通过所表述的内容来表达——这就是把握(Griff)——这个整体可以描述为先行(das Vor)：先行从一开始就已然支配着我生入(hineinwachse)其中的此在。这三个要素 276
以其统一性刻画了我所谓此在的被解释性，刻画了显而易见的存在(Durchsichtigsein)。

2. λóγος[言辞]作为错误和掩盖的可能性

被解释性的支配地位为λóγος[言辞]所具有。λóγος[言辞]是被解释性的本真拥有者(Träger),λóγος[言辞]就是作为被解释性之支配地位(als die Herrschaft der Ausgelegtheit)的λóγος[言辞]。只要这种λóγος[言辞]是所有概念性事物的发生之所,它同时也就是在如此描述的此在中建构出错误之可能性(Möglichkeit des Irrtums)的事物。经验到和看到的事物大多作为所表述的内容而在此,通过说出(Aussprache)向他人传达,并通过这种传达而流传:这就是传言(Nachgesprochene)。通过这种流传(Sichherumsprechen),通过流言(Gerede)所表述的内容日益丧失了其根据。由此流言、不追究所表述的实事的散布,流言进而遮蔽和掩盖了本真含义。所表述的内容本身带有字面意义上的掩盖(Verstellung)的可能性。传达在某种意义上已经是一种误导(Irreführen)了,尽管这种误导并不明确,也并非有意为之。一旦这种误导变成了有意为之,就会出现欺骗和被骗的可能性——这就是虚假即φεῦδος[虚假]的支配。由此出发,我们还看到了λóγος[言辞]和εἶδος[形式]内在关联。εἶδος[形式]就是如其所是的外观(Aussehen, so wie es ist)。λóγος[言辞]就是所表述的内容,就是要求。一旦λóγος[言辞]成为支配之物,一旦我在某种程度上从听说中获取我的认识,通过这样的λóγος[言辞],εἶδος[形式]也会形成某种外观,然而,好像(als)只是看上去好像……,实际上却并非如此:譬如,某物看上去像金子,实际上却不是所认为的事物——这就是假象(Schein),就是作为只是—有此—外观意义上的外观的εἶδος[形式]。

这不仅牵涉到日常事物，牵涉到人们必须与其打交道的那种此在，而且恰恰在某种远为精确的程度上还涉及对此在的这样一种解释：这种解释成了此在的明确任务，这就是研究和哲学。曾经表达 277
的确定的 λόγοι［言辞］，在研究初期和富有活力的时期内，有可能占据这样一种支配地位：这些 λόγοι［言辞］长期使得它们所意指的存在者无法通达。巴门尼德的 λόγος［言辞］就具有这样一种内在于此在之解释的支配地位："存在者（das Seiende）是一"，ἓν τὸ ὄν［存在是一］。[①] 对于提出本真意义上的存在问题，并按照古希腊的可能性标准来解决存在问题，巴门尼德此番 λόγος［言辞］同时也是一种肯定性的推动。亚里士多德对 λόγος［言辞］的支配地位具有深刻的理解，这一点可以在《尼各马可伦理学》卷 H 章 14 中看到：κληρονομία ὀνόματος［词语的遗产］，"词语的遗产"（Erbschaft），词语的含义——这个 κληρονομία ὀνόματος［词语的遗产］，也就是 ἡδονή［快乐］这个词的遗产，是很早以前从对此在的一种确定的解释中获取的：ἀλλ' εἰλήφασι τὴν τοῦ ὀνόματος κληρονομίαν αἱ σωματικαὶ ἡδοναὶ διὰ τὸ πλειστάκις τε παραβάλλειν εἰς αὐτὰς καὶ πάντας μετέχειν αὐτῶν［但肉体的快乐占据了词语的遗产，因此，大多数人都倾向于肉体的快乐，所有人都享有肉体的快乐］。[②] 这种最接近的感受（Befinden）是感官享受、娱乐，这种自我感受是按照

---

① 《巴门尼德残篇》(8, 3)，见《前苏格拉底残篇》(Die Fragmente der Vorsokratiker. Griechisch und deutsch v. H. Diels. 4. Aufl. Erster Band. Berlin 1922)，卷一，18B：ἐόν [...] ἕν［存在是一］。——亚里士多德，《形而上学》，卷一章 5，986b29：ἓν οἴεται εἶναι τὸ ὄν［他认为存在是一］。

② 《尼各马可伦理学》，卷 H 章 14，1153b33 以下。

大众的平均感受的眼界作出的解释，这种自我感受接过了 ἡδονή［快乐］这个词的遗产。ἡδονή［快乐］原初不必然意指大多数人的此在解释所意指之物。这种日常意指之物强行将解释据为己有。

因为，日常意指之物能够强行将解释据为己有，所以，此在就有可能从日常性中夺取遗产，并将遗产引向某种*原初的被解释性*，也就是说，有可能从日常性中并且针对日常性通过 ἕξις［状态］*在本真意义上获取*概念性事物。先行拥有、先行看见和先行把握同时也是某个本真之物的各种可能性：*明确获取*先行拥有，*形成*先行看见，并且*根据这种得到确证的事物来贯彻*先行把握。概念性事物不
278 是从此在中突出出来的事物，也不是以某种方式从此在中额外发现的事物，相反，概念性事物的真正的可能性，只是作为有把握的对此在本身的解释的概念性事物。

（二）概念性为此被建构出来事物的可能性的肯定性意义上的概念性之可能性。νοῦς［理智］作为 διανοεῖσθαι［筹划］

我们还必须简单理解*肯定性意义上的可能性*。此在本身的活动围绕某种*具支配性的被解释性*，亚里士多德称其为 ὑπολήψεις［见解］：生命、共在有见解，也就是说，关注确定的对象，拥有确定的“看法”（Dafürnahmen）。ὑπολήψεις［见解］是此在解释的初步状态（primäre Bestände），我们需要探究它们的内涵是什么。必须使它们摆脱流言和不客观的讨论关于它们的陈词滥调。只要采取了这样的步骤，此在本身的活动就不会再围绕特定的实践行动——λόγος［言辞］就会发挥其独立的 ἀποφαίνεσθαι［表明］功能：与世界和生

命打交道，就会不再是实践性操持意义上的行事（Handeln）和举措（Behandeln），而是讨论（Abhandeln），是对于在所表述的内容本身中变得显而易见的内容的澄清，而不考虑如何应用。只要 λόγος[言辞]是独立的，从而问题的关键只在于表明（Aufzeigens）意义上的言说，问题就成了：独立的言说本身围绕什么活动？ λόγος[言辞]何时不再是 πρᾶξις[实践]之 μετά[凭借]？只要放弃 πρᾶξις[实践]，λόγος[言辞]变得独立，问题就成了：与 μετά[凭借]有关的是什么？ λόγος[言辞]也许并非不再是 μετά[凭借]，λόγος[言辞]的功能是 ἀποφαίνεσθαι[表明]：就其纯粹的功能而言，λόγος[言辞]在此也与作为观望（Hinsehen）本身的实施方式的引—向—看（Zum-sehen-Bringen）有关。这样我们就拥有了 διανοεῖσθαι[筹划]，拥有了 ἐπιστήμη μετά λόγου[凭借言辞的知识]。λόγος[言辞]的独立性意指：λόγος[言辞]是 νοεῖν[思考]和 διανοεῖσθαι[筹划]的 μετά[凭借]。“臆测”“感知”是规定在—此—世—存在的特质， 279
规定的着眼点是更为准确的内容的有定向的存在（Orientiertseins des genaueren）。

亚里士多德的《论灵魂》卷Γ章4中指出：νοῦς[理智]就是 ᾧ γινώσκει τε ἡ ψυχὴ καὶ φρονεῖ[灵魂用来感知和理解的事物]。[①]“猜测”是在—此—世—存在的本真的存在可能性，也是“与……熟知的存在（Bekanntseins）”的本真可能性，就像是 φρονεῖν[理解]和“自我环顾”（Sichumsehens）的本真可能性。有定向的存在的两种可能性是：一、纯粹的纳—入—认识（Zur-Kenntnis-Nehmen）而无

① 《论灵魂》，卷Γ章4，429a10以下。

任何实践目的；二、自我环顾。从而：一、朝向（über）某物的有定向的存在；二、为了（für）某物的有定向的存在。

νοῦς［理智］是在—此—世—存在的基本规定，它刻画了作为有定向的存在的此在的存在特质。νοῦς［理智］即定向（Orientierung）在人的此在中拥有一种固有的特质：ὁ καλούμενος τῆς ψυχῆς νοῦς［灵魂的这个特质就叫做理智］。[①]——亚里士多德谈论的"所谓"νοῦς［理智］并非完全的νοῦς［理智］，而是日常所熟知的νοῦς［理智］，是人们谈论的和唯一能够直接谈论的νοῦς［理智］。这个καλούμενος νοῦς［叫做理智的特质］，并非本真的νοῦς［理智］，可以将其描述为διανοεῖσθαι［筹划］。[②]我们必须问：它是如何出现的？就感知发生在人的此在中而言，为何感知是一种διανοεῖσθαι［筹划］？

《论灵魂》卷Γ的上下文谈论的是διά［凭借］的起源，谈论的是人的νοῦς［理智］是一种δια-νοεῖσθαι［凭借—思考］的原由。"感知和猜测同样都是简单地召唤某物。"[③]感知某物：一下子看到某物好像在此（mit einem Schlage sehen als da）。猜测某物：一种称呼，用名字来称呼某物，凭简单的在此拥有来称呼（ein Nennen, etwas beim Namen nennen, nennen im schlichten Dahaben）。言说和看见之间、αἴσθησις［感知］和φάσις［表达］之间的密切关联，

---

① 《论灵魂》，卷Γ章4，429a22。

② 《论灵魂》，卷Γ章4，429a23：λέγω δὲ νοῦν ᾧ διανοεῖται [...] ἡ ψυχή［我所谓理智，就是灵魂用来筹划……的特质］。

③ 《论灵魂》，卷Γ章7，431a8：τὸ μὲν οὖν αἰσθάνεσθαι ὅμοιον τῷ φάναι μόνον καὶ νοεῖν［感知的确和简单的猜测和思考相似］。

不存在更为广泛的结构——νοεῖν［思考］拥有简单的在此拥有之结构。这种猜测是一种 δια-νοεῖσθαι［凭借—思考］，这一点是怎么发生的？但 νοῦς［理智］是 νοῦς τῆς ψυχῆς［灵魂的理智］——ψυχή［灵魂］形成了本真的存在—于—此—世。亚里士多德直接将 ζῆν［活着］、ζωή［生存］，与 ἡδονή［快乐］、情状（Befindlichkeit）等而同之。所有感受都是由 ἡδύ［快乐之物］与 λυπηρόν［痛苦之 280
物］引起或关于 ἡδύ［快乐之物］与 λυπηρόν［痛苦之物］的某种自我感受，简而言之：συμφέρον［有益之物］。情状、ἡδονή［快乐］拥有 δίωξις［追求］和 φυγή［回避］这两种可能性，也就是"接近"（Zugehen auf）和"回避"συμφέρον［有益之物］。δίωξις［追求］和 φυγή［回避］是 ψυχή［灵魂］、此在的基本活动状态（Grundbewegtheiten）。由于 νοῦς［理智］是如此得到规定的此在的定向的可能性，所以，νοῦς［理智］就是一种 διά［凭借］。任何"接近……"作为 δίωξις［追求］都是接近作为（als）某物的某物。由于世界首先是作为愉悦（Freuens）和沮丧之在（Herabgestimmtseins）的情状而照面的，所以，世界是作为（als）有利或有害之物而在此的，因为，可以将 αἰσθάνεσθαι［感知］描述为具有情状的"感知"（Vernehmen）。ὅταν δὲ ἡδὺ ἢ λυπηρόν, οἷον καταφᾶσα ἢ ἀποφᾶσα. διώκει ἢ φεύγει［对于快乐或痛苦，会追求或回避，正如主张或否定］。[①] 纯粹的称呼，并非日常和平均的感知的实行方式：作为情状之方式的感知是对作为（als）某物的某物的感知，言及（Ansprechen）不是一种简单的称呼，而是作为（als）某物来称呼，即作为 κατά［赞成］和 ἀπό［反

① 《论灵魂》，卷 Γ 章 7，431a9 以下。

对］的称呼。任何 λόγος［言辞］的特质都可以用 κατά［赞成］和 ἀπό［反对］来刻画，也就是说，任何 λόγος［言辞］都是 σύνθεσις［综合］或 διαίρεσις［分析］，而任何 λέγειν［言说］都是 λέγειν τι κατά τινος［言说某物以支持某物］。所以，λόγος［言辞］同时也是错误地具有肯定性的可能性。只因为言说就是言及作为（als）某物的某物，所以，就有将所言及之物视为另一事物而非其所是的可能性。这种“作为某物”，也就是 σύνθεσις［综合］或 διαίρεσις［分析］，就是 φεῦδος［虚假］的可能性。[①] 如果自我定向是一种单纯的在此拥有和如此—反馈（So-Wiedergeben），那么，在人的此在中就不会有 φεῦδος［虚假］。作为（als）某物而言及、διά［凭借］、单纯拥有之物，破碎为它们作为（als）某某事物的可能规定——这一实情是与存在的基本规定即 ἡδονή［快乐］一道原初被给予的，也就是说，此在本身在其日常性中具体地落入了错误和错误的可能性之中。

因为，存在错误的可能性，也就是说，背离表明和在此拥有存在者的本真可能性，就生命反过来由 προαίρεσις［抉择］所决定而
281 言，生命能够肯定地把握住如其所是地规定此在者的可能性（die Möglichkeit, das Daseiende so, wie es ist, zu bestimmen, positiv ergreifen）。这种 διανοεῖσθαι［筹划］作为 λέγειν τι κατά τινος［言说某物以支持某物］能够这样来实行：通过考量本真再现之物，通过考量处在正确的着眼点上事物，这种 διανοεῖσθαι［筹划］会变成 λέγειν καθ᾽αὑτό［言说以支持其本身］；由此出发，将产生出那种无

① 《论灵魂》，卷 Γ 章 6，430b1 以下：τὸ γὰρ ψεῦδος ἐν συνθέσει ἀεί［因为，虚假总是存在于综合之中］。

遮蔽地按照其存在来给予存在者的λόγος[言辞]，产生出概念。

思考进行于其中的结构是：概念性事物、λόγος[言辞]是作为可能的反对什么和赞成什么(Wogegen und Für)而处于存在本身之中的。我们想看看：κίνησις[运动]概念的建构，作为对此在的被解释性的例外把握(das radikale Ergreifen der Ausgelegtheit des Daseins)，是如何按照前述三个要素来进行的。[①]

---

① 参见，"手稿"，页[357]以下。

第二章　解释 κίνησις[运动]概念的形成：κίνησις[运动]作为一种对此在之被解释性的例外把握

第二十五节　亚里士多德的《物理学》作为 ἀρχή[本原]—研究：专注于头两卷书

283 被解释性本身在此在中具有支配地位，而此在则由 προαίρεσις[抉择]所决定，这种被解释性有可能在下述意义上得到把握：按照其此在对世界作本真思考，并能够根据其所是来追问在—此—世—存在。与此在本身的被解释性有关的是 ἀληθεύειν[去蔽]的一种 ἕξις[状态]，一种真实地生存的可能性，在此真实性中包含着此在本身的被解释性和显而易见性。此在的被解释性由 λόγος[言辞]来传达：流言，"人们如此谈论事物那样的"流言，对于世界理解本身具有决定性。我们曾试图理解，为何可以将言说描述为 διανοεῖσθαι[筹划]、διαλέγεσθαι[辩证]：因为，此在由 ἡδονή[快乐]所决定，一切都可以作为(als)某某事物、作为"对……有利之物"即 συμφέρον[有益之物]来理解，但首先却不能从理论上来理解。言说和理解的平均方式就是 διανοεῖσθαι［筹划］。正是在与这种平均的言说（λέγειν τι κατά τινος［言说某物以支持某物］）相对照时，作为 ἀληθεύειν［去蔽］的 ἕξις［状态］才成就了其自身。λόγος καθ' αὑτό［支持其本身的言辞］"按照其本身"言及存在者。λόγος καθ' αὑτό［支持其本身的言辞］并不以某种与其相异的着眼点来处置此在者，而是从此在者本身当中创造出可以思考此在者的着眼点。这种 λόγος［言辞］，这种由其本身出发按照其存在言及存在者的 λόγος［言辞］，就是 ὁρισμός［定义］。ὁρισμός［定义］按照作为作成之在（Hergestelltsein）和外观的存在的基本规定而拥有下述结构：存在者被按照其自身来言及，言及的内容是存在者的由来即 γένος［属］；在其由来之中，言及的内容是存在者之所是即 εἶδος 284
［形式］。γένος［属］和 εἶδος［形式］的全部存在关联就是 τὸ τί ἦν εἶναι［是其曾所是］：τί ἦν［曾所是］=γένος［属］，τὸ εἶναι［是］=εἶδος［形式］。只要按照由此出发决定存在者的着眼点来处置存在者，一项研究就会致力于表明这种由—何—出发（Von-wo-aus）。这种由—何—出发就是 ἀρχαί［本原］。ἀρχαί［本原］是据以按照其本身看到和阐明具体的此在基本着眼点。一旦将 ἀληθεύειν［去蔽］的 ἕξις［状态］付诸实践，这就意味着 λόγος［言辞］变成了这样一种 λόγος［言辞］：它推进到了 ἀρχαί［本原］。ἕξις［状态］的具体成果就是 ἐπιστήμη［知识］，而关涉 ἀρχαί［本原］的那种"科学"，就是 πρώτη φιλοσοφία［第一哲学］，简而言之，就是 σοφία［智慧］。并非按照其具体规定来彻底研究存在者，而是突出基本着眼点的那种特出的研究，由下述问题所引导：τί τὸ ὄν［什么是存在］？，"什么是作为存在者的存在者？什么是存在？"（Was ist das Seiende als

Seiendes? Was ist das Sein?）

对于我们而言，这样一种 ἀρχή［本原］—研究作为此在本身的可能性，就在我们所知道的亚里士多德的《物理学》中。亚里士多德在《物理学》卷 Δ 中描述了这种作为 μέθοδος περὶ φύσεως［关于自然的研究］的研究。[1] 这是 περὶ φύσεως［关于自然的］研究，不是 περὶ τῶν φύσει ὄντων［关于出于自然的存在者的］研究，也就是说，不是“关于由 φύσις［自然］的存在所决定的那些存在者的”研究，而是关于 φύσις［自然］本身的研究，是关于这种存在者的**存在**的研究。必须从一开始就理解和抓住《物理学》与亚里士多德的本体论之间的内在关联：关于 φύσις［自然］的研究，无非就是**获取首要的范畴**（primären Kategorien），亚里士多德此后在其本体论中开启了这项研究。φύσις［自然］就是 ἀρχή κινήσεως καὶ μετάβολης［运动和转变的本原］。[2] 使用更为精确的 μεταβολή［转变］这个术语是合适的做法。如果 φύσις［自然］要获得解释，就必须对 φύσις［自然］何以是 ἀρχή［本原］作出解释：“必须不遮蔽运动本身之所是。”[3] 亚里士多德这里的讨论由对《物理学》此前各卷的内容回顾
285 出发，我们必须简单以此内容为定向，我将给出它们的内在关联。

在亚里士多德开启 φύσις［自然］研究的那一刻，他自己甚至已然在围绕自然的某种确定的被解释性而行动了。在他从事教—学的岁月里，他对自然已有了确定的理解，但他不认为这些理解

[1] 《物理学》，卷 Γ 章 1，200b13。

[2] 《物理学》，卷 Γ 章 1，200b12 以下。

[3] 《物理学》，卷 Γ 章 1，200b13 以下：δεῖ μὴ λανθάνειν τί ἐστι κίνησις［一定不能忽视运动之所是］。

的确触及了它们所解释的存在者。若要解释此存在者，关键在于消除阻挡存在者的那种被解释性，在于按其本身的含义来暴露(freizulegen)存在者，甚至暴露早先解释中的存在者。换句话说，这样一种 ἀρχή[本原]—研究的第一步，乃是下述意义上的**批判**(Kritik)：必须使向来已得到解释的事物、使已然在早先的理解中看到的事物，得到真正的重视，并使其变得显而易见。**批判无非就是将过去还原—到—其—本身**(Zu-ihr-selbst-Bringen)。如此一来，ἀρχή[本原]—研究也将成为**进路研究**(Zugangsforschung)：进路研究开启了通向所期望之物的道路。

亚里士多德在《物理学》卷 A 中实施了此项 ἀρχή[本原]—研究。此项批判看上去首先被纳入了一个非常特殊的形式之中，因为，亚里士多德讨论的问题是：就上述存在者而言，是否有一个 ἀρχή[本原]或更多的 ἀρχαί[本原]。我们必须弄清楚，这个问题究竟意味着什么。如果我们能呈现出批判的第一个层次，呈现出亚里士多德与**爱利亚学派**(Eleaten)的争论，我们就会变得明了。对爱利亚学派的批判已司空见惯。人们认为，亚里士多德顾及爱利亚学派，目的是为一项批判树立一个简单的靶子，因为，亚里士多德自己说：实际上他们并不属于在此要讨论的内容。① 亚里士多德之所以这样做，是因为他看到：巴门尼德靠 ἓν τὸ ὄν[存在是一]即“存在是一”(das Sein ist eines)这个规定，尽管看到了存在一

① 参《物理学》，卷 A 章 2，184b25 以下：τὸ μὲν οὖν εἰ ἓν καὶ ἀκίνητον τὸ ὂν σκοπεῖν οὐ περὶ φύσεώς ἐστι σκοπεῖν[研究存在者是否是一和不动，的确不是关于自然的研究]。

286 个基本规定，但他却就此止步不前。因为，由此出发，κίνησις[运动]的存在将被否定，所以，亚里士多德将爱利亚学派引入了他的批判领域。如果人们坚持只有**一个** ἀρχή[本原]，他们就绝不可能按照其存在来规定存在者。坚持只有一个 ἀρχή[本原]这一主张，错误判断了 ἀρχή[本原]本身的含义，因为，在对某一存在者的表达(Artikulation)中，已然采用了一种 πολλά[多]的着眼点。当我着眼于一个 ἀρχή[本原]来表达某物的时候，我已然拥有了一个倍数(Doppelung)。① 我先行给予了某物并且应当按照一种着眼点来处置它：将某物**作为**某物。如果人们不能从一开始就承认 ἀρχαί[本原]的复多性之可能性，就无法着眼于其存在来表述存在者。亚里士多德在他的批判进程中指出，ἀρχή[本原]必须多于一个，但不能多于三个。自然的存在，φύσει ὄντα[出于自然的存在者]，从其本身出发要求 ἀρχαί[本原]有此数字。② 我们在解释进程中将会看到这种情况达到了怎样的程度。

《物理学》卷 A 中的批判无非是追问下述存在者的形式上的基本结构：必须将此存在者的存在规定为运动之在。只要 φύσει ὄντα κινούμενα[出于自然的存在者都是能动者]，③ 从而，必须着眼于其

① 《物理学》，卷 A 章 2，185a4 以下：ἡ γὰρ ἀρχὴ τινὸς ἢ τινῶν[因为，本原属于某物或某些事物]

② 《物理学》，卷 A 章 6，189b27 以下：ὅτι μὲν οὖν οὔτε ἓν τὸ στοιχεῖον οὔτε πλείω δυοῖν ἢ τριῶν, φανερόν[因此，元素不会是一个，也不会多于两个或三个，这一点很明显]。

③ 《物理学》，卷 A 章 2，185a13：τὰ φύσει [...] κινούμενα[出于自然的存在者都是能动者]。

ἀρχαί［本原］来规定“处在运动中的存在者”，那么，ἀρχαί［本原］的数目就必须使得我们将 κίνησις［运动］理解为存在的一种方式。只要 κίνησις［运动］为 δύναμις［能力］和 ἐνέργεια［活动状态］所决定，那么，这两者就会形成两个 ἀρχαί［本原］。[①] 在对 ἀρχαί［本原］的数目的追问中，已然存在对 κίνησις［运动］的展望。

κινούμενον［被动者］无法在 ἀπόδειξις［证明］的意义上得到证实。存在者的这一基本特质可以通过 ἐπαγωγή［归纳法］来获知。[②] 关键在于，要透过流言，透过遮蔽了自然的存在的理论，依稀 287
(gleichsam)看到存在者本身。首要步骤是睁开双眼，按其本身来理解实情，并由此先行拥有出发阐明自我显明的事物，阐明 κίνησις［运动］本身。

在《物理学》卷 B 中有新的开端：亚里士多德确定了追问自然由以进行的形式上的着眼点，也就是说，他讨论了原因(Ursachen)。正是在此两重思考的基础之上，方才开启了澄清 κίνησις［运动］的本真研究。第一个步骤是：κίνησις［运动］形成了存在的本真在此的特质(Da-Charakter)。存在的被解释性已然通过一种确定的关于存在的基本理解而得到规定——或许，运动的存在特质也必须从存在本身的这种基本含义出发才能得到解释。[③]

---

① 《物理学》，卷 A 章 8，191b28 以下：ἐνδέχεται ταὐτὰ λέγειν κατὰ τὴν δύναμιν καὶ τὴν ἐνέργειαν［可以根据能力和活动状态来言说这些事物］。

② 《物理学》，卷 A 章 2，185a13 以下：δῆλον δ' ἐκ τῆς ἐπαγωγῆς［这明显出于归纳法］。

③ 参见“手稿”，页［365］以下。

第二十六节　运动作为 ἐντελέχεια τοῦ δυνάμει ὄντος[存在者在能力上的隐德莱希]（《物理学》卷 Γ 章 1）

（一）本章概述

我们过渡到卷 Γ。第一章概述：

200 b12-25：μέθοδος[研究]的基本主题，[①] 以及与此主题同时被给予之物。

200 b25-32：指向存在的不同方式，由这些方式出发，依稀可以将运动理解为一种确定的存在方式：一、ὄν δυνάμει[就能力而言的存在者]——ὄν ἐντελεχείᾳ[就隐德莱希而言的存在者]；[②] 二、从属于范畴的ὄν[存在者]；[③] 三、讨论了一个确定的范畴πρός τι[关
288 系]，[④] 因为，运动明显从属于此范畴。

200 b32-201a3：证明κίνησις[运动]并非παρὰ τὰ πράγματα[外在于事情的]某物，[⑤] 并非“外在于”世界、自然中的“此在者”。这个“并非 παρὰ[外在于]”的肯定性含义是：κίνησις[运动]是此在

---

① 《物理学》，卷 Γ 章 1，200b13。

② 《物理学》，卷 Γ 章 1，200b26 以下：τὸ μὲν ἐντελεχείᾳ μόνον, [...] τὸ δὲ δυνάμει καὶ ἐντελεχείᾳ[唯独就隐德莱希而言的存在者，……就能力和隐德莱希而言的存在者]。

③ 《物理学》，卷 Γ 章 1，200b28：τῶν τοῦ ὄντος κατηγοριῶν[存在者的范畴的]。

④ 《物理学》，卷 Γ 章 1，200b28 以下。

⑤ 《物理学》，卷 Γ 章 1，200b32 以下。

者本身的存在的一种方式。此项规定针对柏拉图，他甚至在《智术师》中说，一个运动的事物的存在可以这样来描述：我们认为它分有了 κίνησις［运动］；κίνησις［运动］本身是和其他理式一样的一种理式（Idee），也就是说，κίνησις［运动］是 παρά［外在的］，通过对 κίνησις［运动］的 μέθεξις［分有］，运动之物的存在必将得到理解，运动之物的运动就是这样发生的。①

201 a3-9：通过追溯到范畴以表明，如何存在完全确定的范畴，它们容许一种 διχῶς［双重形式］，一种“双重性”。②这种能够—如此—这般—存在（So-und-so-sein-Können）是下述情形的本体论条件：由这些范畴来规定的存在者，是运动着的可能的存在者。διχῶς［双重形式］：反过来指向 ἀρχαί［本原］的大多数（Mehrheit）。

201 a9-15：运动的本真定义。

201 a15-19：用确定的运动方式来具体说明上述定义。

201 a19-27：指向特殊的实情：一个且是同一个存在者，既可以将其规定为 δυνάμει ὄν［就能力而言的存在者］，也可以将其规定为 ἐνεργείᾳ ὄν［就活动状态而言的存在者］。③一个确定的存在者同时也是当前的“冷”的存在者，作为如此当前的存在者，它又是“热”的可能性。唯有冷的事物才有热的可能性。可能性并非某种任意的可能性，而是具有确定的方向的可能性。这一实情是可能性的条件：存在像运动、自然的内在关联、相互作用这样的事物。

① 参柏拉图，《智术师》，248e 以下。

② 《物理学》，卷 Γ 章 1，201a3。

③ 《物理学》，卷 Γ 章 1，201a19 以下：ἔνια ταὐτὰ καὶ δυνάμει καὶ ἐντελεχείᾳ ἐστίν［同样的事物既可以指能力也可以指隐德莱希］。

289 问题仍然在于：是否任何运动着的事物本身处在运动之中；是否任何存在者就其本身而言也是 δυνάμει[就能力而言的]存在者；或者，是否有一种排除了任何可能性的存在，它是绝对 ἐνεργείᾳ[就活动状态而言的]存在者：πρῶτον κινοῦν ἀκίνητον[第一推动者不动]，[1] 尽管它“运动着”，但它本身却“没有被推动的可能性”。

201 a27-b15：更进一步讨论运动的定义——这是最重要的部分。[2]

（二）恐惧在 ἀρχή[本原]—研究中的作用

ἀπορῆσαι[细察]ἀρχαί[本原]，洞彻古人在开拓那片无需特殊认识就摆在他们眼前的领域时所碰到的疑难——对此，亚里士多德在《形而上学》卷 Θ 章 8 中给出一个特别的评论，按此评论，古人的讨论说到底是由恐惧所引导的：διὸ ἀεὶ ἐνεργεῖ ἥλιος καὶ ἄστρα καὶ ὅλος ὁ οὐρανός, καὶ οὐ φοβερὸν μή ποτε στῇ, ὃ φοβοῦνται οἱ περὶ φύσεως[因此，太阳和星辰和整个天都处在永恒的活动之中，不必恐惧它们有朝一日会停止，那些研究自然的人就有这样的恐惧]。[3] 早先讨论自然的存在和世界的此在，并进而对世界作出规定的那些人，就其问题提法而言，他们其实是由 φόβος[恐惧]即“恐惧”所引导的，但愿总是—如此—此在者(Immer-so-Daseiende)、天体的运转仍“将保持不变”——如此关于存在者的存在的讨论，

① 《物理学》，卷 Γ 章 1，201a27：ἔστι γάρ τι κινοῦν καὶ ἀκίνητον[某物是不动的使动者]。

② 参见“手稿”，页[366]以下。

③ 《形而上学》，卷 Θ 章 8，1050b22 以下。

出于恐惧存在将不再存在。我们如今已然知晓，这样的恐惧只有当 ἐλπίς σωτηρίας［保全的希望］活跃在其中的情况才有可能。自感恐惧只有在仍然一附着于另外一种可能性时才有可能：正在来临的事件有可能停止。在此引导存在分析的恐惧，处在希望或信念之外：存在者的确应当也必须总是—在此。因为，对于将—从—此—消失（Einmal-Verschwinden-aus-dem-Da）的恐惧，以坚持作为总是—当前之在（Immer-Gegenwärtigsein）的存在含义为前提。所以，存在的这一含义，是古人的所有讨论未曾言明的基础，这种讨论的 290
追求是不惜一切代价地展示出确定的 ἀρχαί［本原］。对 ἀρχαί［本原］和对存在者本身的解释，被转入了对世界本身的此在一种确定的熟知之在（Vertrautsein）。有可能消失的恐惧，通过将此在转入一种确定的熟知（Vertrautheit）而被根除了。此在的本真威胁由此被消除了。如此一来，本真可能性就是 διαγωγή［过活］，[1] 就是“停驻”于对世界的纯粹思考，而不可能发生更多的事情；διαγωγή［过活］就是一种 ἡδονή［快乐］。对存在的解释倾向于通过将神秘之物（des Rätselhaften）转变为熟知之物来根除对此在本身的恐惧。διαγωγή［过活］这个名称意指：对人的存在的解释也受到上述基本规定的影响，以至于连此在的自我解释也以澄清解释作为生存（Existenz）的此在为目的。生存的最高可能性，在威胁不再存在的情况下，就是纯粹的 θεωρεῖν［静观］，从而也是真实的 ἡδονή［快乐］即科学——这是我们如今已不再接纳的一种解释，因为，如今的解释

[1] 《尼各马可伦理学》，卷 K 章 7，1177a26 以下：εὔλογον δὲ τοῖς εἰδόσι τῶν ζητούντων ἡδίω τὴν διαγωγὴν εἶναι［这是很好的说法：对于有知者而言，过活要比探求者更快乐］。

既不从 ἡδονή［快乐］出发也不从 λύπη［痛苦］出发，而全部从体系(System)出发。

在《物理学》卷 A 中，亚里士多德从关于存在者之所是的追问的传统论述方式出发，为所有更进一步的讨论奠定了必要的基础：ὄν κινούμενον［被动者］。对 ὄν［存在者］作为 κινούμενον［被动者］的规定尽管总是受到关注，但不是在下述意义上受到关注：将此规定引入思考是为了把握存在的更为切近的特点。所讨论的运动的可能性并非指：运动本身是被作为某一确定的存在者的此在的特出方式来认识的。

必须展示出可以将存在者完整地置于其下的基本着眼点。对
291 四因的讨论，无非是关于能够处置存在的那些着眼点的讨论，无非是关于能够按照其存在来深究存在者的那种可能性的讨论。这些着眼点是由关于作为作成之在的存在的引导性概念所激发的(Die Hinsichten sind motiviert durch den leitenden Begriff von Sein als Hergestelltsein)。关于这四个着眼点，这四个连一次也没有进入过那个时代的意识的着眼点，亚里士多德在《形而上学》卷 A 中给出了其前史：古代的自然哲人逐步依次看到了四因，最后一个原因最难理解：在人们提出任何更进一步的问题之前，他们必须认识到存在者之所是，也就是 τί τὸ ὄν［存在者之所是］。首次发现这个原因的人是柏拉图，[1] 只不过柏拉图尚不理解本体论的含义(nur daß er den ontologischen Sinn nicht verstanden hat)。[2]

① 《形而上学》，卷 A 章 6，987a29 以下。

② 参见“手稿”，页［367］。

（三）主题和与其一同被给予之物

《物理学》卷 Γ 和接下来的章节是以 ἀρχαί [本原] 为指导线索来讨论 ὄν κινούμενον [被动者] 的确定基础，从而使存在者本身被公开，也使得特定的存在特质得以显露出来。存在特质出自存在者本身：περὶ φύσεώς [关于自然] 而非 περὶ τῶν φύσει ὄντων [关于出于自然的存在者]；研究存在而非存在者；不是具体追究存在者的关于存在者的（ontischer）研究，而是按照其存在言及存在者的本体论（ontologischer）研究。

“我们若要解释（auseinanderlegen）、排除（ausgrenzen）或厘清（durchgegrenzt）运动，就必须尝试以同样的方法论态度过渡到紧随其后的事物。（还必须研究与某一作为在—运动中—存在者 [In-Bewegung-Seienden] 的存在者一道被给予的内容：这就是包含在运动现象本身之中的内容。）运动似乎从属于使自身保持统一的方式——连续之物；无界之物（das Grenzenlose）本身首先表现为连续 292
之物（因为，连续之物本身表现为这样的事物：对它的 διαίρεσις [分析] 没有终点。对 συνεχές [连续之物] 的肯定性规定则恰恰是：它是 ἄπειρον [无限之物]）。人们若想规定连续之物，就必须为此而同时采用属于 ἄπειρον [无限之物] 的 λόγος [言辞]（如果人们谈论连续之物，就必须同时论涉某种确定的无界性），正如 συνεχές [连续之物] 无非就是 εἰς ἄπειρον διαιρετόν [进入了无限可分之物]。进而言之，不用位置、空间和时间，要言及运动的此在者是不可能的。（在运动现象中，位置、空间和时间是与 ἄπειρον [无限之物] 一同被给予的。)”[①] 上面对后三项特质的列举，给出了亚里士多德讨论这些规定的次序：τόπος[位置]、κενόν[空间]和 χρόνος[时间]。τόπος[位置]:《物理学》卷 Δ 章 1—5；κενόν[空间]:《物理学》卷 Δ 章 6—9；χρόνος[时间]:《物理学》卷 Δ 章 10—14。ἄπειρον[无限之物]:《物理学》卷 Δ 章 4—8。思考如此编排，是亚里士多德想在讨论时间的同时返回到运动。χρόνος[时间]就是“着眼于先后的 ἀριθμὸς κινήσεως[运动的数字]”。[②]

现在亚里士多德讨论了这些规定本身：它们是 κοινά πάντων φυσικῶν σωμάτων[所有自然物体的共有之物]。[③] 对于所有 κινούμενον[能动的]存在者而言，上述特质都是 κοινά[共同之物]，对于所有存在者而言，它们都是 καθόλου[普遍]的，[④] 这无非意指“一般而言”：只要某个存在者是一般而言的存在者，这些特质就总是作为 μέρη[部分]而处在其中。因为，亚里士多德是这样理解 καθόλου[普遍]的：一个 ὅλον[整体]，只不过它的 μέρη[部分]

① 《物理学》，卷 Γ 章 1，200b15 以下：διορισαμένοις δὲ περὶ κινήσεως πειρατέον τὸν αὐτὸν ἐπελθεῖν τρόπον περὶ τῶν ἐφεξῆς. δοκεῖ δ' ἡ κίνησις εἶναι τῶν συνεχῶν, τὸ δ' ἄπειρον ἐμφαίνεται πρῶτον ἐν τῷ συνεχεῖ· διὸ καὶ τοῖς ὁριζομένοις τὸ συνεχὲς συμβαίνει προσχρήσασθαι πολλάκις τῷ λόγῳ τῷ τοῦ ἀπείρου. ὡς τὸ εἰς ἄπειρον διαιρετὸν συνεχὲς ὄν. πρὸς δὲ τούτοις ἄνευ τόπου καὶ κενοῦ καὶ χρόνου κίνησιν ἀδύνατον εἶναι[在对运动作出规定之后，我们必须转而对接下来的内容作出同样的尝试。运动看上去从属于连续之物，无限之物首先展现在连续之物中；因此，在定义连续之物时，常常要使用关于无限之物的言辞，因为，进入了无限之物的可分之物就是连续之物。此外，若无位置、空间和时间，运动是没有可能的]。

② 《物理学》，卷 Δ 章 11，219b2：ἀριθμὸς κινήσεως κατὰ τὸ πρότερον καὶ ὕστερον[是就先和后而言的运动的数字]。

③ 《物理学》，卷 Γ 章 1，200b22：διὰ τὸ πάντων εἶναι κοινὰ[因为，属于所有事物的东西是共同之物]。

④ 《物理学》，卷 Γ 章 1，200b22 以下。

并不明确。“必须以我们着手任何事情的方式来追究和具体作出彻底思考。把存在者就当做真正的存在者来思考(只要它从属于某一确定的存在领域：作为 ζῷα[动物]的 φύσει ὄντα[出于自然的存在者]或 ἄφυχα[无灵魂之物]意义上的 φύσει ὄντα[出于自然的存在 293
者])需要稍后再实施。”① 一旦涉入这样的讨论，并将存在者划分为 φύσει ὄν[出于自然的存在者]，就必须首先 θεωρεῖν[静观]κοινόν[共同之物]。

(四)存在诸方式：由存在诸方式出发来把握运动

为了理解亚里士多德接下来关于 κίνησις[运动]的思考，我们必须明白：

一、迄今为止我们还不熟知各种范畴。我们已经用烂了 δύναμις[能力]、ἐνέργεια[活动状态]和 ἐντελέχεια[隐德莱希]这些概念，以至于人们已经根本没有能力看到，这些概念的基本含义的关键何在。我们必须将我们从当前旋出来，进入 δύναμις[能力]和 ἐνέργεια[活动状态]被建构出来的时间之中。

二、事实上在此要处理的问题是按照其存在来**澄清**和抓住作为运动之物的存在者，而非按照某一种含义来**定义**运动。如果人们认为，现代物理学的原则性思考远未确定，那么，我们必须要说的是：运动的定义(匀速运动)$c=s/t$* 本身正是以亚里士多德关于运

① 《物理学》，卷 Γ 章 1，200b23 以下：σκεπτέον προχειρισαμένοις περὶ ἑκάστου τούτων· ὑστέρα γὰρ ἡ περὶ τῶν ἰδίων θεωρία [...] ἐστιν[我们必须着手讨论它们中的每一个；接下来再思考独特之物……]。

* 即“速度等于位移除以时间”。——译注

动的论说为前提的。但所有后来的思考根本再未进入此维度。现代物理学中作为真正的原则提出的内容（伽利略［Galilei］、哥白尼［Kopernikus］），是对运动的关联体系（Bezugssystem）的追问，而非对运动本身的追问，相反，现代物理学着眼于关联体系来追问运动本身，由此关联体系出发，运动是可度量的；更准确地说，现代物理学的问题是：存在一个绝对的关联体系，还是存在一个相对的关联体系。在此过程中，运动已然被先行设定而非得到讨论，从完全确定的意义上来看：运动只是位置变化、方位的变化——φορά
294 ［移动］。然而，亚里士多德在此处理的是存在者的一个 κοινόν［共同之物］，由于它是 φύσει［出于自然］的事物或活物，所以，运动在其本身之中概括了所有落入变化领域的事物：κίνησις［运动］被视为 μεταβολή［转变］。在一个空间中推进、穿越，只是一种完全确定的变化：持续位移。这样的运动概念处在运动的基本形式之中了：s=c·t*，c=s/t；但速度本身却未得到讨论。亚里士多德已然认识到了速度现象，他在讨论时间和一项运动的快慢时表明：尽管一项运动可能有快有慢，但时间却没有快慢。未得到讨论的基本规定恰恰肇始于亚里士多德。这些基本规定使预先按照本真的存在思考方向看到下述情形成为可能：变化乃是（als）此在本身的存在的一种方式。

“对具体领域中的存在者的思考，要晚于对 κοινά［共同之物］的思考。”[1] 这并不是说，κίνησις［运动］、τόπος［位置］、χρόνος［时间］、ἀρχαί［本原］这些特质一开始就已经出现了。由以出发能够

---

* 即“位移等于速度乘以时间”。——译注

① 《物理学》，卷 Γ 章 1，200b24 以下。

看到某一存在者的 ἀρχαί[本原]，恰恰被遮蔽和隐瞒了。所谓 δεῖ μὴ λανθάνειν τί ἐστι κίνησις[一定不能忽视运动之所是][1]有意义，只因为应得之所是被隐藏了。实情在于，对世界和存在者的思考具有某种普遍性。在自然的前科学的思考中，已然有某种 καθόλου[普遍]，以此为指导线索，我以世界为定向。亚里士多德在《物理学》卷 A 章 1 中指出：孩子把所有男人都叫做父亲，把所有女人都叫做母亲。[2]因为，孩子最亲近的人就是父亲和母亲。虽然如此，父母却被孩子平均地以某种 καθόλου[普遍]方式来对待：其他男人只不过是其他父亲。与 καθόλου[普遍]的这种直接性相对，必须穿越以达到本真意义上的 ἀρχή[本原]之所是——某一存在者的 295
首要规定在于其所是。必须由此本真的 ἀρχή[本原]回复到具体的此在本身(ἀρχή[本原]—研究的方法论，见《形而上学》，卷 B)。

这一点(1)ἐντελεχείᾳ μόνον[唯独就隐德莱希而言]，[3]即“作为纯粹当前时”和(2)“作为可能性和当前时”才会公开。[4]问题在于从属于 φύσει ὄντα[出于自然的存在者]的存在者，这样的存在者总是已然存在于其本身当中，而绝不仅仅是 δυνάμει[就能力而言]存在着。一个当前的存在者，在此当前之在中仍然 δυνάμει[就能力而言]存在着。δύναμις[能力]在所讨论的范围内总是意指某个 ἐντελεχείᾳ ὄν[就隐德莱希而言的存在者]。因此，通过补正文

---

① 《物理学》，卷 Γ 章 1，200b13 以下。

② 《物理学》，卷 A 章 1，184b3 以下。

③ 《物理学》，卷 Γ 章 1，200b26。

④ 《物理学》，卷 Γ 章 1，200b26 以下：δυνάμει καὶ ἐντελεχείᾳ[就能力和隐德莱希而言]。

本而来的第三个部分，δυνάμει［就能力而言］是多余的。[①] 存在于此的存在者，可以按照两种可能性来描述：一是作为纯粹的当前的存在者；二是作为 ἐντελεχείᾳ［就隐德莱希而言］以及 δυνάμει ὄν［就能力而言的存在者］。

1. ἐντελέχεια［隐德莱希］和 ἐνέργεια［活动状态］

首先是关于 ἐντελέχεια［隐德莱希］的研究：一、澄清其内在含义；二、构词（Wortbildung）本身，首先是最显著的构词。

对于澄清含义具有指导性的是《形而上学》，卷 Θ 章 3 中的一个段落：ἐλήλυθε δ' ἡ ἐνέργεια τοὔνομα, ἡ πρὸς τὴν ἐντελέχειαν συντιθεμένη, καὶ ἐπὶ τὰ ἄλλα ἐκ τῶν κινήσεων μάλιστα· δοκεῖ γὰρ ἡ ἐνέργεια μάλιστα ἡ κίνησις εἶναι［活动状态与隐德莱希联系在一起，活动状态这个特别出自运动的名字转入了其他事物；因为，看上去活动状态尤其就是运动］。[②]"ἐνέργεια［活动状态］这个名词碰巧也被转用于其他事物，这些事物可以在关于运动的规定中碰到；也就是说，ἐνέργεια［活动状态］本身 πρὸς τὴν ἐντελέχειαν［与隐德莱希］有关（可以用 συντεινομένη［紧张］取代 συντιθεμένη［联系］，参 διὸ καὶ τοὔνομα ἐνέργεια λέγεται κατά τὸ ἔργον, καὶ συντείνει πρὸς τὴν ἐντελέχειαν［因此，活动状态这个词是就活动而言的，活动状态

---

① 《物理学》，卷 Γ 章 1，200b26 以下。——［德文本编者注］：在 ἐντελεχείᾳ μόνον［唯独就隐德莱希而言］的存在者和 τὸ δὲ δυνάμει καὶ ἐντελεχείᾳ［就能力和隐德莱希而言的存在者］之间补充"第三个部分" τὸ δὲ δυνάμει［就能力而言的存在者］，涉及施本格勒（Spengel）和博尼兹（Bonitz）的一项文本补正，普朗塔尔（Prantl）在他出版的文本中剔除了此项补正。

② 《形而上学》，卷 Θ 章 3，1047a30 以下。

就是为隐德莱希而紧张］[1]）。ἐνέργεια［活动状态］和 ἐντελέχεια［隐德莱希］之间的不同在于： 296

一、ἐντελέχεια［隐德莱希］：就是在最终一点意义上的"当前、作为终点的某个存在者的当前之在"，此存在者完成了，它在其"终点"之中运用其自身——τέλος［结果］作为此在的特质，构成了完全之在"（Fertigsein）；ἐντελέχεια［隐德莱希］：就是在其完全之在中保持自身的事物，就是本真意义上在此。

二、与此相对，ἐνέργεια［活动状态］：συντείνει πρὸς τὴν ἐντελέχειαν［为隐德莱希而紧张］，"朝向终点而绷紧"——它也是此在的一个特质，但此特质按照存在者的此在来规定存在者的方式是：存在者并非在其完全之在中在此（nicht in seinem Fertigsein da ist）。ἐνέργεια［活动状态］：就是完全得到把握的存在（im Fertigwerden Begriffenseins）的存在特质。在制作中，被制作的存在（Hergestelltwordensein）是此在的一种确定的方式——只有看清这一点，才有可能看清运动之所是：运动是某个存在者的此在，此存在者处在其走向完全的过程中（in seinem Fertigwerden），但尚不是（ist）完全的存在者。ἐνέργεια［活动状态］就是 κίνησις［运动］，却不是 ἐντελέχεια［隐德莱希］。κίνησις［运动］是此在的一种方式，它以 ἐνέργεια［活动状态］为铺垫。

ἐντελέχεια［隐德莱希］这个术语可以拆解为 ἐντελές［完全］和 ἔχειν［拥有］（与此相应还有 νουνέχεια［有理智］、νουνεχής［有理智的］、νοῦν ἔχειν［拥有理智］）。ἐντελὲς ἔχειν［拥有完全］——

① 《形而上学》，卷 Θ 章 8，1050a22 以下。

删掉词缀 -ες 就得到了 ἐντελ(ες)έχεια[隐德莱希]。特殊之处在于，词缀被删除了。**迪尔斯**(Diels)指出过一个类似的词义 ἐντελό-μισθος[获得了全部款项]，在**狄摩斯蒂尼**(Demosthenes)那里，这个词意指“获得了全部军饷”——所以，ἐντελέχεια[隐德莱希]可译为“完全拥有”(Besitz der Vollkommenheit)。① 问题的关键是将术语的含义追溯到它起作用的处境之中：着眼于其存在来澄清存在者。ἐντελέχεια[隐德莱希]就是作为保持—自身—于—完全之在中(Sich-im-Fertigsein-Halten)的此—在的方式。ἐντελεχείᾳ μόνον[唯独就隐德莱希而言的存在]：只是保持自身于完全之在中的事物，它是那种**排除了任何** δύναμις[**能力**]**的事物**，它是那种完全的此在者，它**总是已然完全**存在，它绝非将要被制作，它绝非有可能存在，相反，它**不折不扣地在当前**。它排除了曾经不在的可能性，也排除了以后会**消失**的可能性。这样一个存在者的当前不是设想出来的，
297 而是在天的运动中看到的，的确是**看到的**(gesehen)，但不是在纯粹的思考中看到的，而是从恐惧中**经验到的**，即使这种永恒—此在者(Immer-Daseiende)的确不会持久，会由此中(ausdem Da)消失。

2. στέρησις[阙失]

亚里士多德在《物理学》卷 A 章 8 中已经提到过前述两种特质的名字。② 在此，我们应当同时看到 δύναμις[能力]和 ἐνέργεια[活

① 迪尔斯(H. Diels)，“词源研究”(Etymologica)，见《比较语言研究杂志》(Zeitschrift für vergleichende Sprachforschung)，1916 年 47 辑，页 193—210，此处引述见页 203。

② 《物理学》，卷 A 章 8，191b27 以下。

动状态]这两种规定与对 ἀρχαί[本原]的总数的追问联系在一起的内在关系。在此讨论中，亚里士多德提出 ἀρχαί[本原]必定有三个，他还涉及运动，并且认为定义运动无需 δύναμις[能力]和 ἐνέργεια[活动状态]而只需要 ἀρχαί[本原]，这与柏拉图的做法如出一辙，但与柏拉图的根本不同在于，亚里士多德始终借助于 στέρησις[阙失]。[1] 我们想借思考此段落之机看一看，就其含义来源而言，στέρησις[阙失]这个范畴在多大程度上扎根于运动的基本范畴即 δύναμις[能力]和 ἐνέργεια[活动状态]之中。(《尼各马可伦理学》卷 A 章 4：讨论了 ἀγαθόν[好]和范畴。)

亚里士多德同时引入了先行给予这一存在特质：ἔστι δή τι τὸ μὲν ἐντελεχείᾳ μόνον[存在的正是唯独就隐德莱希而言的存在]。[2] "这是纯粹的当前之在意义上的某个存在者的存在"——人们必须译作："它在其本真的存在之中"(Es ist in seinem eigentlichen Sein)。绝对没有一种可能性的事物、并非形成的事物，在某种特出的意义上已然在此，它是完全的，所以，它根本不需要被制作。关于存在，我们必须明白，它被描述为 δυνάμει καὶ ἐντελεχείᾳ[就能力和隐德莱希而言的存在]。[3] 亚里士多德在《物理学》卷 A 章 8 中指出的存在特质是 δύναμις[能力]和 ἐντελέχεια[隐德莱希]，[4] 却未加探讨。他评论说，人们也能够通过回复 298
到 δύναμις[能力]和 ἐντελέχεια[隐德莱希]来阐明运动现象。与

① 《物理学》，卷 A 章 8，191a12 以下。
② 《物理学》，卷 Γ 章 1，200b26。
③ 《物理学》，卷 Γ 章 1，200b26 以下。
④ 《物理学》，卷 A 章 8，191b28 以下。

此同时，他又尝试由此出发来理解其他此在特质，并首先将此与对柏拉图（存在和非存在）的批判联系起来。他指出了一种新的存在现象 στέρησις［阙失］。[①] 他由以获得此现象的存在者，可以描述为不在场的存在（Abwesendsein），也可以描述为“本身是非存在（Nichtsein）”的事物：这种 καθ’αὐτό μὴ ὄν［其本身并不存在］的一种存在。[②] 否定是一种论断（Negation ist eine Position）。当我们说非存在是一种存在的时候，这是形式—辩证（formal-dialektisch）的说法。但人们必须看到，这是由存在的含义出发作出的解释：这是某个确定的此（Da）、不在场性的此（Da der Abwesenheit）的意义上的非存在。由在此（da ist）具有一种确定不在场的特质的非存在者（Nichtseienden）出发，由“某物能够从中产生”[③] 的非存在者出发，也就是说，借助于这种特殊的非存在，能够理解“生成”（Werden）和 μεταβολή［转变］。亚里士多德自己认为，这是与此前的论述相对的一种奇怪的主张。他说：“人们对某物从非存在中产生感到奇怪，并坚持认为这不可能”，[④] 因为，人们首先认为，非存在就是虚无（das Nichts），从虚无中不可能产生任何事物。

“这是”弄清楚 γένεσις［生成］也就是 μεταβολή［转变］的“一种方式”。[⑤] ἄλλος δ’ ὅτι ἐνδέχεται ταὐτὰ λέγειν κατὰ τὴν δύναμιν

① 《物理学》，卷 A 章 8，191b15。

② 《物理学》，卷 A 章 8，191b15 以下。

③ 《物理学》，卷 A 章 8，191b16：γίγνεταί τι［产生某物］。

④ 《物理学》，卷 A 章 8，191b16 以下：θαυμάζεται δὲ τοῦτο καὶ ἀδύνατον οὕτω δοκεῖ. γίγνεσθαί τι ἐκ μὴ ὄντος［人们感到奇怪并认为不可能的是，某物从非存在中产生］。

⑤ 《物理学》，卷 A 章 8，191b27：εἷς μὲν δὴ τρόπος οὗτος［这就是一种方式］。

καὶ τὴν ἐνέργειαν· τοῦτο δ' ἐν ἄλλοις διώρισται δι' ἀκριβείας μᾶλλον[另一种方式则按照能力和活动状态来言说同样的内容；这一点在别处已作了非常精确的界定]。[①] "(澄清 μεταβολή[转变]的)另外一种方式，也能够着眼于 δύναμις[能力]和 ἐνέργεια[活动状态]来谈论同样的内容。这一点在另一文本处境中已有严格分疏(ausgegrenzt)。" 这里究竟指向哪个文本，一开始并不确定。人们倾向于认为，亚里士多德这段话与《形而上学》卷 Θ 有关。另外一种可能性是，这段话指《物理学》卷 Γ 章 1—3。但这一点并不确定。任何情况下，人们都不能为了确定什么写作的先后时日、为了从论 299
著的关系出发，来杜撰亚里士多德的思想发展史来主张这种含糊的猜测。我坚信，这样的尝试完全无望。《物理学》中讨论的内容着眼于 ὄν[存在]和 ἕν[一]，所以，《物理学》中讨论的那种水平(Niveau)，与《形而上学》没有任何区别。亚里士多德在此补充的评论，刻画了归属于此项研究的意义："如此(通过回复到 στέρησις[阙失]，也就是说回复到 δύναμις[能力]和 ἐνέργεια[活动状态])，疑难得到解决，受这些疑难的束缚，前人提出了我们说过的有些内容。(因为，他们不能对付存在，所以，他们就草率地说：不存在运动。)所以，(因为，这种阐明的可能性根本没有进入他们的视野)，他们被迫如此远离了走向生成和消亡、走向 μεταβολή[转变]的道路(他们编造出了关于存在的理论，却未能看到 μεταβολή[转变]本身)。如果这种存在方式当真进入了他们的法眼，那么，关于这

① 《物理学》，卷 A 章 8，191b27 以下。

种存在者的任何模糊不清都会消失。”① 由此清楚地表明，亚里士多德对他自己的发现的估价是如此清明；也表明，δύναμις［能力］、ἐνέργεια［活动状态］、στέρησις［阙失］这些存在特质多么具有根本性。

3. δύναμις［能力］

我们必须尝试进一步接近第二个规定，以便按照其双重特质来理解存在者。亚里士多德关于 στέρησις［阙失］的说法是的下述情形的条件：δυνάμει［就能力而言的存在者］关涉某种存在特质，而此存在特质从属于某一已然此在者(schon Daeienden)。δύναμις［能
300 力］没有“可能”(möglich)之含义，也就是说没有下述含义：某物确实能够在此。δύναμις［能力］已然是对某个 ἐντελεχείᾳ ὄν［就隐德莱希而言的存在者］的规定，也就是说，是对已然此在者的规定。一棵树，长在森林里的一棵树，就是 ἐντελεχείᾳ ὄν［就隐德莱希而言的存在者］，对于我而言，在此(da)它作为树在当前。或者，它也有可能作为伐倒的树、树干在此。我碰到的这个树干的特质是对……具有可用性(Dienbarkeit)，譬如，对造船具有可使用性(Verfügbarkeit)。树干的特质是对……有用(Dienlichseins)、

① 《物理学》，卷 A 章 8，191b30 以下：ὥσθ’ [...] αἱ ἀπορίαι λύονται δι' ἃς ἀναγκαζόμενοι ἀναιροῦσι τῶν εἰρημένων ἔνια· διὰ γὰρ τοῦτο τοσοῦτον καὶ οἱ πρότερον ἐξετράπησαν τῆς ὁδοῦ τῆς ἐπὶ τὴν γένεσιν καὶ φθορὰν καὶ ὅλως μεταβολήν· αὕτη γὰρ ἂν ὀφθεῖσα ἡ φύσις ἅπασαν ἔλυσεν αὐτῶν τὴν ἄγνοιαν［如此一来……，疑难得到解决，为这些疑难所迫，他们提出我们说过的有些内容；所以，这正是前人偏离了走向起源、毁灭和所有转变的原因；因为，如果这个自然本身被看到了，那么，他们自己的无知就会消失］。

对……有可使用性，但这并不是说，我一开始就这样理解它，而是说这是它的存在的方式。我碰到的树干，并非纯粹的木头，并非叫做木头的某物。周围世界中的存在者具有 συμφέρον[有利]的特质，它指涉某物。在对……有用意义上的有所指涉的存在(Verweisendseins)的这种特质，规定着这样存在者、这样的树干：它 ἐντελεχείᾳ[就隐德莱希而言]在此，从而也共同 δυνάμει[就能力而言]在此。δυνάμει[就能力而言]—存在是一种对它的此的方式的肯定性规定(positive Bestimmung der Weise seines Da)。长期以来，我习惯于将此在的这种存在特质称为意蕴(Bedeutsamkeit)。这种存在特质就是最初之物，世界就出现在其中。

δυνάμει[就能力而言]的事物并非空洞之物和形式之物，相反，它是有确定条件的某种确定之物，它只是偶尔并且向来以符合处境的方式刻画了存在者——这一点，从《形而上学》卷 Θ 章 7 中看得非常清楚。此章开篇提出的问题是：πότε δὲ δυνάμει ἔστιν ἕκαστον καὶ πότε οὔ, διοριστέον[就能力而言的每一个事物何时存在、何时不存在，我们必须区分清楚]。[①] “需要界定，每一个 δυνάμει[就能力而言]的此在者何时存在、何时不存在。δυνάμει[就能力而言]，它并非从属于任何时间[尽管它依然在此]。就其存在能力(Seinkönnen)而言，土是和人一样的事物吗？只有当土变成像 σπέρμα[精子]一样的事物时才会如此，但也许还是不会如此”，[②]

---

① 《形而上学》，卷 Θ 章 7，1048b36 以下。

② 《形而上学》，卷 Θ 章 7，1048b37 以下：... οὐ γὰρ ὁποτεοῦν. οἷον ἡ γῆ ἆρ' ἐστὶ ἄνθρωπος δυνάμει; ἢ οὔ, ἀλλὰ μᾶλλον ὅταν ἤδη γένηται σπέρμα, καὶ οὐδὲ τότε ἴσως[……因为，它不会在任何时候都存在。譬如，就能力而言，土和人一样吗？不一样，即使土变成了精子，任何时候也都不会一样]。

如果某个存在者具有 σπέρμα[精子]的特质，那么，它就已然是 δυνάμει ἄνθρωπος[就能力而言的人]，“因为，精子还必定会变成其他某个事物并在此发生变化”，[①] 这时候就可能性而言，σπέρμα[精子]就是人。

301 现在，向亚里士多德呈现出来的问题是：如何将我们称作 δυνάμει[就能力而言]的事物，将我们称作某物由以变为另一事物的事物，理解为因此而存在之物的**存在同时被建构出来的过程**(aufzufassen als mit das Sein ausmachend dessen, was dadurch ist)？如果木头变成了箱子的此在，那么，木头、木头的存在如何同时对箱子的此在的存在具有建构性？对此问题，**柏拉图**和所有前人都未给出答案，这是因为基础尚未确定。亚里士多德提出了我们谈论的事物之所是的问题，它存在于此。箱子不是木头，雕像也不是青铜。箱子不是 τόδε τι[这个]意义上的木头。柏拉图说：箱子**有**(hat)木头；木头是一种理式(Idee)，因此，箱子**分有**(hat…teil)木头。箱子不是木头，因为，人们言及作为当前之在的、作为如此—这般—的—外观(So-und-so-Aussehen)的箱子之所是(Wassein)。箱子不是 τόδε[这]，也就是说，不是木头，οὐ τόδε ἀλλ' ἐκείνινον[不是这(木头)，而是由那(木头)制成的]：[②] 箱子与木头有**关联**(mit bezogen)。箱子不是木头，不是 τόδε τι[这个]，尽管它不是木头，可它**还**是一只箱子。与木头有关的箱子不是 ἐκεῖνο[那个]，而是 ἐκείνινον[由那(木头)制成的]。用 ἐκείνινον[由那(木头)

① 《形而上学》，卷 Θ 章 7，1049a14 以下：δεῖ γὰρ ἐν ἄλλῳ καὶ μεταβάλλειν[因为，它必定会变成另一事物并且发生转变]。

② 《形而上学》，卷 Θ 章 7，1049a18。

制成的]这个词，可以指向更远的某物：ἐκείνινον[由那（木头）制成的]，“有那种性质”（jenlich）——一开始，在最近的当前，箱子不是木头。“箱子不是木头，而是木制的”，[①]这就是“有那种性质”（jenlich）。木制的存在是作为木头的存在的此在的另外一种方式（Hölzernsein ist eine andere Weise des Daseins als Holzsein）。一只箱子的造成之在的由来（Woraus），存在（Bestehens）的由来，就其本身而言本身并不在此，ἐνεργείᾳ[就活动状态而言]并不在此。当前性由其现成在手之在（Vorhandensein）、由其箱子的存在（Kastensein）所决定，在箱子的存在中，存在的由来以这种特殊的方式被扬弃了（aufgehoben ist）。

上述思考之所以具有根本性，是因为它为理解某个存在者给出了一把重要的钥匙：我们说这样的存在者是 κινούμενον[被动者]，说它是 κινούμενον, ὡς τὸ ἐκείνινον[被动者，就好像说某物是由那个所构成的]，[②]我们用 κινούμενον[被动者]这个表述（Aussage）将其确定下来的此在的方式，存在于此的首先总是运动着的存在者
（Bewegtseiende）本身，与此相应，就箱子的此在而言，并非木头而 302
是箱子首先总是存在于此。石头落下，植物生长：在这样的如此—外观（So-Aussehen）中，κίνησις[运动]以某种方式在此。箱子并非箱子**加上**（dazu）木头，石头并非石头**加上**运动。石头**不分有**运动，运动本身就是一种存在（柏拉图），相反，运动在下述意义上**处在此在者中**：可以将此在者描述为 ἐκείνινον[由那所构成之物]；

① 《形而上学》，卷 Θ 章 7，1049a19：τὸ κιβώτιον οὐ ξύλον ἀλλὰ ξύλινον[箱子不是木头，而是木制的]。

② 《形而上学》，卷 Θ 章 7，1049a33。

石头是可移动的，正如箱子是木头的。与此相对，κίνησις［运动］不像木头一样是一个存在者，κίνησις［运动］并不以 ὕλη［质料］方式在此。这是下述事实的基本指导线索：只有在运动的存在者那里才能接近运动现象。

4. 范畴意义上的存在

因此，关于这种能够处在两种条件下、也就是说具有永久性和 δύναμις［能力］的存在者——意义的此在特质——，关于这样的存在者，我们现在要说的是："如今从它哪一方面而言，它又是一种'在此的这个'（dieses da），或是一种'如此多'（so viel），或是一种'这样的'（soches），或以同样的方式是另外一个存在范畴。"[①]τοιόνδε［这样］、τοσόνδε［这么多］以及如此等等中的 -δε 就是 δή［当真］，就是"公开在此"（offenbar da）、"当前"——它们都是当前之在的方式，依此方式，当前性将从存在者本身出发，根据其外观的可能性得到规定。τόδε τι［这个］以及如此等等这些特质，叫做**范畴**（Kategorien）。但需要注意的是，这里的范畴只是作为自明之物而被提出的。这里绝不是要讨论某一范畴体系！在流传下来的著述中，凡是谈论这些范畴的地方，都是以这种方式谈论这些范畴的。因此，人们指责亚里士多德的范畴是空洞的，说他没有提出推导的原则，没有确定的范畴数目，还说这不是合乎规矩的作品。但他们放弃了追问什么才是真正的范畴。

① 《物理学》，卷 Γ 章 1，200b27 以下：τὸ μὲν τόδε τι, τὸ δὲ τοσόνδε, τὸ δὲ τοιόνδε, καὶ ἐπὶ τῶν ἄλλων τῶν τοῦ ὄντος κατηγοριῶν ὁμοίως［这个，或这么多，或这样，同样还有存在的其他范畴］。

在到目前为止的思考中，对此在和概念性事物的解释，从一开 303
始就在强调 λόγος［言辞］，这并非无目的的做法：λόγος［言辞］作为在—此—世—存在的方式，是这样一种方式：这种方式建构出了世界的被发现性（Entdecktheit）、被揭示性（Aufgedecktheit）和当前之在（Gegenwärtigsein）。在此，“范畴”指由一个术语所指之物：这个术语与 λόγος［言辞］最具亲缘关系，也就是说，κατηγορεῖν［指控］与 λέγειν［言说］具有最密切的关联。ἀγορεύειν［公开演说］并不是简单地“谈论某物”，不是简单的“表达”，而是“在市场上谈论”，是“公开谈论”，在共在发生作用的地方，每个人都理解谈论的内容。κατηγορεῖν［指控］意指“公开责备一个人”：他如此这般，所以要“控诉”他，要把某一确定的事实“归咎于”他。κατηγορία［范畴］是一种言说（Sprechen），一旦我谈及 κατηγορία τοῦ ὄντος［存在的范畴］，差不多都是针对某人来言及存在者，所以，言说论及存在者，说存在者如此这般，尤其是说存在者**存在**（ist）。κατηγορίαι［范畴］**就是按照其存在来言及存在者的方式**。因此，范畴是基本方式，按此方式，着眼于确定的此在可能性和此在方式，此在者在此得到揭示。但这并不是说，对于自然的言说而言，对于日常的 λόγος［言辞］而言，范畴都已然是明确的。相反，实情是这样的：所有 λέγειν［言说］都已然运行于确定范畴之中了。范畴并非某种我可以将其纳入体系的形式，也并非句子的拆分原则，必须根据其名称之所指，从 λόγος［言辞］本身的特出的所是出发来加以理解；**世界的被发现之在是这样建构出来的：这种被发现性按照世界的基本着眼点指明了世界**（das Entdecktsein der Welt ausmachend, so, daß diese Entdecktheit die Welt in ihren Grundhinsichten zeigt）。

如果人们对世界的存在有一点鲜活的理解，在确定范畴的数目时就会小心谨慎。

由对定义所作的准备出发，在指向存在者的不同要素时着眼于存在者的存在，已然可以明了：运动本身就是世界的一种此在方
304 式。只要它就是世界的一种此在方式，那么，运动反过来就是中介（Mittel），借助它，在一种彻底的意义上，世界的存在将得到理解。就运动是存在者的一种此在方式而言，这给出了一种可能性，使我们能够真正完满地规定我们在一种完全陈旧的意义上按照“真实性”所理解的事物。所谓运动的本真的词源学含义必定是：κινησία［动］。事实上，亚里士多德还使用了术语 ἀκινησία［不动］=ἠρεμία［静］，[①]“静止”（Ruhe）。κινησία［动］这个词在亚里士多德那里没有出现过，尽管如此，在残篇集中却提及亚里士多德如此这般使用了 κινησία［动］。[②]为了实事求是地理解这一点，必须记住的是：κίνησις［运动］的含义是作为一种存在方式的运动之在。或许，我们还必须联系我们到目前为止总是反复探讨的存在，深入考察对运动之在的存在的阐明。

首要的规定和承载着亚里士多德的发现的基本规定，就是对 ἐντελέχεια［隐德莱希］和 δύναμις［能力］的规定。对当前—此在者本身，如今将按照另一方向来加以阐明，亚里士多德将世界的这

① 《物理学》，卷 Γ 章 2，202a4。

② 《亚里士多德全集》（Aristotelis opera. Ed. Academia Regia Borussica.），卷五：《亚里士多德残篇》（Volumen quintum: Aristotelis qui ferenbantur librorum fragmenta. Collegit. V. Rose. Berlin 1870），条 586，1573b28 以下：ὁ δὲ Ἀριστοτέλης ἐν ταῖς διδασκαλίας δύο φησὶ γενονέναι [κινησίας]［亚里士多德在教学活动中两次提到（静止的）形成］。

些此在方式称为范畴。我们已然开始更进一步来理解这些存在特质。κατηγορία[范畴]就是一种确定的言说。范畴就是具有表明性的言说的那些方式，这些方式在任何具体的 λόγος[言辞]中是找不到的。作为 λέγειν[言说]的 λόγος[言辞]——作为 λεγόμενον[所言]的 λόγος[言辞]。κατηγορία[范畴]也具有此双重含义。对于 κατηγορίαι[范畴]而言，也存在 κατηγορήματα[所断言]这个术语，而含义的另一方面是明确的。而且，范畴是通过言及来指明存在者的方式，这些存在者被理解为周围世界中的存在者，正如世界存在于 ζωὴ πρακτική[实践性生存]之中。ζωὴ πρακτική[实践性生存]μετὰ λόγου[依赖言辞]：在此 μετὰ λόγου[依赖言辞]中， 305
有特出的 λόγοι[言辞]即范畴。ζωὴ πρακτική[实践性生存]作为 πρᾶξις[实践]，是这样一种存在者：它 πρακτόν[决定要做之事]总有终点，也就是说，ἐφίεται[渴求]ἀγαθόν[好][1]——ἀγαθόν[好]是 πρᾶξις[实践]的 πέρας[界限]，ἀγαθόν κατὰ τὸν καιρόν[好取决于关键时刻]，[2]“总是处在确定的处境中”。因此，范畴的 λόγοι[言辞]是这样的 λόγοι[言辞]：它们着眼于周围世界的此在可能性来言及周围世界中的存在者，因为，周围世界的此在可理解为从属于操持的世界（Welt des Besorgens）。换句话说，范畴首先是作为 συμφέρον[有利之物]的世界的此在方式。我们从前听说，世界中的事物在此具有对……有利的特质。我们将看到：事实上，“对……有用”的要素——以此要素为基础，世界中的事物指涉某

① 《尼各马可伦理学》，卷 A 章 1，1094a1 以下：πρᾶξίς [...] ἀγαθοῦ τινὸς ἐφίεσθαι δοκεῖ[实践……看来都渴求某种好]。

② 《尼各马可伦理学》，卷 Γ 章 1，1110a13 以下。

物——，这种“涉及……对……”（auf...zu...），对于由范畴表达出其存在的存在者，具有建构性；之所以如此，是因为“由……向……”（von...zu...）这种存在规定就处在世界的此在之中，在这样的存在者中所具有的可能性是：被改变，由此过渡到彼，突变（verändert zu werden, von dem zu dem überzugehen, umzuschlagen）。[①]

（五）运动作为世界本身中的存在者之存在：对柏拉图关于 ἀγαθὸν καθόλου［一般而言的好］的论说的批评（《尼各马可伦理学》卷 A 章 4）

因为，照此说来，ἀγαθόν［好］本身作为 πρᾶξις［实践］的 πέρας［界限］，将世界的存在刻画为总是如此这般的存在者，所以，关于某个 ἀγαθὸν καθόλου［一般而言的好］、关于某个“一般而言的好”的论说，都是没有意义的。ἀγαθόν［好］不仅并不意指“价值”（Wert）这样的某物——如果人们理解了它的本真含义，那么，它就不可能意指价值和价值关联的某种理想化的（ideales）存在——，相反，它意指下述存在者的一种特殊的此在方式：我们在 πρᾶξις［实践］中就与这种存在者打交道，并以 καιρός［关键时刻］为定向。因是之故，下面这一点完全是自明的：亚里士多德在《尼各马可伦理学》中讨论 ἀγαθὸν καθόλου［一般而言的好］（批判柏拉图）时要
306 诉诸范畴。[②] 因为，ἀγαθόν［好］是周围世界的存在规定，所以，只要 ἀγαθόν［好］的存在特质可以得到澄清，则刻画世界首要的存在方式，就一定有必要按照范畴来考虑。亚里士多德诉诸范畴指出：

① 参见“手稿”，页［367］以下。

② 《尼各马可伦理学》，卷 A 章 4，1096a11 以下。

没有 ἀγαθὸν καθόλου[一般而言的好], ἀγαθόν[好]、ἀγαθόν[好]之所是, 总是作为 πρακτόν[决定要做之事]的 ἀγαθόν[好]。[①]πρακτόν[决定要做之事]可以由范畴 τόδε τι[这个]、πόσον[多少]、作为 χρήσιμον[有用]的 πρός τι[关系]来刻画,[②] 并与作为 καιρός[关键时刻]的时间(Zeit)有关。[③] 没有漂浮于存在之上的好, 因为, "好"乃是对世界之此在(Weltdaseins)的规定, 是对我与之打交道的世界的规定。照此说来, ἀγαθὸν καθόλου[一般而言的好]乃是一种存在并不拥有的好。

所以, 亚里士多德在《尼各马可伦理学》卷 A 章 14 中指出, 没有一般而言的好, 因为, ἀγαθόν[好]就是 πέρας[界限], 而 πέρας[界限]是 πρᾶξις[实践]的 πέρας[界限], πρᾶξις[实践]总是作为个别的 πρᾶξις[实践]的"这个在此"(diese da)的 πρᾶξις[实践]。也不可将并不具备有利性之特质的 ἀγαθὸν καθ' αὑτό[就其本身而言的好], 将我们谈论过的(bei dem wir stehen bleiben)"就其本身而言的好", 理解为 ἀγαθὸν καθόλου[一般而言的好]。[④] 在此, 亚里士多德对自己提出了质疑。也就是说, 人们可以说: 没有一种 ἀγαθὸν καθόλου[一般而言的好], 那是由于考虑到 συμφέροντα[有利之物]的缘故。但或许在 ἀγαθὰ καθ' αὑτά[就其本身而言的好]那里还有别的东西: 譬如, φρονεῖν[理解]、ὁρᾶν[看]、ἡδοναί τινες[某些快乐]、τιμαί[荣誉],[⑤] 我们操持它们是为其本

---

① 《尼各马可伦理学》, 卷 A 章 4, 1096b34。

② 《尼各马可伦理学》, 卷 A 章 4, 1096a26。

③ 《尼各马可伦理学》, 卷 A 章 4, 1096a26 以下。

④ 参《尼各马可伦理学》, 卷 A 章 4, 1096b8 以下。

⑤ 《尼各马可伦理学》, 卷 A 章 4, 1096b17 以下。

身之故。亚里士多德现在从他那一方面提出了问题：如果这真的就是 ἀγαθὰ καθ᾽αὑτά［就其本身而言的好］，那么，它确实（schon）意指其中所包含的无非是一种理式（Idee）吗？[1]καθ᾽αὑτά［就其本身而言］确实意指 καθόλου［一般而言］吗？若果真如此，ὥστε μάταιον ἔσται τὸ εἶδος［若果真如此，形式将成为空洞之物］，[2]就是说，“如此一来，外观就是空的”。如果这，也就是说，如果这种 ἀγαθὸν καθ᾽αὑτό［就其本身而言的好］真是理式意义上的一种存在
307 本身，真是一种 γένος［属］，一种“普遍之物”，那么，对于 πρᾶξις［实践］而言，在此将无物操持。然而，πρᾶξις［实践］的目光恰恰朝向 ἔσχατον［终极之物］，朝向 καιρός［关键时刻］，朝向这样那样的处境之中的“此地和此时”；πρᾶξις［实践］需要某个确定之物。ἀγαθὸν［好］的存在特质以 καιρός［关键时刻］为定向，由 καιρός［关键时刻］的位置（Stelle）所决定。作为理式的 ἀγαθὸν καθ᾽αὑτό［就其本身而言的好］是空洞的，它没有 εἶδος［形式］。人们看到，亚里士多德如此尖锐地将 ἰδέα［理式］与 εἶδος［形式］对立起来。他按照 εἶδος［形式］来理解此地和此时作为 πρακτόν［决定要做之事］的、世界中的某个存在者的“自我表现”（Sichausnehmen）。因此，如果 ἀγαθὸν［好］是一种理式，那么，它的存在的含义恰恰与将 ἀγαθὸν［好］作为 τέλος［结果］来拥有的 πρᾶξις［实践］不相称。这进而表明，不可将这些不同的 ἀγαθά［好］——φρόνησις［实践智慧］换一个着眼点看，就是作为 ἡδονή［快乐］的 ἀγαθὸν［好］——

① 《尼各马可伦理学》，卷 A 章 4，1096b19 以下：οὐδ᾽ ἄλλο οὐδὲν πλὴν τῆς ἰδέας.［无非就是理式吗］。

② 《尼各马可伦理学》，卷 A 章 4，1096b20。

置入某个普遍的 γένος［属］之中。[①] 尽管在语言用某种含义（Bedeutungsgehalt）来言及不同的存在者的意义上，语言是某种 κοινόν［共同之物］，但 κοινόν［共同之物］的含义特质（Bedeutungscharakter）却不具有普遍性，它不是 γένος［属］，而是 κατὰ ἀναλογίαν［符合类比］。[②] 但关于类比，亚里士多德却没有只言片语流传下来。

亚里士多德还从一开始就着眼于运动着的存在者的存在特质，按照他将 ἀγαθόν［好］刻画为世界的一种存在规定的方式，对运动的存在者的存在作出了规定。他认为，连 κίνησις［运动］也不是 γένος［属］，“并未 παρὰ τὰ πράγματα［超出事情之外］”。[③] κίνησις［运动］并非伴随运动—中的—存在者的一种存在。正如 ἀγαθὸν［好］为 πρᾶξις［实践］明确按照其此在对周围世界中的存在者作出规定，κίνησις［运动］也是世界中的存在者的一种存在规定，因为，κίνησις［运动］总是这种确定的存在规定。因此，如果运动、各种可能的运动，可以完全确定的范畴为指导线索来划分，那么，这种对运动作出划分的可能性就意指：运动之在的可能性，首先可以由 308
世界的独特此在来规定。这就是范畴在准备对 κίνησις［运动］作出定义过程中所起的作用。

我将察举范畴的几个方面。范畴曾被称为 διαιρέσεις［分析］本身。[④] διαιρεῖν［分析］是 λέγειν［言说］的一种规定：就是用拆解

---

① 《尼各马可伦理学》，卷 A 章 4，1096b23 以下：τιμῆς δὲ καὶ φρονήσεως καὶ ἡδονῆς ἕτεροι καὶ διαφέροντες οἱ λόγοι ταύτῃ ᾗ ἀγαθά［但在作为好的那些事情上，关于荣誉、实践智慧、快乐的言辞都判然有别］。

② 《尼各马可伦理学》，卷 A 章 4，1096b28。

③ 《物理学》，卷 Γ 章 1，200b32 以下：οὐκ ἔστι δὲ κίνησις παρὰ τὰ πράγματα［运动并未超出事情之外］。

④ 参《论题篇》，卷 Δ 章 1，120b36。

方式来言说某物。言说总是在对某物的在此拥有（Dahaben）中言说，总是对某个此在者的评论。评论的方式可以由 διαίρεσις［分析］来刻画。任何对某物的言说，都首先是对作为某某事物的某物的言说，是 λέγειν τι κατά τινος［言说某物以支持某物］，“言及作为某物的某物”。在这种“作为某物”中，将从未一阐明之物出发，按照某种确定的着眼点，对此在者加以阐明。在亚里士多德将范畴本身称为 διαιρέσεις［分析］的时候，他所谓范畴是这样的言说：按照基本可能性，如其所能表明自身那样来澄清世界中的此在者。

如世界中的存在者原初地表明自身那样：这里的“如”在其原初意义上本身并不是含义（das Gemeinte），尽管我就生活在具体的 λόγος［言辞］之中。具体的 λόγος［言辞］总是意味着譬如这件连衣裙的红色之在（Rotsein），只有当我反过来追问红色之在的此在之如何的时候，我才抵达了 ποιόν［性质］。如此看来，种（Stamm）的 ποιόν［性质］，某种程度上讲，就是属（Geschlecht）：若着眼于其存在，任何特性都由属而来。因是之故，范畴也是 γένη［属］，① 也就是下述事物的“种族”（Stämme）：我关于按照不同的可能性而在的（seiend）某个具体的存在者所表达的事物。

亚里士多德也将范畴称为 ἔσχατα κατηγορούμενα［所断言的终极之物］，② 也就是“最终”意义上的“终极之物”。如果我将一个存在者追溯到最后，追溯到其存在，追溯到其所是，那么，我就抵达
309 了范畴，而它们是 ἐπὶ τῶν ἀτόμων [εἰδῶν]［关于不可分割之物（形

① 《形而上学》，卷 B 章 3，998b28。

② 《形而上学》，卷 B 章 3，998b16。

式)的]范畴:[①] 作为不可超越之物、不可言状之物的 εἶδος[形式],就是作为 διαίρεσις[分析]的 λόγος[言辞]所碰到的 εἶδος[形式],在此与世界的自然的交谈是首要之事,所以,无法将 εἶδος[形式]本身更进一步解释为某种"作为某物"(als was),解释为某种程度上抵制 διαίρεσις[分析]的事物。自我表现(Sichausnehmen)不可能用 λόγος[言辞]来解释,如果 λόγος[言辞]确实还想在此拥有某物。这种 ἄτομον εἶδος[不可分割的形式]无非意指世界的外观的最终的此(Da),此就是我使用的事物,就是 οὐσίαι[本体]。如果我某种程度上还想解释一把椅子或一张桌子的自我表现,那么,我所拥有的将不再是最初的此在者,不再是椅子,而是一截木头。因此,为了理解这些存在范畴,人们必须从一开始就明白:人们发现,这里所谓存在者就是周围世界中的存在者。

亚里士多德更进一步将范畴称为 πτώσεις[格][②]——拉丁语叫 casus[格],但 casus[格]的含义狭窄。πτώσεις[格]还有更进一步的含义:任何语言上的变更和含义变化。κατηγορίαι[范畴]就是 πτώσεις[格],是在世界中的言说(Sprechens)的基本变化。

《论灵魂》卷 A 章 1 表明,对于亚里士多德而言,这些范畴并不只是确定的模式(Schemata),这些模式本身已然被排除于研究之外,这些范畴某种程度上还指明了此在者的一种最终的存在特质。[③]关于《论灵魂》的主题 ψυχή[灵魂]:为了回答关于 ψυχή[灵魂]的问题,人们只需诉诸范畴,并以范畴为指导线索来打破沙锅问到

① 同上。

② 《形而上学》,卷 N 章 2,1089a26。

③ 参《论灵魂》,卷 A 章 1,402a11 以下。

底。但这样做是不够的。关键是，将范畴本身作为指明，并由其本
310 身出发将已指明的现象引入其存在的本真性。像桌子和椅子这样的存在者从属于范畴 τόδε τι［这个］。但这并不是说，ψυχή［灵魂］就具有桌子的存在那样的存在。

这些范畴应该说为后来的 κίνησις［运动］之特性提供了一个指导线索，而且尤其是在更进一步的意义上：有四个范畴决定了可能的运动的数目。这意味着，只有与 τόδε τι［这个］、与 ποιόν［性质］、与 πόσον［多少］和 κατὰ τόπον［就位置而言］有关系的运动。所以，亚里士多德说，μεταβάλλει γὰρ τὸ μεταβάλλον ἢ κατ' οὐσίαν ἢ κατὰ ποσὸν ἢ κατὰ ποιὸν ἢ κατὰ τόπον［因为，发生转变的事物的转变，要么是就本体而言，要么是就多少而言，要么是就性质而言，要么是就位置而言］。[①] 这并非什么随意的规定，相反，亚里士多德在《物理学》卷 E 章 1 中说明了不同的运动方式有这些数目的理由。[②] 他是这样说明理由的：他诉诸 ἐπαγωγή［归纳法］。[③] 人们不可能用 ἀπόδειξις［演绎证明］演绎出运动之在的各种方式，而必须抓住世界的此在。

我直接过渡到更进一步的规定：ὥστ' οὐδὲ κίνησις οὐδὲ μεταβολὴ οὐθενὸς ἔσται παρὰ τὰ εἰρημένα, μηθενός γε ὄντος παρὰ τὰ εἰρημένα［因此，运动和转变不会超出已论及的事物，没有哪个存在者超出了已论及的事物］。[④] 在确定理式之存在的过程中，对于柏

① 《物理学》，卷 Γ 章 1，200b33 以下。
② 《物理学》，卷 E 章 1，224b35 以下。
③ 《物理学》，卷 E 章 1，224b30。
④ 《物理学》，卷 Γ 章 1，201a1 以下。

拉图而言，合法的母题(Motiv)是什么，从而摆在他眼前的是什么，我们将在下学期来尝试去察看。[①] 人们只能由亚里士多德出发以回溯方式来概览。柏拉图所追问之事，亚里士多德已然给出了回答。[②] 311

(六)范畴的 διχῶς[双重形式]

每一个范畴都 ὑπάρχει διχῶς[以双重形式从一开始就拥有所有事物]，[③]"在此是双重的"：范畴的存在，任何范畴作为世界的此在、世界的照面的一种方式，意指并且在其中包含着一种 διχῶς[双重形式]：τὸ μὲν γὰρ μορφὴ αὐτοῦ, τὸ δὲ στέρησις[一方面是它的形态，另一方面是它的阙失]。[④] 一个此在者，我按照其存在将其描述为这个此(Da)，当我与它本身照面的时候，这个此在者本身拥有一种 διχῶς[双重形式]。像这样的此在者，可以规定为 εἶδος[形式]，它本身具有如此这般的样子。但它也可以通过 στέρησις[阙失]、一种"不在场性"而在，并且可以用 στέρησις[阙失]、一种"不在场性"来刻画：某物的一种当前之在，一种不在场性对此物的当前具有建构性，这种不在场性是缺乏和匮乏意义上的不在场性。这种匮乏意义上的此在是一种非常特殊的和肯定性的此在。当我们说某人"我多么盼望他在此，但他不在此"(Er fehlt mir sehr, er

① 海德格尔，《柏拉图〈智术师〉》(Platon: Sophistes. Marburger Vorlesung Wintersemester 1924/25. Gesamtausgabe Bd. 19. Hrsg. v. I. Schüßler. Franfurt a. M. 1992)。

② 参"手稿"，页[374]以下。

③ 《物理学》，卷 Γ 章 1，201a3 以下：ἕκαστον δὲ διχῶς ὑπάρχει πᾶσιν[每个(范畴)都以双重形式从一开始就拥有所有事物]。

④ 《物理学》，卷 Γ 章 1，201a4 以下。

ist nicht da）的时候，我想说的恰恰不是他并不现成在手，而是表达了他对我而言的一种完全确定的此在方式。大多数的事物，由于它们在此，所以，对我而言它们并不完全在此，而总是同时可以用不在场性、非—如此—在（Nicht-so-Sein）来刻画，就好像它们能够也应当本真在此。世界的此在的存在以“或多或少”（mehr oder minder）的方式保持着自身，事物就是或多或少如此这般（mehr oder minder so oder so）。就 ποιόν［性质］而言，διχῶς［双重形式］就是：λευκὸν［白］和 μέλαν［黑］。[①] 事物作为有颜色之物，不是纯粹的白色或纯粹的黑色，相反，本真的此（das eigentliche Da）既亮又暗，在本真的偏转（Ausschlägen）中并不存在平均性，本真的此就在偏转（Ausschlägen）之间保持着自身。διχῶς［双重形式］这一规定属于基本范畴本身。这种可能性本身对于运动而言具有基础性。由此我们看到，不仅必须从周围世界的存在本身出发来理解范畴，而且，由于被规定为具有这种 διχῶς［双重形式］，某个存在者本身也表明了成为某物（etwas zu sein）的存在可能性，这个某物就
312 以“由……向……”的方式而在。因为，它就是像某种转变一样的“由……向……”的可能性，所以，它处在运动之中。

亚里士多德在这个为定义运动作准备的重要段落中强调指出，在范畴本身之中内含一种复合其结构的双重性，由此可以清楚地看到，存在者本身被按照其存在可能理解为“由……向……”，这符合 τόδε τι［这个］、与 ποιόν［性质］、与 πόσον［多少］和 κατὰ τόπον［就位置而言］这四种可能性。在《物理学》卷 E 章 1 中，亚里士多德阐

① 《物理学》，卷 Γ 章 1，201a5 以下。

明了这种“由……向……”: ὑποκείμενον[向来在此之物]的存在。这并非是某种形而上学的本体论意义上的 ὑποκείμενον[向来在此之物], ὑποκείμενον[向来在此之物]就是在表达中清楚在此的事物而非“实体”(Substanz); ὑποκείμενον[向来在此之物]的存在从 λόγος[言辞]中创造出来, δηλούμενον[所表明之物]就在 κατάφασις[肯定命题]之中。[①] 一个 ὑποκείμενον[向来在此之物]有可能转变为一个非—ὑποκείμενον[向来在此之物], 反过来也一样。[②]

(七)运动的第一个定义及例解

然后, 在《物理学》卷 Δ 章 3 的 201a9 中, 亚里士多德为定义 κίνησις[运动]作准备, 对基本的存在规定作了总结性思考: 一个存在者, 就是作为此在者的存在者, 它在此的方式是它**能够**成为某物。一截木头也能成为一只箱子。亚里士多德回复到了上述规定, 他说: διῃρημένου δὲ καθ' ἕκαστον γένος τοῦ μὲν ἐντελεχείᾳ, τοῦ δὲ δυνάμει, ἡ τοῦ δυνάμει ὄντος ἐντελέχεια, ᾗ τοιοῦτον, κίνησίς ἐστιν[按照每一个属, 我们区分了就隐德莱希而言的存在者和就能力而言的存在者, 就能力而言的存在者的隐德莱希——这样的存在者就是就隐德莱希而言的存在者——就是运动]。[③] 从而, 他将思考引入正确的位置: 某个现成在手的存在者的呈现, 被描述为某物—可能—存在, 存在被理解为世界的此—在。此—在: 一, 作为**再现于**

① 《物理学》, 卷 E 章 1, 225a6 以下: λέγω δὲ ὑποκείμενον τὸ καταφάσει δηλούμενον[我所谓向来在此之物, 就是通过肯定命题所表明之物]。

② 《物理学》, 卷 E 章 1, 225a3 以下。——参“手稿”, 页[376]及下一页。

③ 《物理学》, 卷 Γ 章 1, 201a9 以下。

此(vergegenwärtig da)；二，在由……而来的存在(aus...Hersein)的意义上。τέλειον［完全］的规定包含存在的两个要素于其中：此
313 (da)和由……而来的存在。

在此作为当前(Gegenwart)的此在本身之中，有一个到目前为止我们对其略而不谈的要素，现在它进入了我们的视野：此在意味着现在—此在(Jetzt-Dasein)。我们在这种特别不关注的意义上将"当前"(Gegenwart)用作 praesens［当前］，而后者既是"空间上的当前"，也意指"现在"，因为，αἴσθησις［感知］总是处在现在。

所以，存在者在世界中在此，并且作为 δύναμις［能力］，它也可能是可变的某物。δύναμις［能力］，就是"尚未"，它能意指：对……有用，可塑为……。这种如此在者作为完全在此和对……有用的此在者，可以由 διχῶς［双重形式］来描述。这种存在者大部分并且平均而言不是绝对地白或黑，相反，我们碰到的事物作为有颜色的此在者，大部分都或多或少是黑的或白的。一间房屋就其日常性而言多半也是如此在此：它缺乏某物，可以用 στέρησις［阙失］来描述。亚里士多德正是由此出发对运动作出规定的。

人们必定可以呈现出这样一种存在者：一截木头，它现成在手，因为，它在一间作坊里属于木匠；它作为木头在此，具有对……的有用性之规定。"运动就是 ἐντελέχεια［隐德莱希］，就是此在者的当前，就是作为可能在此者的此在者的当前，而且它在当前，是因为它能够在此。"① 运动就是可能在此者本身的当前。木头能成为箱

① 《物理学》，卷 Γ 章 1，201a10 以下：ἡ τοῦ δυνάμει ὄντος ἐντελέχεια. ᾗ τοιοῦτον. κίνησίς ἐστιν［就能力而言的存在者的隐德莱希——这样的存在者就是就隐德莱希而言的存在者——就是运动］。

子，这样以为现在看来直接又简单。木头的这种存在可能被以为就是箱子的存在可能。由于木头在此，所以木头处在运动之中。由于木头在本真意义上作为可能成为箱子的事物而在此，所以有运动。在木匠加工它的时候，木头就按照其存在可能在此。存在可能在这种在—加工—中（In-Arbeit-Sein）在此，因为，木匠把它抓在手中。所以，亚里士多德随后又能将运动定义为 ἐνέργεια［活动状态］。ἐνέργεια［活动状态］作为此在的一种方式，无非意指某物在—加工—中。木头作为立于眼前的存在着的事物在此，同时对一 314
只箱子有用。作为木头在此，和对……有用，不是一回事。进而言之，有用性本身作为此在者的特质，尚未表示此在者现在就处在运动之中。人们有可能由此推断：对从属于世界之在的此在者的规定（Bestimmung von dem Daseienden des Seins der Welt），作为意蕴（Bedeutsamkeit）在此并不真的恰当，因为，只要木头处在加工中，有用性就本真在此。但这是一个假象（Täuschung）。

更进一步的思考将我们引向下述事实：在此，我们偶然碰见了此在的存在特质的一个要素，人们并不关注此要素：当木匠离开了作坊，而他开始制作的箱子就摆在这里的时候，木头尽管并非现成在手地处在运动之中，却也不像加工之前那样，首要含义只是 δυνάμει［就能力而言］，相反，木头是在静止中现成在手。静止只是一种运动的临界情形：静止只可能是处在或有可能处在运动之中的某种存在规定在其自身的事物。我们碰到的世界中的很多事物——我们与之打交道的大多数事物——多半是静止的。我不知道，有谁真正考虑过静止的这一要素。人们当然根本不可能理解存在者的存在，如果他们没有考虑：一，世界的此在的平均性；二，多半—

作为一静止的一现成在手的一存在的特质。静止是我运动于其中的世界的此在的一个基本特质，静止只是一种确定的 ἀκινησία[不动]。并非任何 ἀκινησία[不动]都一定是 ἠρεμία[静]。其特质可以用 ἀκινησία[不动]来刻画的一个几何图形，并非出于静止状态，因为，它不能运动。静止是一种特出的 ἀκινησία[不动]。关于静止的说法，对某个能自己运动的存在者才有意义。传统的解释忽视了这种现象，通过解释亚里士多德在此作为运动来解释的事物，运动被解释为出现在世界中的某个存在者的当前之在的特出方式。靠关于现实性和非现实性的纯粹的词语概念（Wortbegriffen），人们无法接近运动。

315 在《物理学》卷 Δ 章 1 接下来的部分中，亚里士多德对运动进一步加以澄清。“如果我们谈论可建造之物（Erbaubaren），只要它是可建造之物，我们就说它本身当前在此（gegenwärtig da），它就处在建造过程中”[①*]——现成在手的树干以及如此等等。如果我们言及作为可建造之物（οἰκοδομητόν[可建造之物]）的它本身，我们就说：“它被建造”。存在一于一建造中，就是作为 οἰκοδόμησις[建造]的 κίνησις[运动]。[②**]因为，κίνησις[运动]是上述由一到一存在（Von-zu-Seins），所以，重要的是，着眼于其 διχῶς[双重形式]，

① 《物理学》，卷 Γ 章 1，200b16 以下：ὅταν γὰρ τὸ οἰκοδομητόν, ᾗ τοιοῦτον αὐτὸ λέγομεν εἶναι, ἐντελεχείᾳ ᾖ, οἰκοδομεῖται[因为，譬如可造之物，就我们说它是这样的事物而言，它就隐德莱希而言正在被制造]。

* 德文本此处为“章 1，200b16 以下”，有误，应为“章 2，201b16 以下”。——译注

② 《物理学》，卷 Γ 章 1，200b18 以下。

** 德文本此处为“章 1，200b18 以下”，有误，应为“章 2，201b18 以下”。——译注

从范畴上对存在者作出确定的理解。当前，作为运动的规定，在某种确定的意义上，乃是非现实之物的现实性。①

第二十七节　作为 ἀόριστον［不定］的运动（《物理学》卷 Γ 章 2）

我们过渡到章 2：区别对 ἐντελέχεια［隐德莱希］和 δύναμις［能力］的澄清。《论灵魂》卷 B 章 7：那里将颜色简单地规定为 ὁρατόν［可见之物］，② 也就是说，"通过看可以抵达的事物"。颜色在其本身之中具有这种符合存在的状态（diese seinsmäßige Verfassung），只有通过视觉才能感知颜色。正如颜色通过 διαφανές［透明之物］才能作为颜色在当前，③ 光，譬如，太阳光，在此被定义为 ἐνέργεια τοῦ διαφανοῦς ᾗ διαφανές［作为透明之物的透明之物的活动状态］。④ἐνέργεια［活动状态］被规定为 παρουσία［在场］，黑暗被规定为 στέρησις［阙失］，⑤ 光的不在场性（Abwesenheit）本身只能从透明之物的当前出发才能得到理解。尽管必须将 χρῶμα［颜色］理解为 ὁρατόν［可见之物］，但颜色的存在（Farbesein）和能够被看到（Gesehenwerdenkönnen）是一回事。 316

① 参"手稿"，页［378］以下。

② 《论灵魂》，卷 B，章 7，418b29。

③ 《论灵魂》，卷 B，章 7，418a31 以下：πᾶν δὲ χρῶμα κινητικόν ἐστι τοῦ κατ' ἐνέργειαν διαφανοῦς［每种处在运动中的颜色，就活动状态而言，都属于透明之物］。

④ 《论灵魂》，卷 B，章 7，418b9 以下。

⑤ 《论灵魂》，卷 B，章 7，418b19 以下。

(一)本章概述

在《物理学》卷 Δ 章 2 中，亚里士多德在某种意义上强化了他在章 1 中作为定义而提出的内容。划分如下：

201 b16-18：主题：思考从前的哲人关于运动的说法和定义运动的方式——在某种批判意义上指出：运动并不能像古人那样来定义；另一方面，无非是说，像亚里士多德那样做，就可以通达运动现象。

201 b18-24：进一步讨论古代的理论：古人将运动归入了哪个 γένος[属]，归入了哪种符合存在的"起源"(in welche seinsmäßige Abstammung)？古人想从存在出发来规定运动，存在是 ἑτερότης[差异]即"他在"(Anderssein)、ἀνισότης[不同]即"不等之在"(Ungleichsein)、μὴ ὄν[不在]即"非存在"(Nichtsein)——确定增加的形式化。

201 b24-27 问的是：为何古人发展出了这样的关于运动的规定。运动本身表现为"不可规定、不可划界的"即 ἀόριστον[不定的]某物。可以问：他们在运动那里看到了什么，以至于他们碰巧这样来阐明运动？为什么？

201 b27-202a3：反过来还可以进一步问：运动自身表现为一种 ἀόριστον[不定之物]，真正的原因究竟是什么。

202 a3-12：亚里士多德研究了正在运动的事物(das Bewegende)多半也处在运动之中。结论并不清楚，可参《物理学》卷 E-Z。[①]

① 参"手稿"，页[382]及下一页。

（二）批判过去通过 ἑτερότης［差异］、ἀνισότης［不同］和 μὴ ὄν［不在］来规定运动 317

我们想更为准确地呈现《物理学》卷 Γ 章 2 的思考。过去用 ἑτερότης［差异］、ἀνισότης［不同］和 μὴ ὄν［不在］这些范畴性规定来阐明的事物，[①] 规定了一种存在者，但按照这些规定，这种存在者并不**必然**处在运动之中：一个由他在来规定的存在者，尽管**有可能**是一个运动之物，但 ἕτερον［差异］、ἄνισον［不同］和 μὴ ὄν［不在］这些说法本身规定存在者，并不着眼于它是否处在运动之中。[②] 在定义中，这样的存在特质所显明的是：它们将所意指的存在者规定为这样一种存在者：按照这些特质，**必**定会发现此存在者**处在运动之中**。对于此规定而言，ἑτερότης［差异］、ἀνισότης［不同］还不充分。我们在世界中碰到的很多存在者，都是作为**他者**被给予我们的，但也**正因为如此**，它并未处在运动之中。我自己就是一个 ἕτερον［差异］，就是像一条狗一样的一个“他者”（anderes als ein Hund）——由此 ἕτερον［差异］—之在，我并不必然处在运动之中。进而言之，10 这个数字和 5 这个数字不相等——但这种不等之在并不意指，它们就处在运动之中或在它们之间有运动存在。

现在，人们也许会说：ἑτερότης［差异］根本不是这个意思，相反，ἑτερότης［差异］是作为存在者本身的一个规定的 ἑτερότης［差

① 《物理学》，卷 Γ 章 2，201b20 以下：ἑτερότητα καὶ ἀνισότητα καὶ τὸ μὴ ὂν φάσκοντες εἶναι τὴν κίνησιν［声称差异、不同和不在都是运动］。

② 《物理学》，卷 Γ 章 2，201b21 以下。

异]，所以，存在者本身当中就有他在，一个存在者本身之中就存在由……向……可能性，也存在通过一种规定的不在场性对一种规定加以描述（bezüglich einer Bestimmung durch die Abwesenheit dieser Bestimmung charakterisiert zu sein）的可能性。那么，难道不正是 ἑτερότης[差异]将存在规定为运动—中的—存在吗？在一个有不同规定的存在者之中，存在这些彼此不同的规定，尽管存在
318 者并不必然处在运动之中。人们可以在亚里士多德的意义上说：一个存在者曾被规定为 ἐντελεχεία[隐德莱希]——木头作为木头而在当前——，与此同时，就其是 δυνάμει[就能力而言]的存在者而言，这个存在者也是某个他者——也就是说，它也可能成为一只箱子。这是对其本身的一种肯定性规定，尽管这种他者性（Andersheit）就在木头之中，但木头并不必然处在运动之中，只有当上述 δυνάμει ὄν[就能力而言的存在者]在当前时，它才算是运动之物。ἑτερότης[差异]并不充分。人们甚至也可能从活动之物（Aktiven）的意义上来解释 ἑτερότης[差异]：也许古人的意思是说，他在就是 ἑτεροίωσις[他者化]即"变成他者"（Anderswerden）。但如此一来，κίνησις[运动]已然通过一种确定的运动譬如 ἑτεροίωσις[他者化]、ἀλλοίωσις[变化]得到定义，因此，运动已然成了前提。

所以，ἑτερότης[差异]并非在完成任务的意义上不足以本真地定义运动—中的—存在。对 ἑτερότης[差异]的这一规定，并未考虑**当前**、**当前之在**和**从—此—当前—消失**的基本的本体论的着眼点。然而，这种不可能抵达（Nichtherankommenkönnen）运动现象同时意味着，这种理论似乎阻止人们看到运动。人们总可能从形式上说：在变成他者过程中有某种运动、有 μεταβολή[转变]，这一要

素是将此运动的这种存在方式规定为 ἑτερότης[差异]的基础。但这是一个草率的规定，此规定恰恰没有考虑具基础性的含义。[1]

(三)运动之 ἀόριστον[不定]这种规定的根据

古人有此特殊规定，只因为他们说过：运动就是一种 ἀόριστον[不定]。[2] 只有当我用一个范畴对某个与此范畴相符合的"不确定性"(Unbestimmtheit)作出规定时，我才算恰当地规定了这个"不确定性"。"当我对运动作出规定时，也就是说，当 ὁρίζω[我定义]运动时，运动停止了。"[3] 就其场所(Platze)、界限而言，此在是完 319
全一此在。如果它运动，那么，它就是变换了位置(Ort)的某物，它就是没有确定场所的一种事物。如果我对持续变换位置、从而处在其 πέρας[界限]之内的事物作出规定，它就会停止，它就不再是不在其所的不确定的事物。不用某种 πέρας[界限]我也能规定它，我毋宁必须从定义不确定之物的那些范畴系列中获得范畴来规定它。众所周知，柏拉图和毕达哥拉斯学派提出了这样一组(Gruppe/διάγραμμα[图表])范畴。这组范畴的特质可用两列范畴来描述，处在第一列中的是一 συστοιχία[列]εἶδος[形式]：

1. περιττόν[奇数]　　　　ἄρτιον[偶数]

① 参"手稿"，页[383]及下一页。

② 《物理学》，卷 Γ 章 2，201b24 以下。

③ 泰弥施迪厄斯，《亚里士多德〈物理学〉释义》(Themistii in Aristotelis Physica paraphrasis. Consilio et auctoritate Academiae Litterarum Regiae Borussicae ed. H. Schenkl. Commentaria in Aristotelem Graeca. Voluminis V pars II. Berlin 1900.)，见 211，12：ὅταν γὰρ ὁρισθῇ, παύεται[因此，一旦被定义，它就停止了]。

2. πέρας［界限］　ἄπειρον［无界］
3. δεξιόν［右］　ἀριστερόν［左］
4. ἄρρεν［雄］　θῆλυ［雌］
5. ἠρεμοῦν［静物］　κινούμενον［被动者］
6. εὐθύ［直线］　καμπύλον［曲线］
7. τετράγωνον［正方形］　ἑτερόμηκες［长方形］
8. νοῦς［理智］　δόξα［意见］
9. ἕν［一］　πολλά［多］
10. φῶς［光亮］　σκότος［黑暗］①

对第一行的评述：需要注意的是，存在者本身的本真规定就是 ἕν［一］。接下来的二是偶数（das Gerade），因此，若着眼于 ἕν［一］，则偶数是一个不确定的数。

φῶς［光亮］—σκότος［黑暗］也在此出现，这并非偶然。所列举的全部范畴本身显而易见，简而言之，这就是古希腊的本体论，亚里士多德的工作就由此出发，总的来说，此本体论变得富有
320 生命力，就是通过从根本上发现了作为当前之在的存在、发现了 ἐντελεχεία［隐德莱希］、发现了作成之在（Hergestelltseins）。

《物理学》卷 Γ 章 2 的任务是表明，迄今为止试图驾驭 κίνησις［运动］的努力都失效了，因为，尽管这些努力抓住了附属于运动之物的确定要素，却没有抓住作为运动之物的存在者的基本特质。为什么古人要按照我们所说的这种方式来理解运动呢？因为，运动本

① 文献出处同上，见 211，19 以下，以及 211，17 的考订资料。

身表现为某种不确定的事物，所以，如果要理解不确定的存在者，就必须选择某种具有不确定性的范畴以便恰当地规定存在者。由此思考出发，关键在于靠譬如 ἑτερότης[差异]、ἀνισότης[不同]和 μὴ ὄν[不在]这些范畴来理解运动。尽管，在某种意义上，似乎是最遥远的 μὴ ὄν[不在]，相对于运动而言却最接近，因为，人们不是将 μὴ ὄν[不在]理解为绝—非—此在(Überhaupt-nicht-Dasein)，而是在一种确定的非存在的意义上来理解 μὴ ὄν[不在]。柏拉图在《智术师》中推进到了与周围世界中的另一存在者相关的存在者的上述特质，他说：在某种意义上，μὴ ὄν[不在]也是一种存在。[①]μὴ ὄν[不在]的这一规定，也被理解为 στέρησις[阙失]，因此，这一规定并不充分，因为，如果人们想定义运动，他们就必须说：一切都处在运动之中，因为，任何存在者在确定的意义上都不存在，也就是说，它不是和它共在的另一个存在者。

运动本身在古希腊人看来就是一种 ἀόριστον[不定]。由运动的不确定性之特质出发将会看到，人们不可能 ἁπλῶς θεῖναι[简单地确定]：δυνατὸν πόσον[能力的多少]——以作为 μὴ ὄν[不在]、στέρησις[阙失]的这种存在可能性为基础——还不必然是运动。[②]人们不可以简单地说，κίνησις[运动]正(schlechthin)是某种可能存在者的(Seinkönnenden)ἐνέργεια[活动状态]。某种可能存在者并非就一定(ohne weiteres)运动着。[③]

---

① 柏拉图，《智术师》，256d 以下。

② 《物理学》，卷 Γ 章 2，201b29 以下。

③ 参“手稿”，页[384]及以下。

（四）运动作为与 ἔργον［活动］有关的 ἀτελής［无结果之物］

321 κίνησις［运动］被定义为一种当前之在，此当前之在具有 ἀτελής［无结果之物］、[①]“未达终点”之特质。可能存在者（作坊中立于眼前的木头），尚在加工中，它作为可能存在者在此，恰恰是因为它被加工。在此意义上，人们可以说，保持—在—加工中（In-Arbeit-Halten）就是 δυνάμει ὂν ᾗ τοιοῦτον［这样的就能力而言的存在者］的 τέλος［结果］。在—此—可能性中—存在（In-der-Möglichkcit-Sein）在这种在—于—加工中（In-Arbeit-Sein）达到了其终点，从而，在—此—可能性中—存在之所是，本真地也就是存在的可能（Seinkönnend）。但就 ποίησις［制作］ἔργον［活动］而言，它并未完成。由于存在归根结底意指在—其—终点—存在，意指最终意义上的自己—保持—在—其—终点，意指 ἐντελεχεία［隐德莱希］，所以，亚里士多德若说话小心谨慎，就一定会将运动—中的—存在者的此在称为 ἐνέργεια［活动状态］。[②] ἀτελής［无结果之物］并不是达到终点的 δυνατόν［有能力之物］本身，但它却恰恰因 ἐνέργεια［活动状态］而在此。亚里士多德这里强调的是，这种特殊的本体论实情“难以看到，但有可能存在”，[③]并且真的存在，因为，我们看到了运动的某物（主要依靠 ἐπαγωγή［归纳法］！[④]）。

---

① 《物理学》，卷 Γ 章 2，201b32。

② 《物理学》，卷 Γ 章 2，201b31。

③ 《物理学》，卷 Γ 章 2，202a2 以下：χαλεπὴν μὲν ἰδεῖν, ἐνδεχομένην δ' εἶναι［一方面，难以看见；另一方面，又可能存在］。

④ 《物理学》，卷 A 章 2，185a13 以下：δῆλον δ' ἐκ τῆς ἐπαγωγῆς［这明显出于归纳法］。

第二十八节　运动作为 ἐντελέχεια τοῦ δυνάμει ποιητικοῦ καὶ παθητικοῦ [能制作者和能承受者的完全实现]（《物理学》卷 Δ 章 3）

（一）本章概述

在《物理学》卷 Δ 章 3 中，对运动的定义和规定才达成了目标。首先是本章的内容提要，就其结构而言，本章并没有那么清楚。

202 a13-21：主题：运动的特质的召回（Züruckrufen des Charakters des Bewegens），也就是召回可动者（Bewegbaren）和能动者（Bewegenden）的当前。[1] 我们发现这一区分迄今尚未有明确的主题性研究。所提出的问题是：ἐν τίνι ἡ κίνησις;[运动在何处？]，“运动在何处？”运动是能动者的规定，还是运动者的规定？回答是：μία ἀμφοῖν[属于这两者的一种（规定）]，μία ἐνέργεια[一种活动状态]，[2]“两者的当前之在的一种而且是同一种方式”。 322

202 a21-b5：疑难出现了，这出于人们看到：运动总是某个运动者的运动，此运动者是由另一能动者推动的。我说“存在者在运动”所指的存在关联，是由 πρός τι[关系] 这个范畴、由与—另——事

① 《物理学》，卷 Γ 章 3，202a14：ἐντελέχεια γάρ ἐστι τούτου [τοῦ κινητοῦ] ὑπὸ τοῦ κινητικοῦ[隐德莱希的确属于由能动者所推动的这种（运动者）]。

② 《物理学》，卷 Γ 章 3，202a18：μία ἡ ἀμφοῖν ἐνέργεια[属于这两者的一种活动状态]。

物—存在—关—联(In-Bezug-Sein-auf-ein-anderes)所规定的，也就是说，用 ποίησις[制作]描述能动者(das Bewegende)，用 πάθησις[承受]描述被动者(das Bewegte)。[①] 因此，当前之在有两种方式与运动相关联：ποίησις[制作]和 πάθησις[承受]。然而，说到底，我们谈论的总归是“一项”运动，[②] 但我们仍有可能按照这两种可能性来言说。由此，便出现了一个 ἀπορία λογική[逻辑疑难]，[③] 一种“在言及含义时讲不通的可能”(Nichtdurchkommenkönnen im Ansprechen des Gemeinten)。经验是一种运动，但与此同时我还是能够言及 ποίησις[制作]和 πάθησις[承受]。亚里士多德用 202a21-28 这段话谈论了上述 ἀπορία[难题]，尤其是探究了三种可能性：一、需要问的是，ποίησις[制作]和 πάθησις[承受]两者是否共同存在于 πάσχον[承受者]和 κινούμενον[被动者]之中；[④] 二、是否 ποίησις[制作]是 κινοῦν[使动者]的规定，而 πάθησις[承受]是 κινούμενον[被动者]的规定；[⑤] 三、有没有这种可能性：ποίησις
323 [制作]是 κινοῦν[使动者]的规定，而 πάθησις[承受]是 κινοῦν[使动者]的规定。[⑥] 202a28 以下的段落讨论了上述可能性。202a28-

① 《物理学》，卷 Γ 章 3，202a23 以下。

② 《物理学》，卷 Γ 章 3，202a36：ἀλλὰ μία ἔσται ἡ ἐνέργεια[可这是一种活动状态]。

③ 《物理学》，卷 Γ 章 3，202a21 以下：ἔχει δ' ἀπορίαν λογικήν[这是逻辑疑难]。

④ 《物理学》，卷 Γ 章 3，202a25 以下：ἢ γὰρ ἄμφω ἐν τῷ πάσχοντι καὶ κινουμένῳ[是否两者共同存在于承受者和被动者之中]。

⑤ 《物理学》，卷 Γ 章 3，202a26 以下：ἢ ἡ μὲν ποίησις ἐν τῷ ποιοῦντι, ἡ δὲ πάθησις ἐν τῷ πάσχοντι[是否制作存在于制作者之中，而承受存在于承受者之中]。

⑥ 《物理学》，卷 Γ 章 3，202a27 以下：εἰ δὲ δεῖ καὶ ταύτην [τὴν πάθησιν] ποίησιν καλεῖν[是否应当称后者(承受)为制作]。

31 讨论了上述第三种可能性——随后他作了批评。202a31-b5 探究了第一种可能性，即 ποίησις［制作］和 πάθησις［承受］两者是否共同存在于 κινούμενον［被动者］之中。他将第二种可能性——ποίησις［制作］存在于 κινοῦν［使动者］之中，而 πάθησις［承受］存在于 κινούμενον［被动者］之中——作为具有肯定性的可能性，并对其作了探讨。

202 b5-22 解决疑难。亚里士多德在此部分中指出，事实上着眼点的采纳具有一种双重性，但某种实情所具有的同一性(Selbigkeit)是存在者—处在—运动之中(Seiendes-in-Bewegung)。

202 b22-29：对思考和附属要素作出总结；对运动的新定义是这样的：它将前述两方面都纳入其中。[①]

（二）πρός τι［关系］作为在—此—世—存在的特质

我们打算彻底讨论本章的要害。重要的是，您们要牢牢把握住上下文。为定义运动作准备，亚里士多德在《物理学》卷 Γ 章 1 中指出：一、“当前之在”和“存在可能”即 δύναμις—ἐντελεχεία［能力—隐德莱希］；二、世界的照面方式，即范畴。这些范畴表明，存在者本身可以由 διχῶς［双重形式］来刻画。这种 διχῶς［双重形式］就在由……向……的存在可能中、在偏转(Ausschlägen)中在此。

到目前为止，我们忽略了一项规定，这就是亚里士多德在《物理学》卷 Γ 章 200b28 中给出的规定。他在此首先列举了范畴。(《形而上学》卷 K 章 9 中重复了《物理学》卷 Γ 章 1 中的一个完

① 参“手稿”，页［388］及下一页。

全相同的片段，但恰恰缺少《物理学》卷 Γ 章 3 的 200b28-32 这个部分。众所周知，《形而上学》卷 K 的由来和亚里士多德特质(der aristotelische Charakter)是有争议的，**耶格尔**试图挽救这一章以反
324 对**纳托尔普**[Natorp]。①)这里，在按照所列举的范畴，为定义作形而上学的准备的时候，又一次提出了 πρός τι[**关系**]这个特殊的范畴。对 πρός τι[关系]的这种强调，就是《物理学》卷 Γ 章 3 为讨论所作的形而上学的准备。πρός τι[关系]这个范畴意指：存在者被规定为**与另一存在者有关的存在**(Sein in bezug auf ein anderes)。然而，当存在于(seiende)与另一存在者的关系之中的时候，存在者并不能为一个新的运动方式提供条件，因为，我们先前列举的三个范畴已囊括了四种运动方式：与 οὐσία[本体]对应的运动方式是 γένεσις[生成]和 φθορά[毁灭]，与 τόπος[位置]对应的运动方式是 φορά[移动]，与 πόσον[多少]对应的运动方式是 φθίσις[衰落]，与 ποιόν[性质]对应的运动方式是 ἀλλοίωσις[变化]。② 此外没有其他运动方式——更进一步的证据见《物理学》卷 E。③ 因此，亚里士多德在《物理学》卷 Γ 章 3 中如此明确提出 πρός τι[关系]，必定另有含义：πρός τι[关系]不是在某种确定的运动中的世界的照面方式的标志，而是**处在运动中的任何存在者的特质**。πρός τι[关系]按照其复多性刻画了世界中的此在者，这种复多性是存在于“相互关联”、πρὸς ἄλληλα[相互关联]中的存在者的复多性。

---

① 耶格尔，《亚里士多德〈形而上学〉的发生史研究》(Studien zur Entstehungsgeschichte der Metaphysik des Aristoteles. Berlin 1912)，页 63 及以下。

② 《物理学》，卷 Γ 章 1，201a12 以下。

③ 参《物理学》，卷 E 章 1，225a1 以下。

《范畴篇》(Kategorienschrift)中是这样定义 πρός τι[关系]的:"按照其存在被描述为 πρός τι[关系]的所有事物,任何时候都存在,但它们只处在与其他事物的关系之中。"① 任何 ἕξις[状态]都是一种 ἕξις τινός[从属于某物的状态],譬如,任何 ἐπιστήμη[知识]作为一种存在者,总是 ἐπιστήμη τινός[从属于某物的知识],② 总是"关于某物的" ἐπιστήμη[知识];如果我思考关于什么(Wovon),就根本没法理解 ἐπιστήμη[知识]的存在特质。所以,任何 μεῖζον[更大]都是 μεῖζον τινός[从属于某物的更大],任何"更大的存在"都是"作为某物的更大的存在"。③ 任何 μᾶλλον[多]和 ἧττον[少],我们将其作为世界的规定来认识的任何"多"或"少",都可以从本体论上将其描述为 πρός τι[关系]——存在于关系之中的世界中的此在者。亚里士多德在其《范畴篇》章 7 中,对 325
πρός τι[关系]作了彻底思考。他还指出了本真地理解 πρός τι[关系]所必须满足的条件。πρός τι[关系]作为世界的存在规定:πρὸς ἄλληλα[相互关联]。亚里士多德这样列举了 πρός τι[关系]诸特质:τοῦ δὲ πρός τι τὸ μὲν καθ' ὑπεροχὴν λέγεται καὶ κατ' ἔλλειψιν(这是对"多或少"的另一种表述),τὸ δὲ κατὰ τὸ ποιητικὸν καὶ παθητικόν, καὶ ὅλως κινητικόν τε καὶ κινητόν[所谓关系,有时候指过度和不及,有时候指能制作者和能承受者,总体而言,指能动者

① 《范畴篇》(Cat.),章 7,6a36 以下:πρός τι δὲ τὰ τοιαῦτα λέγεται, ὅσα αὐτὰ ἅπερ ἐστὶν ἑτέρων εἶναι λέγεται ἢ ὁπωσοῦν ἄλλως πρὸς ἕτερον[所谓关系,说的是那些事物从属于其他事物,或以任何方式与其他事物有关]。

② 《范畴篇》(Cat.),章 7,6b5。

③ 《范畴篇》(Cat.),章 7,6a38 以下:τὸ μεῖζον [...] τινὸς γὰρ λέγεται μεῖζον[更大(……)说的的确是某物的更大]。

和运动者]。[①]“一方面着眼于超越—其外(Darüber-hinaus)和滞留—其后(Zurückbleiben-hinter),另一方面着眼于ποιητικόν[能制作者]和παθητικόν[能承受者](ποιεῖν[制作]总是ποιεῖν τι[制作某物]),ποιητικὸν[能制作者]是在某物上自己—制—造(Sich-zu-schaffen-Machen an etwas)意义上的存在者,παθητικόν[能承受者]是某个制造者用来制造的存在者(das, womitsich ein zu schaffen Machender zu schaffen macht)(这个此在本身就是一个παθητικόν[能承受者])。”如果某个存在者按照其此在可以用ποίησις[制作]来描述,那么,有一个存在者共同在此,后者可以用πάθησις[承受]来规定。

我们早已指出,在世界本身之中,我们与之打交道的存在者是被给予的,连人也是以下述方式被给予的:我们有直接经验;这种正在发生者(Vorkommende)生活在某个世界之中。[②]某个有生命之物的现成在手之在,就是有生命之物的一种在—此—世—存在。我自己是某物,此物就发生在世界之中,此物忙于某物——动物也是如此,它会在某种威胁前逃窜,以及如此等等。具有生命特质的存在者,在世界中是现成在手的,这个存在者同时是一个存在—于—此—世的存在。一个动物在此,譬如,一只蚂蚁爬上树的时候:它某种程度上把树干当成了一种阻力;它与之共在的树干,对于它而言还的确是通过动物的ἁφή[触觉]、“触摸”而感觉到的διακείμενον[被安排之物]、ἀντικείμενον[对立之物]。这个作为动物

① 《物理学》,卷Γ章1,200b28以下。

② 参页[241]。

的存在者，在此还拥有与其共在的事物，这种 πρός τι［关系］可以用 ἀντί...［与……相对］来描述：与有生命之物有关的事物，作为被发现之物、被觉察之物、看见或臆想之物在此。πρὸς ἄλληλα［相互关联］具有一种特出的可能性，可以用 δέχεσθαι［接受］、“接受能力”（Aufnehmenkönnen）、明确—在—此—发现性中—在此拥有（Ausdrücklich-in-der-Entdecktheit-Dahaben）来描述。这样一种存在者就是有生命之物，可以用这种可确定性（Bestimmbarkeit）、一种自我感受（Sichbefinden）来描述：有生命之物不仅与他物一道现成在手，而且停驻于其上（bei ihm aufhalten），通过自我停留，从其本身出发作为有生命之物而对世界开放。 326

人的首要开放性就根植于 νοῦς［理智］之中。νοεῖν［思考］、“臆测”（Vermeinen）不像局限于确定的存在领域的 αἴσθησις［感知］。但 νοεῖν［思考］对于并非具体出现在当前的事物而言也是可能的。我通过这种思考—某物（Denken-daran）而与此物同在。臆测能够臆测一切，是对一切保持开放的存在方式。作为在—此—世—存在的人的存在的被发现性，可以用 νοῦς［理智］来描述。这种 νοῦς［理智］总是一种 νοῦς τῆς ψυχῆς［从属于灵魂的理智］，总是一种 διανοεῖσθαι［筹划］，是对作为某物的某物的臆测。正如 αἴσθησις［感知］对于古希腊人而言是被迫忍受世界（ein Angegangenwerden von der Welt）——某物摆在我面前——，διανοεῖσθαι［筹划］也是一种 δέχεσθαι［接受］、一种“感知”（Vernehmen）——世界与我照面。νοεῖν［思考］在某种意义上是一种 πάθος［情感遭遇］、是被迫忍受世界（ein von der Welt Angegangenwerden）。这种可以用 νοῦς［理智］的发现性来刻画的如此—在—此—世—存在，只有在下述情况下才有可能：世界完全是开放的；νοῦς［理智］可以用完全可以发现世界的 νοῦς［理智］来刻画。只有这种可思之物完全开放，我才有可能臆测。νοῦς παθητικός［能承受的理智］只有通过 νοῦς ποιητικός［能制作的理智］才有可能，[①] 只有通过发现世界的 νοῦς［理智］才有可能。ποίησις［制作］和 πάθησις［承受］的规定，深入到了古希腊的世界和生命思考的本真核心。事实上，对古希腊人如何理解存在的一切理解，都依赖于人们如何理解 κίνησις［运动］。[②]

（三）通过 ποίησις［制作］和 πάθησις［承受］本真地定义运动

327 从根本上理解是什么在引导古希腊人的研究的可能性，就根植于 κίνησις［运动］和对运动的解释之中。生命作为一种确定的在—此—世—存在的方式，可以用 πρός τι［关系］来刻画。由此可见，到目前为止，《物理学》卷 Γ 章 1 和章 2 中的思考尚未完成，因为，这些思考只是将存在者作为运动之物来思考，却没有表明，任何运动着的存在者只是**在与某个这样的运动之物的共同此在中在此**。κίνησις［运动］作为一种确定的当前之在的方式、作为 ἐνέργεια［活动状态］，与什么事物有关？

全部存在关联：任何使动者都是某个被动者的使动者，而任何被动者都是某个使动者的被动者。人们不应将这两项规定彼此割

① 《论灵魂》，卷 Γ 章 5，430a10 以下。

② 参“手稿”，页［389］以下。

裂，οὐκ ἀποτετμημένη［不割裂］，[①] 如此一来，我便拥有了两种运动，也从而提出了问题：我如何将它们统一起来？使动者是一种存在者，它的特质可以用 ποίησις［制作］来描述，而被动者的特质可以用 πάθησις［承受］来描述。这一点在关于教与学的讨论中变得十分明显。[②] 教的含义同时意指：对另一个人言说；以传授方式与他人发生关系。一个教授者的本真存在是：站在另一个人面前并对他讲话，但讲话方式是，另一个人在倾听中与他为伴。这是一种持续不断的关系，此关系可以由 κίνησις［运动］来规定。

因此，亚里士多德在《物理学》卷 Γ 章 3 末尾对运动的定义这样作了总结：他说，κίνησις［运动］就是 ἐντελέχεια [...] τοῦ δυνάμει ποιητικοῦ καὶ παθητικοῦ, ᾗ τοιοῦτον［能制作者和能承受者的完全实现，这就是运动］。[③] 在此，ποιητικὸν［能制作者］和 παθητικόν［能承受者］两个规定突然出现在了运动定义本身之中，但亚里士多德并没有冒以运动定义运动的风险，因为，ποίησις［制 328
作］还不是运动，πάθησις［承受］同样很少是运动。ποίησις［制作］和 πάθησις［承受］是某种持续不断的存在者的规定，而这样的存在者以存在—于—运动之中的方式在此。与此定义相对，第一个定义是这样的："κίνησις［运动］是某个可能存在者的当前"；[④] 第二个定义是："κίνησις［运动］是某个可动者的 ἐντελέχεια［隐德莱

① 《物理学》，卷 Γ 章 3，202b7 以下。

② 参《物理学》，卷 Γ 章 3，202b4 以下。

③ 《物理学》，卷 Γ 章 3，202b25 以下。

④ 《物理学》，卷 Γ 章 1，201a10 以下：ἡ τοῦ δυνάμει ὄντος ἐντελέχεια [...] κίνησίς ἐστιν［就能力而言的存在者的隐德莱希……就是运动］。

希］，因为，它是可动之物。”[①] 这里的 κινητόν［运动者］已然考虑到了 κινητικόν［能动者］。κινητικόν［能动者］本身还可以阐明为与 παθητικόν［能承受者］有关的 ποιητικὸν［能制作者］。如果说亚里士多德在此是以运动定义运动，那就错了。

应当如何按照 ποίησις［制作］和 πάθησις［承受］的双重着眼点来理解其中的关联，在此只有一种（eine）运动——亚里士多德用 διάστασις［距离］表明了这一点：这就好比，从忒拜到雅典的距离和从雅典到忒拜的距离是一样的。[②] 距离（Entferntsein）可以这样来规定：我可以按照双重着眼点来看待距离；我可以从忒拜走到雅典，也可以从雅典走到忒拜。两种着眼点的基础就是等—长—距离（Gleich-weit-Entferntsein）：διάστασις μία［等距离］[③]——διάστασις［距离］就是一个双重之物。κίνησις［运动］作为一（eine）乃是基础（das Primäre），我可以按照 ποίησις［制作］和 πάθησις［承受］的双重着眼点来理解它。

亚里士多德关于运动的上述研究对于本体论之整体具有基础性意义：存在者的基本规定是 ἐνέργεια［活动状态］、ἐντελέχεια［隐德莱希］和 δύναμις［能力］。

概念建构的关键在于描述确定的概念的特质。基础（das Primäre）就是按照基本特质来规定着眼点。任何概念建构，只要它是本真的概念建构，是通过下述事实而突显出来的：在建构概念过

① 《物理学》，卷 Γ 章 2，202a7 以下：ἡ κίνησις ἐντελέχεια τοῦ κινητοῦ, ᾗ κινητόν［运动是运动者的隐德莱希，就隐德莱希而言，它是运动者］。

② 参《物理学》，卷 Γ 章 3，202a18 以下；b13 以下。

③ 《物理学》，卷 Γ 章 3，202b17 以下。

程中，概念建构按照实事领域的基本存在特质，重新开启了此实事领域。真正富有成效的概念建构，就在于从实事特质出发开启实事领域，从而显明存在领域的全部概念性不仅要符合实事，还要符合如何（das Wie）。 329

对 τί τὸ ὄν［存在者之所是］的追问，出自对 ποίησις［制作］和当前—此在（Gegenwärtig-Daseins）的规定——ποίησις［制作］作为基础性的在—此—世—存在，就是 πρᾶξις［实践］。此追问为古希腊的本体论——不是自然本体论（Ontologie der Natur）！——给出了理由（Anlaß）和最切近的着眼点。在此后的哲学史中，对存在—于—此—世的关照（auf das Sein-in-der-Welt zu sehen）被忽视了。发现 ἐνέργεια［活动状态］和 ἐντελέχεια［隐德莱希］，是柏拉图和巴门尼德准备认真实施的事情。关键不在于说出什么新东西，而在于说出古人已然所意指的内容（Es gilt nicht Neues zu sagen, sondern das zu sagen, was die Alten schon meinten）。[1]

---

① 参"手稿"，页［392］及其以下。

下篇

根据手稿内容
编订的讲稿

手稿：对应“第一节”

本讲座的意图，是为了理解出自亚里士多德研究领域的一些基本概念。更准确地说：本讲座要为倾听亚里士多德想说的内容（was Aristoteles zu sagen hat）给出某种指示。而这种指示想以下述方式来传达：我们尝试通过具体例证来倾听。 333

基本概念：一些。作出很好选择的是《形而上学》卷 Δ 中的例子。这些和那些概念中的一些：生命，运动，认识，真理。

追究：这些概念中包含着怎样的实事；这些事实如何被经验到；言及的根据何在（woraufhin），相应地，如何（以与含义相符合的方式［bedeutungsmäßig］）来表达。因此，完整的概念性本身：处在如何中的实事（Sachen im Wie）和如何本身。

通过理解概念性，会逐渐了解和熟悉科学研究的要求和可能性。因此，一种哲学不应（nicht...soll）被教授和学习。故而，我们的意图并不在于勾画亚里士多德的体系或描述哲人的个体性和形象（Gestalt）。不是哲学—问题史。唯独要倾听亚里士多德也许想说的内容（was Aristoteles vielleicht zu sagen hat）。如果哲学意指认识所言和自我表达的指导线索，那么，意图和行动（Vorgehen）就是纯粹语文学的（rein philologisch）。

文献——资料来源（Literatur—Hilfsmittel）。

手稿：对应“第二节”

目的：练习正确阅读的方式，尤其是：我们在此过程中要把注

334 意力特别放在概念性上。计划的暂时性表现在，计划就处在不会被讨论的前提之下：

第一，亚里士多德恰恰就本讲座的目的有话要说（etwas zu sagen hat）（而非**柏拉图**、**康德**或**黑格尔**）。

第二，我们已然查知：我们还根本没有达到如此高的水平，以至于我们在这些特殊方面再也没什么话可说了。

第三，若正确理解，概念性乃是任何科学研究的真正实质（而非形式上的思考技巧的事情。**谁选择了科学，谁就对概念负有责任**。

第四，科学研究、科学不是职业，而是**人的生存的一种可能性**，以及与之相应的选择和决定。

第五，在此在中有一种可能性：按照这种可能性，此在着眼于自己的解释和规定，**使自己唯独以自己为根据**（sich einzig auf sich selbst stellt）。

第六，方法性前提：就人为历史和过去开辟道路而言，**历史和过去有可能具有冲击力**——如今，最严苛的要求却为语文学提供了呼吸和活动于其中的空间（Luft）。

各项前提的要求很多，但只是语文学依赖于这些前提。**哲学**则相反，尤其今日，哲学不需要这些前提，因为，哲学由以生存的基本前提是：一切都处在最好的秩序之中。尽管思考处理的是被认为从属于哲学的实事，可**我们的处理方式却不是哲学式的，处理的结果不是哲学**。

亚里士多德能够就 φιλοσοφία［哲学］、σοφιστική［智术］和 διαλεκτική［辩证法］给予我们指点。①

① 参《形而上学》，卷Γ章 2，1004b17 以下。

手稿：对应“第三节”

目的：理解一些基本概念，把注意力特别放在概念性上。在概 335
念性之下，要理解什么？由此必须得出：我们必须将自己置于何处，才能进行概念建构并总是具体来理解概念性。

表明：

一、在何处照面的概念没有遮蔽（Wo begegnet der Begriff exponiert）？

二、这是什么意思：为何（warum）恰恰在此要这样来规定定义，为何定义要符合具有决定性的经验？

三、概念性事物扎根于何处？

四、最近的思考进程就由此出发。

传统上，研究概念的是“逻辑”（Logik）。作为学科的“逻辑学”（Logik）——研究某一划定了界限的对象领域的确定方式——是在逻辑研究走入死路之后才产生的。柏拉图和亚里士多德都不知道“逻辑学”——它是希腊化时期的学园派哲学的（der hellenistischen Schulphilosophie）产物。学园派哲学系统收集的内容，作为确定的储存转入了中世纪和近代的逻辑学，与此同时，还将作为“逻辑学”的关于提问和问题（Fragen und Problemen）的确定储存流传下来。

逻辑知道——根据亚里士多德——如像定义这样的事物：definitio fit per genus proximum et differentiam specificam［定义由最邻近的属加种差而来］。此规则反映出了亚里士多德研究的命运。

定义：

一、homo animal rationale［人是理性的动物］。

二、圆是一条封闭的、弯曲的线，线的每个点与中心的距离相等。

三、钟表是一架由各种齿轮组成的机器，它的准确运动可以报时。

补充一：在定义中照面的概念没有遮蔽。学院逻辑学(Schullogik)所讨论的内容，在康德那里得以表明。在此可以清楚

336 地看到，传统如何相当富有活力，以及研究如何得到规定；可以清楚地看到，与此同时，古代的储存似乎只是伴随(比较黑格尔，《逻辑学》［Wissenschaft der Logik］，卷三，第三部分，章2)。

何处讨论了定义？在“一般方法论”中。[①] 定义的任务就是“传达”概念的“逻辑完备性”。[②]

概念：repraesentatio per notas communes［普遍表象］。[③]——段98。[④]

质料(Materie)与形式(Form)：纯粹的直观(Anschauung)——直观与概念。[⑤] 直观的决定性——一般之物就在直观中：从何用(Wozu)出发，一般之物就在交往(Umgang)之中。决定性：“所是”(was)。

---

① 《康德逻辑学讲义》(Vorlesungen Kants über Logik. Hg. v. A. Buchenau)，见《康德文集》(Immanuel Kants Werke. Hg. v. E. Cassirer. Bd. VIII. Berlin 1923)：“第二编：一般方法论”(Allgemeine Methodenlehre)，段99—109。

② 同上，页444。

③ 同上，“第一编：一般要素论”，段1。

④ 同上，“第二编：一般方法论”，段98。

⑤ 同上，“引言”，页350。

“所是”（was）：一、我在何处看到、占有“所是”；二、“所是”意指什么；三、“所是”的起源。对“这是什么”的问题的正确且有限制的回答，就是定义。

引人注目并且指明历史：一、定义是手段——方法之物——逻辑完备性的手段：（一）手段，（二）“逻辑的”；二、定义的基本规则不是为了真实的定义。

补充二：[①] 在何处与概念照面？在对能够认识者和已认识者的清楚把握中。清楚的事情（Angelegenheit der Deutlichkeit）？为何如此规定的定义恰恰满足这一点？为何恰恰是属（Gattung）和种（Art）？谓词（Praedikabilien）、kategoremata[谓词]会是什么？

如果我们回复到历史的源头，会更为清楚地看到：ὁρισμός[定义]是一种 λόγος οὐσίας[关于本体的言辞]：

一、是按照其存在来言及存在者；

二、是就其本身而言的存在者；

三、是 ὁρισμός[定义]，因为，存在者本身可以用 πέρας[界限]来描述。

从而有了补充三：[②] 扎根（Verwurzelung）：

一、于言及、表达、自我表达之中； 337

二、通过存在者、存在与存在者交往，具有此之特质——此在。亚里士多德没[有][③] 表示“概念”的词。

Λόγος[言辞]=“概念”，某物处在言说中的方式，被表明、被

① [德文本编者注]：与页[335]上的划分有关。

② 同上。

③ [德文本编者补充]。

讨论，明显变成了如此这般的“此”，可支配，被发现。

因此，需要熟知概念扎根其中的环境。双重准备：

一、关于与存在者交往，存在—于—［此］[①]—世：ζωὴ πρακτική［实践性生存］、ψυχή［灵魂］、ἀλήθεια［无蔽］——存在与真在（Wahrsein），此在；

二、言说，言及，评论，自我表达：λόγος［言辞］，κατηγορίαι［范畴］；

三、总结：ὄν［存在］的四重性。

——引回到此在！

上述准备采取了一种描述性（darstellenden）定向。主题：存在作为此在、“此”就是存在的起源——既不是逻辑学也不是本体论，而是解释学？具体操作：就其存在而言的存在者意指什么；如何、用何种概念性来表述。

Ποίησις［制作］、κίνησις［运动］、δύναμις［能力］、ἐνέργεια［活动状态］：作成之在（Hergestelltsein）。

Εἶδος［形式］、οὐσία［本体］：此在。比较页［337］及其以下。

手稿：对应“第四节”

就其概念性而言的一些亚里士多德的基本概念：为什么不直截了当说是“基本概念”，为什么还要补充“就其概念性而言”？

概念：notio［了解］、intentio［意向］、conceptus［抓住/收

① ［德文本编者补充］。

集]、species[形貌]。粗略地说，概念指某一实事之所是，指人们在实事中理解到的内容，指人们对某物有怎样的看法。譬如，概念 κίνησις[运动]即“运动”，概念 μεταβολή[转变]即“突变”(Umschlagen)：如果我们在文本中倾听，我们就会经验到亚里士多 338
德对运动有怎样的理解，经验到他认为运动是什么。但我们不是要向亚里士多德打听他对某些对象有何理解，以便区分他的理解和后世以及现代的理解，并获得关于亚里士多德哲学的某种认识。

概念性：

我们想按照其概念性来理解那些概念，也就是说，

一、我们追问，通过概念所显明的实事原初被理解为何物。就运动之物而言，当亚里士多德尝试在其中把握运动现象时，他眼中看到了什么？在关于某个运动的此在者的经验中有着怎样的存在含义？何种存在者给出了其外观？

二、我们问：亚里士多德在如此出现的运动现象中感知到了什么？他言及此现象的根据是什么？他是尝试从已然现成在手的确定概念出发来澄清此现象——从非存在过渡到存在——，还是从出现的现象、从原初理解的实事本身中获得了他在实事中所理解到的内容？他让此现象向要求保持开放吗？

[三、在规定如此得到保证的事物时提出了怎样的问题？也就是说，提出的何种要求可以满足可理解性？可理解性要求符合实事并且与实事的交往相一致，还是对实事提出的奇怪的、幻想式的要求？(以数学方式定义伦理概念)][①]

① [德文本编者注]：“手稿”删除了这段话。

三、何种可理解性和确定性符合现象的展开(Auswicklung)？所力求的可理解性，是从实事的实施特质和与实事的正确交往(使用！)中生发出来的，并且被分配给了实事吗？还是说，某种幻想的可理解性和确定性的观念在起引导作用？要按照怎样的被解释性
339 来深入讨论看见之物和言及之物？(以数学方式定义伦理概念，以自然科学方式定义历史概念，以哲学方式定义神学概念。)

这三项要素并未详尽阐述概念性的含义，但指出了概念性的含义：

一、给予实事的基本经验(sachgebende Grunderfahrung)；

二、在先具有主导性的要求(根据)；

三、具支配性的可理解性、趋向和确定性的特质。

因此，就其概念性而言的基本概念意指：按照上述要素，就当时的概念坚持加以追问。是否如此一来所内涵的实事恰恰无法本真地得到正确理解，只有通过彻底研究才能表明。明确强调概念性，在因为对于你们而言，问题的关键应该就是概念性。不是说，你们从而要认识概念性，并且除了概念内涵还要熟悉概念性，相反：你们差不多会觉察，对于按照一些要素可以粗略地指明其为概念性，并且应当具体加以追究的事物，被引入运动的如何无非就是从根本上(in seiner Substanz)完成科学研究。但这意味着，你们必须自己完成具有决定性的工作：当你们通过自由选择投身于某一门科学时，根据你们的职分和位置(Teil und Ort)，总是要关注(aufmerksam werden)就当时的概念性发生了什么。要一能一关注(Aufmerksam-werden-Können)的条件是：人处在实事之中。但这并不是说，要你们花一个学期的时间来沉思概念，然后告诉自己：

是啊，我必须首先知道什么是语文学，然后我才能开始。这人不会有开始，因为他不会知道什么是语文学。绝不是要接受和应用亚里士多德的概念，不是要重述(nachreden)亚里士多德的概念，而是要重做(nachmachen)亚里士多德的概念！在此过程中，我没什么要做的，而只是操心：亚里士多德有机会向你们示范他的实事。

就其概念性而言的亚里士多德的基本概念：κίνησις［运动］、δύναμις［能力］、ἐνέργεια［活动状态］、ἀληθεία［无蔽］、λόγος［言辞］以及诸如此类——因此，我们应当按照所说的要素来讨论它们。340
这需要一种双重的准备措施：

一、我们理解概念性的上述要素从属于什么，理解概念性在何处具有原生性，从而理解本身是什么又如何存在；

二、我们要按照概念的、也就是亚里士多德的、古希腊的概念性来理解亚里士多德的概念，从而看到概念性的古希腊的原生性。

手稿：对应“第五节”

为了回复到古希腊的概念性和原生性，我们从最熟悉的一点出发，从概念本身现在和长久以来变得明确的方式出发：定义。在定义中，概念就是本真的概念。因此，我们反过来问：在亚里士多德那里，定义的地位如何？定义对于亚里士多德意味着什么？由此我们能为先行理解概念性获得什么？次要意图：表明变化(Wandel)，一个像定义这样的无危险的构造物(harmloses Gebilde)经历了变化；表明变化就是一种与世界本真交谈的基本可能性和方式衰败为一种思考的技术性规则(Verfall einer Grundmöglichkeit und Weise des eigentlichen Sprechens mit der Welt zu einer denktechnischen Regel）。

两个问题：概念性在何处具有原生性？如何规定古希腊的概念性？让我们通过亚里士多德来回答这两个问题。

Ὁρισμός［定义］作为 λόγος［言辞］：τὸ τί ἦν εἶναι οὗ ὁ λόγος ὁρισμός, καὶ τοῦτο οὐσία λέγεται ἑκάστου［已然存在的存在，关于它的言辞就是定义，它被称为某个事物的本体］。[1]——τὸ τί ἦν εἶναι οὐσία, τούτου δὲ λόγος ὁ ὁρισμός［已然存在的存在，关于它的言辞就是定义］。[2]——ὁ ὁρισμὸς οὐσίας γνωρισμός［定义就是关于本体的认识］。[3]

Ὁρισμός［定义］：λόγος οὐσίας［关于本体的言辞］，按照其存在为存在者划—界（be-grenzen），按照其本身指出其界限性也就是
341 完成性。在此完成 = 用……来—作成（her-gestelltseiend aus...）（关于 οὐσία［本体］—λόγος［言辞］，参本讲稿页［208］及其以下：对《论动物的部分》卷一章 1）。

Ὁρισμός［定义］作为 λόγος οὐσίας［关于本体的言辞］：

一、什么是 λόγος［言辞］，

二、什么是 οὐσία［本体］，

三、什么时候这种 λόγος［言辞］就是 ὁρισμὸς［定义］，

四、原生性的外观是怎样的？也就是问，在何种程度上向何处

① 《形而上学》，卷 Δ 章 8，1017b21 以下。

② 《形而上学》，卷 H 章 1，1042a17。

③ 《后分析篇》，卷 B 章 3，90b16。

去？同等原初性之现象（Phänomen der Gleichursprünglichkeit）（只是否定性的！）。参后文。

手稿：对应“第六节”

一、λόγος［言辞］，λέγειν［言说］：

（一）1. 关于某物的言说采取 ἀποφαίνεσθαι［表明］（δηλοῦν［显明］）方式，涉及（存在—其中）的方式是：所论通过言说而表明自身（比较 3）：为其自身按照此来表明某物，同时澄清了自身，将自身澄清为存在—其中！

2.（关于某物）向他人（譬如，向我——向某人）言说：通过关于……的言说，所论向言说对象表明了自身。

3. 关于……向……言说也是自我——某人——表达（谈论［von］我、某人、存在—其中）（就此比较公开性［Öffentlichkeit］：由作为基本方式［Grundwie］的语言给予生命之物，通过公开性而存在，比较 φεῦδος［虚假］，见 23/4 年冬季学期[①]）。

（二）与此同时，总有被如此言说之物本身，这种已然变得公开的、可支配的、可习得的、会变模糊的可理解性：τὰ δὲ κείμενα [ὀνόματα] κοινὰ πᾶσιν［确定的（名称）是所有人共有之物］，[②]“确定的词语（可支配的，曾经说出的）属于所有人”——在“某人”的从

① 参海德格尔，《现象学研究引论》（Einführung in die phänomenologische Forschung. Marburger Vorlesung Wintersemester 1923/24. Gesamtausgabe Bd. 17. Hrsg. v. F.-W. v. Herrmann. Frankfurt a. M. 1994），页 31 及其以下。

② 《形而上学》，卷 Z 章 15，1040a11。

属性中——可理解性。

这种 λόγος［言辞］就是人的基本特性，并且正是着眼于人的
342 存在方式。人：ζῷον［动物］，"有生命之物"（ζῷον［动物］是中性的，对于现代生物学的实事关联性［Sachhaftigkeit］和精神科学［或］① 自然科学的心理学而言）。Ζωή［生存］，"生活"（Leben）：作为存在—其中的存在方式，存在—其中所采取的方式是表明—解释性（aufzeigend-auslegenden）言说。

下述意义上的 ἔχον［拥有］或 ἔχειν［拥有］：τὸ ἄγειν κατὰ τὴν αὑτοῦ φύσιν ἢ κατὰ τὴν αὑτοῦ ὁρμήν［按照自己的本性或按照自己的冲动来行事］，② 自己执着并采取了"从事"（Betreibens）、"完成"（Vollziehens）方式，"从最本己的冲动出发"投入了此过程。此在，作为人（qua Mensch），就是由其本身出发，在特殊、完整意义上言说！

手稿：对应"第七节"（一）

二、῾Ορισμός［定义］作为 λόγος οὐσίας［关于本体的言辞］：

ὁρισμὸς［定义］是 λόγος οὐσίας［关于本体的言辞］，就是"按照其存在之如何，通过言及来指明存在者"。要根据其存在按其本身来言及存在者。通过用"就其本真的存在之如何而言的存在者"来翻译 οὐσία［本体］，将一种完全确定的——尽管仍然作为具有确

① ［德文本编者补充］。

② 《形而上学》，卷 Δ 章 23，1023a8 以下。

定的多重性的——含义赋予了这个词。如果按照 οὐσία[本体]这个词的含义的多重性，有可能获得一个有根据的定向，那么，λόγος οὐσίας[关于本体的言辞]从而也就一定会得到正确澄清。此外，这个词还是亚里士多德的基础性研究的名号，更准确地说，古希腊的基础性研究本身的题名——是名符其实的基本概念，是术语。对 τί τὸ ὄν[什么是存在]的追问，就是对 τίς ἡ οὐσία[什么是本体]的追问。[①] 如此才带出了存在问题。像 οὐσία[本体]及诸如此类的基础性词语，恰恰带有一种多义性，但不能因此而贬低其作为研究名号的资格。相反，一切都依赖于理解意思本身的复多性。

词语、基本词语的多义性，有可能是一种混乱的多义性：这些 343
词语被胡乱用于不同的实事，而缺乏实事认识，也不熟悉含义的使用。因此，多义性有可能恰恰在不需要具有支配地位的地方，在多义性已然是一种受实事规整的多义性的地方具有支配地位，但由于缺乏对实事的熟悉而失去了规整过程。一种不熟悉实事、无规则的使用的混乱所造成的多义性。

多义性有可能出自一种具支配性的对获得实事的无能和对解释实事的无能，出自一种特定的对区分不敏感（Unterschiedsunempfindlichkeit）。

但多义性也可能是一种意思的多义性，尤其恰恰是在与实事交往时产生的多义性，不过在此过程中交往不会成为实事的控制者。意思的变化出于对实事的正确理解。只要意思的变化总是从一开始就由如此这般被经验到和被解释的实事所控制和决定，那

① 《形而上学》，卷 Z 章 1，1028b2 以下。

么，多义性就是一种以实事为定向的多义性，如此确定下来的多义性（Vieldeutigkeit）就是一种复多性（Vielfachheit）。正是作为上述有控制的多义性，而非从与实事相违背的、有系统性的趋向出发将其修整和拉平为一种人为的单义性（Eindeutigkeit），这种多义性作为意思的复多性，才真正有资格传达对实事的具体化的理解。意思的复多性从而恰恰是对实事的恰切表达。对复多性的基础及其必然性的理解越原初，恰切性就越大。

亚里士多德对意思的复多性有明确的肯定性的意识，尤其是在基本概念领域。《形而上学》卷 Δ 将这些基本概念作为 πολλαχῶς λεγόμενα［多重说法］来处理（比较流传下来的这卷书的题名），这样做的目的不是为了取消这些说法，而是为了保存这些说法，并且是为了让我们看到这些说法本身。也许概念性正因此而得以显明。在此过程中，对客观性的直觉控制着亚里士多德。关于复多性的起
344 源和必然性，并不是说：表明（Aufzudecken）指来自对 λεγόμενα［说法］本身的理解，也就是说，来自对作为 λόγος［言辞］的 λεγόμενα［说法］的理解——因此，确定的复多性就根植于“言说”之所是之中！现在正是在为此做准备。

也许，照此说来 οὐσία［本体］的多义性并不是出自混淆和对实事不熟悉的那种多义性。但如果不是，那么，我们唯一要紧紧抓住的就是要获得正确的定向基础。由于在此要处理的是名符其实的基本概念，所以，要获得的不只是对 ὁρισμὸς［定义］——作为与 οὐσία［本体］有关的 λόγος［言辞］——的可能性的理解，而是还要先行规定其他基本概念的基础。因此，在此研究 οὐσία［本体］的意思的复多性不是为其本身之故，而总是以正确获得实事为趋向，

也就是说，以理解由作为 λόγος［言辞］的 ὁρισμὸς［定义］而言及的事物为趋向。

Οὐσία［本体］被译为“就其（本真的）存在之如何而言的存在者”。存在者的**存在**或者**存在性**所表达的是：关于存在本身要**说些什么**，存在者拥有“要素”以及诸如此类。

Οὐσία［本体］作为研究的基本词语就是**术语**。一个词就是一个术语，只要它有用语功能（als Ausdruck fungiert），用语的含义和用法来自科学研究，并且是为了科学研究而内在与科学研究。

一个词有可能被**专门并直接赋予**术语，与此同时又能揭示和把握必须如此这般来理解的实事。

但也有可能从研究性的实事探究出发，赋予某个已司空见惯的词以某种确定的含义，如此一来，被赋予的含义与已司空见惯的含义之间便有了某种渊源关系，从而使得司空见惯的含义中未能同时得到明确理解的某种含义要素，在词源学意义上获得了**主题性地位**，这就是在作为术语的词语的表达过程中以确定的方式被追问的含义要素。

手稿：对应“第七节”（二）

司空见惯的含义：先于科学的语言和外在于科学的语言中的常 345
见的词语用法的含义。符合从前的词语用法的**司空见惯的**、**自然的**言说，就是某个有生命之物、处在其世界中的人的司空见惯的、自然的存在方式。

司空见惯的含义作为**指导线索**。小心！这种含义可能已经消失了。只有对这些迹象作全面核查才行。否则很容易变成半吊子(Anders leicht dilettantisch)! 表面上有根据(Scheingründlichkeit)。在此恰恰必须对每一种语言的命运和历史性作出说明。

关于……的言说，自我言说：

自然的：也就是一种方式，此方式主要、首先和大多数情况下，并不在某个独立构成的查问中占据支配地位，何处有这样的方式在此，它就是自然的方式，自然的方式从一开始在此并且起着引导作用。

司空见惯：任何人都如此与他人言说，某人(man)理解起来毫不费力。"毫不费力"和"某人"。这是按照某种平均的可理解性和某种所有人都有支配能力的可理解性来运转的方式。词语在司空见惯中耗尽了自身：磨光了(abgeschliffen)，没了音色(ohne Ton)。

οὐσία[本体]这个词作为术语源自这种司空见惯的词语用法。[1]尤有甚者：在亚里士多德那里(及其以后)，词源学含义与司空见惯的含义相互紧密结合在一起。请牢牢把握住这一实情！而非相反的派生趋向！只按存在的含义来规定(Anweisung)，此含义是由古希腊人还有其他人不断地共同经验到的。

司空见惯的含义：财产(Vermögen)、"家产"(Hab und Gut)、家庭(Hausstand)、"田产"(Anwesen)(比较：在《政治学》和《尼各马可伦理学》[Ethica Nicomachea]中的丰富运用；博尼兹[Bonitz]，《亚里士多德文本索引》[Index]，["亚里士多德残篇"

① 参《修辞学》，卷B章13，1389b28以下：ἕν γάρ τι τῶν ἀναγκαίων ἡ οὐσία[因为，这些必要性中的一种就是本体]。

（Fragment），条 401］[①]1545a8 以下。[②]）在此，某个确定的存在者被作为本真意义上的存在而言及，本真的存在者：在前述意义上照 346
面的存在者，这样一个存在者本身与其本身一道同时经验到了其存在。存在者的存在特质也相应地得到了强调。其中所指不只是普遍的现成在手之物，而是这样的现成在手之物：它是可支配的，作为可支配之物它是当前的、可动用的，就其可动用性而言，它就是此（das Da）。它作为此之特质（Da-Charakter）：πράγματα［事情］，χρήματα［所需之物］，[③]“人们日常与之打交道的事物”，“使用的事物”。这种存在者的存在意指：一种此在（Da sein）。因此，οὐσία［本体］首先并不像是某种中立—明确的 οὐσία［本体］，相反，原本就有一种将存在经验为此—在的解释。

在司空见惯的含义将重心放在存在者之上的同时，却按照这种本真的此之如何，把握到了存在者的这种如何（Wie）的（在亚里士多德那里的）词源学含义，也就是说，把握到了存在，将存在把握为此（Da），尽管同时也意指从属于此存在的存在者，有时候甚至唯独意指从属于此存在的存在者。（“把握”是什么意思？）因此，人们用术语并不意指具有某种超历史—语义学［？］含义的存在，而是意指确定的解释。

---

① ［德文本编者补充］。

② ［德文本编者按］：根据《亚里士多德文本索引》，这里指“544a6-25”。但这个（《动物志》［De animalium historia］）中的段落根本没有研究 οὐσία［本体］，博尼兹在编入“科学院版”卷五的《亚里士多德文本索引》（Index Aristotelicus）中，在 οὐσία［本体］词条下，按 res familiaris, opes, divitiae［家产、资产、财富］的意思标出了这些出处，以及“亚里士多德残篇”，条 401，1545a18，这似乎与海德格尔的疏忽有关。（德文本编者所谓“海德格尔的疏忽”指后者错将“1545a18”写成了“1545a8”。——译注）

③ 参《尼各马可伦理学》，卷 Δ 章 1，1120b34 以下。

从而：一、以意思（τίς ἡ οὐσία［什么是本体］）的复多性为定向；二、指示将存在理解为此一在。通常：此就在交往之中并且为了交往——特定的此之经验（Da-Erfahrung）。

手稿：对应“第七节”（三）

如此一来便获得了一种对 οὐσία［本体］的意思的复多性的基本定向。尽管现在只需按照 οὐσία［本体］的复多性提出其词源学含义。

347 一、οὐσία［本体］意指（存在者的）存在、存在性、此一在。

二、οὐσία［本体］意指存在者、此在者。

在这两种可能性之中，还分别有不同含义。就第一种含义而言，意指不同的存在特质，这些特质构成此本身，每一种特质分别被称为 οὐσία［本体］。就第二种含义而言，意指不同的存在者、具有复多性者，后者符合存在的特质，因此，被作为存在者而言及。

若要提出一项以存在者的存在、以 οὐσία［本体］作为主题的研究，可以预料的是，在此研究中，也要以某种方式研究存在者或不同的存在者。因为，也许只有在存在者本身那里才能揭示存在者的存在之如何。如此一来，并非偶然的是，在这样的研究中，将出现 οὐσία［本体］含义的两种主要变化。说到底，任何真正的存在概念必然有此双重含义变化。

相应于遇见和进程的秩序（Ordnung des Antreffens und Zugangs），需要首先讨论 οὐσία［本体］的第二种含义。

补充二：δοκεῖ δ’ ἡ οὐσία ὑπάρχειν φανερώτατα μὲν τοῖς σώμασιν

[看来本体首先以实体显现出来]，[①] ὁμολογούμενται οὐσίαι[公认的本体](!)，[②]“如此看来，在我们称为 σώματα[实体]的存在者那里存在最明显地表明了自身”：ζῷα[动物]，φυτά[植物]，τὰ φυσικά σώματα[自然实体]，οὐρανός[天]，ἄστρα[星辰]，σελήνη[月亮]，ἥλιος[太阳]——“实体”(Körper)。但对于古希腊人而言，实体性(Körperlichkeit)主要并不意指物体性(Stofflichkeit)或物质性(Materialität)，相反，它意指一种特别强加的此之特质(aufdringlichen Da-Charakter)。所以，后来，τὸ σὸν σῶμα[你的身体]=σύ[你]，在此的“你”，我现在要研究的就是它；σῶμα[身体]：“奴隶”(Sklave)、“囚犯”(Gefangene)，即一个属于我的存在者，它直接归我处置，它是现成在手的。已提到的那些存在者是这样的存在者：任何人关于它的说法与其他人是一致的，人们不假思索地说这样的存在者“存在”(ist)，也就是说，它符合存在之含义，此含义引导人们言及作为存在的存在者(das Ansprechen von Seiendem als Sein)。“人们不假思索”就是人们所谓存在的一种确定的可理解性！但这个存在者在此首先并且大多处在世界之中或 348
之外(in und aus der Welt)，它的照面具有日常性，日常生活(Alltag)就围绕它运转并一直如此。οὐσίαι[本体]是复数！因此，一项追问存在者的存在的研究，只要它重视拥有基础，而非说起话来异想天开，那么，此项研究将首先关注这样的存在者：ὁμολογοῦνται δ' οὐσίαι εἶναι τῶν αἰσθητῶν τινές, ὥστ' ἐν ταύταις ζητητέον πρῶτον

① 《形而上学》，卷 Z 章 2，1028b8 以下。

② 《形而上学》，卷 H 章 1，1042a6 以下：οὐσίαι [...] ὁμολογούμεναι[公认的……本体]。

[本体被认为是那些感知到的事物，所以，首先需要探究的就在这些事物之中]。[1] 以此方式来感知，乃是复多性概念题中所应有之意（Vernahme auf dem Weg, der Sinn mannigfacher Begriffe enthält）[？][2]。

[补充一：][3] 这样的研究看上去如何，以后恰恰需要具体按照其个别步骤来探究。首先，我们当前的问题更具语义学特点：在此研究中，就存在特质表明了什么；也就是在首要的含义方向——存在性——上追问 οὐσία[本体]的含义的复多性。更准确地说，我们追问：存在特质就是此之特质吗？尤其是以某种方式从此的含义——我们在 οὐσία[本体]的司空见惯的含义中遇到了此含义——中引申出来的那种此之特质吗？

暂时以存在特质为定向，我们这样做的根据是《形而上学》卷Δ章 8。此章开头以如此典型的方式列举了上述存在者：在这些存在者那里，恰恰显现出了某种存在特质。它们是 ὑποκειμένον[向来在此之物]，[4] 它们先于其他所有事物已然就在眼前。它们的存在意指现成在手的存在，并且总是已作为遇到和言及的（Angetroffene und Angesprochene）现成在手之物，因为，它们将更进一步得到讨论。

一、如此表明了现成在手性、当前性的此之特质。但这并不是

---

① 《形而上学》，卷 Z 章 3，1029a33 以下。

② [德文本编者按]：对海德格尔速记的前面九个词的识读并不确定。

③ [德文本编者补充]。

④ 《形而上学》，卷Δ章 8，1017b13 以下：οὐ καθ' ὑποκειμένου λέγεται, ἀλλὰ κατὰ τούτων τἆλλα[它们不称谓任何基质，而是其他基质称谓它们]。

在最直接和最紧迫的现成在手之物的意义上、在家庭的意义上而言的，而是在下述事物的现成在手性的意义上而言的：田产立于其上 349 之物，地基，土地，动物，植物，山，泥土，天。所有这些事物都具有最明显的存在之特质，具有（日常的）现成在手性之特质。

二、从另一着眼点来看，作为存在特质而言及的内容，在具有前述存在方式的存在者中“共同在此”“共同现成在手”，尤其是这种现成在手性对 τὸ εἶναι［存在］、对所碰到的存在者的“存在”（das Sein）“负有责任”（schuld），并形成了 τὸ εἶναι［存在］。[①] 这种方式的 οὐσία［本体］就是 ψυχή［灵魂］。[②]“灵魂”形成了某种 qua［作为］有生命之物的存在者的特定的现成在手性，形成了存在—于—某—世的存在性。另一方面，“灵魂”是完全特殊形式的一种此之特质（比较后来对 ζωή［生存］的解释[③]）。

三、此外，在某个此在者中“共同现成在手”之物，也被称为 οὐσία［本体］，它作为共同的构成性部分和要素的方式是：拿掉同样的事物、同样的事物的不—在此（Nicht-da），就好像从它的此（Da）中、也就是说从它的存在中取出了所涉及的存在者：譬如，拿掉面，一个体也就不再在此了，拿掉线，面就不再在此了。[④] 这些要素就是 ὁρίζοντα［划分之物］，[⑤] 它们“划定界限”“构成界限”，将存在者

① 《形而上学》，卷 Δ 章 8，1017b15 以下：αἴτιον τοῦ εἶναι, ἐνυπάρχον ἐν τοῖς τοιούτοις［存在的原因，是内在于这些事物之中的开端之物］。

② 《形而上学》，卷 Δ 章 8，1017b16。

③ 见页［45］还有页［353］及其以下。

④ 《形而上学》，卷 Δ 章 8，1017b17 以下：μόρια ἐνυπάρχοντά [...] ὧν ἀναιρουμένων ἀναιρεῖται τὸ ὅλον, οἷον ἐπιπέδου σῶμα [...] καὶ ἐπίπεδον γραμμῆς［内在于开端的各部分……的毁坏也会毁坏整体，就好像面之于体……线之于面］。

⑤ 《形而上学》，卷 Δ 章 8，1017b17。

称为、标示为某个“此”(das da)。[1]有人(柏拉图派)甚至认为，此之特质的这种功能“从根本上”为所有事物确定了“数”(界限)。[2]

四、进而言之，具有 οὐσία[本体]功能的事物是 τί ἦν εἶναι οὗ ὁ λόγος ὁρισμός, [...] οὐσία [...] ἑκάστου[已然存在的存在，关于它的言辞就是定义，……是每个事物的……本体]，[3]“它是就其已然—之—所—是(Was-es-schon-war)而言的某物”，它是存在者的存在特质，此存在特质按照其源始性、按照其源自处在此中的……的性质(Herkünftigkeit, Hergekommenkeit aus...in das Da her)规
350 定了存在者。存在者的存在构成了 τί ἦν εἶναι[已然存在的存在]，存在者被称为 ἕκάστον[个别事物]，即“个别之物”，也就是说，τί ἦν εἶναι[已然存在的存在]构成存在者的个别性(Jeweiligkeit)。

五、亚里士多德按照两种形式的存在性对上述存在特质作了总结，这些存在特质被规定为：1.“最终的现成在手性”；[4] 2. 在此的“事物”，尤其是处在本己的、它的位置上的“为了其自身的”此—在。[5]这样的存在的此之特质被称为 εἶδος[形式]，也就是“外观”、“本身—看上去—如此—这般—样子”(Sich-so-und-so-Ausnehmen)。[6]

---

① 《形而上学》，卷 Δ 章 8，1017b18：τόδε τι σημαίνοντα[标明某物在此之物]。

② 《形而上学》，卷 Δ 章 8，1017b20：καὶ ὅλως ὁ ἀριθμὸς δοκεῖ εἶναί τισι τοιοῦτος εἶναι[所有数在有些人看来也具有这种特质]。

③ 《形而上学》，卷 Δ 章 8，1017b22 以下。

④ 《形而上学》，卷 Δ 章 8，1017b24：ὑποκείμενον ἔσχατον[终极的向来在此之物]。

⑤ 《形而上学》，卷 Δ 章 8，1017b25：ὃ ἂν τόδε τι ὂν καὶ χωριστὸν ᾖ[这个和可分离的存在者]。

⑥ 《形而上学》，卷 Δ 章 8，1017b26。

五个突出的存在特质是：ὑποκείμενον［向来在此之物］、αἴτιον ἐνυπάρχον［内在于开端的原因］、μόριον ἐνυπάρχον ὁρίζον［内在于开端的划分的部分］、τὸ τί ἦν εἶναι (τὸ καθ᾽ ἕκάστον)［已然存在的存在（个别的事物）］、εἶδος［形式］。显而易见，这些存在特质或多或少都意指存在者的一种此（Da）。为了将 οὐσία［本体］作为此之特质来理解，从而按照其有根据的复多性来把握 οὐσία［本体］的含义，必须更进一步深入理解此（Da）。对此（Da）这种基本现象的澄清，本身只有在按照它的此来探究它时才会成功。

指导线索曾是 οὐσία［本体］的司空见惯的含义：特出含义的此—在者和不具有中立的现成在手性的存在者，而是日常性、生命的日常性的迫近的此（das Da des dringlichen Zunächst der Alltäglichkeit），是生命在其中“煎熬”和“熬”出来的此（das Da, in dem das Leben und aus dem es “gefristet” wird）。如此一来，对此的澄清将被引回到对作为存在—其中（Sein-in）的生命的某种阐明（对“主题性”［subjektiv］的说明！）。尽管由此可先行把握正在表明的研究，但此的含义、从而还有存在含义的基本特质，或许已然被给予了，尤其是借助了我们已列举的那些特质。

手稿：对应“第八节”

关于《形而上学》卷 Z-Θ——一般讨论： 351

“从 λόγοι［言辞］（作为现象的研究[①] 或 λόγοι［言辞］）本身

① 参《形而上学》，卷 Z 章 3—4。

中得出，其他 οὐσία［本体］——ἄλλαι οὐσίαι［其他本体］（更多的）——是 τὸ τί ἦν εἶναι［已然存在的存在］和 ὑποκείμενον［向来在此之物］。"①

οὐσία αἰσθητή［可感知的本体］②原则上具有方法上（仅仅是方法上）的优先性。Σύνολον［总而言之］：着眼于范畴的原初性的秩序，οὐσία αἰσθητή［可感知的本体］ὑστέρα［较为靠后］，它是 δήλη［清楚的］，③"明白的"，"显而易见的"，也就是说，在个别的事物中，从（古希腊的）本体论的角度再也搞不出什么东西来了。方法论的基本原理本身（参耶格尔关于研究原理的论述④）。

对"人"（man）的解释：一个人所照面之物，就是一个人与之打交道的事物。"暂时的、大多具有平均性的熟悉之物，往往不清楚、不清晰、不鲜明、缺乏显而易见性，而只有少许或根本没有本真的此在。"⑤附着于此的性质（Dahaftigkeit）、到场（Präsenz），不清楚，消失了。普遍、大多、暂时，不是本真的此（Da）。个别的事物：同样具有个别性的事物，τὰ καθ' ἕκάστα［个别的每个事物］，

① 《形而上学》，卷 H 章 3，1042a12：ἄλλας δὲ δὴ συμβαίνει ἐκ τῶν λόγων οὐσίας εἶναι τὸ τί ἦν εἶναι καὶ τὸ ὑποκείμενον［从言辞中得出的其他本体是已然存在的存在和向来在此之物］。

② 参《形而上学》，卷 Z 章 3，1029a33 以下。

③ 《形而上学》，卷 Z 章 3，1029b31 以下。（这里的"1029b31 以下"有误，应为"1029a31 以下"。——译注）

④ 参耶格尔，《亚里士多德〈形而上学〉发生史研究》（Studien zur Entstehungsgeschichte der Metaphysik des Aristoteles, Berlin 1912），页 95，"注释"。

⑤ 参《形而上学》，1029b8 以下：τὰ δ' ἑκάστοις γνώριμα καὶ πρῶτα πολλάκις ἠρέμα ἐστὶ γνώριμα, καὶ μικρὸν ἢ οὐθὲν ἔχει τοῦ ὄντος［每个人都可以认识的事物和对于每个人而言的基本事物，往往是每个人只知道一点点的事物，这些事物只有很少的存在或根本没有存在］。

具有个别性特质的事物，具有“远处”和“远处的事物”的特质的事物。为何才明确出现（Wozu erst hinkommen ausdrücklich）——通过什么过程？——并且看见？这构成存在者的存在。因为，普遍和特殊完全不同。Τόδε τι［这个］：什么，就作成性的此而言的作成性（Hergestelltheit in ihrem Da）。

但由此开始（von da anheben）：从本真的解释—本体论（hermeneutisch-ontologischer）科学出发，我们恰恰有可能理解这种此（Da）。因是之故，恰恰要从如此熟悉的事物出发，从表明自 352
身如此在此的此在者出发，在这种此在者中追究附着于此的性质（Dahaftigkeit）。

如此一来，对存在者的解释就被召回到暂时范围内的存在（Sein in den Umkreis des Zunächst），这种召回是明确的，也正因为如此，对存在的极端期待，使得柏拉图从侧面看了一眼此在者，就令人难以置信地陷（verfängt）入了 λόγος［言辞］，与此同时，他也顺理成章地以古希腊的方式走错了道路（verfährt）。

参看《物理学》卷 A 章 1。原则性问题已经清楚了：τὰ συγκεχυμένα［混合物］；①τὰ καθόλου［一般的事物］，②“总体”；πατέρες［父亲］。③最接近、最熟悉的事物就是平均性的事物和普遍之物。它们中的一切都看得见、说得出、解释得出。《物理学》的这篇引言，也就是亚里士多德的这篇本体论作品，是纲领性的（programmatisch，这个词更好、更明确！）。所言针对的正是 τὰ

① 《物理学》，卷 A 章 1，184a21 以下。

② 《物理学》，卷 A 章 1，184a23 以下：ἐκ τῶν καθόλου［由普遍出发］。

③ 《物理学》，卷 A 章 1，184b13。

περὶ τὰς ἀρχάς［涉及本原的内容］。[①] 参看《论题篇》卷 Z 章 4。[②]

就其概念性而言的基本概念，譬如，οὐσία［本体］。从根本上回复到司空见惯的含义，回复到对具有日常此在的司空见惯特点的、作为存在的存在者的表达和言及，这意味着什么？生命、人的存在的日常性，就是作为一种存在方式的人的生命。在此，言说是特殊意义上的基本现象。因此，概念性：被解释性和这种存在的、具有此之方式的存在的、当时把握到的此的可能性，被发现性。

再现对这种存在的亚里士多德式的阐明，确切地说，使得在此过程中，对 λέγειν［言说］和 λόγος［言辞］的理解更为确定、与实事的关联更紧密（sachhaltiger）。与此同时，应当注意的是，已论及的存在特质——ψυχή［灵魂］、πέρας［界限］、ἀρχή［本原］、τέλος［结果］——如何参与存在者（作为生命）的存在特性。

353 手稿：对应“第九节”

人的存在：

Ζωή［生存］是人的存在的此之特质——ζῷον πολιτικόν［政治的动物］[③]——ζωὴ πρακτική (μετὰ λόγου)［（依赖言辞的）实践性生存］，[④] 可能性，πέρας［界限］，ἀγαθά［好］，ἀνθρώπινον ἀγαθόν［属

① 《物理学》，卷 A 章 1，184a15 以下。

② 《论题篇》，卷 Z 章 4，141a26 以下。

③ 《政治学》，卷 A 章 2，1253a2 以下。

④ 《尼各马可伦理学》，卷 A 章 6，1098a3：[ζωὴ] πρακτική τις τοῦ λόγον ἔχοντος［拥有言辞的实践性（生存）］。

人的好］。[①]

ψυχῆς ἐνέργεια［灵魂的活动状态］：[②]ψυχή［灵魂］：κρίνειν［分开］，κινεῖν［促动］[③]（ὄρεξις［欲求］，ποίησις［制作］），ἀκούειν［听］，ἑρμηνεύειν［解释］（在［此］[④]世界中，οὐρανός［天］，白天和黑夜）——ἀληθεύειν［去蔽］：具有当时的被发现性的此在方式，θεωρεῖν［静观］，一种可能性，διαγωγή［过活］。cura［关切］：对 ἀπουσία［不在场］的焦虑，μή ποτε στῇ［有朝一日会停止］！[⑤]无家可归（Unheimlichkeit）和被发现性。对本真的此的消失的焦虑。此：当前之在；不—陷—入—遗忘（Nicht-in-Vergessenheit-Geraten）；[⑥]就 εὐδαιμονία［幸福］而言，此之如何。

适用于一切领域的（Überall）λόγος［言辞］——κατηγορία［范畴］。

Ζωὴ πρακτική［实践性生存］——两项研究，注意：

一、Ψυχῆς ἐνέργεια (μετὰ λόγου)［（依赖言辞的）灵魂的活动状态］：τέλος［结果］、ἀγαθόν［好］、τέλειον［完全的］、πέρας［界限］、εὐδαιμονία［幸福］、ἀνθρώπινον ἀγαθόν［属人的好］决定了人的存在，不是幻象中的好！

二、Ψυχή［灵魂］：λόγον ἔχον［拥有言辞］——ἄλογα［无言

① 《尼各马可伦理学》，卷 A 章 1，1094b7。

② 《尼各马可伦理学》，卷 A 章 6，1098a7。

③ 《论灵魂》，卷 Γ 章 2，427a17 以下。

④ ［德文本编者补充］。

⑤ 《形而上学》，卷 Θ 章 8，1050b23。

⑥ 《尼各马可伦理学》，卷 A 章 11，1100b17：μὴ γίνεσθαι περὶ αὐτὰς λήθην［这些不会被忘记］。

辞]等等(双重指示!),κρίνειν[分开],κινεῖν[促动],ἀκούειν[听],ἑρμηνεύειν[解释](引回到诸现象之整体,引回到具体的存在:οὐρανός[天],白天和黑夜)——ἀληθεύειν[去蔽],διαγωγή[过活],εὐδαιμονία[**幸福**]!

Πρακτική[实践性的]:不是与“理论性”相对的“实践性”;而是操持:ἀγαθόν[好],此——此在之如何。与……的决定性言说。αἴσθησις[感知]从而还有 νοεῖν[思考]对 ζῷα[动物]具有决定性。

由《政治学》(其中是对 πολιτικόν[政治]的一个基本规定)过渡到《尼各马可伦理学》卷 A 章 6:λόγον ἔχον[拥有言辞],
354 πολιτικόν[政治]——αἴσθησιν ἀγαθοῦ ἔχον[拥有对好的感知]。平均性和日常性就是“某人”、相互。

Ἀγαθόν[好]:在何处可见? ἔργον[活动],τέχνη[技艺],προαίρεσις[抉择],开端[?]制造终点。

Ἔργον ἀνθρώπου[人的活动]? 解释的基础、要求、先行拥有、基本经验。ἔργον[活动]的被发现性:ἀρετή[优异],τέλος[结果]等等,ἄριστον[最好]。永远要紧紧抓住 πολιτικόν[政治]!

手稿:对应“第二十三节”
概念性之原生性

前述内容阐明作为在—此—世—存在的人的此在,尤其是以下述方式进行的:λόγος[**言辞**]被规定和突出为这种存在的基本特质,被规定和突出为在其中—存在:被发现性的此之如何。

将思考导向此在是出于何种意图？追问的是什么？追问的是概念性之原生性。然而，为何要追问？是为了理解概念性。然而，为什么是概念性？因为，按此可以本真地理解某个概念。“按此”(Darin)，也就是说，凭借构成概念性的事物，凭借手中的指导线索，才能理解概念性本身。抵达概念性有必要吗？应该探究概念性的地方，是概念性拥有其存在的地方，是概念性以此地为家(zu Hause)之处，是概念性之所由来和它唯一能够存在之处，是概念性应当成为其所能是之处。通过突显概念性之原生性，尤其是通过突显古希腊的概念性之原生性，对基本概念的解释任务便有了定向。

概念性可按照三个要素来描述：一、给予实事的基本经验；二、主导要求；三、具支配性的可理解性。——因此，追问概念性之原生性就是追问：所论及的特质在何处并且如何拥有其存在；其拥有方式是：这些特质就其存在而言是可能的，是从其存在中生发出来的，以至于这些特质也作为此在之物以此地为家、属于此地，也就是说，本身构成了这种存在者的一个可能性。就追问概念性之原生 355
性给予回答的意图，必定会表明某个具有我们已讨论过的方式的存在者。

得到阐明的此在。这种阐明的方式是，(在古希腊的科学中)所处理的基本概念同时获得了理解：λόγος[言辞]、ζωή[生存]、ψυχή[灵魂]、τέλος[结果]、ἀγαθόν[好]、ἀρετή[优异]、πάθος[情感遭遇]、ἡδονή[快乐]、δόξα[意见]以及诸如此类。比较解释作为重述：如此才抵达了不在此之物(so erst zu dem, was nicht da steht)——本真的解释(eigentliche Auslegung)。

一、如此描述的存在者，就此存在而言，就是概念性的可能性和基础吗？

二、此在如何成了这种可能性？（回答分为两个步骤：1 和 2）

补充一：指出：按照三个要素，概念性作为可能性存在于此在之中。但在其中可能性方才可能的存在者的存在特质意义上的“可能性”，并非似乎有可能持存于此在之前的空洞的可能性；相反，概念性本来必定以某种方式存在着。但要说概念性在存在者中已然突显出来了，却不必然如此。

1. 给予实事的基本经验，其中有能够表明自身的某个存在者，以及不断走向它的某个存在者。此在就是在—此—世—存在：世界在此，被发现具有其如此—这般的—外观。这种在其中—存在本身以某种可能的方式在此：情状。在其中—存在作为交往、操持——停留的可能性：停留于……，观望，通过自我抽离关注位置和对准过程（im Sichenthalten von Bewekstelligung und Ausrichten）而从……拥有。如何作为可能性，只有从上述问题二* 出发才能真正搞清楚。

2. 主导要求：据此言及存在者。最终根据其存在。存在的一种确定的意义，以不明确的方式，具有主导性：οὐσία［本体］的司空见惯的含义。此：当前和作成之在。所有关于存在者的表达，谈论了存在者，只要存在者“存在”（ist）并且如此“存在”（ist），这些表达按照所说的“存在”（Sein）就——另外还——拥有一个基本含义：准备好了（bereit）。

356 3. 具支配性的可理解性：彼此共在完全由 ἔνδοξα［普遍意见］

* “第二个问题”指上文“二，此在如何成了这种可能性？”。——译注

所支配，按照后者可解释一切，从后者出发，同时靠其他要素，确定的可理解性要求（显而易见—有效性观念［Evidenz- und Gültigkeitsidee］，“精确”［Strenge］），有可能被建构出来：了解，深入了解才能理解和看清方式和建构方法（Art und Ausbildungsweise）、对熟知的存在的要求。

补充二：可能性的存在之如何（Das Wie des Seins der Möglichsein），由此在本身的存在特质出发来规定。这里的特出之处在于：此存在者按照其存在恰恰被规定为可能之在。这一点符合具有生命（比较 ὄργανον［器官］——δύναμις［能力］）的存在特质的任何存在者，但按照生命的本真性之如何，任何存在者从来又各不相同。就人的此在而言：ζωὴ πρακτική μετὰ λόγου［依赖言辞的实践性生存］，就是通过 πρᾶξις［实践］而存在，也就是说，从本体论上讲，由 προαίρεσις［抉择］、ἕξις προαιρετική［抉择的状态］、ἀρετὴ［优异］来规定（就 θρεπτικόν［营养］而言：营养手段的存在，规定营养供给和膳食），对存在可能性的支配能力。概念性是生命的一种真实的可能性（生存——科学研究！）。这种作为可能之在的可能之在，对于……具有可能性，按照其存在含义，本身与某种还有—其他（Auch-anders）、某种与其—相对（Wider-sie）有关：只有从相对（Gegen）出发，才有作为可能之在的对于（Für）。与之相对（Wogegen）总也同时是对于……而言的可能之在的由来（Woraus des Möglichseins für...），后者对前者具有支配性。此在作为可能之在，是那种具有此双重含义的此在。与之相对（Wogegen）无他，而恰恰是它自身，尤其是作为 ἕξις［状态］之所由来的可能之在（ἕξις［状态］作为 πῶς ἔχομεν πρὸς［我们如何对待］），恰恰构成了此在的平均的和日常的存在。

概念性，按照三个要素，是具有双重方式的此在的一种确定的可能之在。

357

手稿：对应“第二十四节”

（一）由来：从作为与之相对的由来出发，概念性能够建构自身

通过规定此由来，我们获得了此在方式的——平均性的此在方式的——在前述问题一* 中所强调之物的特性。这同时也是下述行动的时机：由此在的存在特质出发，从本体论上更为精确地理解概念性的三个要素；后退到此在（前一特质[Vor-Charakter]）的一种基本现象；从而澄清这三个要素的统一性（被解释性）。

此在作为在其中一存在，由 λόγος[言辞]来规定，但这意味着，日常性完全由对话和对话内容所支配和遮掩[？]：用词语思考（Wortdenken）和听说（Hörensagen），传言，从书本上学来的东西（Angelesene），“报纸”。就概念性的三个要素而言，这意味着：

第一，就其此（Da）而言的存在者，任何时候都已然如此这般得到规定的交往和思考的世界，是在外观中照面的，也与外观照面，在其中一存在也是在同样的外观中照面的。对生命的理解本身已然在此。人来到世上，就生入了（wächst in）说、看和解释——关

* “问题一”指前文中的“一，如此描述的存在者，就此存在而言，就是概念性的可能性和基础吗？”。——译注

于如此照面、理解和解释的世界——的某个确定的传统。在—此—世—存在任何时候都是一种如此—这般—拥有—此—存在者（世界和生命）（Das-Seiende [Welt und Leben]-so-und-so-Haben）。这种已—如此—拥有，或者更准确地说，将世界和生命作为已然如此拥有之物，从词源学上讲就是**先行**—**拥有**（Vor-habe）。

第二，主导要求：存在的一种确定的司空见惯的含义，以同样的方式已然起着主导作用（存在——非存在：获得先行拥有、在其本身之中获得建构的方式），在先行拥有中所拥有的存在者按此含义得到评判和讨论。此在任何时候都使自身保持这种观望，本身已然围绕这种“视野”（Sicht）而运转：外观，作成之在——不明确（交往，操持着的——可交流的外观）。先行拥有已然处在某种确定的**先行**—**看见**（Vor-sicht）之中了。

第三，具支配性的可理解性。当被置于与其有关的先行看见之 358
中时，对已然如此存在于此的先行拥有的阐明，符合某种具支配性的方式，从而突出了存在者的如此明显的存在规定，突出了具体的规定—为—某物的性质（Als-was-Bestimmtheiten）。先行拥有和先行看见从属于某种确定的解释要求，从属于某种确定的显而易见之程度，从属于某种确定的指示—证明方式（精确）之下：先行把握。

先行拥有—看见—把握构成了此在的被解释性，这种被解释性完全支配着当时的此在、彼此共在，并以平均方式对解释加以规范。概念性在此首先是作为这种被解释性。**先行**（Vor）= 从一开始就在此，就此在而言这意味着：以符合存在的方式为……所控制。**在其中**—**存**在意味着，为拥有、看见、把握的这种先行—特质所决定。此在：按照已然具有支配性的被解释性而存在。

这种支配性的存在(Sein dieser Herrschaft)于λόγος[言辞]之中，在λόγος[言辞]之中现身的此在，似乎为其本身之故具有其暂时(Zunächst)和惯常(Gewöhnlich)之特点。这就给予了一种现象，此现象随后还会变得更为清楚明白。所言：句子、词语被说出和传达，在流传中被重复。要重新对讨论加以讨论(das Besprechen wieder zu besprechen)，无需回复到所言和进一步所言(weitergesprochen)，照此观点，λόγος[言辞]恰恰能够遮蔽和阻挡存在者。这意味着：言说作为按照被解释性来运转的传达，就是不明确和无意的阻挡，就是作为对……的阻挡性表达的传达，也就是说，作为误—导(Irre-führung)。在此有假象、欺骗和被欺骗的可能性，进而有虚假之物。如此由λόγος[言辞]并按照其被解释性的先行—特质所决定的此在，本身就是错误和错误之物的符合存在的可能性，进而也是虚假之物和谎言的符合存在的可能性(参见23 / 4
359 年冬季学期：错误的存在[Irrigsein]①)。λόγος[言辞]和εἶδος[形式]的内在关联，同样是所谓“假黄金”的基础——“假”关涉世界中的某种存在者。假：其中的外观看上去好像……，但实际上并非如此，这是作为假象的外观。

λόγος[言辞]的支配地位：参巴门尼德。好奇：凭此支配地位来着手，此支配地位的支持。λόγος[言辞]的支配地位与词语、词义有关。κληρονομία ὀνόματος[词语的遗产]，说的是ἡδονή[快乐]——此在解释(Daseinsauslegung)的基本概念：此概念的含

① 参海德格尔，《现象学研究引论》(Einführung in die phänomenologische Forschung. Marburger Vorlesung Wintersemester 1923/24. Gesamtausgabe Bd. 17. Hg. v. F.-W. v. Herrmann. Frankfurt a. M. 1994)，页31及其以下。

义本身原初就带有“遗产”（Erbschaft）之含义，是据为己有，尤其σωματικαὶ ἡδοναὶ εἰλήφασιν［为肉体的快乐所占据］。[①]这种日常性中最接近和最熟悉的内容攫取了解释，对解释作出预先规定。在此，词语、语言作为占有物、遗产——有滥用、失效的可能性。

通过“解救”来接纳先行给予之物，本真地建构可能性。

这个先行作为**已然在此**（时间）：可建构的可能性处在某种反—可能性（Gegen-sie）中。

这个先行作为**尚未**（noch nicht），**从—开始**（Im-vorhinein）。

“优先地位”—拥有—选择——ἕξις［状态］。

ἀρχή［本原］——λόγος［言辞］，διάνοια［思想］——σοφία［智慧］，ἐπιστήμη［知识］。

跳过并由此回归，但具有同样的可能性并处在此在本身之中。接纳传统，从正确的先行—方式（Vor-weg）出发来查问！

（二）本真的肯定性的如何。确定的如何：对于……而言的可能性

此在：具有被解释性的在其中—存在，λόγος［言辞］—支配地位，δόξα［意见］。从这种“看”出发，处在前面的、支配性的是，反对这种侵袭（Überkommen）的**具肯定性的可能性**。并非完全从这种“看”出发——荒谬。此在本身之中的被解释性，就是ὑπολήψεις［见解］，以具有原始穿透力的事物、具有本真意图的事 360
物为根据（auf das roh Durchscheinende, eigentlich Intendierte）。对

① 《尼各马可伦理学》，卷H章14，1153b33以下。εἰλήφασι τὴν τοῦ ὀνόματος κληρονομίαν αἱ σωματικαὶ ἡδοναί［肉体的快乐已然篡得快乐之名］。

先行拥有—看见—把握的把握，就是按照被解释性来把握，就是建构概念性。

Πρᾶξις[实践]：行事(Handeln)，举措(Behandeln)，磋商(Verhandeln)，讨论(Abhandeln)。λόγος[言辞]就是独立的ἀποφαίνεσθαι[表明]。λόγος[言辞]如今μετὰ λόγου[依赖言辞]是为什么？——αἴσθησις[感知]、νοεῖν[思考]、感知(Vernehmen)、观望、给出所见之物，将某物作为某物，按照其外观，当作主导性的作为—某物(Als-was)。

这意味着：一、建构先行拥有：存在者本身，应当被规定为某某事物的存在者本身，已然在此，只需要去把握——获取，首要的。二、建构主导性的作为—某物(Als-was)，ἀρχή[本原]，保证第一性的事物。三、指示—阐明的方式：λόγος τοῦ τί ἦν εἶναι[关于已然存在的存在的言辞]，εἶδος[形式]，"外观"，"就其由……而来的存在(aus...Hersein)意义上的此—在"，γένος[属]，当前性和作成性(Hergestelltheit)，出自……的源始性(Herkünftigkeit)。

实事领域的集合(Gemang)[？]，引导性的作为—某物：由它们出发，在据支配性的存在含义和指示要求的意义上(im Sinne des herrschenden Sinnes von Sein und des Anspruchs des Aufweisens)，对领域中的存在者作出规定。

一、臆测(Vermeinen)中的独立的λόγος[言辞]。

二、臆测本身，ἀληθεύειν[去蔽]作为διά[凭借]。

三、解释διά[凭借]的可能性，它的平均性。

四、λόγος καθ' αὑτὸ[以其本身为根据的言辞]的可能性，和在此(在先行拥有—看见—把握中)靠其本身作出真实διανοεῖσθαι

［筹划］的可能性，但如此一来，原初的作为—某物，就是真实的διανοεῖσθαι［筹划］本身，得到表明。

νοεῖν［思考］中的λόγος［言辞］，被发现性的基本方式，臆测性的感知。νοῦς［理智］和καλούμενος νοῦς［叫做理智的特质］，[①] 为日常性所熟知(der Alltäglichkeit bekannte)。作为διάνοια［思想］的νοῦς［理智］：διά［凭借］，支离破碎的臆测，朝向某物、作为某物的此在者。受到如此指导的感知方式，以某种方式拥有也作为某一事物(eines)的臆想之物。

被发现性

到目前为止，λόγος［言辞］就是ἀποφαίνεσθαι［表明］——ἀποφαίνεσθαι［表明］由以出发的某物就以开启和隐藏方式保持在把握之中。可能性方式：作为在此拥有的在其中—存在；接近和保持在λόγος［言辞］本身之中，但在经验中还有更多的东西即感知。 361

一项表达永远并非就是作为运动方式的完成，而是据为己有，是拥有—传达方式。参φεῦδος［虚假］。

就感知而言：并非理论性的αἴσθησις［感知］。作为感知的感知：νοῦς［理智］；作为对在其中—存在的规定——ἡδονή［快乐］：διάνοια［思想］。

行事(Handeln)，举措(Behandeln)，磋商(Verhandeln)，讨论(Abhandeln)。参“综合”。

① 《论灵魂》，卷Γ章4，429a22。

λόγος［言辞］：揭示（Aufdecken），解释（Auslegen）——作为基本现象的 λόγος［言辞］，其基本结构作为解释。

λόγος［言辞］首先并且大多：τι κατά τινος［以某物支持某物］——这就是表达和传达的存在（Sein von Aussage, Mitteilung）。

为什么？ ἀποφαίνεσθαι［表明］，作为 διανοεῖσθαι［筹划］的 νοεῖν［思考］。——因此，与看、感知联系在一起。通过 νοῦς［理智］来 ἀληθεύειν［去蔽］意指？[①] 作为某物的某物：把手（Griff）；εἶδος［形式］，genus［属］，作成性：视野（在此在中已然同时被给予了）。

为什么？ ἡδονή［快乐］、自己高兴——悲伤，δίωξις［追求］——φυγή［回避］=ζήν［生活］。情状性存在（Befindlichsein）= 此在 = 在其中—存在和从属于在其中—存在的拥有 = 也就是说，感受—“自己”—当存在于世界之中的时候、在此存在中同行时的忧虑、操心。

我们的存在，就其被发现性而言，首先并且大多是 διάνοια［思想］。φύσει οὖσα ζωή［出于自然的生存］，在其中—存在，生活，所有物。

被解释性（先行拥有—看见—把握）和 ἀληθεύειν［去蔽］的 ἕξις［状态］——ἐπιστήμη［知识］，σοφία［智慧］。

作为 διανοεῖσθαι［筹划］的 νοεῖν［思考］——ἡδονή［快乐］——λέγειν τι κατά τινος［言说某物以支持某物］——还有 ἀληθές［无蔽之物］和 φεῦδος［虚假之物］——δόξα［意见］，平均性。

① 参《尼各马可伦理学》，卷 Z 章 6，1140b31 以下。

ἀληθεύειν[去蔽]，ἀληθές[无蔽之物]：ἀδιαίρετα θιγγάνειν 362
[获得不可分之物]。λόγος καθ' αὑτὸ[以其本身为根据的言辞]：τὸ τί ἦν εἶναι[已然存在的存在]，γένος[属]，“来此存在”(Hersein)，εἶδος[形式]，“外观”——当下在此。卷 Z 章 4：特出的 λόγος[言辞]。[1]

关于研究的 ἕξις[状态]：作为处在存在者本身中的事物，基本着眼点。从哪里出发并且在哪里存在者才清楚可见：ἀρχαί[本原]。

νοῦς[理智]——普遍特性：νοεῖν[思考]，ἐπιστήμη[知识]，δυνατόν[有能力]，νοῦς ποιητικός[制作性的理智]——παθητικός[承受性的理智]，ὕλη[质料]——μορφή[样子]，κίνησις[运动]，ζωή[生存]。

ἀρχή[本原]—研究，最原初之物：ὄν ᾗ ὄν[已然存在的存在者]。

τί τὸ ὄν[什么是存在者]？“什么是”存在着的“存在者”，也就是说，什么是存在者的存在？

νοῦς[理智]——διάνοια[思想]——ἡδονή[快乐]

πῶς ποτὲ γίνεται νοεῖν[思考何时以何种方式出现]。[2]

---

[1] 《形而上学》，卷 Δ 章 4，1030a6 以下：τὸ τί ἦν εἶναί ἐστιν ὅσων ὁ λόγος ἐστὶν ὁρισμός[已然存在的存在就是这样的事物：关于它们言辞是定义]。

[2] 《论灵魂》，卷 Γ 章 4，429a13。

νοῦς[理智]：ᾧ γινώσκει τε ἡ ψυχὴ καὶ φρονεῖ[灵魂用来感知和理解的事物]。[1](βελτίστη ἕξις[最好的状态])——在—此—世—存在的存在可能性：既有**熟知的存在**、与……**变得熟知的存在**这样的方式的在—此—世—存在，[也有(als auch)][2]**自我环顾**方式的在—此—世—存在，更进一步的含义是**朝向**……的有定向的存在，**为了**……的有定向的存在，定向作为"能够"，πρὸς ἄλληλα[相互关联]，在其中—存在。自我—如此—定向。

νοῦς[理智]——νοεῖν[思考]：ἀπαθές[无情感遭遇]，δεκτικὸν τοῦ εἴδους[有能力获得形式]，[3]有可能感知到外观，它的存在符合可能性(δύναμις[能力]在本体论上的基本规定！)。μηδεμία φύσις ἀλλ' ἢ ταύτην, ὅτι δυνατόν[别无其他本性，除此能力之外]：[4]存在者的此之可能性，它的此—在的可能性，因为，这是被发现性的存在和可能之在。ἡ ψυχὴ τὰ ὄντα πώς ἐστιν[灵魂在某种意义上就是存在者]：[5]此在的在—此—世—存在和靠—它—自己—存在，
363 "就是存在者"，它的可能性是着眼于获得此(Da)，着眼于被发现性。δυνάμει τὰ εἴδη[就能力而言的形式]：[6]存在者总"是"以其"外观"在此。

ὁ ἄρα καλούμενος(就在此在的日常的自我解释中，就是"首

① 《论灵魂》，卷 Γ 章 4，429a10 以下。

② [德文本编者补充]。

③ 《论灵魂》，卷 Γ 章 4，429a15 以下。

④ 《论灵魂》，卷 Γ 章 4，429a21 以下：ὥστε μηδ' αὐτοῦ εἶναι φύσιν μηδεμίαν ἀλλ' ἢ ταύτην, ὅτι δυνατόν[因此，除此能力而外，思考别无其他任何本性]。

⑤ 《论灵魂》，卷 Γ 章 8，431b21。

⑥ 《论灵魂》，卷 Γ 章 4，429a29。

先并且大多”、就是关于 νοῦς[理智]所熟知的内容）τῆς ψυχῆς νοῦς [...] οὐθέν ἐστιν ἐνεργείᾳ τῶν ὄντων πρὶν νοεῖν[灵魂的这个特质就是理智……在思考之前，就活动状态而言，还没有什么存在者]：[1]νοῦς[理智]并非存在者的当前，可能性的本真出现，恰恰要通过实施和通过 σφόδρα νοητόν[特别适合思考的事物]，[2]也就是说，存在者（总是在 ἀρχαί[本原]中原初地得到规定）本身的存在恰恰以正确的方式，交出了（gibt...her）具有其更进一步的非原初规定性的存在者。

此外，ὁ κατ' ἐνέργειαν [τῆς ψυχῆς νοῦς] [...] καὶ τότε δυνάμει πως[符合灵魂的活动状态的理智……然后又以某种方式成为就能力而言的理智]，[3]它此后绝不会停驻于某一事物（也就是说，它不会使自己与某物混合，它只是 δεκτικόν[适合接受]，却 μηθενὶ μηθὲν ἔχει κοινόν[不拥有与任何事物共同的任何内容]，也 ἀπαθές[无情感遭遇][4]），而是此后并且一直具有可能性、在其中一存在的存在。καὶ αὐτὸς δι' αὑτοῦ τότε δύναται νοεῖν[此后它就能够靠自身来思考]：[5]它本身保持着可能性并因此是 νοητός[有思维的]，[6]本身是可通达其本身的事物，由其存在特质出发可通达其本身（这不是“反思”和“我”）。

---

① 《论灵魂》，卷 Γ 章 4，429a22 以下。

② 《论灵魂》，卷 Γ 章 4，429b3 以下。

③ 《论灵魂》，卷 Γ 章 4，429b6 以下。

④ 《论灵魂》，卷 Γ 章 4，429b23 以下。

⑤ 《论灵魂》，卷 Γ 章 4，429b9。

⑥ 《论灵魂》，卷 Γ 章 4，429b26。

ἐν δὲ τοῖς ἔχουσιν ὕλην δυνάμει ἕκαστον ἔστι τῶν νοητῶν. [...] ἐκείνῳ δὲ [τὸ οὕτως <θεωρητικῶς> ἐπιστητὸν] τὸ νοητὸν ὑπάρξει［在这些拥有质料的事物中，就能力而言，每一个都属于适合思考的事物。……在其中从一开始就有（以某种方式［静观方式］可以认识的）适合思考的事物］。[1]νοῦς［理智］的存在，作为此在本身的存在之如何，先行拥有 ὕλη［质料］——ποίησις［制作］。

ὁ μὲν τοιοῦτος [ἐν τῇ ψυχῇ νοῦς]［灵魂中的这个理智］是 τῷ πάντα γίνεσθαι［就某一点而言，可以变成所有事物］。[2] 这是怎么回事？作为对**当前之物的有感知的臆测**（vernehmendes Vermeinen des Gegenwärtigen），当场获得——γίνεσθαι［变成］——，在上述的存在的意义上的 ἐπιστήμη［知识］。

364 ὁ δὲ τῷ πάντα ποιεῖν, ὡς ἕξις τις, οἷον τὸ φῶς［就另一点而言，它可以制作所有事物，就像某种状态，譬如光］：[3] 存在：此—在，当前，作为作成之物的当前，当前的制作（Gegenwartsherstellung）。

τιμιώτερον τὸ ποιοῦν τοῦ πάσχοντος καὶ ἡ ἀρχὴ τῆς ὕλης［它要比承受者更高级，本原也比质料更高级］。[4]

臆测和 αἴσθησις［感知］——φάναι［显明］。

σύνθεσίς τις ἤδη νοημάτων ὥσπερ ἓν ὄντων［所思之物的某种综合，恰如一个存在者］：[5] 完全之在，ἓν［一个］，在此；一物总是

① 《论灵魂》，卷 Γ 章 4，430a4 以下。

② 《论灵魂》，卷 Γ 章 5，430a14 以下。

③ 《论灵魂》，卷 Γ 章 5，430a15。

④ 《论灵魂》，卷 Γ 章 5，430a18 以下。

⑤ 《论灵魂》，卷 Γ 章 6，430a27 以下。

已然与另一物同在，也就是说，具有其外观的某物，按此着眼点，τὶ κατά τινος［以某物支持某物］——在此是 καὶ τὸ ψεῦδος καὶ τὸ ἀληθές［虚假之物和无蔽之物］。[①]

不存在 τὸ ψεῦδος［虚假之物］的地方，也就是说，不存在 σύνθεσίς［综合］的地方，νόησις［思维］针对着 ἀδιαίρετα［不可分割之物］：[②] 对恰恰不可按照“作为此物”来揭示的事物的臆测（Vermeinen）。在此，对于揭示而言，不存在伪装和误—导的可能性。引领仅仅针对 τὶ καθ'αὑτό［支持其本身的某物］本身，而非针对 κατά τινος［支持某物（的某物）］。——没有着眼点，也不从属于他物。

ἀληθεύειν［去蔽］就是 σύνθεσίς［综合］，但后者作为本真的可能性，并非是在原初意义上，而是在派生意义上：ἀληθεύειν［去蔽］的平均性是由此在所决定的——διάνοια［思想］。这种 διά［凭借］以确定的方式围绕 ἀληθεύειν［去蔽］活动并停驻于此，首先通过 λόγος［言辞］——以外在方式——，但已然是 ἀποφαίνεσθαι［表明］，δηλοῦν［使变得可见］指出了基本功能。真假判断——由此出发讨论真理概念（Wahrheitsbegriffs）。反过来了（Umgekehrt）！

Αἴσθησις［感知］和 νοεῖν［思考］：τῷ φάναι μόνον ὅμιον［有似于单纯的显明］。[③]“称呼”：简单地命名，按其本身呼唤并在

---

① 《论灵魂》，卷 Γ 章 6，430a27。

② 《论灵魂》，卷 Γ 章 6，430a26 以下：Ἡ μὲν οὖν τῶν ἀδιαιρέτων νόησις ἐν τούτοις. περὶ ἃ οὐκ ἔστι τὸ ψεῦδος［关于不可分割之物的思维，内在于不存在虚假之物的事物之中］。

③ 《论灵魂》，卷 Γ 章 7，431a8：τὸ μὲν οὖν αἰσθάνεσθαι ὅμοιον τῷ φάναι μόνον καὶ νοεῖν［感知活动有似于单纯的暴露，也有似于思考］。

此拥有某物。但如果 ἡδύ［快乐之物］和 λυπηρόν［痛苦之物］照面，它们就成了 κατα-［主张—］和 ἀποφάναι［否定］。① 世界在此具有 συμφέρον［有利性质］、“有益性”，如此这般。在其中—存在由 ἡδονή［快乐］所决定，情状的存在具有“如此这般”的特点（Befindlichkeit im Sein mit dem “als so und so”）。情状就是 δίωξις
365 ［追求］和 φυγή［回避］，“趋向”于作为某物的某物，在作为某物的某物前“退缩”。解释的初步完成！某物作为某物被给予，从而 ψεῦδος［虚假之物］也被给予；伪装。σύνθεσίς［综合］，διαίρεσις［分析］：朝……去，离开……——并非只靠它自己。

只要这就是支配（Herrschaft），并且平均而言是一项任务，尽管是一项可能的任务，那么，νοεῖν［思考］和 ἀληθεύειν［去蔽］就是在此拥有，就是对其本身的简单称呼。此项任务：就主导性的作为一某物而言，后者本身不再处在其他事物之中。在此仅仅是，掌握了感知或没有掌握感知。

概念：某物作为某物——作为一特质。存在者作为什么？就其存在而言（ἀρχή［本原］，具有决定性的事物——“作为什么”——《物理学》卷 A 章 1，《形而上学》卷 Z 章 3）。

将某物作为某物来经验、在此拥有、深究、解释。λόγος［言辞］：τὶ κατά τινος［以某物支持某物］——λόγος καθ’αὑτό［符合其本身的言辞］。

---

① 《论灵魂》，卷 Γ 章 7，431a9：ὅταν δὲ ἡδὺ ἢ λυπηρόν, οἷον καταφᾶσα ἢ ἀποφᾶσα［但有了快乐和痛苦，也就有了主张和反对］。

νοῦς[理智]中的λόγος[言辞]。νοῦς[理智]作为在其中—存在由ἡδονή[快乐]所决定。ἡδονή[快乐]和作为在此拥有的在其中—存在。φόβος[恐惧]：古人——消除恐惧。澄清，理解作为存在的存在者！

δίωξις[追求]——φυγή[回避]，ὄρεξις[欲求]，νοεῖν[思考]，διανοεῖσθαι[筹划]，προαίρεσις[抉择]。

手稿：对应“第二十五节”

在这样的在其中—存在中，关于……的言说，更进一步的任务的可能性。参“讲稿”开头——接受：何种程度上的概念性之原生性？建构先行拥有、先行看见、先行把握。

先行：在其中—存在和操心，情状。参《尼各马可伦理学》卷A章12：人如何存在，人就如何言说，也就在多大程度上带来对存在者的此在的忍受，从而作出决定。

越过日常性，又如此转入了日常性，并非在哲学意义上从日常性出发。

概念建构作为ἕξις[状态]——生存，研究，科学认识。

亚里士多德——传统，柏拉图。 366

先行拥有—建构。

作为永恒的世界的最接近的部分（Das Nächste der Welt als das Immer）——本真的存在！基本经验，但却是这样的经验：以正确的方式按其本身指出其自身的经验。作为这样一种基本实情处在先行拥有之中，并且原初地造成了κίνησις[运动]。

手稿：对应“第二十六节”（一）[《物理学》][①]卷 Γ 章 1：计划

200 b12-25：μέθοδος περὶ φύσεως［自然研究］的基本主题：κίνησις［运动］以及与在其中同时被给予之物（ἕπεται, τὰ ἐφεξῆς［进而还有随后的内容］[②]）。

b25-32：先行给予存在的基本方式：ὄν δυνάμει［就能力而言的存在者］和 ἐντελεχείᾳ［就隐德莱希而言的（存在者）］，[③]从属于范畴的ὄν［存在者］，[④]进而πρός τι［关系］，[⑤]也就是“与……的关联”。

b32-201a3：κίνησις［运动］并非 παρὰ τὰ πράγματα［外在于事情］，[⑥]此在者的存在之如何，按照范畴的存在形式来规定。

a3-9：某些范畴（方才列举过的）容许一种 διχῶς［双重意义］：[⑦]此在者，如此这般；“由……向……”（von...zu...）的同样的存在者的可能性，符合运动的外观。

a9-15：κίνησις［运动］定义——λόγος κινήσεως［关于运动的言辞］。

a15-19：对运动的具体说明和澄清。

---

① ［德文本编者补充］。

② 《物理学》，卷 Γ 章 1，200b16：περὶ τῶν ἐφεξῆς［研究随后的内容］。

③ 《物理学》，卷 Γ 章 1，200b26 以下。

④ 《物理学》，卷 Γ 章 1，200b28。

⑤ 《物理学》，卷 Γ 章 1，200b28 以下。

⑥ 《物理学》，卷 Γ 章 1，200b32 以下。

⑦ 《物理学》，卷 Γ 章 1，201a3。

a19-27：同一个存在者的确定存在（Bestimmtsein）靠 δύναμις［能力］——ἐνέργεια［活动状态］，以及存在者中的运动的内在关联的可能性。

a27-b15：对运动的进一步定义和对运动的阐明。 367

手稿：对应“第二十六节”（二）

在日常性中，恰恰是在日常性中，有对永恒—在此（Immer-da）的基本经验，有作为本真存在的存在的意义的开启（Aufbrechen）。只要此在本身关涉存在，σωτηρία［保存］，不从此在中消失，存在就是本真的存在。这种存在意义，或多或少都明确主导着所有与……关于……（mit…über…）的言说，这明确使得存在者就其存在而言总是各不相同，并明确维持着这种不同。但言说特别由此掩盖了支配和主导，阻断了在其中—存在，关于……言说：ἀληθές［无蔽之物］——ψεῦδος［虚假之物］，δόξα［意见］居中，也就是说，ψεῦδος［虚假之物］通过 λόγος［言辞］而在此，传达就是误导。而恰恰是这个压倒性的此（überwältigende Da），最容易被 λόγος［言辞］掩盖（巴门尼德）——但至少对照面（Begegnen）保持开放！

古人的 ἡδονή［快乐］——φόβος［恐惧］：“恐惧”可能消失，变化、运转可能停止；担忧存在完全消失（das Fertig des Verschwundenseins），此（Da）的完结，期待当前，牢牢抓住当前。存在信念（Seinsglaube），在其本身之中还有某种存在解释和存在的被解释性。信赖之物作为熟悉之物：引入熟悉之物，保护、照看熟悉之物，驱除恐惧，διαγωγή［过活］。日常性，传统，ἔνδοξα［普遍意见］。

手稿：对应“第二十六节”（四[*]）ἐντελεχεία［隐德莱希］

参见迪尔斯，“词源研究”（Etymologica），［见］[1]《比较语言研究杂志》（Zeitschrift für vergleichende Sprachforschung），1916 年 47 辑，页 200—203。

368 就含义解释（Bedeutungsklärung），参见《形而上学》卷 Θ 章 3，1047a30。

ἐντελεχεία［隐德莱希］：保持—自身—于—完全之在中（Sich-im-Fertigsein-Halten），完全—立于眼前，当前（对……的绝对支配性）。

词源学：ἐντελεχεία［隐德莱希］以事后方才可以证实的 ἐντελεχές［完全实现之物］（比较 νουνέχεια［有理智］、νουνεχής［有理智的］、“可理解的”、“考虑周全的”（umsichtig）、“深思熟虑的”，νοῦν ἔχειν［拥有理智］），ἐντελὲς［完全］加上 ἔχειν［拥有］：完全的存在者，拥有此存在，造成存在。删掉词缀 -ες。ἐντελόμισθοι［获得了全部款项］，见狄摩斯蒂尼（Demosthenes）《反波吕克勒斯》（c. Polycl. 50, 18）：καὶ ἑτέρους ναύτας ἐντελομίσθους προσέλαβον. οἳ ἐντελῆ τὸν μισθὸν λαμβάνουσιν［而且，我付全额薪酬雇佣了其他

---

* 按文本顺序，这里应该是“三”（c），但德文本写作“四”（d），也可能是未采用“三”（c）。——译注

① ［德文本编者补充］。

水手。他们获得了全部薪酬］。[①] 迪尔斯，［“词源研究”，页］[②]203：“完全拥有”（Besitz der Vollkommenheit）——并未复述出本体论上的基本意义：保持—自身—于—完全之在中，完全之在，本真在—此（da-sein）！ τέλος［结果］：“终点”（Ende），而非最后的补充，而是某个出自制作的存在者的此之如何（Wie des Da）。本真在此（Eigentlich da）：仅仅如此存在的事物（was nur so ist），也就是说，绝非制作的事物，绝没有不存在的可能性，而是永远在此。总是已然如此完全的事物，它之所以完全，是因为它不是作成的，也没有可能性，所以，它也没有消亡的“可能”（kann）。

请看运动的这些规定的影响。λόγος κινήσεως［关于运动的言辞］：运动之为运动本身的外观，某个存在者的存在的某种方式，着眼于 φύσις［自然］同时得到说明（mitgesagt）。运动作为自我变化（sich verändernd），作为某个自我变化之物的此（Da eines Sichverändernden）。最广泛意义上的变化，不只是作为地方的变换（Veränderung des Platzes）、位置变换（Ortsveränderung）、移动（Fortbewegung）。s=c·t：这个等式并非好像要来澄清运动，而是抵达了比例秩序（Maßordnungen）的基本关联之开端；在 c 中，位置运动（Ortsbewegung）已然已 s/t 为前提。更需要做的是，澄清变化—存在，澄清作为存在者的存在之如何的变化。后世不将运动本身作为某个存在者的此在之如何，而是作为度量运动的关联体系（Bezugssystem）。亚里士多德已然通过对快和慢的规定为速度下了

① 迪尔斯，“词源研究”，见《比较语言研究杂志》，页 203。

② ［德文本编者补充］。

定义。

369 这意味着：去揭示那些存在特质，就这些存在特质按照存在者的存在对存在者作出规定而言，它们将存在者描述成了那种必须在运动中才能看到的事物——这些存在特质就是 λόγος κινήσεως［关于运动的言辞］ἐμφαινόμενα［所展现之物］。同样，κίνησις τῷ λόγῳ τῆς φύσεως ἐμπεριέχεται［关于自然的言辞中包含运动］。[①]

一、与运动本身同时被给予的一系列规定，也必须同时予以研究，以便能够按照其存在来言及任何运动之物的完整的此。它们是 πάντων κοινά［所有自然物体的共有之物］，[②]“对于（具有已提到的规定性的）任何存在者而言都是共同的”。ὑστέρα [...] ἡ περὶ τῶν ἰδίων θεωρία［接着……再思考独特之物］，[③]“接着再研究从属于当时确定的某一存在领域的特殊事物”。首先是表明应归于其本身的事物——ἀρχαί［本原］。但这并不是说，它们已然是最切近的熟悉之物，完全不是这样的（参：δεῖ μὴ λανθάνειν［一定不能忽视］[④]）。

二、ἔστι δή τι［它当真是］，[⑤]“因此，它是公开在此的某物”：第一，作为“纯粹的当前”，作为“保持—自身—于—纯粹的—完全之在中”（Im-reinen-Fertigsein-sich-Halten）；第二，在此——在树、木头、树干中，作为船的龙骨——συμφέρον［有益］，“有用”，

① 泰弥施迪厄斯，《亚里士多德〈物理学〉释义》，见同前，页 202，行 7 以下。

② 《物理学》，卷 Γ 章 1，200b22。

③ 《物理学》，卷 Γ 章 1，200b24 以下。

④ 《物理学》，卷 Γ 章 1，200b13 以下。

⑤ 《物理学》，卷 Γ 章 1，200b26：ἔστι δή τι τὸ μὲν ἐντελεχείᾳ μόνον［它当真是唯独就隐德莱希而言的存在者］。

“可用”，“适用”；由此：在交往中对……有用，而树干在此“可能”（kann）中在此。我们看到，还有从一开始就处在森林中的事物或者作为树站立着的事物。此：指向……。环顾，τέχνη［技艺］——就其环绕—存在（Um-sein）和如此—存在（So-sein）而言的世界。πρακτόν［决定要做的事情］和 λεγόμενον［被言说之物］：名符其实的此在者，以及就其此（Da）而言以及作为这个事物的此在者。就此—在而言的“可能”，就是能够按照不同的此—在方式来言说。

为理解范畴划定界限！按照本体论的基本概念之如何（Wie）先行拥有，这些基本概念就是着眼点，它们主导着按照其如此—（κινησία［动］）此在本身、按照此性（Daheit）本身来言及 κινούμενον［被动者］。

如此此在者，用范畴言及的事物，按照由此得到揭示的存在之 370
如何表现出 διχῶς［双重形式］的事物：ἐντελεχεία［隐德莱希］和 δύναμις［能力］的此（Da），具备以符合存在的方式来理解可变性的条件，作为可变的此—在是可变的——可变之物、突变（Umschlags）的此之特质！

范畴：πρός τι［关系］，“与……相关”。用某物来制作、对准某物、概括某物，按其本身，就是一种朝—向—另——事物（Auf-ein-anderes-zu）。

κίνησις［运动］的基本规定：并非 παρὰ［外在于］，[1] 并非 καθ᾽αὑτό［凭借自身］，并非 χωριστόν［可分离的事物］，不是某种处在自己位置上的、独立的（eigenständig）存在者，而是处在使

① 《物理学》，卷 Γ 章 1，200b32。

动者(Bewegenden)和运动中的存在者。运动作为“处在运动中的”存在者的一种如何—在此(Wie-da),也是符合存在可能性的一种如何(Wie),正如这些存在者的可能性是用范畴表明的。范畴没有 κοινόν[共同性],若真无就某种确定的如何而言的这种存在,也就是说,若真无就存在于此而言的这种存在,就没有作为属的存在,没有作为存在之所是的存在,也就没有自动这回事(es gibt nicht Sein, das Gattung wäre, das wäre, was es ist, ohne je solches in einem bestimmten Wie, d.h. da zu sein; nicht so etwas wie Bewegung an sich)。

ἐνεργείᾳ καὶ δυνάμει[就活动状态和能力而言]:哪个存在者? ἐνεργείᾳ καὶ δυνάμει[就活动状态和能力而言]:保持—在—某——完全之在中”(In-einem-Fertigsein-Halten),此,当前。δυνάμει[就能力而言]——重要意蕴(Bedeutsamkeit)。这种如此存在者,靠 ἐνέργεια[活动状态]而变得特出:这种如此存在者在此并且纯粹由其本身出发建构出了它的此(Da)——椅子,房屋,这个奴隶,苏格拉底,树,树干。世界:天——周围世界,最接近的地方(处境)。肯定性的此(Da)的去向—特质(Zu-Charakter):内在于并且恰恰内在于此(Da)之中,也就是说,特别是“去向”、“对于”(für)(指向……),通过 πρᾶξις[实践]的被发现性和出自 ἡδονή[快乐]、συμφέρον[有利]、ἀγαθόν[好]的 λεγόμενον[被言说之物]而显露出来。当然,首先更为接近是 ἀκινησία[不动]。

这是“就范畴而言的”存在者。Corollarium[推论],并非 παρά[外在]。存在者具有范畴之如何,具有 διχῶς[双重形式]。

Tὸ δυνάμει［就能力而言的事物］（《形而上学》卷 Θ 章 7）

何时存在个别 δυνάμει［就能力而言的］存在者？并非总是，有时存在，有时不存在，“并非从属于任何时间”，① 只是有时存在。可能之在作为“可能”（kann），是存在者的一种特出的如此— 371
此在，也就是说，是它的此的一种方式（Wie），因为，存在已然在此——已然，也就是说，δυνάμει［就能力而言］。“土就是人的存在（Mensch-Sein）的‘可能’—存在吗？在 γῆ［土］就是 σπέρμα［精子］的情况下，土才是这样的存在，但也许永远也不会是这样的存在”，② 它本身必须变成另一种“可能”。“γῆ［土］还不是 ἀνδριάς［雕像］，土必须首先变为青铜之在（Erzsein）。”③

某物由此出发变成了……，某物由此还变成了某某事物，靠存在建构（mit Sein ausmachend）我们谈论的事物，即 εἶναι［存在］——ὃ λέγομεν εἶναι［我们谈论的存在］，④ 我们言及它总是将其作为此在者：这究竟是怎么回事？这不是它的存在（Bestehens）的由来（Woraus），不是变化的由—来（Von-wo）。柱形雕像（Bildsäule）不是青铜，不具有的青铜之在的此在（Dasein von Erzsein）；箱子不

① 《形而上学》，卷 Θ 章 7，1048b37：οὐ γὰρ ὁποτεοῦν［因为，它不会在任何时候都存在］。

② 《形而上学》，卷 Θ 章 7，1048b37 以下。

③ 《形而上学》，卷 Θ 章 7，1049a17 以下：ἡ γῆ οὔπω ἀνδριὰς δυνάμει· μεταβαλοῦσα γὰρ ἔσται χαλκός［就能力而言，土还不是雕像；因为，它还要变成青铜才行］。

④ 《形而上学》，卷 Θ 章 7，1049a18。

具有木头之在的此在，不是 τόδε τι[这个]。木头本身在箱子中根本不在此，相反，箱子在此，它是 πρακτόν[决定要做之物]，箱子就其此在而言是“木制的”。[1] 箱子并非像 τόδε τι[这个]那样的另一种事物，不是木头，而是“有那种性质”（jenlich），[2] 不是另一物，而是“有不同性质”（änderlich）；就外观而言，箱子的自我表现不是木头，而是木制的存在（Hölzernsein）。某个此在者的来此存在（Herseins）的由来，它的存在（Bestehens）的由来，本身并不在此，ἐνεργείᾳ[就活动状态而言]并不在此，相反，对于我们而言，当前由最初的外观所决定：箱子。

κινούμενον, ὡς τὸ ἐκείνινον[被动者，就好像说某物是由那个所构成的]：[3] 运动不是一个存在者，而是一种此在之如何（Wie），尤其是，这种此（Da）之如何，就是一个已然在当前者的如何：外观。ἐκείνινον[由那个构成的]——ἐκεῖνο[那个]：远离之物，不是最接近的此（总是“这个此”[dies Da]，外观），与“那个”同在并且在“那个”之中，所以，它“有那种性质”。在运动之物那里：是在运动中发现的；最接近的事物，本真的当前：自身运动的事物，“它是可动的”。运动本身（*Die* Bewegung）并不在此，绝不在此！δυνάμει[就能力而言]，也是这样！参《物理学》卷 E 章 2：οὐ γὰρ τῶν ὑποκειμένων τι
372 ἡ μεταβολή[因为，某一向来在此之物，不是转变]。[4] 也许木头、树

① 《形而上学》，卷 Θ 章 7，1049a19：ξύλινον[木制的]。

② 《形而上学》，卷 Θ 章 7，1049a20：τὸ κιβώτιον οὐ ξύλον ἀλλὰ ξύλινον[箱子不是木头，而是木制的]。

③ 《形而上学》，卷 Θ 章 7，1049a33。

④ 《物理学》，卷 E 章 2，225b20 以下。

于是？运动之物也并非由运动构成！那么，什么是运动？运动不是存在者，但却是一种存在之如何（Wie von Sein），因此，由此（da）所决定！

为规定运动的定义作准备。在此，运动表现为此之如何，表现为世界的当前之在。尽管如此，对于按照其存在来正确理解世界的此，运动作为如何恰恰同时具有基础性。

一、当前性：ἐντελεχείᾳ［就隐德莱希而言］，δυνάμει［就能力而言］——ἐνεργείᾳ［就活动状态而言］。二、照面方式（Begegnisweise）：本身表现为世界，λόγος［言辞］，μετὰ λόγου［依赖言辞］的交往。三、不 παρά［超出……之外］。四、διχῶς［双重形式］。

关于“四”：将存在阐明理解为可能的当前之在，并且在此存在阐明的基础上将运动理解为这样一种运动（eine）。

κινησία［动］：比较《亚里士多德残篇》条 586：κινησίας δύο λέγει Ἀριστοτέλης γενονέναι［亚里士多德两次提到静止的形成］。①

此外：ὀνομάζεσθαι τὴν μεταβολήν［命名转变］。

言及和说明 μεταβολήν［转变］

μᾶλλον γὰρ εἰς ὃ ἢ ἐξ οὗ κινεῖται, ὀνομάζεται ἡ μεταβολή［因为，转变是按照运动之所向而非运动之所由出来命名的］。② 也就

① 《亚里士多德残篇》，条 586，1573b28 以下：ὁ δὲ Ἀριστοτέλης ἐν ταῖς διδασκαλίαις δύο φησὶ γεγονέναι [κινησίας]［亚里士多德在教学活动中两次提到（静止的）形成］。

② 《物理学》，卷 E 章 1，224b7 以下。

是问：所见之根据何在（woraufhin gesehen）？根据所朝向之物，运动之物转变“为所朝向之物”（Auf das, wohin, » in was« sich das Bewegte verändert）。[①]——οὔτε γὰρ κινεῖ οὔτε κινεῖται τὸ εἶδος ἢ ὁ τόπος ἢ τὸ τοσόνδε, ἀλλ' ἔστι κινοῦν καὶ κινούμενον καὶ εἰς ὃ κινεῖται［因为，形式或位置或这么多，都既不推动也不被推动，但存在运动者、被动者和运动之所向］。[②]——ἡ κίνησις οὐκ ἐν τῷ εἴδει［运动并不在于形式］。[③]

运动是一种存在之如何，而非当前性的存在。并非当前在运动，相反，κίνησις［运动］是一种当前之如何，也就是说，κίνησις［运
373 动］是一种本体论上的规定。运动之在是确定的存在者的当前之在的一种方式。

ἀγορεύειν［公开演说］：在市场上，在这相互共在日常发生的地方，“公开谈论”，每个人都能听取，都能够清楚地听见。自明之物的基本方式。κατηγορία［范畴］、κατηγορεῖν［指控］是一种λόγος［言辞］、说明，尤其“公开责备”某人，尤其是说出特出的事情：他现在如何如何，过去如何如何，所以要“控诉”（anklagen）他。κατηγορία τῶν ὄντων［存在者的范畴］：公—开—责—备存在者的方式。什么？它如此这般，就是说，按照经过划分的靠—其—自—

① 参《物理学》，卷 E 章 1，225a1 以下：πᾶσα μεταβολή ἐστιν ἔκ τινος εἴς τι (δηλοῖ δὲ καὶ τοὔνομα· μετ' ἄλλο γάρ τι καὶ τὸ μὲν πρότερον δηλοῖ, τὸ δ' ὕστερον)［每一种转变都是由一物转变为另一物（这个词就表明了这一点，因为，说某物在另一事物之后，表明一物在前，而一物在后）］。

② 《物理学》，卷 E 章 1，224b5 以下。

③ 《物理学》，卷 E 章 1，224b25。

存在（An-ihm-selbst-Seins）之如何来揭示存在者。

Λόγος［言辞］，λεγόμενον［被言说之物］：存在者之如何，它本身如何存在，如何能够存在。存在者：当前的此在者。οὐσία［本体］：“拥有”、“家庭”（Hausstand），我在此干活，又反过来通过干活制作出它们，使用它们。周围世界中的当前者本身的此在方式。ζωὴ πρακτική［实践性生存］：在作为 ζωὴ πρακτική［实践性生存］的在其中—存在中发现的事物——συμφέροντα［有益之物］，ἀγαθά［好］。

只因为范畴、周围世界中的存在者的此在方式，在世界中并且作为世界是现成在手的，ἀγαθόν［好］是 πρᾶξις［实践］的 πέρας［界限］，就是 πρακτόνκατὰ τὸν καιρόν［取决于关键时刻的决定要做之事］，[1] 此在方式就是有益之在（Beiträglichsein）的那种方式，有益之在被规定为建构性的完全之在。

因此，一种 καθόλου ἀγαθόν［一般的好］是没有意义的，它恰恰取消了对于存在者（ἀγαθόν［好］）具有建构性的存在规定：总是如此。ἀγαθόν［好］不仅不是“价值”这样的事物，而且根本不是先验之物（Apriori）、理想化的存在；它是其所是，它总是作为这个事物——καιρός［关键时刻］。

作为指导线索的范畴：[2] 不是图式化的，而是事先就获得了所照面的此在之如何的个别的实事关联性（Sachhaltigkeit）！并非随意形式化地受形式支配，而是首要的指示，后者恰恰必定会造成所有

① 《尼各马可伦理学》，卷 Γ 章 1，1110a13 以下。

② 参《论灵魂》，卷 A 章 1，402a11 以下。

研究。

374 在—此—世—存在的基本方式：μετὰ λόγου［依赖言辞］的所有交往，也就是，不明确地受 κατηγορία［范畴］主导，还有上述 διχῶς［双重形式］（平均之物）；不明确，隐藏着，绕道，紧靠世界——σχῆμα［形态］。

Διανοεῖσθαι［筹划］正是为了 λέγειν τι κατά τινος［言说某物以支持某物］。作为何物？ ἐντελεχείᾳ ὄν［就隐德莱希而言的存在者］：λόγος［言辞］——κατηγορία［范畴］，ψυχή［灵魂］——ἐντελεχεία［隐德莱希］，此—在和当前之在的方式，当前存在着（die Gegenwart seiend），拥有着世界（die Welt habend）。

Κατηγορεῖν［指控］：司空见惯的含义

《修辞学》卷 A 章 3，1359a18。[1] 查阅文本的内在关联，看看是什么在要求 κατηγορεῖν［指控］的可理解性和可实施性。尤其是 1358b11。[2] 根据什么我才能揭示此在者？根据其存在。“提起诉讼”，“把责任推给”他，“证实”某事。运用何种言说姿态？运用存在—于其中、具体的 ζωὴ πρακτική［实践性生存］。比较《修辞学》卷 A 章 10。

---

① 《修辞学》，卷 A 章 3，1359a16 以下：ἅπαντες [...] κατηγοροῦντες [...] οὐ μόνον τὰ εἰρημένα δεικνύναι πειρῶνται［所有……指控者……不仅想努力证明其所言］。

② 《修辞学》，卷 A 章 2，1358b10 以下：δίκης δὲ τὸ μὲν κατηγορία τὸ δ᾿ ἀπολογία［属于法庭的，有控告，也有辩护］。

手稿：对应“第二十六节”（五）

《尼各马可伦理学》卷 A 章 4：

一、没有普遍的好（Es gibt kein Gutes überhaupt）。

二、连本身绝对的好（不 πρὸς ἄλλο［针对其他事物］）也不是普遍的好。

三、即使有这样的好，也解决不了什么问题。毫无用处！

先前：πέρας［界限］——πρακτόν［决定要做之事］，在此，一项操持才达到了终点。

范畴的起源，符合并非没有意图地按照当前关于 λόγος［言辞］的提问所建构的事物，符合早已显而易见的事物。λόγος［言辞］：彼此共同谈论世界，将世界引入已揭示出来的存在。在这样的言说中，并未不明确地突出首要的事物本身，却已然有具主导性的按照 375
其此一在来解释存在者的基本方式。其中所揭示出来的事物，总是此在者的某种此之如何。

数目：原理和体系？并非偶然的是，亚里士多德摇摆不定：10 个，8 个，4 个，2 个。

命名（指涉 λόγος［言辞］）及其意涵，对于在—此—世—存在而言，在最初和普通的交往中，乃是对关于某物的言说的指引。世界在此首先通过 λόγος［言辞］、通过其当前而得到指明。此在者表明自身的方式，就是所有谈话进行的着眼点。

因此，通过这些方式得到表达和“划分”的，既不是存在者，也不是表达，也不是概念，而是当前之在的可能性意义上的存在。

一、τὰ πρῶτα τῶν γενῶν［首要的属］：[1]“作为某物”，源自……。κατηγορία［范畴］，其所是，在 λόγος［言辞］中，永远如此。被规定为某某的事物，按其存在来询问，源于范畴，它是从范畴中生发出来的。其所是，可以回溯到这个根基（Stamm）。

二、τὰ ἔσχατα κατηγορούμενα ἐπὶ τῶν ἀτόμων［关于不可分割之物的终极断言］：[2]在此，就其此（Da）而言的存在者，不会再给出可能的“作为某物”，它抵达了世界照面（Begegnens）的最终的“作为某物”。此：总是此地此时在当前，而非普遍在当前和无处不在当前（je hier und jetzt in der Gegenwart sein, nicht überhaupt und nirgends）！

三、τὰ γένη［属］。[3]

四、αἱ διαιρέσεις［分析］：[4]完全地；完全按照其可能的此（Da）来解析（Aufsplitten）存在者，从而有了可能的“作为某物”、首要的事物、所—由出（Von-woher）。任何真实的属，其所是（颜色），都是性质（quale）。

五、πτώσεις［格］，[5]casus［格］，（对存在者的此在的）λέγειν［言说］的变格。

Κατηγορία［范畴］——κατηγορήματα［谓词］：像外观一样

① 《形而上学》，卷 B 章 3，998b15。

② 《形而上学》，卷 B 章 3，998b16。参《形而上学》，92.994b21 以下，卷 B 章 3，999a15 以下。

③ 《形而上学》，卷 B 章 3，998b28。

④ 《后分析篇》，卷 B 章 13，96b25。

⑤ 《形而上学》，卷 N 章 2，1089a26。

（aussehenshaft），存在之如何。

Σχήματα τῆς κατηγορίας［从属于范畴的终极之物］：ἡ κατηγορία［范畴］，完全按照其存在言及存在者。 376

Γένη τῶν κατηγορῶν［从属于范畴的属］：总是固有的根基，而非源于另一根基。“存在”，ὄν［存在］，本身不是 γένος［属］（ὕλη［质料］，ὑποκείμενον［向来在此之物］）。[1]

手稿：对应“第二十六节”（六）

Διχῶς［双重形式］：与……相关的自我转向（Sichwenden），朝向是双重的，ἀφ᾽ ἑκατέρου τῶν ἀντικειμένων εἰς τὸ ἀντικείμενον［从对立面的一方到另一方］。[2]οὐσία［本体］：γένεσις［生成］—φθορά［毁灭］。某一此在者、当前之物、立于眼前之物，就其本身必定 δυνάμει［有能力］存在；δυνάμει［有能力］，也就是说，就其存在之如何而言，有一种“由……向……”（von...zu...）的能力。“由……向……”（von...zu...）的可能性，必定以其存在之如何为根据。因为，这种 δυνάμει ὄν［就能力而言的存在者］应该也恰恰是 ἐνεργείᾳ［就活动状态而言的（存在者）］，应该也在发生作用，而且，ἐνέργεια［活动状态］就是某个存在者的此之如何。

阐明由此展开。κίνησις［运动］就是“由……向……”本身的

① ［德文本编者按］：就“范畴”主题，亦参见“附录”中的“增补”。

② 辛普里丘，《亚里士多德〈物理学〉疏》（Simplicii in Aristotelis Physicorum libros quattuor priores commentarii. Consilio et auctoritate Academiae Litterarum Regiae Borussicae ed. H. Diels. Berlin 1882），页 92 行 41。

此（Da）。某一存在者必定从其本身出发能够如此存在。它能够成为某物——这是某一存在者本身的最本己的可能性——，这一点由范畴所表明，也就是说，κίνησις［运动］更不会是 παρά［超出……之外］。

“向……”从范畴上说：就其存在之如何而言的此在者，就是可能“由……向……”的存在。因此，εἶδος［形式］、作为在场性（Anwesenheit）的自我表现、外观中的在场性，就是可能的在场性——当前之在的方式，并且恰恰是那种方式：关于某物，关于它我说“可是它缺乏某物”。缺乏（Fehlen）=“匮乏”（Vermangeln）。操持和“匮乏”——怅然若失（vermissen）：“我太需要他了”（Ich mangle ihn sehr）。并非“匮乏”，而是当前在此拥有（da haben）：支配着某物（verfügen darüber）。

其余的 διχῶς［双重形式］：ἀναλογήσει τῷ εἴδει καὶ τῇ στερή-
377 σει［按照形式和按照阙失来比较］。[①]Κρεῖττον［较强］——χεῖρον［较弱］：或多或少。平均性是建构性的。平均性与静止。Κατηγορίαι［范畴］具有本真性，但本身并不明确；虽不明确，但在此具有平均之物的首要内容，并具有或多或少之方式。在场和不在场（An- und abwesend）。

从属于操持的周围世界：借助 κίνησις［运动］，借助揭示范畴性的此在关联（Daseinsartikulation），世界才变得明白可见，尽管作

① 文献出处同上，页 92 行 44：πανταχοῦ δὲ ἡ μὲν ἐπὶ τὸ κρεῖττον τῶν ἀντικειμένων ὁδὸς τὸ εἴδους ἔχον λόγον εἴδει καὶ αὐτὸ ἀναλογήσει, ἡ δὲ ἐπὶ τὸ χεῖρον καὶ σερητικὸν στερήσει［在所有地方，朝向对立面中的较高一方的情形，就形式而言，拥有形式的逻各斯，就比例而言也是如此；而朝向较低一方的情形，就阙失而言，是否定性的］。

为交往的此（Da）的最接近的周围世界，并不是明确和真正的主题。

Διχῶς［双重形式］：ἡ μὲν οὖν κατὰ συμβεβηκὸς μεταβολὴ ἀφείσθω· ἐν ἅπασί τε γάρ ἐστι καὶ αἰεὶ καὶ πάντων［因而，且将出于偶然的转变放在一边；因为，它存在于任何事物中，总是从属于任何事物］。[①]

本真的 μεταβολή［转变］：ἐν τοῖς ἐναντίοις καὶ τοῖς μεταξὺ καὶ ἐν ἀντιφάσει［存在于相反的事物中，也存在于居间的事物中，还存在于相对立的事物中］[②]——μεταβολή［转变］。

λέγω δὲ ὑποκείμενον τὸ καταφάσει δηλούμενον［我所谓向来在此之物，就是通过肯定命题所表明之物］，[③] 就是作为某物的某物，它在“作为某某事物”中明白可见。

为什么“逻辑的”就是现象学的？这意味着从——开始—言及（Im-vorhinein-Ansprechen），由此出发表明了某物——由此出发，作为其本身，某物因而是明白可见的。

存在作为世界的此—在。此—在：一、当前在此（gegenwärtig da）；二、从由来中在此（aus dem Her da）。——完全的：此，当前，时间！

存在者，它如此存在，并且同时还不是某物，但它能够存在。可用于……的存在（Verwendbar für ...sein）：如此此在者，以可用方式存在着，也就是说，有可能成为某某事物，它是由己之物（dies an ihm selbst），是一种“由……向……”。就范畴 διχῶς［双重形式］之如何而言的存在者。这正是一种存在可能：某物和随后的某物，

① 《物理学》，卷 E 章 1，224b26 以下。
② 《物理学》，卷 E 章 1，224b29。
③ 《物理学》，卷 E 章 1，225a6 以下。

由……到……，不完整的此（halbes da）具有“或多或少”之特点，它也有可能成为另一事物。木头，这种木头，立于眼前，具有可用性，对于作为箱子中的由此—形—成的—存在（Woraus-gemacht-worden-Sein）的此（Da）而言立于眼前。立于—眼前（Vor-liegen），现成在手的存在——静止。这种此在者，着眼于其可用之在本身，由于它在当前，所以，它处在运动或静止状态。静止只是运动的临界状态（Grenzfall）。

周围世界的此（Da）：一、平均性——διχῶς［双重形式］；二、静止。

手稿：对应“第二十六节”（七）

378 Κίνησις［运动］：τοῦ δυνάμει ὄντος［就能力而言的存在者的］、“向……某个确定的此在者的”ἐντελέχεια［隐德莱希］、“当前”，“因为它就是此物”，ᾗ τοιοῦτον［这样的存在者就是就隐德莱希而言的存在者］。[①]

Κίνησις［运动］：这种木头本身成为箱子的可能的当前（关涉箱子的存在可能）。存在可能在此存在着（daseiend），不是思想、计划、臆测，而是在周围世界中照面的。形成过程（Gemachtwerden）存在着，它就发生在作坊之中。运动之在：某个存在者处在运动之中。并非箱子在此，不是木头、储存木头的屋子在此，而是制作中的某物在此，它就在木匠的手底下！

① 《物理学》，卷Γ章1，201a10以下：ἡ τοῦ δυνάμει ὄντος ἐντελέχεια, ᾗ τοιοῦτον［就能力而言的存在者的隐德莱希——这样的存在者就是就隐德莱希而言的存在者］。

Κίνησις［运动］作为此之如何。这种 κίνησις［运动］就是 ἐνέργεια［活动状态］：作为在—加工—中（In-Arbeit-Sein）的此在之如何。运动、ἐνέργεια［活动状态］，并未消除可能性，而恰恰包含可能性，形成了可能性的此（Da）——活动着的（tätige）可能性。

此外：只有从当前性的存在者之在（Seiendsein）及其方式——意蕴（Bedeutsamkeit）、可用性以及如此等等——出发才能理解。必须看到这些规定。此、当前（在此将自身聚集为此的存在）之现象：在我面前，在我眼下、现在所在之所。当前和此：**位置性的时间性**（örtliche Zeitlichkeit）。在世界中存在——时间存在，**就是**当前存在（die Gegenwart sein）。

静止因而绝无意蕴（Ruhe also gar nicht Bedeutsamkeit）？**对于世界中的真实事物之现象具有建构性**。木头的存在与如像具有这种确定的可用性的存在不是一回事。所以，在此它只是在进行中存在着（als im Werke seiend）、在运动中存在着。然而，κινούμενα［被动者］作为在世界中照面的存在者，我们与其有关系。在加工中，某人拥有周围世界（也拥有他所感兴趣的事物，以及诸如此类的事物）。我们在手底下操持着周围世界。**连静止的事物也以这种方式在此**。在我手底下的事物，能静止，只有存在—于—手—底下的事物才能静止。并非任何不运动的存在都是静止，ἠρεμία［静］只是一种确定的 ἀκινησία［不动］：在午休时间它静止在作坊里。但如此一来，世界却经常并且大多数情况下在此，这同时也指 379
κινούμενον［被动者］。静止的此之特质，［从属（gehört）］[1] 于周围

① ［德文本编者补充］。

世界的此一在。静止毋宁说(eher)正是这样的当前：我们忘了它，没有想起它；它是一种确定方式的 ἀκινησία[不动]：现在、以前和以后停留。静止作为处在运动中的存在者的此之方式(Da-Weise)，作为世界中的所操持之物的此之方式。如此一来，其意义方才得到规定。

通常：一个存在者——“真实的事物”；它的存在不依赖于经验内容的存在和思想内容的存在。[常人(Man)]① 对待“真实性”，无需总是严格地追问和表明：[它具有]② 何种存在意义；是否从根本上特别经验到了一种意义、一种习传的意义。就此而言的“事物”：就像臆测它在此的情形，其实它根本不存在。

另一方面，人们还尚未达到来理解亚里士多德的研究的程度，更别说严格地承担起此项任务了。基于同样的理由：一种不确定的现实性概念，要诉诸于健全的人类理智。现实之物——可能之物；可能之物是非现实之物。怀着这样的准备，来处理亚里士多德的运动定义。也就是：亚里士多德说，运动就是现实性，但却是 δυνάμει[就能力而言者]的现实性、可能性的现实性，也就是非现实性(Nichtwirklichkeit)的现实性——不现实性(Unwirklichkeit)的现实性：一个矛盾——他容许保持此矛盾——，自相矛盾，辩证法！这听上去非常具有洞察力，但它背后除了思想空洞(Gedankenlosigkeit)却空无一物，也许甚至还：面对历史毫无责任心。

Κίνησις[运动]并非 παρά[超出……之外]，而是“具有”(im)

① [德文本编者补充]。

② 同上。

已提到的此之如何。“具有”（in）：比较 ἐκείνινον[由那所构成之物]。运动在此就像箱子的木头；但运动本身却不能像木头依赖于土和水那样存在，运动本身是一种此之特质、现成在手之在的方式。作为此之如何（Wie des Da）与“那些事物”（jenen）密切相连，从本体论上说，甚至这些事物本身就是 διχῶς[双重的]：κίνησις[运动]——δυνάμει καὶ ἐντελεχείᾳ[就能力而言和就隐德莱希而言]。[1] 只要一个存在者在此具有运动之在的如何（im Wie des Bewegtseins），这个存在者就具有范畴之特质，争强斗胜，具有已提到的四种范畴之特质，这些范畴都具有 διχῶς[双重形式]。 380

一个存在者作为 δυνάμει[就能力而言的（存在者）]在此、当前、在场（anwesend）、在这种如此在中现时在此——然后，我们说：“它正在被制造”，[2] 它在此处在变化中。在此，由阐明方式出发，已然明了运动如何被理解成为一种确定的在场之在（Anwesendsein）。而这种变化本身、变化中的被改变，就是 οἰκοδόμησις[建造]。[3] 改变某物的就是 ποιοῦν[制作者]——自身就处在变化之中，πάσχον[在承受]。从阐明的基础出发来理解？现场之在：自身总在变化，本身却也是另一个事物，却和我一起出现——必须忍受其本身（von sich selbst angegangen werden）。某个热的事物变成了一个冷的事物，它以改变自身、变冷的方式在此发生着改变。

并非随便什么 ἐντελεχεία[隐德莱希]、非运动之物的在场性（Anwesenheit），而是 τότε[当时]——ὅταν[那时]，αὕτη[运动]，

① 《物理学》，卷 Γ 章 1，201a20。

② 《物理学》，卷 Γ 章 1，201a17：οἰκοδομεῖται[正在被制造]。

③ 《物理学》，卷 Γ 章 1，200b18。

"不会超前也不会拉后",[①] 而是在当时(dem Jetzt)。ὁτὲ μὲν ἐνεργεῖν ὁτὲ δὲ μή[有时候有活动状态,有时候没有活动状态]:[②]"在制造中",现在 δυνάμει[有能力]成为现场之在。这种现在—δυνάμει[有能力]成为现场之在是一种临界状态:现在—δυνάμει[有能力]成为现场之在作为静止(静止和现在,在场性和时间)。一旦静止以此为根据,静止之物就是某个制造中的、被纳入制造中的存在者的一种此之如何。所有完成了的事物在此都静止在此,能够静止在此。静止对于这种此具有建构性,也就是对于意蕴(Bedeutsamkeit)具有建构性。

ἐνέργεια[活动状态],"在—制造中—存在",在被制作中此—在。解释学的实情:我和你,我们不操持它,它还是在此,它在此出现,它操持自己,它在此生长,以及诸如此类——由其本身出发,进入了当前,并且譬如静止于此——"真实性"。φύσις[自然]刻画某个存在者,它是:存在于自身之中的它自身的制造者(im Selbst der Arbeiter seiner selbst sein)。

381 οἰκία[家庭]:对于"房屋"而言的此在作为完全之在——οἰκοδόμησις[建造],它就是 ἐνέργεια[活动状态]。ἐνέργεια[活动状态]恰恰作为未完成之在(Unfertigsein)的此在,ἐντελεχεία[隐德莱希]的一种此之如何。

某物的此之如何:"在—制造中—存在"之于这种本体论—解

① 《物理学》,卷 Γ 章 1,201b5:ὅτι μὲν οὖν ἐστιν αὕτη, καὶ ὅτι συμβαίνει τότε κινεῖσθαι ὅταν ἡ ἐντελέχεια ᾖ αὐτή, καὶ οὔτε πρότερον οὔτε ὕστερον, δῆλον[因此,这就是运动,很明显,运动就发生在隐德莱希是其本身的时候,不会更迟也不会更晚]。

② 《物理学》,卷 Γ 章 1,201b8。

释学上的优先性是如何产生的？因为，存在＝作成之在。此＝在场之在，完成之在，现在、当前来此存在；处在当前之在、在此—拥有之在、自身于……停驻中。

停驻，在其中—存在，恰恰是生命的此。一块石头不会使自身停驻，它是出现。但一个动物：“它使自身停驻”就是休憩（am Busen）！θιγεῖν［触摸］和 ἁφή［触觉］：首要的和源始的在其中—存在。“居住”！οὐσία［本体］，“家庭”！“在其中”（In）=“停驻于……”，特别是“以……为家”，参《格林词典》（Grimm）！[①] 首要的解释学范畴，根本不像是空间上的包含、包含在……之中。自我停驻的依托（Wobei des Sichaufhaltens）！

到目前为止，还没有从解释学上看到：在其中—存在，停驻，当前，当前之在，情状（参《尼各马可伦理学》卷 K 章 3），等待某物，并非—在此（Nicht-da），在……面前逃走，超……走去，操心（Sorge）。等待的实施：操持。撤回突显（Überhellung zurücknehmen）！κίνησις［运动］，出于 ποίησις［制作］的 ὄν［存在者］，交往，但这首先意指世界——后来就变成了自然—范畴。这里起初是暂时的中立（Indifferenz des Zunächst）。

Παρουσία［在场］，οὐσία［本体］（比较 φῶς［光亮］）——基本阐明：ἐντελεχεία［隐德莱希］，δύναμις［能力］，ἐνέργεια［活动状态］。由此，古希腊的本体论方才名至实归（Damit kommt griechische Ontologie erst zu ihr selbst）。但这意味着：我们如何存在？

---

① 参词条 in，见《格林词典》（Deutsches Wörterbuch von Jacob Grimm und Wilhelm Grimm. Vierten Bandes zweite Abtheilung. Leipzig 1877），栏 2081 以下。

我们是何种此在？我们究竟是什么？我们是何种事物？（Wie, welches Dasein, was je, welches sine wir?）按照这些问题所主导的方向来理解一切。将此在经验为普遍的本体论任务。常人（Man）意味着，某人与意识、人格（Person）和生命［打交道（zu tun）］①。在此，一切都失灵了（Hier versagt alles）。参雅斯贝尔斯（Jaspers）。

Κίνησις［运动］是一种此之方式，σῴζει τὴν δύναμιν［它保有能力］，② 保有 δυνάμει ὄν［就能力而言的存在者］，它将后者包含在此（Da）中——将它保持在不完全之在中，容许它此—在（da-sein）。
382 δυνατόν［有能力］就是 ἀτελές［无结果］，③ 也从而就是它的此之如何，作为这种 ἀτελές［无结果］，是这样一种事物：它“保有上述此之如何”，它就是 κίνησις［运动］。完全（Fertig）：就是已然结束了。ἐνέργεια［活动状态］：此，尚—未—完全。οἰκία［家庭］：完全（das Fertig），但并非达到其终点的 δυνάμει［就能力而言的］完全。τελειότης［完满］与此之如何有关。它的本真性对于 δυνάμει［就能力而言的（事物）］而言，恰恰就是 ἐνέργεια［活动状态］。运动的持续：如果这种此之如何停止了，那么，房屋就在此完成了——不再有运动，不再处在运动之中。

---

① ［德文本编者补充］。

② 泰弥施迪厄斯，《亚里士多德〈物理学〉释义》，见 205, 22：κίνησιν λέγω καὶ τελειότητα τῆς δυνάμεως. πᾶσα γὰρ τελειότης σῴζει ὃ τελειοῖ［我认为，运动就是能力之完满。因为，所有完满之物所保有之物都可以臻至完全］。213, 1 以下：ἄλλη δέ ἐστιν ἐνέργεια ἡ τοῦ δυνάμει ὄντος ἐν τῷ ζουσα αὐτοῦ τὸ δυνάμει［还有另一种活动性，它属于就能力而言的存在者，就处在保有就能力而言的存在者的那些事物之中］。

③ 《物理学》，卷 Γ 章 1，201b32。（德文本此处为“章 1”，有误，应为“章 2。——译注）

手稿：对应“第二十七节”（一）[《物理学》卷 Δ][1] 章 2

强调。

一、[201 b16-18][2]：主题：总体看来，(1)“从以前的解释者在讨论中得出的内容出发”，[3] 因为，(2)“另作阐明并非易事”。[4]

二、201 b18-24：归入了哪个 γένος[属]？怎样一种本体论的名称？存在特质：“他在”（Anderssein）、“不等之在”（Ungleichsein）、“非存在”（Nichtsein）。[5]

三、201 b24-27：κίνησις[运动]现象本身中对于这种本体论的源始性而言的 αἴτιον[原因]：ἀόριστον[不定者]，[6] 符合它的 ἀρχαὶ[本原]（ἑτέρα συστοιχία[另一系列]）。[7]

四、201 b27-202a3：对于 ἀόριστον εἶναί[不定的存在][8] 而言的 αἴτιον[原因]，考虑到了一切的对 κίνησις[运动]的本真规定。

---

① [德文本编者补充]。

② 同上。

③ 《物理学》，卷 Γ 章 2，201b16 以下：ἐξ ὧν οἱ ἄλλοι περὶ αὐτῆς λέγουσιν[从其他人关于运动的说法出发]。

④ 《物理学》，卷 Γ 章 2，201b17 以下：μὴ ῥᾴδιον εἶναι διορίσαι ἄλλως αὐτήν[以其他方式定义它并非易事]。

⑤ 《物理学》，卷 Γ 章 2，201b20：ἑτερότητα καὶ ἀνισότητα καὶ τὸ μὴ ὂν[他在、不等之在和非存在]。

⑥ 《物理学》，卷 Γ 章 2，201b24。

⑦ 《物理学》，卷 Γ 章 2，201b25：τῆς δὲ ἑτέρας συστοιχίας αἱ ἀρχαὶ[另一系列的本原]。

⑧ 《物理学》，卷 Γ 章 2，201b28。

383 五、202 a3-12："使动者(das Bewegende)也处在运动之中"，但那样的事物只是本身"可动的"事物、[①][能够(zu)][②]运动的事物(was [zu] bewegen ist)。可动(Bewegbar)：有时不处在运动中的事物，以及其 ἀκινησία[不动]就是"静止"的事物，[③]也就是说，不—在—运动—之中是一种确定的情形，它并不完全处在运动可能(Bewegtseinkönnens)[之(des)][④]外。

手稿：对应"第二十七节"(二)

先前的范畴规定阐明了什么：一个存在者，它不必非得被理解为运动之物。它有可能是一个运动之物，我由此运动之物中得出了已提到的看法。但这些看法本身并非关于处在运动中的某个存在者的看法。从而表明，运动定义必须满足何种要求，也就是说，运动定义应该是什么：给出了那些存在特质，这些存在特质使得作为处在运动中的事物(als in Bewegung befindliches)的某个存在者的此(Da)变得明白可见。

结论：如果这些存在特质不符合运动，就意味着，将存在的基本特质视为本真而又唯一的特质的本体论，不只是没有能力与运动

---

① 《物理学》，卷 Γ 章 2，202a3 以下：κινεῖται δὲ καὶ τὸ κινοῦν [...], τὸ δυνάμει ὂν κινητόν[为像已提到的每个事物那样的使动者所推动的，是就能力而言运动着的存在者]。

② [德文本编者补充]。

③ 《物理学》，卷 Γ 章 2，202a5：τούτῳ ἡ ἀκινησία ἠρεμία[对于后者而言，不动就是静止]。

④ [德文本编者补充]。

相符合，而且，一旦表达出来，也就**错了位**（verstellt）；它只是看上去用范畴把握住了运动，这样的本体论传统阻断了通向运动的道路，与此同时，它还使得一种形式化的体系成为可能。

ἑτερότης［差异］，ἀνισότητα［不等之在］，μὴ ὄν［非存在］：

很多事物与其他事物不同（这是由“他在”所决定的），但也正因为如此，作为这样的事物，在运动中碰不到它们。一个人通过相对于公牛而言的 ἑτερότης［差异］而得到规定，但是，就此而言他却 384
没有运动。10 与 5 “不相等”、ἄνισα［不等］，但却不会因此而处于运动之中。

无疑，意见的代表有可能会认为，ἑτερότης［差异］并没有这样的含义，相反，必须将“他在”理解为处在运动之中的**存在者本身的**规定；“他在”并不与他者相关，**在其本身之中**就有他在。然而，由要素的某种复多性来描述的事物，或者 δυνάμει［就能力而言］和 ἐνεργείᾳ ὄν［就活动状态而言］的事物，并不处在运动之中。木头能够成为箱子并且作为木头而在此——这是由 ἑτερότης［差异］本身所决定的——，却不能被规定为运动之物。

但或许，ἑτερότης［差异］被理解成了 ἑτεροίωσις［他者化］，“变化”（Anderswerden）。可这样一来，就要用运动来定义运动了（ἑτεροίωσις［他者化］就是 ἀλλοίωσις［变化］，ἕτερον［一个］——ἄλλο［另一个］）。

只要不从当前性出发将 κίνησις［**运动**］**理解为当前性的一种方式，就不可能从本体论上把握** κίνησις［**运动**］。

特性（Chrarakteristik）就来自 μὴ ὄν［非存在］，只要后者没有被当成绝对—普遍—非—此在者（Schlechthin-überhaupt-nicht-

Dasein)，而是被当成了尚不确定的某物，而可能性就以此物为根据。但这还不够，因为，κατὰ συμβεβηκός［根据属性］所作的某种规定，并不总是运动之物，不是它的此、当前之在的如何，相反，与同他者的关系出发：任何存在者之所是，并非很多他者之所是(Jedes Seiende ist etwas, vieles andere ist es nicht)。必须通过这种非存在，所有事物方才处于运动之中。

手稿：对应“第二十七节”(三)

其存在由差异、不相等性、非存在来规定的事物，并没有被规定为存在于运动之中。因此，它毋庸置疑不能称为运动的存在者。另一方面，可以这样来阐明运动：将运动规定为某个存在者之如何，就此规定来看，可将此存在者视为运动的存在者。

为什么是这些 ἀρχαὶ［本原］？这种范畴性理解的母题何
385 在，尤其是就静物而言？运动作为不可动之物(Bewegung als Unbewegbares)！就现象而言，συνεχές［连续］意指什么？[①] 从属于那种规定的静止之物，看上去符合这种现象之物(dieses Phänomenale)。这些［ἀρχαὶ(本原)］[②] 中没有哪个可以在范畴意义上决定某个存在者(相反，它们只是形式—本体论上的规定)，κίνησις［运动］也并非某种有现实规定的存在者(从根本上针对柏拉图)。因此，人们可以说运动之物的存在(Bewegtes-Sein)运动着：分有运

① 《物理学》，卷 Γ 章 1，200b16 以下：δοκεῖ δ' ἡ κίνησις εἶναι τῶν συνεχῶν［运动看上去从属于连续之物］。

② ［德文本编者补充］。

动本身（der Bewegung），人们可能打算从 κοινωνία［共享］出发来规定运动之物的存在，却均未切中目标！与此相对，在亚里士多德那里，范畴却是对运动者的存在者作存在分析的指导线索，也就是说，是对关于此在者本身的具体经验作存在分析的指导线索。对运动的阐明并未采取反命题的方式（in Antithese）［？］，而是从属于原初正确的“看”的一种实事。[①] εἶδος οἴσεταί［承载着形式］：[②] 总是拥有符合范畴的某种“外观”，紧随着某种“自我表现”——运动的先行拥有完全清楚明白。

οἴσεταί εἶδος τὸ κινοῦν［使动者承载着形式］：[③] 某种“外观”，“自我指导”，某种“自我表现”——在此，在此之中（dahin, in Da）：本身—看上去—如此—这般—样子（Sich-so-und-so-Ausnehmen）。

章 3：κίνησις［运动］和 κινεῖσθαι［激动起来］，κίνησις［运动］：ποίησις［制作］—πάθησις［承受］，[④] 就像 διάστασις［分析］和 διίαστασθαι［被分析］。[⑤] τὸ ἐνέργειαν εἶναι［活动状态的存在］[⑥] 对于 κίνησις［运动］而言。

进入此（das Da）中和从此中消失作为此在者本身（当前，作成

---

① 《物理学》，卷 Γ 章 2，202a2：ἰδεῖν［看见］。

② 《物理学》，卷 Γ 章 2，202a9：εἶδος δὲ ἀεὶ οἴσεταί τὸ κινοῦν［使动者总是承载着形式］。

③ 同上。

④ 《物理学》，卷 Γ 章 3，202a22 以下。

⑤ 《物理学》，卷 Γ 章 3，202b17 以下。

⑥ 《物理学》，卷 Γ 章 3，202b21 以下。

性）之如何：γένεσις［生成］—φθορά［毁灭］，由非—在此（Nicht-da）进入此；αὔξησις［生长］—φθίσις［衰落］，生长，或多在此——或少在此，减少；ἀλλοίωσις［变化］，通过构成之在（Beschaffensein）变成他物，不增加或减少（nicht zu-oder ab [nehmen][①]），不离开；φορά［移动］，从一处到另一处。[②]

386 运动是 ἀόριστον［不定的］：ὅταν γὰρ ὁρισθῇ, παύεται［因此，一旦被限定，它就停止了］（泰弥施迪厄斯，211，12）。[③]"此在"：处在它的位置上，稳定而又完全地处在界限之内（fest fertig in den Grenzen sein）。如果我确定了界限，运动就停止了，我也就不拥有运动了。为了能够按照具不—在—位置上—确定地—存在（Nicht-am-Ort-fest-Sein）来理解运动，甚至将其理解为位置转换，理解变化，必须按照不确定性（Unbestimmtheit）范畴来描述运动。

Θεῖναι ἐν ἄλλῳ γένει［放在其他属中］[④]——εἰς ταῦτα［（放）进这些属中］：ἑτερότης［差异］，ἀνισότης［不等］，μὴ ὄν［非存在］。不会对来源性（Abkünftigkeit）、此在之如何作其他规定。

由就其此在所提出的特质决定的事物，不必然是自身运动的存在者。已提及的特质足以将就其此在（in seinem Dasein）而言的某个存在者规定为存在于运动之中的存在者吗？如果不足以如此，那

① ［德文本编者补充］。

② 《物理学》，卷 Γ 章 1，201a12 以下。

③ 泰弥施迪厄斯，《亚里士多德〈物理学〉释义》，见 211，12。

④ 《物理学》，卷 Γ 章 2，201b18 以下：οὔτε γὰρ τὴν κίνησιν καὶ τὴν μεταβολὴν ἐν ἄλλῳ γένει θεῖναι δύναιτ' ἄν τις［因为，谁也不可能把运动和转变放进其他属中］。

么，唯独以这些特质为根据的某种本体论就没有能力言中存在者，甚至——在此只是作为 -λογία［—所言］所意指的内容——作为自我表达，这种本体论（sie）起了隐藏、掩盖作用。通过 λόγος［言辞］的这种掩盖作用，这种本体论妨碍了此在解释，运动指向了所是（die Bewegung wird zum Was）——这就是传统！在 λόγος［言辞］的（seiner）尝试中，充其量（radikal zu sein），只有不完整性（Halbheiten）。如果按照它的此（Da）来如此规定某个存在者，就像亚里士多德规定 κίνησις［运动］那样，此存在者就处在运动之中。

这种 τιθέναι［归置］① 的根据何在？κίνησις［运动］是一种 ἀόριστον［不定］（同上）。为什么？因为，不可 ἁπλῶς θεῖναι εἰς δύναμιν［简单地放进能力之中］，也不可 εἰς ἐνέργειαν［（简单地）放进活动状态之中］。② 不可 ἁπλῶς［简单（归置）］，而要对特质加以 σύνθεσις［综合］。ἕν［一］作为此（Da）怎么就是变化的当前之在？因此，

一、一般而言的 δύναμις［能力］和 ἐνέργεια［活动状态］（由此—在—存在［Da-sein-Sein］出发，对于处在运动中的此—在具有建构性）；

二、并非全然、就其本身而言：存在者、运动之物是另一种事物，如此存在的某物，然而，是如何存在的某物？过渡——“由……向……”。

---

① 《物理学》，卷 Γ 章 2，201b24。

② 《物理学》，卷 Γ 章 2，201b28 以下：οὔτε εἰς δύναμιν τῶν ὄντων οὔτε εἰς ἐνέργειαν ἔστιν θεῖναι αὐτήν［不可将其放进存在者的能力之中，也不可放进存在者的活动状态之中］。

387 Κίνησις[运动]：ἐνέργεια[活动状态]，但却是 τοιαύτη[那种（活动状态）]，[1] 也就是说，δυνάμει ὄντος[属于存在者的就能力而言的事物]，并且本身 ἀτελής[尚无结果]，[2] 但 ἐνδεχομένην δὲ εἶναι[却是有可能的]，“却是碰得到的（vorfindlich）某物”，尽管“难以见到”。[3]

静止：此在的一种如何，能够处在运动中的那样一种事物的此。ἀκινησία[不动]（比较 οὐσία[本体]！）更进一步：“不动性”（Unbewegtheit）。（一）并非—现在—在—运动中—存在（Nicht-jetzt-in-Bewegung-Sein）；（二）不会涉及（unbetreffbar）在—运动中—存在。

ἐνεργεῖν πρὸς τὸ δυνάμει ὄν, ᾗ τοιοῦτον, αὐτὸ τὸ κινεῖν ἐστιν[对就能力而言的存在者本身所施加的活动，它就是促动]。[4]“促动就是将—这种—如此—可能的—存在者—引入—此（Dieses-so-mögliche-Seiende-ins-Da-Bringen）。使动者通过 θίξις[接触]——简单、直接的拥有、施加影响——也就是说，某物与它本身一道发生（参普朗塔尔（Prantl）的注释[5]）。引入其中：被带来和带来（Geb-

① 《物理学》，卷 Γ 章 2，202a1 以下：ἐνέργειαν μέν τινα εἶναι, τοιαύτην δ' ἐνέργειαν οἵαν εἴπαμεν[它是某种现实性，也就是我们已说过的那种现实性]。

② 《物理学》，卷 Γ 章 2，201b32。

③ 《物理学》，卷 Γ 章 2，202a2 以下：χαλεπὴν μὲν ἰδεῖν, ἐνδεχομένην δ' εἶναι[这尽管难以见到，却是有可能的]。

④ 《物理学》，卷 Γ 章 2，202a5 以下：τὸ γὰρ πρὸς τοῦτο [τὸ δυνάμει ὄν] ἐνεργεῖν, ᾗ τοιοῦτον, αὐτὸ τὸ κινεῖν ἐστι[因为，对这样的事物（就能力而言的存在者）本身所施加的活动，它就是促动]。

⑤ 《物理学》，卷 Γ 章 2，202a8 以下：συμβαίνει δὲ τοῦτο θίξει τοῦ κινητικοῦ, ὥσθ' ἅμα καὶ πάσχει[此过程的发生靠与能动者的接触，所以，能动者也同时有所遭受]。[德文本编者按]：普朗塔尔将这些词语作为窜入的异文放在了方括号中。

rachtwerden und Bringen)，比较 ποίησις［制作］—πάθησις［承受］。在—运动中—存在是一种此之如何。

Κίνησις［运动］是此的一种如何

在场性质(Anwesenheit)，尤其是一种确定的在场性质。作为在场性质，并且作为这种确定的在场性质，运动使得时间、现在变得明确：现在在此(Jetzt da)。

Κινησία［动］和 ἀκινησία［不动］。

与 Κίνησις［运动］同在的恰恰是存在于运动之中的如何—可能性(Wie-Möglichkeiten des Seins in Bewegung)。比较意蕴(Bedeutsamkeit)——静止。

静止毋宁造成了当前之印迹(Eindruck)，甚至使得我们与此同时忘记了：静止就是 ἀκινησία［不动］，就是非本真的运动，也就是说，πρότερον［先］——ὕστερον［后］隐藏为现在(Jetzt)，甚至隐藏为持续(Dauer)，也就是说，πρότερον［先］——ὕστερον［后］
在此(da)，却被置入了现在。我需要的不是明确地、不加隐藏地跃 388
入现在，而是隐蔽地跃入现在。

亚里士多德追问的是**程度**(Inwiefern)。他们是**如何**达到的(Wie kamen sie dazu)？他们的确以某种方式看到了运动之物。什么本身按照其表明自身的方式要求这种言及(Was an ihm selbst, in dem, wie es sich zeigt, verlangte dieses Angesprochenwerden)？这种反问是**肯定性**的批判，再度显明了不充分性(Ungenügen)。

Χαλεπὴν ἰδεῖν[难以看见]，“却是能够存在的某物!”[①] 首要的事物就是表明了自身的事物：运动之物在此。我是怎样将其带到我面前的？并非以先前的方式。因此：对此的看见（Sehen des da），就是尚未作成之物的在场性质。只是有可能，如果看见了在场性质，也就是说，着眼于其本真的基础，使得本体论上的困难性变得明确：当前（停驻——当前）。存在本身被看作在其中—存在，并根据基本可能性来观察。

手稿：对应“第二十八节”（一）[《物理学》][②] 卷 Γ 章 3——计划

202 a13-21：可动者（Bewegbaren）和使动者（Bewegenden）的当前。ἐν τίνι ἡ κίνησις;[运动在何处？]——μία ἀμφοῖν[属于这两者的一种（规定）]。[③*] 回复到 πρός τι[关系]。

202 a21-b5：然而恰恰，就 πρός τι[关系]（ποίησις[制作]和 πάθησις[承受][④]）而言，有 ἐνέργειαι ἕτεραι[其他活动状态]，[⑤] 有

---

① 《物理学》，卷 Γ 章 2，202a2 以下：χαλεπὴν μὲν ἰδεῖν, ἐνδεχομένην δ' εἶναι[一方面，难以看见；另一方面，又可能存在]。

② [德文本编者补充]。

③ 《物理学》，卷 Δ 章 3，202a18 以下：μία ἡ ἀμφοῖν ἐνέργεια[属于这两者的一种活动状态]。

* 本节注释 2-6 中的“卷 Δ”应为“卷 Γ”，德文本有误，或海德格尔手稿本身有误。——译注

④ 《物理学》，卷 Δ 章 3，202a23 以下。

⑤ 《物理学》，卷 Δ 章 3，202a25 以下。

两种运动。因此，本真的言及和表达有两种，但含义只有一种——ἀπορία λογική［逻辑疑难］：[1] 两种活动状态 ἐν τίνι;［何在？］。[2]

a22- a28：三重可能性： 389

一、ποίησις［制作］—πάθησις［承受］两者是否共同 ἐν κινουμένῳ［处在被动者之中］；

二、ποίησις［制作］在 ποιοῦν［制作者］之中，πάθησις［承受］ἐν κινουμένῳ［处在被动者之中］；

三、ποίησις［制作］在 κινούμενον［被动者］之中，πάθησις［承受］在 κινοῦν［使动者］之中。

a28-31：补充三。

a31-b5：补充一。

补充二：以下内容，只是正确理解。

202b5-22：解决疑难。亚里士多德在此部分中指出，就实情的同一性，着眼点的采纳具有双重性。

202b22-29：以［章］[3]3 为根据，总结并从新规划对运动的新定义。

手稿：对应“第二十八节”（二）

为定义运动作准备，亚里士多德在《物理学》卷 Γ 章 1 中指出：一、“当前之此在”和“此在可能”；二、当前的和可能存在的世界

① 《物理学》，卷 Δ 章 3，202a21 以下：ἔχει δ' ἀπορίαν λογικήν［这是逻辑疑难］。

② 《物理学》，卷 Δ 章 3，202a25 以下。

③ ［德文本编者补充］。

的照面方式。三、这些方式表明了存在者本身，存在者本身向来处在某种“由……向……”之中，它是自我表现（Sichausnehmen），与此同时，又是外观—并非—如此（Nicht-so-Aussehen），某物不在场（Abwesendsein von etwas），平均物之特质。

到目前为止，在做准备的同时，紧接着提及范畴之后，一项对存在者的更进一步的规定尚未得到探讨，这就是 πρός τι［关系］。[1] πρός τι［关系］本身就是一个范畴，它以“与……有关”即某物［出于］对他物的（des einen zum anderen [aus][2]）照面特质显明了此在的世界。与 οὐσία［本体］、ποιόν［性质］、πόσον［多少］、τόπος［位置］这四个范畴相对的是 γένεσις［生成］—φθορά［毁灭］、ἀλλοίωσις［变化］、αὔξησις［生长］—φθίσις［衰落］、φορά［移动］这四种 κίνησις［运动］的 εἰδή［形式］。[3] 没有其他运动方式。然而，在为定义运动作本体论准备时明确列举 πρός τι［关系］，
390 必定另有含义：πρός τι［关系］不是关涉某种确定的运动形式的世界的照面方式的标志。列举这些范畴是想表明基本实情：世界中的存在者作为有“相互关联”、πρὸς ἄλληλα［相互关联］的存在者的复多性而照面。就存在者永远具有 διχῶς［双重形式］而言，在它本身还“或多或少”与他物有关联。这种偏转（Ausschläge）作为存在者存在—于—关联之中（In-Bezügen-Seins）的方式而在此。参《范畴篇》（lategoriae）章七。ὑπεροχή［过度］［和］[4] ἔλλειψις［不及］是

① 《物理学》，卷 Γ 章 1，200b28-32。

② ［德文本编者补充］。

③ 《物理学》，卷 Γ 章 1，201a12 以下。

④ ［德文本编者补充］。

πρός τι［关系］的可能规定，[①] 它们的基础就是 πρός τι［关系］。除了 ὑπεροχή［过度］和 ἔλλειψις［不及］，亚里士多德作为基本概念提出了 ποίησις［制作］和 πάθησις［承受］，[②] 即“处理……”（zu tun haben mit...）和“被迫忍受……”（angegangen werden von...）（“相互影响”［Wechselwirkung］）。

这种关系就出现（vorfindlich）在世界之中，更准确地说：存在者永远作为这种当下（dieses hier und jetzt）在此关系中照面，存在者是作为现成在手的存在者和发生者而在此关系中照面的，但存在者具有特定的在—此—世—现成在手性（In-der-Welt-Vorhandenheit）的存在方式——暂时（das Zunächst）、中立（Indifferenz）。早前我们指出：在世界中人现成在手，并在世界中与人照面，我们自己就是现成在手的人，人起而使自己忙于对付……、生物、动物。然而，正如我们熟知世界的存在（Weltvorkommnis），我们也熟知这种作为我们的此在方式的使—自己—忙—于—对付……、存在于这样的关系之中，我们的此在不仅是现成在手的存在，而且具有在—此—世—存在的基本方式。

πρὸς ἄλληλα［相互关联］（参《论动物的部分》和《论灵魂》）还具有 πρός τι［关系］的特出可能性：具有 ἀντικείμενον［对立之物］的含义，[③] 所以，这种本真的 ἀντί［反对］就是：面临关系存在之所

---

① 《物理学》，卷 Γ 章 1，200b28：τοῦ δὲ πρός τι τὸ μὲν καθ' ὑπεροχὴν λέγεται καὶ κατ' ἔλλειψιν［所谓关系，有时候指过度和不及］。

② 《物理学》，卷 Γ 章 1，200b29：τὸ δὲ κατὰ τὸ ποιητικὸν καὶ παθητικόν［有时候指能制作者和能承受者］。

③ 《范畴篇》（Cat.），章 10，11b32 以下：Ὅσα οὖν ἀντίκειται ὡς τὰ πρός τι, αὐτὰ ἅπερ ἐστὶν ἑτέρων λέγεται ἢ ὁπωσδήποτε πρὸς ἄλληλα λέγεται［这些具有对立关系的事物，说的是它们从属于其他事物，或以任何方式与他物相互关联］。

391 向(Worauf des Bezogenseins im Angesicht), 也就是说, 以被揭示出来的存在(Aufgedecktseins)的方式表明自身在此具有被发现性, 也就是说, 表明自身在此是为了……, 并在同一过程中(in eins)感知、πάσχειν[遭受]这种本真的 ἀντί[反对], 被迫忍受作为世界的存在者; πάσχειν[遭受]作为 δέχεσθαι[接受]、感知, 首先作为 πάθος[情感遭遇]、被迫忍受(Angegangenwerden)、"情状", 与世界的存在关联作为在世存在, 作为与世界交往的存在。

作为生命的此在是一种朝向世界而在的存在者。人的此在由 νοῦς[理智]所决定: 被发现性就存在于这种臆测性的存在之中(Vermeinendsein)。这种臆测作为人的在—此—世—存在的基本方式, 最终也是一种世界—感知(Sie-Vernehmen)、如此—这般—在此拥有—世界, 也就是说, 被迫忍受世界, 不仅是忍受具有确定存在方式的确定的存在者, 而且是忍受世界中所有可能的存在者(比较 ἡδονή[快乐] —καταφάναι[主张], ἀποφάναι[否定] —διά[凭借])。这种 νοεῖν[思考]具有被迫忍受所发现之物的存在特质, 从它那方面讲, 所发现之物只有如此方才可能: 这种对所发现之物的被迫忍受根植于某种完全—发现和已发现(Überhaupt-Entdeckthaben und -Entdecktsein)之中, 也就是说, 根植于某种发现(Entdecken)、视野给予(Sichtgeben)本身之中。νοῦς τῆς ψυχῆς[从属于灵魂的理智]就是 παθητικός[能承受性理智][1](正如人们后来所指出的那样; 亚里士多德没有使用过这个术语), 作为存在者的 νοῦς[理智]是以 ποιητικός[能制作者]为基础的, 而后者尤

[1] 《论灵魂》, 卷 Γ 章 5, 430a24 以下。

其使得可感知性、被发现性变得可能，也就是说，让我们看到了被发现之物，使得我们看到了被发现之物——这就是 νοῦς ποιητικός［能制作的理智］。[①]

如此一来，ποίησις［制作］和 πάθησις［承受］作为阐明存在者的方式，直指此在本身的存在，但这意味着：它们作为真正的（der）指导线索，完全支配着对存在者的解释。这表明了教育学说向来所主张的内容：存在意指作成之在（Hergestelltsein）——这就是作为 ποίησις［制作］的存在的含义，这也是从当前之在、到场之在出发所作的解释。为什么 νοῦς［理智］就（schlechthin）是存在？因为，正是（*die*）ποίησις［制作］在某种特出的意义上，尤其是在 νοῦς ἀμιγής［纯粹理智］[②] 作为揭示者、给予视野者的意义上，使得当前性完全变得可能。这样的事物，就是“存在者本身”（比较 ὂν ᾗ ὄν 392
［存在者之为存在者］）！

亚里士多德就关系方式，用 καὶ ὅλως［总体而言］对 πρός τι［关系］的特性作出总结：“总体而言，指能动者（was bewegen kann）和可动者（das Bewegbare）”。[③] 由此明显可见：运动中的存在者，在此作为存在者与其他存在者共同在此（Mitdasein），这个共同的此（das Mitda）可以用一事物与他物、他物与一事物的关系来规定。

① 参《论灵魂》，卷 Γ 章 5，430a10 以下。

② 《论灵魂》，卷 Γ 章 5，430a18。

③ 《物理学》，卷 Γ 章 1，200b28：καὶ ὅλως κινητικόν τε καὶ κινητόν［总体而言，指能动者和运动者］。

手稿：对应“第二十八节”（三）

κίνησις［运动］已然被阐明为 δυνάμει ὄν［就能力而言的存在者］本身的当前之在的确定方式。κίνησις［运动］就是存在者的当前方式，而存在者就处在我们已提及的一事物与他物的共同此在之中。但就这种存在特质涉及存在者的情形具有其普遍性而言，κίνησις［运动］就是存在者的一种特出的此—在方式。

所谓解释古希腊本体论的任务，意指**表明存在的含义**（Herausstellung des Sinnes von Sein），此含义在古希腊的本体论中、在亚里士多德真正完成此本体论过程中，都具有支配性，之所以具有支配性，是因为在不明确地经验到世界的和生命的此在的过程中，此含义已然被经验到了——表明存在的含义，**以解释运动为中心**！但就 κίνησις［运动］被赋予 ἐνέργεια［活动状态］和 ἐντελεχεία［隐德莱希］之名而言，ἐνέργεια［活动状态］和 ἐντελεχεία［隐德莱希］是古希腊本体论的首要存在特质！

运动中的存在者可以按照其存在可能被规定为存在者的当前性。因此，κίνησις［运动］构成了运动中的存在者、被动者的此（das Da）。但被动者（比较 πρός τι［关系］）乃是与使动者、与 κινοῦν［使动者］或 κινητικόν［能动者］有关的存在。这种与作为被动者的运动中的存在者共同在此者的此该如何规定（Wie ist das Da dieses mit dem in Bewegung Seienden als Bewegtem Mitdaseienden zu
393 bestimmen）？也要在 δυνάμει ὄν, ᾗ τοιοῦτον［就能力而言的存在者、就能力而言的这类事物］的当前的意义上，用当前性来规定这个此

（dieses Da）吗？这个当前是不是另一种当前，以至于 κινοῦν［使动者］和 κινούμενον［被动者］永远要用不同的 ἐνέργειαι［活动状态］来规定？或者，这是不是同一种当前，是不是只有如此来把握，才能正确理解运动中的存在者、自动者（φύσει ὄντα［出于自然的存在者］，它由其本身出发而自动着）的此？这些都是亚里士多德在章 3 中提出的问题。解决了这些问题，对运动的阐明才算达到了终点。

在运动之物中（im Beweglichen）Κίνησις ἕν［运动是一］：当前之在在此（im Da）——引入此（in das Da Bringen）；运动。使动者和被动者在同一个此中。

ἐνεργεῖν［活动］：着手做事；引入中途（in das Unterwegs bringen），此的中途，δυνάμει［就能力而言者］本身的确定的在场性。能够引入的事物，就是能够将某个 κινητόν［运动者］引入中途的事物。引入中途，本身上路——存在于同一个此中。同一个此：正如 διάστημα［间距］。运动之在存在于使动者的共同此在中。共同的此 =ἐνέργεια［活动状态］。κινοῦν［使动者］—κινούμενον［被动者］：它们的此—在是同一个当前之在。

同一个——这只是 λόγος［言辞］，但所采用的着眼点还是各不相同。ἀπορία λογική［逻辑疑难］① 关涉作为……的言及（betrifft das Ansprechen als...）：很清楚，ἐνέργεια ἀποτετμημένη［被割裂的活动状态］②“因其本身而被割裂”，而非一开始就存在—于—相互—关系之中。存在者（存在者就是某个被动者，它是被推动的）的此在之如何，一开始从主动（Bewegen）出发而言，进而从被动

① 《物理学》，卷 Γ 章 3，202a21 以下：ἔχει δ' ἀπορίαν λογικήν［这是逻辑疑难］。

② 《物理学》，卷 Γ 章 3，202b8。

(Bewegtwerden)出发而言——永远都是同一回事：运动中的存在者。ἐνέργεια[活动状态]是 κινοῦν[使动者]的 ἐνέργεια[活动状态]，而非其他 ἐνέργεια[活动状态]。

同一性表明了此的一种如何(ein Wie des Da)：并非"力"(Kräfte)和诸如"影响"(Wirkung)、"能量"(Energie)之类的事物，也就是说，并非神秘的 influxus[流溢]和诸如此类的事物，而是处在此的领域之中，是对存在者的当前之在的追问，存在者与他者共在于此，并且存在者本身就 δυνατόν[有能力]。"运动之物"即 κινητόν[运动者]中就有 ἐνέργεια[活动状态]。运动就是 δυνάμει[就能力而言者]的此。但运动的生成(wird)要通过使动者。当
394 前是生成(wird)的吗？当前之在呢？使动者的运动和被动者的运动是同一个此，也就是说，运动不是一种存在者，而是世界的存在之如何：很多事物处在运动中，自动着，不—运动时才有静止(Ruhe bei Nicht-Bewegen)。

三重运动定义

总是具体处在某人面前、针对某人的讲授者的此在，就是他人的学习。δίδαξις μὲν ἐπιστήμης δόσις, μάθησις δὲ ἐπιστήμης λῆφις [...] ἓν δὲ τὸ ἐν ἀμφοῖν τὸ θεώρημα[教就是给予知识，而学就是获取知识……两者思考的对象是一样的]。[①]

运动的两个定义：

---

① 泰弥施迪厄斯，《亚里士多德〈物理学〉释义》，见 218, 21。

一、ἐντελέχεια τοῦ δυνάμει, ᾗ τοιοῦτον［就能力而言的存在者的隐德莱希，这样的存在者就是就隐德莱希而言的存在者］，[①] 某个与另一存在者有确定关联的存在者的当前之在，尤其是：第一个存在者作为可能存在者（Seinkönnendes）是“通过”第二个存在者。

二、ἐντελέχεια τοῦ κινητοῦ, ᾗ κινητόν［运动者的隐德莱希，就隐德莱希而言，它是运动者］，[②] 与使动者的共同在此，可动者的使动者共同在此；当前之在——δυνάμει［就能力而言者］的完成——本身就是使动者的此一在。

ἐντελέχεια [...] ἤτοῦ δυνάμει ποιητικοῦ καὶ παθητικοῦ, ᾗ τοιοῦτον［能制作者和能承受者的……隐德莱希，这就是运动］。[③] 列举这些定义是在说了下面这番话之后：并非有两种不同的运动，它们构成了第三种运动（因此，运动已然是前提！），它们只是对同一种运动的不同规定。

概念性与运动——本体论

先行拥有：τί τὸ ὄν［什么是存在］？ φύσει ὄντα, κινούμενα［出于自然的存在者、被动者］——把握住基础。

先行看见：这种存在者的存在：作为世界在此（dasein），当前，

① 《物理学》，卷Γ章1，201a10以下：ἡ τοῦ δυνάμει ὄντος ἐντελέχεια, ᾗ τοιοῦτον［就能力而言的存在者的隐德莱希，这样的存在者就是就隐德莱希而言的存在者］。

② 《物理学》，卷Γ章2，202a7以下。——比较201a27以下：ἡ δὲ τοῦ δυνάμει ὄντος ἐντελέχεια [...] ᾗ κινητόν［就能力而言的存在者的隐德莱希，就隐德莱希而言，它是运动者］。

③ 《物理学》，卷Γ章3，202b25以下。

395 此，存在含义本身；深入到它们之中，将 κίνησις[运动]理解为此在之如何——γένος[属]，源始性(Herkünftigkeit)，从—何—而来(参下文)。

先行把握：就其存在而言的存在者：与此相应的是这样的此之特质(Da-Charaktere)：靠这样的此之特质，存在者表明自身是运动之物。ἐνέργεια[活动状态]、ἐντελέχεια[隐德莱希]、δύναμις[能力]是主要的世界范畴(Weltkategorien)。从它们而来的首先是世界的真实性和当前性：静止的事物、消失，等等。然而，还需要澄清操持、交—往(Um-gehen)、当前之在、停留。被发现性——νοῦς[理智]。

从对立出发来建构概念的方法是清楚的。朝向基础(比较 αἴτιον[原因])的趋势和符合性(Angemessenheit)，表明，如此一来，所表明之物无非是 εἶδος[形式]：具有这样的外观。为此，A 并且 B。保证。如此追问何物？最终，提出了新的任务。

分析运动本身无非就是发现作为当前之在的存在。因为，这种 γένος[属]本身并不是准备好的，相反，它恰恰在运动中并通过运动而产生。通过追问其存在，这种存在者(κινούμενον[被动者])使得这些特质变得明确。

概念建构的工作，若正确理解，总是致力于 ἀρχή[本原]，致力于 τί ἦν[曾所是]。概念不是什么(das Was)，而是来源(Woher)，是结果之由—来(Von-wo)。这就是富有成效的概念建构，在其中模仿(Abklatsch)是可能的。λόγος[言辞]：着眼于……，为此，先前 καθό[比照]的是“在其中—存在”(In-Sein)，它的首要的被解释性(Ausgelegtheit)——就是这种 καθό[比照]或 καταλλήλως[相应]。

附录

讲稿中未曾使用的关于“范畴”主题的手稿附件

附 件 一

范 畴

范畴处在 ἀρχαὶ[本原]的视野中。ἀρχαὶ[本原]究竟意指什么？存在者(本身)的“由何而来”(Von wo aus)，也就是存在之如何。作为 ἀρχαὶ[本原]的范畴具有何种功能？存在者的 ἀρχή[本原]/ἀρχαί[本原]可能并且必定是什么？于此一附着的性质(Dahaftigkeit)的 ἀρχή[本原]：作为 οὐσία[本体]的存在者，也就是说，关于附着于此的性质——ᾗ ὄν[就附着于此的性质而言的存在者]在某种确定的存在意义(Seinssinn)上作了指点！

要么是(一)τὰ πρῶτα τῶν γενῶν[首要的属]，要么是(二)τὰ ἔσχατα κατηγορούμενα ἐπὶ τῶν ἀτόμων[关于不可分割之物的终极断言][1](κατὰ μή[根据无])。

补充一：ἀρχαί[本原]究竟有可能是 γένη[属]吗？ πρῶτα γένη[首要的属]、τὰ ἀνωτάτω τῶν γενῶν[最高的属]就是 τὸ ὄν[存在]和 τὸ ἕν[一]。[2] 存在本身不可能是属，因为，谓项(Prädikate)才是属。谓词不可能是 ἀρχή[本原]吗？这不是从 ἀρχαὶ[本原]不是 γένη[属]的说法中得出的吗？因为，“存在”恰恰是 μάλιστα

---

① 《形而上学》，卷 B 章 3，998b15。比较《形而上学》，卷 α 章 2，994b22；《形而上学》，卷 B 章 3，999a14 以下。

② 《形而上学》，卷 B 章 3，998b18。

κατὰ πάντων［所有事物的极端］。[1]然而，如何？

范畴和被发现性

关于……的言说：关于……的自我表达式的言及(sichaussprechendes Ansprechen)，作为存在—其中(Sein-in)，或者更准确地说，作为世界之此在(*Da*sein von Welt)。

参争论：一、存在者的规定；二、λόγος［言辞］的规定：(一)语言，语法；(二)句子，判断，陈述——还有变格(Abwandlungen)。(范畴的存在，尤参《尼各马可伦理学》卷A。)

对两方面的不清楚的理解：并非从属于存在者，而是从属于存在——此(和确定的周围世界——ζωὴ πρακτική［实践性生存］，《尼各马可伦理学》卷A章4——)之如何；并非从属于言说，作为“主观性事物”或类似的事物，而是从属于朝……去的解释性存在(Auslegendseins auf ... hin)：注意、先行拥有交往，也就是，在［此］世界中的在其中—存在的如何之特质
400 (Charaktere des Wie des In-Seins in [der][2]Welt)，是已然辨明了(Sichauseinandergesetzthabens)这些内容——不是角度(Aspekte)，而是被发现性——的特质。

直接朝λόγον ἔχον［拥有言辞］看！ κατηγορεῖν［指控］中被耗尽了的λόγος［言辞］得到强调的(Pointierte)明确性。亚里士多德的词源学建构。

---

① 《形而上学》，卷B章3，998b21。

② ［德文本编者补充］。

附 件 二

亚里士多德的范畴(《范畴篇》)

Τὰ κατὰ μηδεμίαν συμπλοκὴν λεγόμενα - ἕκαστον σημαίνει[关于非复合物之所言——各有所指]。[①]

因此，一、λεγόμενα[所言]：被言说者(gesagt werdende)，用什么来言说(womit)，用何种言辞表明(in welchen aufgezeigt wird)，因此是表明者(aufzeigende)——被表明者(aufezeigte)。

二、κατὰ μηδεμίαν συμπλοκὴν[关于非复合物]：表明者不以任何方式按照某个他物之如何来行事(in keiner Weise aufzeigende im Wie des einen von anderen)(μὴ καταλλήλως[不相应][②])，并非 ἕτερον καθ΄ ἑτέρου[就另一物而言的一物](章3)。[③]直截了当—容许看见(Schlicht-Sehenlassens)的方式，直截了当—能够给予—存在者的方式，给予的可能性，也就是按照其此—在之如何；在那样的交往中的那种(der)被发现性(某种确定的希腊式的被发现性！)的方式，存在者的此—在之如何，存在之如何！不只是 ἄνευ[无关][④](参章2[和][⑤]章4中同样的例证)，而是完全由

① 《范畴篇》(Cat.)，章4，1b25以下：Τῶν κατὰ μηδεμίαν συμπλοκὴν λεγομένων ἕκαστον [...] σημαίνει[关于非复合物之所言各……有所指]。

② 《形而上学》，卷Z章17，1041a33。

③ 《范畴篇》(Cat.)，章3，1b10。

④ 《范畴篇》(Cat.)，章3，1a17：ἄνευ συμπλοκῆς[无关复合物]。

⑤ [德文本编者补充]。

此 λόγος［言辞］中摆脱出来！ ἐν οὐδεμιᾷ καταφάσει［没有一种说法中有肯定］——αὐτὸ καθ΄ αὐτὸ［就其本身而言］。[①] 这里已然是对所有柏拉图式的"本体论"和"逻辑学"的最本真和最尖锐的反对。它们(Sie[②])并未真地给出存在者，它们只是此的表达之可能性(Aritikulationsmöglichkeiten des Da)。要划分的并非存在者，也并
401 非表达、语词和概念，而是存在、此之可能性，也就是被发现性，即存在—于其中、交往(按照古希腊方式得到规定，已然得到解释—确定)的被发现性。它们根本不是 ἀληθές［无蔽之物］，它们未揭开，在它们之中确实根本没有揭示和言及某个存在者的趋向。

只有通过 συμπλοκὴ πρὸς ἄλληλα τούτων［它们的相互结合］。[③] 范畴本身的相互结合？不，相反，要着眼于……而表明某物(处在此着眼点上)，只有按照"顾及到……的某物(着眼点)"。

附　件　三

范　　畴

卷 Θ 章 1 开头：οὕτω λεγόμενα［按此方式之所言］，也就是说，πρὸς οὐσίαν［针对本体］。[④]λεγόμενα［所言］=οὕτω κατηγορούμενα

---

① 《范畴篇》(Cat.)，章 4，2a5。

② ［德文本编者按］：在手稿中，一条连线使得这个代词与"被发现性的方式"之间的关联变得清楚可见。

③ 《范畴篇》(Cat.)，章 4，2a6 以下：τῇ δὲ πρὸς ἄλληλα τούτων συμπλοκῇ κατάφασις γίγνεται［借助它们的相互结合才有了肯定］。

④ 《形而上学》，卷 Θ 章 1，1045b27。

[按此方式所断言]。[①]λόγος[言辞]:ἀποφαίνεσθαι[表明],但它是在其中—存在,所以,也是ἀποφαινόμενα[所表明之物],(确定)本真的于此—附着的性质(Da-haftigkeit)之如何。

一、Λεγόμενα[所言]:被解释性。

二、也就是说,保持着眼于存在者的οὐσία[本体]之如何。关于澄清这样的事物,澄清附着于此的性质(Dahaftigkeit),需要解释所有更进一步的内容!

καθ' αὑτὸ λεγόμενον ὂν[以其本身为根据而言的存在者](参《形而上学》,卷Δ章7):[②]在言说中按照其可能性来表述。

οὐσία[本体]是πρώτως[首要](由何而来?原初性和等级划分)καθ' αὑτὸ λεγόμενον[以其本身为根据而言的(存在者)]。比较卷H中的συμβαίνει ἐκ τῶν λόγων[从言辞中得出结论]:[③]οὐσία[本体]的本真结构是ὑποκείμενον[向来在此之物]和τί ἦν εἶναι[已然存在的存在]。[④]这意指χωριστόν[可分离的事物]和τόδε τι[这个],"就其本身而言"(在此),"它在此"(das da)。附着于此的本真标准:碰到并且表现出这种样子。

与ὂν ὡς ἀληθές[像无蔽之物这样的存在者]的内在关联之如 402
何:基于确定的λέγειν[言说]、λόγος[言辞]的被发现性的一种特殊的如何。更确切地说,就在《尼各马可伦理学》卷Z中。这恰恰是古希腊的特点(das Griechische):这种存在之如何(Seinswie)本

① 《形而上学》,卷Z章1,1028a13。

② 《形而上学》,卷Γ章7,1017a7以下:τὸ ὂν λέγεται [...] καθ' αὑτό[存在意指……以其本身为根据而言的(存在)]。

③ 《形而上学》,卷H章3,1042a12。

④ 《形而上学》,卷H章3,1042a13。

身还是要在特殊的事物中才会变得明确。由这种存在之如何出发，才可以抵达此。

比较卷Z章3（[对(zu)][①]页66[②]的讲解）：οἷς ὥρισται τὸ ὄν[用来定义存在者的那些范畴]。[③]这里说得很清楚：范畴如何从λόγος[言辞]中“生发”出来，在λόγος[言辞]中，范畴又如何成了被发现性之如何（Wie der Entdecktheit），却如何恰恰成了完全意义上的被发现性之如何。ὕλη[质料]无涉范畴（geht über sie hinweg）！[④]

比较卷Z章4（[对(zu)][⑤]页65及其以下的讲解）：此之特质、在其中一存在的可能性使用了（比较连接“范畴”：πτώσεις[格]、διαιρέσεις[分析][⑥]）对一言说（Zu-sprechen）之名，使用了作为本身呈现出来（als an ihm vorfindlich）的归于（Zuschreiben）之名，使用了总是在建构（从一开始就发现的）呈现性（Vorfindlichkeit）之名，从而，此之特质就是形成视野（die Sicht bilden）！

附　件　四

范　　畴

Λόγος[言辞]是真实的存在问题（Seinsproblematik）的决定性

① ［德文本编者补充］。

② ［德文本编者按］：这里和下面的页码关联的是克里斯特（W. Christ）本《形而上学》：页66=卷四章2，1004b28-1005a18；页65=卷四章2，1004b1-7。

③ 《形而上学》，卷Z章3，1029a21。

④ 参《形而上学》，卷Z章3，1029a20以下。

⑤ ［德文本编者补充］。

⑥ 参见页［374］及其以下。

领域。柏拉图和更早期的人没有看到 λέγειν τι κατά τινος［言说某物以支持某物］与 καθ’ αὑτὸ λέγειν［就其自身而言］不同，甚至没有按照其基本结构来看待后者。

然而，这一点通过范畴得到了表达。所以，范畴早已并且从根本上主导着本体论研究——这意指：获得了对存在疑问的某种新的和本真的理解，是从下述两方面获得的：第一，作成之在（就此 403
而言，第二方面恰恰无法理解！）；第二，εἶδος［形式］作为“自我表现”（Sichausnehmen）。比较理解生成的本体论（Ontologie des Werdens）也就是物理学（Physik）的受到限制的内在关联。

范畴之名称已然强调了 λόγος［言辞］—附带（-haften）的明确的重要性，重视对某人言说、归于、καθ’ αὑτά［就其本身］，从而同时也重视对范畴的内在关联的原初表达——οὐσία［本体］作为 πρώ-τον［首要之物］。这意指：从解释学的角度讲，更进一步的所有内容都被 οὐσία［本体］中所包含的此在经验所决定。对于亚里士多德而言，推导（Ableitung）和数及诸如此类，完全是次要要素，并且是从某种分类学（Systematik）的完全陌生的趋向出发来表达和寻求，因此，是找不到的！在他看来，关键在于具体的研究可能性，而非某种“范畴学说”，而后者总是物理学的。亚里士多德不研究作为系统的范畴，而是在本体论研究的意义上解释范畴（οὐσία［本体］）！

附 件 五

Κατηγορικόν［**肯定性的**］

τὸ δὲ τί ἐστιν ἅπαν καθόλου καὶ κατηγορικόν［什么总是普遍的

和肯定性的］。[①]

附　件　六

Κατηγορία［范畴］

《形而上学》卷 Λ 章 1 开头：清楚地紧扣着作为存在者的存在性的 οὐσία［本体］和诸范畴 πρὸς ἕν［指涉一个事物］——双重的 πρῶτον［首要之物］。[②]

404 1069b；1070a31，35；1070b。

《形而上学》卷 N 章 1。

附　件　七

诸范畴 πρὸς ἕν［指涉一个事物］

参《形而上学》卷 Λ 章 4：见克里斯特编本［页（S.）[③]］251 以上，文献（Literatur）和［……］*：οὐσία［本体］不是 στοιχεῖον［元素］——不是他物的［στοιχεῖον［元素］］[④]——，而范畴不是 κοινόν

① 《后分析篇》，卷 B 章 3，90b4。

② 《形而上学》，卷 Λ 章 1，1069a18 以下。

③ ［德文本编者补充］。

* ［德文本编者按］：这个词无法辨认。

④ ［德文本编者补充］。

[共同之物]。[1] 这在本体论上意味着什么?

附 件 八

范 畴

τόδε τι[这个]:"这个—此—在"(*Das*-da-Sein),"这个—此—在"(Das-*da-Sein*),"靠—其—本身—照面之在"(An-ihm-selbst-Begegnendsein)

当前和现在。

οὐσία[本体]:"可使用性"(Verfügbarkeit),"所有物"(Habe),"最接近的此",被发现之物的范围内的"最接近之物",最接近的当前之物和现在当前之物。

最接—近—(nächst-gegen-haft):情状,停驻,等等。

① 《形而上学》,卷 Λ 章 4,1070b2 以下。

405

编者后记

摆在读者面前的全集第 18 卷的内容是首次公开的讲稿，这个讲座是海德格尔于 1924 年夏季学期在马堡大学举办的，每周持续四小时（vierstündig gehalten hat）。在课表中，海德格尔本来预告的是关于奥古斯丁的讲座，最终却用一个关于亚里士多德的讲座取代了后者，这使得他从 1922 年以来就打算出版一本关于亚里士多德的书的计划，朝着实现更进了一步。

手稿和一份听课笔记证明，讲座的题名就叫做“亚里士多德哲学的基本概念”。但直到 1991 年，出版社的书目广告中预告的书名一直是“亚里士多德：修辞学”（Aristoteles: Rhetorik），这是在全集筹划过程中临时从**理查德森**（William J. Richardson）拟订的“海德格尔的讲座和讨论课目录”（Verzeichnis der Vorlesungen und Übungen von Martin Heidegger）中引用来的（理查德森，《海德格尔：通过现象学到思》[Through Phenomenology to Thought. The Hague 1963]，页 665）。手稿题名也是符合讲座内容的题名。尽管在讲座的核心部分，着眼于共同言说的基本可能性对人的此在的解释，以亚里士多德的修辞学为指导线索，但这一解释不仅以一系列更为广泛的亚里士多德文本为基础，而且讲座的整体构想也以亚里士多德的基本概念本身为定向，从而并未执着于某一部分内容，甚至根本没有专注于某一确定的文本。

在手稿中，紧跟讲座题目之后写下的记录是"1924年夏季学期，5月1日开始（周一、二、四、五，上午7至8点）"（S.S. 24 Beg. 1. Mai (Mo Di Do Fr 7–8 vorm.)）。按此，海德格尔的授课时间是从5月1日开始，每周一、二、四、五上午7至8点（不是课表上预告的下午3至4点），而且，正如从有些听课笔记中给出的日期可以推 406
断，除6月9日至16日的圣灵降临节休假外，直到7月30日，讲座从5月5日至8日另外只中断了一次，期间海德格尔为他在5月2日中风去世的父亲的葬礼逗留在梅斯基希（Meßkirch）。从手稿页7上可以看到相应的用黑色笔迹圈住的记录："父亲逝于24年5月2日"（† V. 2. Mai 24）。讲座总共包括34个课时。

就编辑的基本条件而言，摆在眼前的讲稿表现出一种特殊情况，因为，海德格尔的讲座手稿并不完整也没有手稿副本，相反，只有开头和结尾部分保存下来，合起来估计只有全部讲稿的三分之一。或许，手稿只是从已提及的关于亚里士多德的书的上下文中抽取出来的部分，而且，又有一部分遗失了。在准备出版全集的过程中，海德格尔本人未能对遗失的部分手稿的下落作出解释。按照他的委托，当时由克劳斯特曼夫人（Frau Cristina Klostermann）制作了沙尔克（Fritz Schalk）的完整的讲课笔记的一个打字副本，海德格尔本人还看过这个打字副本，却未详加审核或根本未作修订。因为，一方面，遗产管理人寻找遗失的手稿部分的所有尝试尚无结果，但另一方面，除了沙尔克的笔记，还有两份更为完整的听课笔记，更准确地说，其中就有遗失的部分，所以，讲稿的编辑就决定依据保留下来的手稿部分和课堂笔记。

手稿卷帙包括两个部分。第一部分包括页 1—14 和 9 份附件。第二部分包括页 59—70.5 和 28 份附件。第二部分的页码顺次是
407 这样的：有一些页码包括了更多页面，便再度将这些页面用第二级数字标示，用了阿拉伯数字、罗马数字或小写拉丁字母。主页码顺次部分与使用了阿拉伯数字或罗马字母的替代页码顺次有重叠。手稿中接下来的有些页面上根本没有页码，或只有一个作为替代的片段标码，但毫无疑问，可以根据其内容加以排序。所以，第二部分不计附件总共有 29 页。在右边，每每可见补充的内容，这些补充与正文的从属关系，部分可通过插入的标示来识别。有两处，海德格尔用速记分别写下了一个短句。编者手头有一份出自马尔巴赫德国文献档案（Deutschen Literaturarchiv in Marbach）中的原件复本，还有一份由哈特穆特博士先生（Herrn Dr. Hartmut）完成的打字稿。

现存的课堂笔记，有一部分很详尽，是基于速写的打字稿或手抄本，一部分则不怎么详尽，是课堂上完成记录后的这些记录的抄本。

首先提到的部分出自布略克（Walter Bröcker）、沙尔克和内贝尔（Gerhard Nebel）。布略克完成了一份讲座的——还有关于海德格尔的其他讲座和演讲的——速记听写，并由此完成了一个手抄本，这个手抄本后来传到了马尔库塞（Herbert Marcuse）手中，后者又制作了两份打字副本。但只有这两份打字副本得以留存下来，其中一个副本可以在位于法兰克福的城市和大学图书馆的马尔库塞档案（Herbert Marcuse-Archiv der Stadt- und Universitätsbibliothek

in Frankfurt am Main)中找到，另一个副本归鲍尔瑙(Otto Friedrich Bollnows)所有，并被作为礼物转入了波鸿大学的狄尔泰研究中心(Dilthey-Forschungsstelle der Universität Bochum)。编者使用了第二个抄本的一个复印件。它包括 134 页和一个环衬(Vorsatzblatt)， 408
上面题名："马丁·海德格尔 / 亚里士多德哲学的基本概念。/1924 年夏季学期，马堡 /L."（Martin Heidergger / Grundbegriffe der aristotelischen Philosophie. / Sommer-Semester 1924, Marburg / L.)，这个题名在第一页上又以简写形式作了重复。在这份打字稿中，马尔库塞和鲍尔瑙或许作了一些校订和补充，尤其是手写插入了大量希腊引文。由于出自波鸿大学的打字稿原本只有 85 页，凯尔克浩文博士先生(Herr Dr. Guy van Kerckhoven)作为狄尔泰研究中心的工作人员，依据马尔库塞档案中的相应副本补充了缺失的引文。

这份——不计很少的简短速记——出自沙尔克的用拉丁字体完成的笔记，包括 361 页，分为三册。关于前两册(页 1—130 和页 155—308；未标明页码的页 131—154 表明讲稿并不存在空缺)，有原始文献可供编辑之用，它们是在莱希先生(Herrn Klaus Reich †)的所有物中找到的，关于第三册(页 309—385)，它还包括了 1924/25 年冬季学期的智术师讲座的一个部分，编辑时使用了在马尔巴赫的德国文献档案中发现的原件的一个复印本。第一页开头用题名提示："马堡 夏季学期 24 年 海德格尔，亚里士多德哲学的基本概念"（Marburg SS. 24 Heidegger, Grundbegriffe der Arist. Philosophie)。偶尔可见作为脚注的较长的希腊引文和文献提示，明显是事后补充上去的。还有他人之手插入的红色墨水和铅笔笔迹。必须动用已提及的由克劳斯特曼夫人按照海德格尔的委托制作的打字稿的机会并不多，因为编者最终找到了原件的前两部分。

内贝尔用拉丁字体完成的笔记，有一个复印件可用，原件可在马尔巴赫的德国文献档案中找到，然而，其中只有 129 页保存在三册笔记中，可这些笔记当初总共足有七八册，这三册笔记是：第一
409 册(页 1—54)，第四册(页 1—38)，第五册(页 1—37)。因此，这份笔记只覆盖了摆在读者眼前的这个版本的页 2—55 和页 131—207。偶尔在另一份手稿中可找到补充。

比较这三份详尽的笔记可以发现，布略克和内贝尔的笔记——若暂不考虑后者笔记中缺失的部分——非常一致，但也显示出他们彼此有很多细微的偏差，这些偏差不可能是抄写错误，依靠近乎可靠的可能性，这些偏差可以追溯到他们各自以速写方式独立完成的课堂笔记。相较之下，沙尔克的笔记与内贝尔的笔记的一致之处达 200 页——若仍不考虑缺失的部分——，与布略克的笔记的一致之处则达 360 页，除此之外，沙尔克的笔记中所表明的那些差不多只可能视为抄写错误的偏差，有可能只与对内贝尔和布略克的笔记的某种抄写有关。这一考察结果中所包含的事实是，对于讲座的大部分内容而言，存在两个彼此无依赖关系的相对完整的传抄本，也就是布略克和内贝尔 / 沙尔克的传抄本，或布略克 / 沙尔克和内贝尔的传抄本，由此出发，海德格尔讲课时实际使用的文本才有可能得到相对准确的重建。就沙尔克的笔记的完整性而言，应当注意的是，需要关注其异文的章节并非在内贝尔笔记中已然存在的那些段落，而是沙尔克从布略克的笔记中抄来的段落，因为，在编者看来，出自布略克笔记中的段落中，只有现存的马库斯打字本才有可能从根本上像沙尔克的手抄本一样不完整。

较不详尽的课堂笔记出自维斯(Helene Weiß)、克莱因(Jacob Klein)、约纳斯(Hans Jonas)、洛维特(Karl Löwith)。维斯的笔记用拉丁字体写就，或者在有些地方用德文字体写就，包括 87 页未加标点，分为三个部分。第一部分封面上写有“夏季学期，1924 410
年/海德格尔：论亚里士多德的一些基本概念”(So-Sem. 1924/Heidegger: Über einige Grundbegriffe Aristotelischer Philosophie)字样。在第一页上，重复讲座题名的下方可以看到“出自邦迪的抄本”(Abschrift Bondi)。因此，很明显，在 1923/24 年冬季学期的讲座的最后一次讲座中(参全集卷 17，“编者后记”，页 323)，维斯拥有了她的女同学邦迪(Elli Bondi)已拥有的笔记草稿。通过维斯的外甥图根德哈特教授先生(Herrn Prof. Dr. Ernst Tugendhart)，编者由送给马尔巴赫的德国文献档案的、出自他姑姑遗物原件的复印件获得了一个复本。

克莱因用拉丁字体写就的手稿足有 58 页，但在眼下这个讲稿版本的页 191 上中断了，克莱因这个讲稿第 1 页上的副标题是“夏，1924/马堡/海德格尔/亚里士多德哲学的基本概念”(Sommer 1924/Marburg/Heidegger/Grundbegriffe der aristotelischen Philosophie)。编辑使用了为克莱因的遗孀克莱因夫人(Frau Elze Klein)所拥有的现存原件的一个复印件。

约纳斯用拉丁字体写就的笔记，在“海德格尔论 προαίρεσις[抉择]和 ἀρετή[优异]/夏季学期 1924 年”(Heidegger über προαίρεσις u. ἀρετή/S.S. 1924)的标题下只包括 22 页，内在于一个分册，其中还可以看到参加其他课程的记录。这个笔记覆盖了眼下这个讲稿的页 143—197。洛维特的笔记，部分用拉丁字体手写而成，部分用了速记，原本有 47 页，页 2—3 没有留存下来。编者使用了马尔巴赫的德国文献档案中这两份笔记原件的一个复印件。

将这四份较不详尽的笔记与布略克、内贝尔和沙尔克的笔记相比较，可以得出这样的结论：只有出自克莱因和维斯的两份笔记——后一份笔记的价值要更高——在有些地方与速记的课堂笔记
411 达到了同样详尽的程度，所以，对于重建海德格尔的讲课稿，应同时考虑在内的只是后两份笔记，而非约纳斯和洛维特的笔记。后两者的笔记都具有马虎写成的记录之特质。

决定编辑这个讲稿基于这样一种可能性：用课堂笔记文本来替代已遗失的、构成手稿核心部分的约有讲稿三分之一的内容。因此，从一开始就采取了一个步骤，努力方向是使课堂笔记文本变得独立自主，而海德格尔却未曾预料到编辑他的讲稿的工作会采取这样的步骤。可见，合乎逻辑的问题只是，甚至对于手稿所表明的那部分讲稿而言，是否将手稿和课堂笔记加以融汇就一定不好，这样做也不会部分遮蔽课堂笔记整体看来相对于手稿文本所具有的太大的独立自主性。但无论如何，海德格尔或许预料到了以融汇方式编辑讲稿的做法，一定基于两个确定的前提：首先，实际存在一个完整的手稿，而课堂笔记可为其提供充分的校订材料；其次，就手稿和（详尽的）课堂笔记而言，问题的关键不在于文本各异，而仅在于它们都是偏离了同一个文本的版本，也就是说，它们的关系是如此紧密，以至于有可能将它们融汇为一个最终的版本。就这个讲稿的情形而言，并没有为我们提供这样两个前提。因为，对手稿和相应的详尽的课堂笔记内容的比较表明，海德格尔在讲课过程中明显

不仅作了补充和拓展，并草拟了以词语条目作出概括的段落，而且几乎总是用新的表述方式取代已拟就的段落。这就使得将手稿和课堂笔记加以融汇的努力，对于手稿的种种表述而言，其可能的适 412
用程度从整体上大大了折扣。尽管考虑到了编本的基本状况的片段性和手写性质，却恰恰需要至少对保存下来的手稿部分作全面考察。看来，这一举措只有这样做才有可能：在以特殊的材料来源为基础的这一卷书中，完整的编辑破例使用了课堂笔记和手稿这两种文本，并将两种文本前后相继作了排列。

上、下两篇的标示方式是想表明：手稿虽然被放在了第二位，却绝不意味着仅仅视其为“附录”，相反，尽管它具有片段特质，却被视为一种在特定意义上与课堂笔记一样完全有效的讲课稿的证明材料。读者在此或许需要注意：有些重要内容，譬如，对 οὐσία [本体]这个基本概念的分析，或对人的此在的概念性之可能性表述，在手稿中与在课堂笔记中一样详尽，甚至比在课堂笔记中还要详尽。上、下两篇的次序只有教学法意义，因为，首先阅读连贯写成的完整的课堂笔记文本，或许可以从根本上有助于理解往往只是以词条方式写就的相当不完整的手稿文本。细节上的相似之处，可以通过双重途径来识别：不仅在课堂笔记文本中，段落末尾或次级段落的末尾用一个脚注指出了有可能现成的相应的手稿部分，而且在手稿文本中，通过补充的标题，指出了手稿文本中相对应的段落或次级段落。

就编辑处理现存材料的细节方面，首先对手稿和课堂笔记采取了同等程度的相应措施。对拼写和标点作了订正。对于非常丰富 413
的、按照规则容许分开书写或使用连字符的措辞，或者容许连续书写或使用连字符的措辞，编者依照海德格尔平时的习惯，对个别措辞的书写作了统一，因为，无论在手稿中还是在课堂笔记中，这种措辞都无法识读。这里需要特别指出两个核心概念。在手稿中，我们可以看到 Dasein（此在）、Da-sein（此—在）和 ›Da‹ -sein（“此”—在）这些书写方式，其原初意向明显是想反映：在这些书写方式中，此在的此之特质（Da-Charakter）具有各自的主题特征（thematisch）。按照这种意义，也就是说，按照此之特质的主题性（Thematizität）意义，编者既使用了手稿文本中这些概念的书写方式，也使用了课堂笔记文本中这些概念的书写方式，但与此同时，最高程度的主题件不是写成 ›Da‹ -sein（“此” —在），而是写成 *Da*-sein（此—在）。此外，In-der-Welt-sein（在—此—世—存在）连同在这部讲稿中出现的变体 Sein-in-der-Welt（存在—于—此—世）、In-einer-Welt-sein（在—某—世—存在）、In-seiner-Welt-sein（在—其—世间—存在）以及如此等等，一律使用了连字符，从而接近《存在与时间》（Sein und Zeit）中的书写方式，目的是为了使词源学上的一致含义变得一目了然，而此含义在这部讲稿中确实属于这些书写变体。关于标点，需要指出的是，要害并不仅仅在于符合规则，而更是为了通过在更多的、各种可能的标点符号中择取一个，从而在成千上万种情况下，使得句子成分和句子的意义关联在第一时间变得明白可见。

没有将司空见惯的缩写方式全部写出，只是对开头讲授所特有的措辞作了转写，因为，这些措辞只是表明了一种语言上的强度（Härte），并不符合某种特殊的强调意图。对书写、语法或选词方面显而易见的疏失，则出校而不加注。偶尔对个别小的、语法上或对
414 于理解有必要的词语或（分段时）列出的数字作了补充，但在手稿

文本中只用了方括号，并在脚注中作了相应的标示。

所有引文都依据海德格尔所使用的版本——亚里士多德的《形而上学》、《修辞学》和《论灵魂》则依照海德格尔的私人藏书——加以核对和必要的校正。关于个别用词和句子成分的自由引述和略用，凡是海德格尔往往出于教学法的理由而选择的引述方式，在正文中都照例原封保留，并进而在脚注中补足原文字句。只有当缩略后的简短引述无法理解时，才会在正文中加以补足。所有引文出处也放在校注中，在发现这些引文出处被嵌入行文之中的地方，或只作必要的校正，或须由编者加以充实。有鉴于这部讲稿的笔迹和课堂笔记中孤用的标点（desolaten Zeichensetzung），此间还有一项特别的任务，那就是识读大量希腊原文的德文翻译，进而用引号来标明。海德格尔的翻译往往很随意，或者更准确地说，是在作解释（interpretierend），所以，要确定它是一种翻译（Übersetzung）还是一种意译（Paraphrase），并不容易。编者于是决定，干脆把引号的使用范围扩大，从而将那些或许已然超出界限而变成意译的内容也作为翻译来标明，这样做还特别出于下述考虑：读者必须能够切实领会，海德格尔在他的报告中——不管是翻译还是意译——何处紧扣着亚里士多德的文本，何处对其中的思想作了独立自主的发挥。在一定程度上，作为对这种将引号使用扩大化的纠正措施，编者对以此方式被认为是翻译的所有段落在校注中作了补充。在脚注中
常常附加或不附加希腊原文对引文出处作了补充，这些地方的德语 415
文本不能视为翻译，而仍属于意译的范围。有些地方虽然引用了希腊原文，翻译却超出了所引文本的范围，这种情形，在正文中对相对应的引文作了补充。在例外情况下，如果一段较长的引文紧跟它

的译文之后，而没有放在译文前面，则照例对位置加以转换。海德格尔在引文和译文中间插入的说明和注释，则放在方括号之中。*

在标题上也加了引号——拉丁文和希腊文标题则不加引号。句首的拉丁和希腊词语，除了在引文中，此首字母均予以大写。删去的文本部分，除了用脚注指出的例外情形，均不予考虑。依据文意对整体文本加以分段，个别词语、措辞、句子成分或整句话，用斜体 ** 加以强调。

就专门针对课堂笔记的编辑工作，首先需要补充指出的是：必须从上文已更为切近地作出说明的出自布略克、内贝尔和沙尔克的课堂笔记出发，在补充考虑了维斯和克莱因的课堂笔记的前提下，建构出*一个*文本，这个文本必须尝试尽可能地重建海德格尔的讲课稿，还必须同时努力满足的要求是客观的正确性、完整性和可理解性。为达此目的，就要求编者发挥并尽可能始终如一地运用确定的标准，对已提及的课堂笔记中的大量细小的文本异文作出取舍。抛开已然论及的沙尔克的课堂笔记中的异文的有限的重要性不谈，还有这样一些标准：一个或两个课堂笔记相对于那些，或者更准确地说，相对于其他课堂笔记多出来的内容，必须予以采纳；此外，较为详尽的异文，形式上、语言上或事实上较为一致的异文，以及文
416 体较好的异文，最后，还有在维斯和克莱因的课堂笔记中或在手稿中可以获得某些补充支持的那些异文，也必须采纳。在所提到的标准无法应用的所有地方，所涉及的异文完全具有同等价值，这时候则优先考虑布略克的课堂笔记，总体而言，他的课堂笔记表现最好。

* 中译放在圆括号中。——译注

** 中译用“下加点”着重号。——译注

如此建立的文本需要划分部分、章、节，在有些地方还要在节下面划分小节，依据海德格尔的行文方式，但也着眼于以最简洁的方式达成文本的系统化结构，为这些章节配备了标题。小节的标题的措辞，在必要的地方考虑了主题性的古希腊的基本概念，也考虑了作为此处的分析之基础的亚里士多德文本。

就手稿的编辑工作，需要补充强调的是：由蒂特延博士先生(Herrn Dr. Hartmut Tietjen)完成的抄本，反复对照了原文，对偶尔读错的地方作了校正，也对遗漏和未能识读的词语尽可能地作了补充。剩下一个未能识读的词，在文本中用方括号中加三个句号的方式标出，并在脚注中作了相应的指示，成问题的识读则以方括号中加问号的方式指出。

大多数放在一段话后面的补充(Die meist rechtsseitigen Ergänzungen)，按照已有的插入符号或按照文意插入文本之中。按照课堂笔记文本，将大量附件(Beilagen)编入了顺次添加了页码的手稿之中，但大多数在排印时空一行以示对照，在此，照例没有给出直接的语言上的内在关联。关于“范畴”主题的八条附件，放在一个附录中以供参阅，因为，海德格尔在讲课时明显没有使用这些附件。两个删除的附件，还有一个看不出与讲稿有何关联的关于 divisio [区分]主题的附件，均未作编辑。

手稿文本的段落划分，与课堂笔记文本的章节划分相平行，但 417
手稿文本中有大量与课堂笔记文本的节之下的小节相平行的节，作此段落划分的时候，并没有与标题保持一致，而只是辅以对课堂笔记文本的各节编号的提示。

* * *

对海德格尔的讲稿《亚里士多德哲学的基本概念》，至少必须按照双重背景来理解。一重背景是，到了1924年，海德格尔全副身心投入古希腊文本来研究亚里士多德已有一些年头；另一重背景是，这时离他动笔起草《存在与时间》中的基础本体论的此在分析不远。由此，一方面，可以理解那种充满激情的方式，海德格尔正是以此方式深入了亚里士多德的文本及其语言，并长久——几乎可以说是——痴迷于此，这使得他的个别分析有时候似乎具有一种无比严格的自主能动性（Eigendynamik）；但另一方面，也可以理解那种体系化的动力（systematische Impetus），海德格尔正是凭此而仍然认为大全（das Ganze）符合一种解释学的双重步骤，这一双重步骤首先在共同言说的在—此—世—存在的意义上表明，人的此在是全部概念性的基础，进而依据此基础，以不断反复的方式，将作为彻底把握此在的被解释性的确定的基本概念出发，解释为一种共同言说的在—此—世—存在。此外，眼前的讲稿可以表明：海德格尔在他研究亚里士多德的概念性的过程中，如何生造出了（gewann）很多他所特有的生存本体论思考所使用的概念，或如何至少使这些概念本身经受了考验（an ihr sich bewähren ließ）。

418 我要特别感谢蒂特延博士先生，由他制作完成的手稿抄本对我的帮助弥足珍贵，他耐心帮助我识读靠我一人之力无法识读的词语，并对照原文反复校对我编辑的手稿文本，还要感谢冯·赫尔曼教授博士先生（Herrn Prof. Dr. Friedrich-Wilhelm von Herrmann）在编辑的最后阶段给予重要建议，感谢赫尔曼·海德格尔博士先生（Herrn Dr. Herrmann Heidegger）对我的信任。我还要补充感谢这三位先生全面审阅打字稿并给出宝贵的修订建议，还有对手稿中遗留的大多数不完善之处最终给出解决办法。我要感谢凯尔克浩文博士先生（Herrn Dr. Guy van Kerckhoven）翻译已提及的布略克的课堂笔记的波鸿副本中的古希腊引文，感谢布尔博士夫人（Frau Dr. Isolde Burr）在我查询沙尔克的课堂笔记时给予友好帮助，感谢许思乐教授博士夫人（Frau Prof. Dr. Ingeborg Schüssler）还有鲍姆教授博士先生（Herrn Prof. Dr. Manfred Baum）从中联络出自已故莱希先生的所有物的这份课堂笔记起初遗失了分册。我要感谢弗赖堡大学胡塞尔档案馆的工作人员，感谢芬格尔博士先生（Herrn Dr. Thomas Vongehr）、罗林格尔博士先生（Herrn Dr. Robin D. Rollinger）和居里亚妮博士夫人（Frau Dr. Regula Giuliani）协同努力识读了手稿中发现的两处速记，感谢拜尔编外讲师博士先生（Herrn PD Dr. Thomas Baier）迅速帮助查找几条亚里士多德引文出处。我要感谢冯·鲁科特施赖尔博士先生（Herrn Dr. Peter von Ruchteschnell）、考利亚多编外讲师博士夫人（Frau PD Dr. Paola-Ludovika Coriando）并再次感谢蒂特延博士先生仔细地共同校阅文本修订。最后，我要感谢施塔弗洛（Dimitra Stavrou），她为我核实了海德格尔在这部讲稿中所说的“古希腊人生存在言谈之中”（Die Griechen existierten in der Rede）这句话，而且证实有这句话。

米卡尔斯基（Mark Michalski）

雅典，2001 年秋

译 后 记

本书是海德格尔于1924年夏季学期举办的马堡讲座《亚里士多德哲学的基本概念》讲课稿，列入克劳斯特曼出版社(Vittorio Klostermann Verlag)“海德格尔全集”(Martin Heidegger Gesamtausgabe)第18卷(Grundbegriffe Der Aristotelischen Philosophie, Frankfurt am main, 2002)，中译本即据此本译出。需要指出的是，直到1991年，本书在“全集”书目中一直误用了“《亚里士多德：修辞学》”(*Aristoteles: Rhetorik*)这一书名。本书文本主要根据当年聆听过海德格尔讲座的多位学生的课堂笔记编辑而成，其中包括克莱因(Jacob Klein)、约纳斯(Hans Jonas)、洛维特(Karl Löwith)等人的课堂笔记，同时编入海德格尔的讲座手稿。关于此讲稿文本编辑之详情，参见米卡尔斯基博士的“编者后记”。

海德格尔的精神背景是天主教神学，其学问起点是经院哲学，其哲学的真正起点就是作为经院哲学基础的亚里士多德哲学。亚里士多德在《形而上学》卷A中指出，“知晓一切的品质，属于最高程度地拥有普遍知识的人”(982a20)，这样的人就是知晓“事物秩序”的人，这种真正的哲人，我们“虽不能至，然心向往之”。就理解哲人海德格尔的《亚里士多德哲学的基本概念》一书而言，我们首先必须将其放在海德格尔平生学述的先后次序中来考察：这部讲稿既是海德格尔早年深入研究亚里士多德希腊文本的成果，又是他撰写《存在与时间》这部平生最重要著作的准备，对于海德格尔哲学研究的重要价值自不待言。

本书首先从亚里士多德《形而上学》卷Δ所列三十个基本概念出发，表明了此讲座的“语文学意图”（Die philologische Absicht）——“语文学”的本意就是“爱言辞”，进而逐字逐句深入阐述了涉及这些基本概念的亚里士多德希腊文本，内容广泛涉及《范畴篇》、《解释篇》、《前分析篇》、《后分析篇》、《论题篇》、《物理学》、《形而上学》、《论灵魂》、《动物志》、《论动物的部分》、《问题集》、《尼各马可伦理学》、《政治学》、《修辞学》、《致亚历山大的修辞学》、《诗学》和亚里士多德残篇。讲稿中标明专论《尼各马可伦理学》的章节约占全部内容的四分之一，远超专论其他某一亚里士多德作品的篇幅，足以见出这部作品之于海德格尔的重要性。

尤为值得一提的是，海德格尔的此在分析表明：作为概念性之基础的此在就是在—此—世—存在（In-der-Welt-Sein），而作为在—此—世—存在之方式的言说本身就是共同言说，此在本身当中就包含着与他人共在。“人就是这样一种存在者，这种存在者就是政治的动物，在其结构之中就有一种形成的存在—于—此—城邦之中的可能性。”这说明，海德格尔对人之为人的“政治处境”心知肚明。然而，海德格尔认为，古代自然哲人在思考自然时“错失”了出于自然的存在者的基本规定，尤其是“错失”了自然作为“永恒之物”所具有的“绝对必然性”。关于古代自然哲人的言辞，启蒙哲人托兰德（John Toland）在一篇名为《掌管钥匙的人》（Clidophorus）的小文中指出："知道真理是一回事，把真理告诉别人是另一回事：尽管所有人都声言赞赏前者，却少有人践行后者如其所当为。……巴门尼德无疑是正确的，他确定有两种哲学，一种符合真理，另一种符合意见。"既然海德格尔这部讲稿的"意图"在于"语文学"，而"语文学"的本意就是"爱言辞"，那么，托兰德这段话就值得我们深思。托兰德还在这篇小文中引述亚里士多德注疏家斐洛波努斯（Philoponus）的话说："巴门尼德在其外传的（顾及大众品味的）著述中说火和水是世界的开端或本原，就好像他承认世界是受造的；可在他内传的（按照真理编订的）著作中却说世界是唯一、无限和不变的。"如果斐洛波努斯此言不假，那么，海德格尔将古代自然哲人有意为之的"无知"视为一种"错失"，就不是一种误识了。

这个中译本首版，应刘小枫教授之约始译于2007年，作为"经典与解释"丛书"亚里士多德注疏集"之一种，由华夏出版社于2014年刊行。中译本原有望成为本书第一个外文译本，但期间因新任务而延宕。2009年英译本（Martin Heidegger, *Basic Concepts of Aristotelian Philosophy*, Translated by Robert D. Metcalf and Mark B. Tanzer, Indiana University Press）捷足先登，中译本正好参照。英译本对讲稿所引亚里士多德希腊文本全部照抄未译，另有多处难解却十分重要的脚注未译，"编者后记"则仅译出三分之一，也有个别错译。中译本严格遵循原著文本体例，力求避免这些遗憾。原著所引亚里士多德文本，或有与通行贝克本（Bekker）卷目章节编码不合之处，也以脚注按语标明。刘小枫教授奖掖后学不遗余力，他的《海德格尔与中国：与韩潮的〈海德格尔与伦理学问题〉一同思考》（华东师范大学出版社，2017），落脚在"六、诗意地栖居与世界历史”和“七、苏格拉底与中国”两章，对中译本首版多有引述。

2018年，商务印书馆责任编辑李学梅老师来信，嘱托完成《亚里士多德哲学的基本概念》中译修订本。此次修订，海德格尔所引亚里士多德希腊文本翻译，参照向达先生《尼各马可伦理学》中译本、吴寿彭先生亚里士多德大译多种、苗力田先生主持“亚里士多德全集”、廖申白教授《尼各马可伦理学》中译本等，也参考了亚里士多德拉英德法多种译本。修订本从我国诸位海德格尔译者前辈师友大家获益良多，与吾兄熊林教授、赵卫国教授关系尤密。奈何，“睢盱万状乖，咿嗢九译重！”拙译错谬难免，祈愿方家指正。

黄瑞成

于渝州九译馆

2019年春分后六日

《现象学原典译丛》已出版书目

胡塞尔系列

现象学的观念
现象学的心理学
内时间意识现象学
被动综合分析
逻辑研究（全两卷）
逻辑学与认识论导论
文章与书评（1890—1910）
哲学作为严格的科学
关于时间意识的贝尔瑙手稿

扎哈维系列

胡塞尔现象学
现象学入门
现象学的心灵
自身觉知与他异性

海德格尔系列

存在与时间
荷尔德林诗的阐释
同一与差异
时间概念史导论
现象学之基本问题
康德《纯粹理性批判》的现象学阐释
论人的自由之本质
形而上学导论
基础概念
时间概念
哲学论稿（从本有而来）
《思索》二至六（黑皮本 1931—1938）
亚里士多德哲学的基本概念

* *

来自德国的大师	〔德〕吕迪格尔·萨弗兰斯基 著
现象学运动	〔美〕赫伯特·施皮格伯格 著
道德意识现象学	〔德〕爱德华·封·哈特曼 著
心的现象	〔瑞士〕耿宁 著
人生第一等事（上、下册）	〔瑞士〕耿宁 著
回忆埃德蒙德·胡塞尔	倪梁康 编
现象学与家园学	〔德〕汉斯·莱纳·塞普 著
活的当下	〔德〕克劳斯·黑尔德 著
胡塞尔现象学导论	〔德〕维尔海姆·斯泽莱锡 著
性格学的基本问题	〔德〕亚历山大·普凡德尔 著
人在宇宙中的地位	〔德〕马克斯·舍勒 著

图书在版编目（CIP）数据

亚里士多德哲学的基本概念：修订译本 /（德）海德格尔著；黄瑞成译. -- 北京：商务印书馆，2025（2025.10重印）.--（中国现象学文库）.--ISBN 978-7-100-24674-3

Ⅰ. B502.233

中国国家版本馆CIP数据核字第2024B13W65号

中国现象学文库

现象学原典译丛·海德格尔系列

亚里士多德哲学的基本概念

（修订译本）

〔德〕海德格尔 著

黄瑞成 译

商 务 印 书 馆 出 版

（北京王府井大街36号 邮政编码100710）

商 务 印 书 馆 发 行

北京市艺辉印刷有限公司印刷

ISBN 978-7-100-24674-3

2024年12月第1版　　开本 880×1230 1/32

2025年10月北京第2次印刷　　印张 $17\frac{7}{8}$

定价：86.00元